DRACONTIUS

ŒUVRES

COLLECTION DES UNIVERSITÉS DE FRANCE
publiée sous le patronage de l'ASSOCIATION GUILLAUME BUDÉ

DRACONTIUS
ŒUVRES

TOME II
LOUANGES DE DIEU, Livre III.
RÉPARATION

TEXTE ÉTABLI ET TRADUIT

PAR

CLAUDE MOUSSY
Professeur à l'Université de Paris IV - Sorbonne

Ouvrage publié avec le concours du C.N.R.S.

PARIS
SOCIÉTÉ D'ÉDITION «LES BELLES LETTRES»
95, BOULEVARD RASPAIL

1988

Conformément aux statuts de l'Association Guillaume Budé, le volume a été soumis à l'approbation de la commission technique qui a chargé M. Jean-Pierre Callu d'en faire la révision et d'en surveiller la correction, en collaboration avec M. Claude Moussy.

© Société d'édition « Les Belles Lettres », Paris, 1988
ISBN : 2.251.01343-1
ISSN : 0184-7155

LOUANGES DE DIEU

LIVRE III

NOTE DE L'ÉDITEUR

Comme celle du livre II, notre édition du livre III se fonde sur l'ensemble des manuscrits qui ont transmis le texte *(BMVRU)*, ou une partie seulement du texte *(C* et *A)*, du *De laudibus Dei*[1].

Nous avons apporté plus d'une vingtaine de modifications au texte des éditions de Vollmer. Nous avons écarté certaines conjectures retenues par Vollmer, préférant revenir à la leçon des manuscrits (ou d'un manuscrit) : ainsi aux v. 278 *(induuiis* pour *in dubiis*, leçon de *BMVRU)*, 316 *(uel* pour *qua*, leçon de *M³)*, 489 *(urbis* pour *urbem*, leçon de *C)*. Il nous est arrivé de faire, entre les diverses leçons des manuscrits, un choix différent de celui de Vollmer : aux v. 389 *(plebeia)* et 678 *(munere)*. Nous avons adopté certaines conjectures d'éditeurs ou d'érudits que Vollmer n'avait pas retenues : aux v. 29 *(aristis)*, 176 *(recusat)*, 234 *(magum)*, 329 *(iure maritali)*, 658 *(in accusando odi)*, 679 *(quodcumque... ademit)*. Nous avons introduit des conjectures postérieures aux éditions de Vollmer : aux v. 45 *(odorat)*, 245 *(mens)*, 247 *(iam)*, 321 *(pacta)*, 361 *(haustus)*, 543 *(testatus)*, 686 *(labello)*. Nous avons proposé des conjectures personnelles : aux v. 310 *(ceruorum)*, 511 *(orbem)*, 640 *(ceti)*. Enfin dans deux passages qui présentent, pour l'établissement du texte, de sérieuses difficultés (v. 123-124 et v. 199-200), nous avons adopté plusieurs ingénieuses conjectures de M. Jean-Pierre Callu. On trouvera dans les notes la justification de la plupart de nos choix.

En ce qui concerne la graphie des préfixes et d'autres formes soumises à des assimilations, étant donné les

1. Sur ces manuscrits, voir t. I, p. 110 sq.

variations des manuscrits, nous avons pris un parti d'uniformisation en ne retenant que des formes à consonne assimilée (*attollo*, *impius*, *nunquam*, *quicquid*, etc.).

Au terme de ce travail nous exprimons notre vive et amicale reconnaissance à M. Jean-Pierre Callu, qui a bien voulu assumer la tâche de la révision et dont les nombreuses corrections et suggestions nous ont été très utiles.

CONSPECTVS SIGLORVM

I. Codices

B	*Bruxellensis bibl. reg. 10615-729*, s. XII.
M	*Vaticanus lat. 3853*, s. XV.
V	*Vaticanus lat. 5884*, s. XV.
R	*Rehdigeranus bibl. municip. Vratisl. 59*, s. XV.
U	*Vaticanus Urbinas 352*, a. 1481.
C	*Berolinensis bibl. nat. Phillipps 1824*, s. IX.
A	*Bambergensis bibl. nat. Patr. B II 10*, s. X.
G	*Parisinus lat. 8093* fol. 15^v, s. IX.
Eug.	Eugenii Toletani recensio.
Eug. F	*Parisinus lat. 8093*, s. IX.
Eug. M	*Matritensis 10029* (olim *Toletanus 14, 22*), s. IX-X.

II. Editiones et adnotationes criticae

Arevalo: F. Arevalo, Édition de Dracontius *(Carmen de Deo)*, Rome, 1791.

Arevalo n.: conjectures de F. Arevalo dans les notes de son édition.

Blomgren: S. Blomgren, *In Dracontii carmina adnotationes criticae, Eranos*, 64, 1966, p. 46-66.

Brakman: C. Brakman, *Miscella quarta*, Leyde, 1934.

Corsaro: F. Corsaro, Édition de Dracontius *(De laudibus Dei)*, Catane, 1962.

Glaeser: C. E. Glaeser, Édition de Dracontius *(Carmen de Deo)* livre II, Breslau, 1847; livre III, Breslau, 1843.

Hudson-Williams: A. Hudson-Williams, *Notes on Dracontius and on the Aegritudo Perdicae*, C.Q., 33, 1939, p. 157-162; *Notes on Dracontius*, C.Q., 40, 1946, p. 92-100; *Notes on the Christian Poems of Dracontius*, C.Q., 41, 1947, p. 95-108.

Kuijper: D. Kuijper, *Varia Dracontiana*, Amsterdam, 1958.

Meyer: W. Meyer, *Die Berliner Centones der Laudes dei des Dracontius*, S.P.A.W., 15, 1, 1890, p. 257-296.

Morel: G. Morel, Édition de Dracontius *(De opere sex dierum)*, Paris, 1560.

Peiper: R. Peiper, Édition inachevée de Dracontius *(De laudibus Dei)* utilisée par Fr. Vollmer.

Pitra: J. B. Pitra, *Analecta sacra et classica*, V, Paris-Rome, 1888, p. 176-180.

Reinwald: K. Reinwald, *Die Ausgabe des ersten Buches der Laudes Dei und der Satisfactio des Dracontius durch Eugenius von Toledo*, Progr. Speyer, 1913.

Vollmer[1]: Fr. Vollmer, Édition de Dracontius *(De laudibus Dei)*, M.G.H., A.A., XIV, Berlin, 1905.

Vollmer[2]: Fr. Vollmer, Édition de Dracontius *(De laudibus Dei)*, *Poetae Latini Minores*, V, Leipzig, 1914.

Walter: F. Walter, *Zu lateinischen Dichtern*, WS, 45, 1926-7, p. 109-116, 239-245.

LIVRE III

TEXTE ET TRADUCTION

LIVRE TROISIÈME

Lumière de la lumière éternelle, clarté d'où naît la clarté du monde et des astres, splendeur de l'éther[1], toi qui as créé l'air, qui as pacifié les éléments[2], auteur et source de la nature, toi qui connais le nombre total des innombrables constellations, toi qui donnes des noms aux astres, qui assignes leur cours aux étoiles et ordonnes aux sept Bœufs de rester immobiles, qui dans un ciel en mouvement maintient fixe au firmament leur constellation, toi qui dénombres tous les grains de sable qu'offrent les rivages, tu sais aussi, ô mon Dieu, combien[3] de flots renferme l'étendue marine qui réunit toutes les ondes pour constituer l'ensemble de la mer. Que Dieu connaisse tout, puisqu'à lui seul il a tout créé, qui en douterait? Ce que tu ordonnes de connaître, les cieux le connaissent; ce que tu défends de savoir, tous les habitants du ciel l'ignorent. Car tes ordres invitent les éléments à te servir : quand sous l'eurus s'entrechoquent les nuages, les éclairs brillent en foule, font retentir le tonnerre et tomber les pluies, s'abattre la foudre du haut du ciel, s'élever les orages et leur cortège de fracas. Les lanières

1. *iubar* est un terme affectionné du poète (voir t. I, p. 88, n. 1 et la note à 1, 670), qui l'utilise aussi pour désigner le Christ (2, 549 : *iubar insuperabile Christus*).

2. *pax elementorum* est un écho des passages consacrés à la coexistence pacifique entre les éléments (1, 144 sq. ; 1, 267-8 ; 2, 193 sq. ; voir la note à 2, 193). *Naturae conditor et fons* rappelle 2, 594 : *... rerum fons, conditor et spes* (cf. *Sat.* 1 : *... cunctorum conditor et spes*) ; voir la note à *Sat.* 1.

3. *quanti* est employé ici avec le sens de *quot* (cf. 3, 229 ; 570 ; 587) ; cet emploi est attesté dès les débuts de l'époque impériale (ainsi dans Stace, *Silu.* 4, 3, 49 : *quantae ... manus*) ; voir Leumann-Hofmann-Szantyr, II, p. 207.

LIBER TERTIVS

Luminis aeterni lumen, lux lucis origo
orbis et astrorum, iubar aetheris, aeris auctor,
pax elementorum, naturae conditor et fons,
sideris innumeri numerus quem non latet omnis,
5 nomina dans astris et stellas cursibus aptans
immobilesque iubens septem constare triones,
axe licet uoluente polo stent sidera pigra,
qui numeras cunctas quas praefert litus harenas,
scis, Deus, et pelagi quantos ferat unda liquores
10 per freta cuncta maris totum factura coactu.
Omnia nosse Deum, quia condidit omnia solus,
quis dubitet? Quod nosse iubes caelestia norunt,
quod tu scire uetas ignorant omnia caeli.
Nam tua iussa parant ut sint elementa ministra :
15 fulgura crebra micant collisis nubibus euro
et tonitrus imbresque mouent aut fulmina caelo
missa cadunt hiemesque cient comitante fragore ;

incipit liber tercius *B* incipit liber tercius (-tius *V*) de laudibus
dei *MV* ‖ 1 lumen *A Glaeser* : lunae *BMVRU* ‖ 2 aetheris aeris
BMVRU : ac ceteris *A* ‖ 4 innumeri *M²VRU* : -ris *BM¹ A* ‖
quem *BMVRU* : que *A* ‖ 5 stellas *M²VRU A* : -lis *BM¹* ‖ aptans
BMVRU : abst- *A* ‖ 6 immobilesque *A Glaeser* : -lisque *BMVRU* ‖
iubens *Arevalo* : -bes *BMVRU A* ‖ 7 polo *Peiper* : -los *BMVRU*
A ‖ 8 praefert *BMVRU* : perf- *A* ‖ 10 coactu *Vollmer* : que actus
A queatis *B¹* queatus *B²* quea s *M* quea *VR* que *U* ‖ 12 quod
B²MVRU A : quid *B¹* ‖ iubes *Arevalo* : -bet *BMVRU A* ‖ 13 caeli
BMVR A : -lo *U* ‖ 14-16 *om. U* ‖ 15 micant *MVR A* : -cent *B* ‖
17 hiemesque *BMVRU* : -misque *A* ‖ fragore *MVR A* : fla- *B*
fragor *U*

du fouet enflammé zèbrent l'espace et la flamme, pro-
jectile à la longue chevelure, étincelle et rougeoie. Tu
20 invites à la justice, mais tu aimes encore plus la bonté ;
tu domines de haut les hauteurs célestes, plus beau que
toute splendeur, force des forces, plus doux que toute
douceur, éblouissant de clarté tu vois tout[1], plus brillant
que toute lumière, créateur, père de tous les êtres, toi
que personne n'a créé, toi qui procures les eaux paci-
25 fiques qui se répandent en pluies. Ainsi la récolte est-elle
accordée pour nourrir tous les vivants auxquels la
nature, leur mère, distribue tous ses biens saison après
saison ; ainsi l'oiseau est revêtu de plumes, les plantes le
sont de feuilles, ainsi la moisson après sa croissance se
dresse et pourvoit les tiges d'épis, le grain revêtu de son
30 enveloppe grossit jusqu'à sa maturité, ainsi le champ
verdoyant blondit sans qu'on ait jeté de semence.

Tel un créancier, le laboureur arrache au sol le profit
avec son soc ; il bénéficie d'une usure vorace, on le rem-
bourse grassement au taux de cent pour un et pour
satisfaire les vœux de ce créancier cupide, le débiteur
35 voudrait lui rapporter un gain de mille pour un. Aucune
honte ne flétrit celui qui prélève les intérêts, aucune
douleur n'afflige celui sur qui on les prélève ; les souhaits
contraires des deux parties s'accordent ; le seul à s'affli-
ger est l'accapareur malhonnête, avide d'amasser la
récolte et le gain, ennemi de ses propres amis, adversaire

---

1. L'adjectif *omnituus* est une conjecture de Vollmer *(B* offre
omnitus, A omnituis) ; sur cette forme également restituée en
1, 500, voir la note à ce vers. Dracontius est le créateur de
plusieurs autres adjectifs composés ; voir t. I, p. 79, n. 3. En
revanche au v. 24 *omniparens* est une forme utilisée par les poètes
classiques (Lucrèce 2, 706 ; Virgile, *En.* 6, 595, etc.) ; elle est
reprise par Prudence qui l'applique à Dieu *(C. Symm.* 2, 477)
et au Christ *(Cath.* 3, 2) ; en 2, 65 Dracontius préfère le composé
rare et tardif *cunctiparens* (voir la note à 2, 62).

uerberis igniti uolitant per inane flagella
et rutilat radians crinitum missile flamma.
20 Iustitiae monitor, sed plus pietatis amator,
celsior excelsis, specie sed pulcrior omni,
uirtutum uirtus, dulcedine dulcior omni,
lucidus omnitu*us* uel lumine clarior omni,
edit*or* omniparens, sed non tamen edite ab *ullo*,
25 qui placidos pluuiis das descendentibus imbres.
Sic annona datur cunctis animantibus esca
et natura parens per tempora cuncta ministrat,
sic plumis uestitur auis, sic frondibus herbae,
sic calamos nutrita seges stans armat arist*is*
30 et tunicis uestita ceres pubescit adulta,
sic uiridis flauescit ager sine semine iacto.
Creditor extorquet sub uomere faenus arator,
usura praestat*ur* edax, centesima grandis
redditur *ut*que placet uota *c*redentis auar*i*,
35 debitor exoptat millesima reddere lucra.
Non exactorem pudor imprimit aut dolor ullus
afficit exactum ; contraria uota duorum
conueniunt solusque dolet captator iniquus
annonae pretiique uorax, inimicus amicis,

18 igniti *BMVR^{pc} A* : ignoti *R^{ac}U* ‖ uolitant *BMVR A* :
uiolant *U* ‖ 19 rutilat *BMVR^{pc} A* : -lant *R^{ac}* rutila ut *U* ‖
20 monitor *M^{2}VRU A* : -tus *BM^1* ‖ 21 sed *BMVRU A* : uel
Arevalo n. ‖ 23 omnituus *Vollmer* : -tuis *A* -tus *B* o(. . . .) *MVRU*
omnituens *Grosse* ‖ 24 editor *Arevalo* : -tur *BMVRU* ‖ omniparens
BMVR : -potens *U* ‖ ullo *Arevalo* : illo *BMVRU* ‖ 25 descendentibus *A* : disc- *BMVRU* ‖ 26 datur *BMVRU* : -tus *A* ‖ 29
armat *MVRU* : am- *B* ‖ aristis *Arevalo* : -tas *BMVRU* ‖ 30 et
MVRU : e *B* ‖ 32 sub uomere *BMVR Arevalo* : subuenire *U* ‖
33 praestatur *Arevalo* : -tator *BMVRU* ‖ centesima *M^{2}VRU* :
-tissima *B^2* certissima *B^{1}M^1* ‖ 34 utque *Vollmer* : atque *BMVRU* ‖
credentis *Arevalo* : reddentis *BMVRU* ‖ auari *Arevalo* : -rus
BMVRU ‖ 36 imprimit *M^{2}VRU* : -mis *BM^1*

40 de tous, hostile aux gens intègres : il considère comme
des pertes pour lui les profits de la communauté, bien
que ses richesses n'en soient en rien diminuées. Il s'afflige
de voir la famine vaincue et tout riche qu'il est se sent
dans le besoin. L'homme cupide est toujours sans ressources, c'est un pauvre qui chancelle sous le faix d'une
45 opulente fortune et qui, comme s'il gardait l'encens
d'autrui, se contente d'en respirer l'odeur. L'âme toujours cupide que condamne sa propre sentence est punie
de ses sentiments : elle ne sait pas avoir pour soi de
l'affection, mais chérit l'héritier pour qui elle conserve
avec fidélité toutes ses richesses[1]. Le lot de ces mal-
50 heureux ne se borne pas à perdre ici-bas les biens de la
présente vie, ils perdent aussi tous les biens à venir :
seras-tu indulgent, ô Dieu très bon, quand la mort
l'aura terrassé, envers celui qui s'est montré sans indulgence pour lui-même et qui s'est refusé à lui aussi bien
qu'à chacun tous les secours ?

L'exemple du riche condamné aux flammes et celui
du pauvre qui repose en paix ne nous instruisent-ils pas ?
55 Ce dernier, délivré de son corps mortel, jouit bienheureux dans le sein d'Abraham du repos éternel. L'indigent
regarde le riche en proie aux tourments après son trépas
et, à présent que leurs lots sont inversés, il paie de retour
la cruauté dont il était l'objet. Celui qui trouvait pesants
les légers vêtements de soie, les douces étoffes de lin, qui
60 réclamait d'ordinaire pour son corps en sueur la pourpre

---

1. L'idée que l'héritier sera le seul à profiter des biens amassés
par l'avare se rencontre dans les Écritures ; ainsi dans le *Livre
du Siracide*, 14, 4 : *qui aceruat ex animo suo iniuste aliis congregat,
et in bonis illius alius luxuriabitur* ; cf. 11, 18-20 ; de même
dans l'*Ecclésiaste*, 2, 18 : *rursus detestatus sum omnem industriam
meam, qua sub sole studiosissime laboraui, habiturus heredem post
me* ; cf. 6, 2 ; *Luc*, 12, 20.
Colomban, le fondateur de Bobbio, a emprunté à Dracontius
une grande partie des v. 47-8 *(Epist. ad Seth.* 41-2 : *diuitias
cumulans dum sese nescit amare/diligit heredem, cui seruat cuncta
fidelis)* ; pour d'autres emprunts de Colomban à Dracontius,
voir t. I, p. 102, et les notes à 3, 539 et *Sat.* 219 sq.

40 omnibus aduersus, populis insontibus hostis,
nam sua damna uocat compendia publica mundi,
nil opibus propriis quacumque ex parte minutis ;
extinctam dolet esse famem, bene diues egenus.
Semper auarus inops, pauper sub diuite nummo
45 aestuat et custos alieni thuris odorat.
Iudicio punita suo mens semper auara
dat poenas animi, quae se dum nescit amare
diligit heredem, cui seruat cuncta fidelis.
Nec bona praesentis hic tantum perdere uitae
50 contingit miseris, perdunt bona cuncta futura :
numquid eris pius, alme Deus, iam morte perempto
illi quippe magis qui proditur impius in se
et sibi uel cunctis solacia tota negauit?
Non exempla docent damnati diuitis ignes
55 pauperis et requies, qui post sua membra beatus
Abrahae portante sinu per saecla quiescit?
Diuitis extincti tormenta exspectat egestas
immitesque uices alterna sorte rependit.
Serica quem tenuis, quem mollia lina grauabant,
60 qui solet aestiuum membris sudantibus ostrum

40 aduersus *B²MVRU* : -sis *B¹* ‖ 41 damna *BM²RU* : -nat
M¹V ‖ uocat *MVRU* : no- *B* ‖ publica *BMV* : pulchria *RU* ‖ 43
extinctam dolet *Arevalo* : extincta modulet *BMVRU* ‖ 45 thuris
BMVRU : ruris *Arevalo uide adn.* ‖ odorat *Kuijper* : -ret *BMVR*
adoret *U* et auri *Arevalo* ‖ 47 se dum *BMVR* : sedem *U* ‖ 48
diligit *Arevalo* : -gat *BMVRU* ‖ 50 contingit *BMVR¹U* : contingit
et *R²* ‖ 53 negauit *Arevalo* : -abit *BMVRU* ‖ 54 non *BMVRU* :
nonne *Glaeser* nos *Arevalo* ‖ docent *BMVR Arevalo* : dec- *U* ‖
ignes *Vollmer* : ingens *BMVRU* igni *Arevalo n.* ‖ 57 exspectat
BMVRU : spectat *Arevalo n.* ‖ 58 uices *Glaeser* : uies *B* uias
MVRU ‖ rependit *M²VRU* : respon- *BM¹* ‖ 59 quem tenuis quem
Arevalo : quę tenuisque *B* q tenuisque *M* que tenuis quod *VRU* ‖
lina *Arevalo* : ligna *BMVRU* ‖ 60 membris *M²Rᵖᶜ* : -isque
BM¹VRᵃᶜU

de l'été, rompu de fatigue après avoir quitté l'épais
manteau que teignait le murex, celui qui ne pouvait
porter aux doigts l'or d'un gros anneau et qui n'aurait
pas supporté le poids d'une pierre précieuse, aussi petite
fût-elle, celui-là au milieu des tourments vengeurs des
65 flammes étouffantes subissait un cruel châtiment : il
brûle, consumé par le feu, et endure des supplices ; il
demande et prie, le palais en feu, qu'un doigt offre à sa
langue le rafraîchissement d'un liquide glacé, mais
l'impitoyable enfer le lui refuse ; un implacable abîme
sépare les eaux et les cruelles flammes de la mort qui
70 s'élèvent sans jamais cesser dans l'éternelle prison. Ce
malheureux, qui fut riche, n'a pas vécu dans le dénuement ; il s'avançait revêtu de vêtements en pourpre de
Tyr, sa gloutonnerie lui faisait rechercher des mets
raffinés ; s'il fut convaincu de péché, c'est que, dans sa
cruauté, il refusait la nourriture aux indigents misé-
75 rables, alors que sa table de riche banqueteur regorgeait
pour lui-même de victuailles.

Si Dieu juge bon de condamner à un châtiment éternel
les gens qui ont grand soin de dépenser leur fortune au
profit d'eux seuls et nullement des autres, quelle peine
subira celui qui ne s'est jamais rien accordé à lui-même
ou celui qui, voleur d'une hardiesse inconsidérée, se
saisit des biens d'autrui et dont le pauvre, une fois
80 dépouillé, doit tout en gémissant applaudir les forfaits ?
Car ceux que réjouissent les seuls festins sont la proie de
leur appétit glouton ; honteusement ils ne prennent soin
que de leur ventre, sans savoir que tout homme qui
préfère la présente vie et sa propre existence n'aime pas
85 sa vie, mais la hait ; celui qui tient sa vie pour négligeable,
c'est bien plutôt celui-là qui, estime-t-on, la sauve. On
ne doit rien préférer à Dieu ; ancienne est la maxime[1] :

---

1. Le vers 87 présente comme une maxime un emprunt à
Juvénal (8, 83). Dans les deux vers suivants, Dracontius reprend
le second hémistiche, avec une légère modification au v. 89
(datori au lieu de *pudori)* qui lui permet, tout en conservant
la rime, d'introduire la formule de Juvénal dans son propre
développement ; sur le goût du poète pour les rimes et les répéti-

poscere, deposito confractus murice denso,
cuius et in digitis non sedit crassius aurum
et licet exiguae non ferret pondera gemmae,
inter anhelantes tormenta ultricia flammas
65 supplicium crudele luens exaestuat ardens
et tolerat poscitque rogans ardente palato
ut gelidum digito mereatur lingua liquorem,
sed negat hoc immane chaos ; crudele profundum
diuidit inter aquas et saeua incendia mortis,
70 quae sine fine manent et stant sub perpete nexu.
Et miser hic qui diues erat non uixit egenter ;
uestibus indutus Tyriis processit et ostro,
delicias consumpsit edax, reus inde uocatus,
pauperibus miseris quod trux alimenta negabat,
75 nam sibi diues erat dapibus conuiua repletus.

Si tales damnare placet sub perpete poena
qui sibi, non aliis, proprium dependere curant,
quid passurus erit qui nec sibi praestitit unquam
aut qui aliena rapit praedo temerarius audax,
80 cuius facta gemens plaudit spoliatus egenus?
Hi nam sunt, quos sola iuuant conuiuia, praedae
gutturis et uentris curam sine laude ferentes,
ignari quia quisquis erit praesentis amator
uitae animaeque suae non diligit ille, sed odit ;
85 contemptor uitae magis hic seruator habetur.
Nil opus est praeferre Deo. Sententia prisca est :

61 murice *BM²VRU* : nutrice *M¹* ‖ 63 ferret *M²VRU* : ferre
BM¹ ‖ 66 palato *M³VRU* : poleto *BM¹* ‖ 70 stant *M²VRU* : stat
BM¹ ‖ 73 consumpsit *BM* : connexit *VR* conuexit *U* ‖ 76 placet
BMVRU : decet *Arevalo* ‖ 77 dependere *Vollmer* : defen- *BM
VRU* defun- *Arevalo* ‖ 80 plaudit *BMVRU* : plangit *Arevalo*
‖ 81 conuiuia *BMVR Arevalo* : -uiua *U* ‖ 83 ignari *Arevalo* :
-ris *BMVRU* -rus *Glaeser*

« le pire des forfaits, crois-le bien, est de préférer la vie à l'honneur ». Si c'est un grand crime que de préférer sa vie à l'honneur, quel horrible forfait n'est-ce pas que de préférer sa vie à celui qui nous en fait le don[1], puisqu'il
90 peut enlever tout ce qu'il a donné à celui auquel il dispense ses bienfaits? Si donc notre bouche rend un culte à Dieu, que notre esprit aussi le vénère. On ne doit rien préférer à Dieu; que Dieu soit l'objet de tout notre amour, qu'il nous soit plus cher que notre corps et notre vie. L'homme à l'âme pure doit à la fois placer après Dieu sa femme et ses enfants, ne pas avoir le moindre
95 souci de sa santé, mépriser les richesses, dédaigner les biens de famille et dans la quiétude il en viendra à préférer une vie meilleure[2] où l'existence lui sera accordée à jamais, où il vivra pour toujours. Ce qui tend vers une fin est fragile et destiné à périr entièrement.

Combien est insensé[3] celui qui prétend mépriser ce qui
100 est éternel et rechercher pour un court espace de temps ce qui doit tout à coup disparaître! Voilà l'enseignement à tirer de l'exemple de notre père Abraham; c'est à un âge avancé qu'il avait vu naître son fils unique, alors qu'il ne l'espérait plus, et pourtant il renonça bientôt à lui; en ayant reçu l'ordre, il le mena à l'autel, fit les préparatifs pour le sacrifice, poussé à la cruauté par sa piété

tions de mots ou d'hémistiches entiers, voir t. I, p. 84 et n. 6 et 9. La première partie du v. 86 *(nil opus est praeferre Deo)* est répétée au v. 92.

1. L'emploi du subjonctif dans l'interrogative directe *quam sit grande nefas* ... ne semble guère pouvoir se justifier par une des valeurs du mode ; on rapprochera 3, 594-5 *(ubi sit.../aut... recessit?)* où l'indicatif alterne avec le subjonctif ; voir Vollmer, *Notabilia grammatica*, s.v. *coniunctivus* (*M.G.H.*, p. 435).

2. L'expression *uitae melioris amator* se retrouve, à la même place du vers, en 2, 432 (où il est question de Loth).

3. C'est à tort que S. Blomgren (*Eranos*, 64, 1966, p. 53) a voulu corriger *metri causa* le début du vers, conjecturant *quamque sit* ou *quam sit et*. Arevalo (note au v. 94) a renoncé à juste titre à sa propre conjecture *(insipiens quam sit)*, faisant remarquer que l'on pouvait songer ici à l'allongement de *sit*. On notera toutefois que ce type d'allongement se produit surtout à l'*arsis* (ce qui n'est pas le cas ici) ; voir t. I, p. 93.

« summum crede nefas animam praeferre pudori ».
Si maius scelus est animam praeferre pudori,
quam sit grande nefas animam praeferre datori,
90 demere dum liceat quicquid dedit et cui confert?
Ergo Deum si uerba colunt et mens ueneretur ;
nil opus est praeferre Deo, Deus omnis amor sit
ante <artus> animamque ; simul conu*b*ia natos
posponat mens pura Deo totamque salutem
95 reiciat, contemnat opes, patrimonia damnet
et securus erit uitae melioris amator
temporibus sine fine datis, sine limite perpes.
Quod spectat finem fragile est totumque caducum.
   Quam sit insipiens contemnere uelle perenne
100 et modico quaesisse die peritura repente,
Abrahae doceant iam nos exempla parentis
qui natum senior susceptum tardius unum
spe cito contempsit, iussus produxit ad aram
aptauitque neci nimia pietate cruentus ;

---

88 *uersum om.* U ‖ 91 uerba *BMVR* : uera *U* corda *Arevalo* ‖
92 est *om.* *BM¹ add. M²* ‖ praeferre deo *BMRU* : deo praeferre
V ‖ omnis *om. M¹ add. M²* ‖ 93 artus *add. Vollmer* ‖ simul *BM
VRᵖᶜU* : suam *Rᵃᶜ* ‖ *post* simul *lac. in U* ‖ conubia *Vollmer* :
conuiuia *BMVR* ‖ 98 quod spectat finem *BMVRU* : quot finem
exspectat *C* ‖ 102 senior *BMVR* : seui- *U* ‖ 104 cruentus *MᵃV
RU* : -tum *BM¹*

105 extrême; le glaive dégainé, le père, prêtre sanguinaire,
prêt à frapper son enfant bien aimé, allait exercer son
office; cet homme pieux sans pitié, dont les traits ne
manifestent ni tristesse ni douleur, n'a pas les joues
baignées de pleurs, ne déchire pas de ses ongles son
visage; on n'entend pas ses lamentations, on ne le voit
pas se frapper la poitrine. Le père ne donne pas libre
110 cours à ses sentiments, la divine bonté que rien ne
trouble le menace d'une perte en la personne de son fils
mis à mort sans que le trépas soit cruel, car ce fils était
soumis et offrait sa gorge à l'immolation. Offrande d'un
sacrifice agréable à Dieu, cette victime au cœur en paix
ne fut pas agréée et en même temps le fut, car son père
115 l'avait offerte d'un cœur fervent et le fils ne s'opposait
pas aux vœux paternels. Bientôt le Père tout-puissant
lui substitue un bélier sur l'autel[1] : la victime sacrifiée ne
va pas endeuiller de parents. Si Saturne le porteur de
faux avait jamais été un dieu, il aurait agi de même : il
aurait soustrait à la mort tous les enfants que pleurait
120 chaque année l'affection de parents qui inspiraient la
pitié; hélas, il ne les aurait pas privés de fils qu'ils ché-
rissaient tendrement. Comment, sollicité par des sacrifices, il provoque la mort et les lamentations, je l'ignore,
mais il a moins enlevé à celui qui l'apaise si, pour le
secourir, il n'a pas donné ce qu'il peut donner. De fait le

---

1. La substitution d'un bélier à Isaac comme victime offerte
en holocauste est mentionnée dans la *Genèse*, 22, 13 : *quem
(arietem) assumens obtulit holocaustum pro filio.* La voyelle de
la troisième syllabe de *arietem* (v. 116) est allongée, pour que la
forme puisse prendre place dans l'hexamètre; voir t. I, p. 92, n. 3.

105 nudato mucrone pater, ferus ille sacerdos,
    stabat in officio iam iam feriturus amatum
    et pius immitis, non tristis fronte doloris,
    non lacrimis udando genas, non unguibus ora
    dila*c*erans ; lamenta silent et uerbera cessant.
110 Non dat pectoribus, pietas secura minatur
    exitium sine morte *t*ruci p*er* funer*a* nati
    qui d*e*uotus erat, qui ad uulnera colla parabat.
    Hostia grata iacens et uictima mente quieta
    displicuit placuitque simul, quia corde fideli
115 et pater obtulerat nec natus uota negabat.
    Mox Pater omnipotens arietem subrogat aris :
    hostia praestatur non orbatura parentes.
    Si deus ullus erat Saturnus falcifer unquam,
    hoc faceret puerosque neci subduceret omnes,
120 annua quos pietas flebat miseranda parentum,
    heu, non orbaret dilecto pignore nat*i*s.
    Qui planctos mortesque facit per s*a*cra rogatus,
    nescio sed minus [est] a quo deplac*a*tur ademit
    qu*od* praestare potest <id> si non praestat *ut* adsit.

---

108 udando *BM* : und- *VRU* ‖ 109 dilacerans *Arevalo* :
-latans *BM¹VRU* -lanians *M³* ‖ 110 pectoribus *Grosse* : peccato-
BMVRU ‖ 111 truci *Arevalo* : crucis *BMVRU* ‖ per funera
Vollmer : pro funere *BMVRU* uel funere *Hudson-Williams* ‖
112 *uersum om. U* ‖ qui deuotus *W. Meyer* : quid uotus *B* et
quid notus *M* quid notus *VR* ‖ 121 natis *Bücheler Vollmer²* :
natos *BMVRU Vollmer¹* patres *Arevalo* ‖ 122 planctos *BM¹* :
-tus *M²VRU* ‖ mortesque *BMVR Arevalo* : mont- *U* ‖ sacra
Peiper : sera *BMVRU* uota *Arevalo* saeua *Glaeser* ‖ 123 sed
BMVRU Vollmer² : si *Vollmer¹* ‖ est *deleui, uide adn.* ‖ a quo
deplacatur *ego* : a quo deplacuntur *BM¹* a quo placantur *M³*
a quo deplangitur *VR* a quo deplangit *U* quod deplacandus
Vollmer¹ quia deplacandus *Traube* ‖ 124 quod *Traube* : quam
BMVRU ‖ id *add. ego* : quod *add. Vollmer¹* quam *add. Traube* ‖
ut *ego* : et *BMVR* ‖ adsit (ass- *MVR*) *BMVR Vollmer²* : absit
Glaeser Vollmer¹ ‖ *post* potest *rel. uers. om. U*

125 Dieu tout-puissant, le Dieu véritable, dispensateur de
tout bien, ne souhaite pas la mort des innocents et n'ôte
pas sans délai la vie aux coupables, mais préserve tous
les hommes en vue du pardon[1]. S'il ordonna que le pieux
Isaac fût la victime offerte par son père[2], il n'avait pas
130 la cruauté d'ôter au père, en le poussant à un si grand
crime, le fils qu'il lui avait accordé et il ne voulut pas
mettre à l'épreuve leur résolution à tous deux (il ne faut
pas voir en lui un tentateur) ; il n'était pas non plus sans
savoir quelles étaient leurs intentions d'hommes (il se
conforme à un plan, quand il ordonne que tous ses ordres
soient accomplis), mais Dieu a voulu nous enseigner
135 dans quelles dispositions d'esprit on doit le prier, de
quelle façon le Tout-puissant désire et a ordonné qu'on
l'aime. Il révèle à tous les hommes qu'il ne leur faut
jamais rien préférer au Seigneur éternel qui a créé l'univers entier, que poussés par leur pieux amour pour lui
ils doivent mépriser les dangers, ainsi que tout ce qui
leur est agréable à l'esprit et tout ce qu'ils aiment. Accep-
140 tons d'éprouver un dommage ; le préjudice qu'on subit
est compensé par des profits. Perd-on un peu du temps
de la présente vie, on sera assuré à jamais de la félicité
de la vie éternelle ; mais on ne doit jamais faire de si
grandes promesses sans proposer d'exemples.

---

1. Sur le thème, fréquemment développé dans le poème, de
l'indulgence, de la patience divine, voir t. I, p. 46, n. 3 et la
note à 1, 29-34.
2. Le v. 128 a été transmis incomplet par tous les manuscrits,
qui présentent une lacune après *hostia*. Vollmer a complété le vers
en ajoutant *patris ut esset*, tandis que Corsaro a préféré écrire
staret ut aris (voir sa note, p. 188 de son édition). Dans ce vers
la première voyelle d'*Isaac* est brève (de même au v. 144, mais
elle est longue au v. 160) ; voir t. I, p. 92, n. 2.

125 Nam Deus omnipotens, uerus Deus, omnia prae-
                                                    stans
   non cupit insontum mortes uitasque nocentum
   non cito consumit, ueniae dum cuncta reseruat.
   Nam quod Isac iussit pius hostia ‹patris ut esset›,
   non crudelis erat concessum auferre parenti
130 per patris tam grande nefas aut u*o*ta probare
   censuit amborum (non est temptator habendus)
   aut ignarus erat quem mens humana lateret
   (cum ratione iubet fieri quaecumque iubebit),
   sed uoluit monstrare Deus qua mente rogetur,
135 qualiter Omnipotens se uult et iussit amari.
   Ostendit cunctis ut nil praepon*ier* unquam
   debeat aeterno Domino qui cuncta creauit,
   cuius amore pio sunt contemnenda pericla
   uel quaecumque placent animis et quicquid amatur.
140 Sic iactura fiat ; praestat compendia damnum ;
   temporis exigui si sint dispendia uitae,
   semper et aeternae felicia lucra dabuntur.
   Nec nudo sermone decet promittere tanta.

126 non cupit insontum *BMVRU* : nam caput insonti *A* ‖
127 consumit *BMVRU* : non sumit *A* ‖ 128 nam quod *B Arevalo* :
non quod *MVRU* ‖ *post* hostia *lac. in BMVRU,* patris ut esset
suppl. Vollmer ‖ 130 uota *Vollmer* : uita *BM¹* iura *M²VRU* ‖
133 quaecumque *BMVR Arevalo* : quac- *U* ‖ 134 qua *B Arevalo* :
quia *MVRU* ‖ 136 praeponier *Arevalo* : -nerent *B* -neret *MVRU* ‖
140 sic *BMVRU* : si *Arevalo* sin *Glaeser* ‖ damnum *B²MVRU* :
dapnum *B¹* ‖ 142 et *BMVRU* : at *Arevalo*

Quelle fut, nous apprend-on, la récompense d'Abraham, notre ancêtre, quelle fut celle d'Isaac? Leur
145 postérité a couvert la terre de nations. Les barbares ne
furent pas les seuls à naître de cette souche vertueuse, la
foule des Romains provient elle aussi de ce sang ; le frère
aîné a engendré la race belliqueuse des païens, le cadet
nous a fait naître, nous qui aimons les tâches pacifiques.
150 Si quelqu'un objecte : « La vertueuse descendance des
saints hommes a donné la vie à fort juste titre aux amoureux de la paix ; devait-elle donc aussi procréer ces gens
cruels qui prennent plaisir à répandre le sang[1], ces sauvages impitoyables ? ». La réponse suivante triomphe de
155 lui et lui impose le silence : l'homme faible d'esprit,
privé de raison, ne sait pas que l'espace du temps est
partagé en ce monde entre deux états : ou c'est l'état de
paix ou bien les guerres grondent ; l'une de ces deux
situations remplit l'une ou l'autre période et il n'existe
pas de troisième état pour occuper l'espace du temps.
160 Le Roi du monde a donc clairement accordé tout cet
espace à la race d'Isaac qui survit dans ses descendants.
Cette lignée se perpétue, aussi vieille que le monde, et
sans interruption demeure souveraine dans le cours des
siècles. Elle n'occupe pas seulement l'espace du temps,
elle s'étend à toute la terre, là où le soleil qui révèle la
lumière fait naître et disparaître le jour, là où il ne peut
165 parcourir les cieux et là où ses rayons ont la chaleur du
feu ; elle règne aussi sur la mer. La lignée sainte[2] des

---

1. L'expression *gaudent sanguine fuso* est sans doute empruntée
à Lucain 4, 278 (*... gaudebit sanguine fuso*) qui affectionne la
clausule *sanguine fuso* (cf. 2, 158 ; 2, 439) ; Dracontius l'utilise
aussi dans *Or.* 387. On rapprochera également en 3, 218 : *fuso
gaudere cruore*.
2. *prophetarum* : le mot désigne ici les patriarches (Abraham,
Isaac, Jacob) qui sont parfois appelés prophètes, dans la mesure
où Dieu les choisit pour parler en son nom et pour intercéder
en faveur des autres ; ainsi en est-il d'Abraham en *Gen.* 20, 7 :
*Nunc ergo redde uiro suo uxorem, quia propheta est ; et orabit pro
te et uiues* (cf. Augustin, *Ciu.* 18, 37 : *quando quidem et Abraham*

Quid pater Abraham, quid Isac meruisse leguntur?
145 Horum posteritas repleuit gentibus orbem.
Barbaries nec sola datur de germine iusto
et Romana manus hoc est de sanguine fusa.
Dat maior gentile genus germanus et hostis
et minor eduxit nos munera pacis amantes.
150 Subiciat quisquam : « sanctorum uera propago
pacis amatores merito iusteque creauit ;
numquid et immites, qui gaudent sanguine fuso,
debuerat proferre simul feritate cruentos? »
Haec illum responsa domant faciuntque silere :
155 non agnoscit iners animi, rationis egenus,
tempora quod mundi rebus sunt capta duabus :
aut pax est aut bella fremunt ; quicumque duorum
alterutrum mos tempus habet nec tertia res est
tempora quae teneat. Dedit ergo tempora princeps
160 omnia perpetui generi manifestius Isac.
Aetatem mundi retinens descendit origo,
continuans dominata manet per saecula mundi.
Nec tempus retinet tantum, spatiatur in orbem,
qua profert tollitque diem sol luminis index,
165 qua nescit lustrare polos, qua flammeus urit ;
imperat et pelago ; caelum possedit origo

---

145 repleuit *Arevalo* : -ebit *BMVRU* ‖ 147 est *BMVR^{pc}* : dest
R^{ac} deest *U* ‖ 149 nos *BMV* : quos *RU* ‖ 153 proferre *B Arevalo* :
praef- *MVRU* ‖ 154 faciuntque *M² Vollmer²* : faciantque *BM¹V
RU Vollmer¹* ‖ 156 capta *BMVRU* : apta *Arevalo* pacta *Peiper* ‖
duabus *Arevalo* : -obus *BMVRU* ‖ 157 est *BMVR Arevalo* :
om. *U* ‖ quicumque *BMVRU* : quodcumque *Arevalo* ‖ 158 mos
Vollmer : mox *BMVRU* ‖ 159 teneat *Arevalo* : -ant *BMVRU* ‖
160 perpetui *BMVRU* : -tuo *Arevalo* ‖ manifestius *B²MVRU* :
-tus *B¹* ‖ 164 qua *Arevalo* : qui *BMVRU* ‖ 165 polos qua *Arevalo* :
polos quam *BMVRU*

prophètes a pris possession du ciel ; elle occupe les vastes
étendues réservées aux justes. La nombreuse descendance du béni de Dieu a pris possession du monde entier.

170 Mais Isaac ne fut pas le seul que l'espoir assuré de la
vie future amena à l'absolu mépris de la présente vie.
Trois jeunes gens avaient été jetés dans une fournaise de
feu ardent pour avoir invoqué le Seigneur ; mais bientôt
l'ardeur du foyer décrut, le feu devint froid, on s'étonna
devant les flammes glacées du brasier qui s'éteignait,
tandis que la chaleur brûlante n'était plus suffocante et
175 que la flamme ne léchait plus l'ouverture de la fournaise.
La faim des flammes chevelues refuse[1] sans être rassasiée
des aliments qu'elle dédaigne ; se détournant d'une
riche nourriture le feu ne se montre pas vorace. Un ange
plein de douceur pénétra dans la fournaise, y apporta
180 la pluie et l'éteignit en soufflant une brise de rosée ; son
aspect ressemblait à celui d'un être de race divine. Les
vêtements des jeunes hommes ne s'enflammèrent pas,
leurs cheveux ne furent pas brûlés et les charbons ar-
dents ne blessèrent nullement la plante de leurs pieds,
bien qu'ils les aient foulés si souvent sous leurs pas. Le

---

propheta fuit) ; saint Augustin fait aussi ressortir le rôle propre-
ment prophétique de la bénédiction d'Isaac (*Ciu.* 16, 37 : *Lex
et prophetia est Isaac*).

1. Les manuscrits donnent *recusant*, leçon conservée par
Vollmer et Corsaro ; nous jugeons préférable d'adopter la correction d'Arevalo *(recusat)*, qui, au contraire de Vollmer, ne place
pas de virgule après ce verbe. Il faut en effet grouper *ieiuna* avec
fames, qui est le sujet, et *fastidita* avec *alimenta*, ces mots étant
disposés en chiasme ; Hudson-Williams, *CQ*, 33, 1939, p. 158,
qui approuve la correction d'Arevalo, rapproche avec raison
deux emplois comparables de *ieiunus* chez Dracontius *(Sat.* 269 :
fames ... ieiuna leonis ; *Rom.* 8, 26 : *rabies ... non ieiuna)*. Dans
un autre article *(Imitative echoes and textual criticism)*, *CQ*, 53,
1959, p. 63, il invoque aussi à juste titre Ovide, *Met.* 8, 791
(ieiuna fames) et 8, 837 *(ignis ... alimenta recusat)*.

sancta prophetarum, tenet et loca magna piorum.
Omnia possedit benedicti lata propago.
   Sed nec solus erat quem spes secura futuri
170 egregie faceret praesentem temnere uitam.
Ignea tres pueros fornax exceperat ardens
nomine pro Domini ; sed mox tepuere calores,
frigidus ignis erat, gelidis incendia flammis
mirantur cecidisse, simul non feruor anhelat
175 torridus aut aditum lambebat flamma camini.
Crinibus ignitis ieiuna alimenta recusat
fastidita fames, reiecto fomite pingui
non fuit ignis edax. Quem roris spiritus afflans
imbrifer extinxit mitissimus angelus intrans,
180 cuius erat similis diuinae prolis imago.
Non uestis flammata uiris, non crinis adustus,
pruna nec extremae laesit uestigia plantae
conculcata licet totiens gradientibus illis.

   169 quem *MVRU* : ques *B*[1] quae *B*[2] ‖ 170 egregie faceret
M[2]*VRU* : faceret egregie *BM*[1] ‖ temnere *BM*[2]*VRU* : contem-
M[1] ‖ 176 recusat *Arevalo* : -sant *BMVRU* ‖ 177 fomite *MVRU* :
form- *B* ‖ 181 uestis *Arevalo* : uentis *BMVRU* ‖ 182 pruna *BM* :
prima *VRU* flamma *Arevalo* ‖ 183 gradientibus *MVRU* : graci-
B ‖ illis *U*[1] : illic *BMVRU*[2]

roi Perse[1] fut effrayé de voir les jeunes gens sains et
185 saufs. « Sortez », leur dit-il, après avoir rendu gloire à
leur Seigneur et il ordonne que tout Parthe soumis à
l'autorité du roi et de sa cour se prosterne sans réserve
devant le trône de Dieu.

   Les lions cruels à la gueule écumante ne touchèrent
pas au pieux Daniel auquel la grande bonté de Dieu
190 accorda d'en haut la subsistance, tandis que les deux
lions demeuraient affamés. Quel chasseur a jamais pénétré sans armes dans l'arène et y a survécu ? Qui n'a pas
redouté les déchaînements de l'amphithéâtre quand le
piqueur fouette les airs qui retentissent de claquements
(il harcèle avec adresse le fauve Massylien[2] en agitant
195 des étoffes mouvantes et aide de loin le bestiaire qui
tient le long épieu, un genou à terre, le bras revêtu d'un
brassard de cuir, le ventre protégé, l'arme appuyée sur
sa poitrine cuirassée), lorsque la foule assise sur les gradins dans la liesse du spectacle forme des vœux pour que
200 le fauve qui la rassasie en infligeant de graves blessures
ne rende pas dans la mort son sang vermeil ? Quand donc
l'arène, propice au salut que procure la fuite, vaste
enceinte à la fois fermée et largement ouverte quand les

---

1. *Persa tyrannus* désigne Nabuchodonosor (cf. 3, 718 : *Persarum rector* ; *Sat.* 31 : *Persarum regem Babylonae regna tenentem*).
Les v. 185-7 sont une allusion aux versets 3, 93-97 du *Livre de
Daniel*, où Nabuchodonosor fait délivrer les jeunes Hébreux
(egrediantur au v. 185 reprend *Dan.* 3, 93 : *egredimini et uenite)*
et où il reconnaît la puissance de leur Dieu *(Dominum confessus
eorum* fait écho au v. 185 à *Dan.* 3, 95 : *benedictus Deus eorum)*.
   2. *Massylum* désigne un lion du pays des Massyles, contrée
située au nord de l'Aurès (cf. Martial 9, 71, 1 : *Massyli leo fama
iugi* ; voir aussi la note à 1, 282). Arevalo (note au v. 189) hésite
entre cette interprétation et celle qui ferait de *Massylum* un
génitif pluriel rattaché à *ex arte* ; mais les chasseurs massyliens
étaient réputés surtout pour leur technique d'enveloppement
avec des filets dans les chasses réelles (voir J. Aymard, *Essai
sur les chasses romaines*, p. 405).

Illaesos pueros expauit Persa tyrannus :
185 « egrediantur » ait Dominum confessus eorum
plenius atque suum sol*i*um iubet omnis adoret
Parthicus imperio subiectus regis et aulae.
  Saeua Danielem rabies atque ora leonum
non tetigere pium cui destinat insuper escam
190 magna Dei pietas, ieiuno utroque leone.
Quis petit et uixit uenator inermis harena?
Amphitheatrales qui non tremuere furores,
cum crepitante sono productor uerber*a*t auras
(longius assistens Massylum ex arte lacessit
195 lintea fluxa trahens uenabula longa tenenti
poplite subnixo, dura sub pelle lacerto,
inguinibus strictis, mu*n*i*t*o pectore *n*isa),
cum residens caueis inter spectacula festa
uota facit populus ualida ne bestia no*x*a
200 sanguin*eum* referat *satian*s in morte ruborem?
Quando duos pariter suscepit harena leones
praesidio sic apta fugae spatiosior orbis,

---

186 plenius *BMVR Arevalo* : -nus *U* ‖ solium *Arevalo* : -lum
BMVRU ‖ 190 leone *Arevalo* : -nem *BMVRU* ‖ 191 harena
BMVRU : arenam *Arevalo* ‖ 193 productor *BMVRU* : -tus
Arevalo ‖ uerberat *Arevalo* : -ret *BMVRU* ‖ 195 tenenti *BMV
RU* : -tur *Arevalo* ‖ 196 dura *BMVR* : duro *U* ‖ 197 munito
Bücheler Vollmer[2] : muto *BM* mutato *M*[2]*VRU* nudato *Arevalo*
mulcato *Corsaro* sinuato *Vollmer*[1] ‖ nisa *Glaeser* : uisa *BMVRU*
sursum *Arevalo* ‖ 199 populus *Arevalo* : -lis *BMVRU* ‖ ualida ne
Glaeser : ne ualida *BMVRU* ‖ bestia *B*[2]*MVRU* : belua *B*[1] ‖
noxa *ego, uide adn.* : nota *BMVRU* morsu *Arevalo* uotum
Glaeser mala *Vollmer* ‖ 200 sanguineum referat *ego* : sanguineas
referat *Bücheler* sanguinis ab ore farte *B* sanguinis ab ore forte
MVR sanguinis ab o /// *U* sanguinem ab ore ferat *Vollmer* san-
guinet ore fero *Glaeser* ‖ satians *ego, uide adn.* : facies *BMVR*
faciens *Glaeser om. U* ‖ 202 sic apta *Peiper* : si capta *BMV
RU* ‖ orbis *BMVRU* : obstet *Arevalo* orbet *Glaeser*

douze portes ont tourné ensemble sur leurs gonds, a-t-
elle accueilli deux lions en même temps? D'un côté se
trouve l'homme, de l'autre le fauve, se dressant un contre
205 un; d'un côté une main armée du fer, de l'autre une
gueule armée de crocs. Cependant son compagnon, prêt
à le secourir, est là debout auprès de lui, de crainte que
la bête ne blesse l'homme à terre de ses morsures, ne
déchire ses membres et que le plaisir[1] tant apprécié ne
tourne à l'horreur. Quel est, je le demande, l'homme
pourvu d'armes qui, se posant en protecteur, eut l'audace de contenir la si cruelle fureur des lions? Ce fut le
210 très illustre descendant d'Alcée qui, rapporte-t-on, fut
vainqueur d'horribles monstres et dont le courage lui
valut, dit-on, de connaître le séjour céleste parmi les
astres; il ne fit périr qu'un seul lion dont il avait étreint
l'encolure, si toutefois est exacte la tradition qui a célébré à travers les siècles sa victoire. Mais il s'agit dans le
215 cas présent d'un homme à la foi sans réserve qui, grâce
à la bonté du Maître du tonnerre, accomplit un acte de
puissance, un très grand miracle. Il était serviteur de
Dieu, et non pas de Diane qui prend toujours plaisir à
l'effusion du sang des innocents, sans être jamais rassasiée de le voir répandre, malgré l'immolation de foules
220 d'étrangers. L'autel Taurique de la vierge cruelle ruisse-
lait de sang humain putride au pays des Colchidiens.

---

1. *uoluptas* est le terme qu'emploie également Prudence pour
désigner le plaisir que prennent les spectateurs aux combats de
gladiateurs qu'il condamne (*Symm.* 2, 1126 ; *Perist.* 6, 66). Quand
il s'agissait des chasses de l'amphithéâtre, la *uoluptas* pouvait
ne pas faire place à l'*horror* : les *uenatores* avaient beaucoup plus
de chances que les gladiateurs de sortir vivants de leurs combats.
Pour la condamnation par les chrétiens des jeux de l'amphithéâtre,
voir en particulier Tertullien, *Spect.* 12, 1 sq. ; 19, 1 sq. ; saint
Cyprien, *Ad Donat.* 7 (qui critique en particulier les *bestiarii* :
pugnant ad bestias non crimine, sed furore) ; saint Augustin,
Conf. 6, 7, 13 : *delectabatur scelere certaminis et cruenta uoluptate
inebriabatur* ; Cassiodore, *Var.* 5, 42, 4 : *Hunc ludum crudelem,
sanguinariam uoluptatem, impiam religionem, humanam, ut ita
dixerim, feritatem* ; voir aussi G. Ville, *La gladiature en Occident*,
op. cit., p. 465 sq.

clausa patensque simul bis seno cardine uerso?
Hinc uir adest atque inde fera, stans unus ad
                                          unum ;
205 hinc armata manus ferro, hinc dentibus ora.
Et tamen auxilio supra caput imminet alter,
morsibus illisis ne bestia membra iacentis
uexet et horrorem faciat dilecta uoluptas.
Quis, rogo, tam saeuas rabies compescere uindex
210 armatus praesumpsit homo? Clarissimus ille
Alcides, quem monstra ferunt domuisse nefanda,
qui uirtute polos meruisse est dictus et astra,
uix unum extinxit captum per colla leonem,
si tamen hunc uerax per saecula fama locuta est.
215 Sed hic plena fides hominis pietate Tonantis
exegit uirtutis opus, miracula summa.
Ille Dei famulus fuerat, non forte Dianae,
quae solet insontum fuso gaudere cruore,
sanguinis humani nunquam satiata cateruis
220 hospitibus caesis ; humana tabe madescens
Taurica per Colchos crudelis uirginis ara.

204 inde *BMVR Arevalo* : uir *U* ‖ 205 armata *B²MVRU* :
-menta *B¹* ‖ 208 horrorem *BMVR Arevalo* : hono- *U* ‖ faciat
MVRU : -ciet *B* ‖ uoluptas *Arevalo* : -untas *BMVRU* ‖ 210 ille
BM C Arevalo : illo *VRU* ‖ 211 quem *VRU* : quae *BM* ‖ 212
polos *BMVRU* : sua polos *C* ‖ 214 hunc *BMVR* : huic *U* ‖ 216
exegit *BMVRU* : exigitur *C* ‖ 217 forte *BMVRU C* : sorte
Arevalo ‖ 218 insontum *BMVRU Cᵖᶜ* : -te *Cᵃᶜ* ‖ 220 madescens
BMVRU : -cit *Glaeser*

Pierre s'appuyait à juste titre sur sa dignité d'apôtre,
lui le disciple du Seigneur qui portait l'emblème de la
croix rédemptrice et qui fut choisi pour guider les
225 nations innombrables sous la loi de la foi; il quitta les
très humbles filets, où il prenait le poisson des eaux
marines, pour devenir un habile héraut de Dieu, révéler
la vraie doctrine, détenir les clés du royaume des cieux,
être le premier prêtre sur la terre en ces temps de paix
où le Christ régnait; enseignant les nations au bruit du
tonnerre, combien de miracles n'accomplit-il pas pour
230 des multitudes[1], procurant gratuitement[2] la guérison
aux habitants de l'Asie ainsi que de l'Europe, fort de la
puissance de son maître? Pour que Rome ne reste pas
plus longtemps dans l'ignorance des bienfaits du Christ,
accompagné de Paul il gagne cette ville pour obéir aux
volontés divines. Il prononce des prières d'exécration
contre le magicien qui s'élevait dans les airs, fait
235 s'abattre à terre Simon le menteur sous les yeux de
Néron. Celui qui se prétendait faussement fils de Dieu
est précipité dans une chute brutale. De la même façon,
dit-on, l'impie Salmonée perdit son royaume, lui qui
essayait d'imiter la flamme de l'éclair pourtant inimi-
table et qui, contrefaisant la foudre, fut frappé d'une
240 foudre véritable. Voici donc que du haut de son céleste
séjour le Maître du tonnerre a accordé à un croyant

---

1. *miracula fecit* : Dracontius fait allusion aux guérisons
opérées par saint Pierre (*Act.* 3, 6 sq.; 5, 15 ; 9, 32 sq.) et à la
résurrection de Tabitha (*Act.* 9, 36 sq. ; sur cet épisode, voir
2, 770 et la note à 2, 766). L'activité miraculeuse de Pierre n'est
pas toujours distinguée dans les *Actes des Apôtres* de celle des
autres apôtres (voir *Act.* 2, 43 ; 5, 12 sq.). Par *miracula* le poète
peut aussi désigner d'autres prodiges comme celui de la glossolalie
ou « parler en langues » (*Act.* 2, 4 sq.).

2. *nulla mercede* fait écho au *gratis* des formules de la Vulgate
qui expriment la mission de guérison confiée par le Christ aux
apôtres *(Matthieu* 10, 8 : *Infirmos curate, mortuos suscitate,
leprosos mundate, daemones eiicite: gratis accepistis, gratis date).*
Cette mention de la gratuité du don divin est peut-être une
façon d'annoncer, par contraste, l'épisode de Simon le Magicien
(voir la note à 3, 234). Pour l'expression *nixus uirtute magistri*
(v. 231), voir la note à 3, 240 sq.

Petrus apostolico digne subnixus honore,
discipulus Domini, crucis almae signifer et dux
gentibus innumeris positus sub lege fideli,
225 retia post pelagi uilissima piscis aquosi
praeco Dei sollers et ueri dogmatis index,
ianitor aethereus uel primus in orbe sacerdos
temporibus placidis Christo regnante ; tonanter
quanta docens populos turbis miracula fecit,
230 impendens Asiae nulla mercede salutem
Europaeque simul, nixus uirtute magistri?
Et ne Roma diu nesciret munera Christi,
hanc Paulo comitante petit, pia iussa sequendo.
Exorat precibus magum per celsa uolantem,
235 Simona mendacem sternit spectante Nerone.
Ficta Dei proles nimia est collapsa ruina.
Sic imitatorem sed non imitabilis ignis,
fulmina mentitum percussum *f*ulmine uero
sacrilegum cecidisse ferunt Salmonea regno.
240 Ecce quid alma fides exegit ab arce Tonantis

222 digne *MVRU* : dignae *B* ‖ 228 placidis *BMVRU*² : nostris *U*¹ placitis *Glaeser* ‖ 229 docens *M*²*VRU* : duc- *BM*¹ ‖ 231 europaeque *M*²*VR* : -peque *BM*¹*U* ‖ 233 petit *M*²*VRU* : -tet *BM*¹ ‖ sequendo *BMVR Arevalo* : secun- *U* ‖ 234 exorat *BM VRU* : -rans *Arevalo* ‖ magum *Arevalo* : magnum *BMVRU* magicum *Vollmer* ‖ 237 imitatorem *BMR*² *Arevalo* : -arem *VR*¹*U* ‖ 238 fulmine *Arevalo* : cul- *BMVRU* ‖ 239 ferunt *B*²*MVRU* : -ret *B*¹ ‖ salmonea *BMVR* : -nia *U* ‖ regno *BMVR*^{pc} : -na *R*^{ac}*U* regem *Arevalo*

plein de bonté le pouvoir de donner la vie et la mort
grâce aux invocations qu'inspire la foi. La mort survient
rapidement, la vie revient sans retard, quand l'ordre en
est donné. La nature est là en servante, prête à obéir;
elle se montre soumise et reconnaît celui qui agit au nom
245 du Seigneur. Voilà ce qu'obtiennent toujours l'espérance,
l'âme pieuse, une vie que la foi anime. Il est clair que les
prières de ceux qui ont trouvé bon de vivre en suivant
une telle voie peuvent rapidement tout leur obtenir.
Mais quoi? Si je voulais raconter avec soin tous les
miracles, toutes les heures de ma vie d'ici-bas ne sau-
250 raient me suffire, même si elles devaient encore s'écouler
nombreuses avant qu'un terme lointain n'y mette fin.

Mais si quelque impie qui ignore la sainte loi de Dieu
vient à lire mes poèmes, pour éviter qu'il ne continue à
méconnaître ce que procure une foi sincère, une confiance
sans réserve et qu'il n'aille cependant chercher à obtenir
l'éternité en échange d'un court espace de temps, tout
255 en niant que le bienheureux Abraham ou l'un de ceux
que la sainte Écriture nous montre pleins de foi ait pu
accomplir des œuvres merveilleuses[1], je vais raconter
l'histoire des Danaens et celle du peuple de Quirinus qui,
pour leur propre gloire ou pour assurer la souveraineté

1. Le poète craint que les exemples empruntés à l'Ancien et
au Nouveau Testament, qu'il vient de citer pour démontrer la
puissance que Dieu confère à ceux qui ont foi en lui, ne puissent
servir à convaincre les incrédules (v. 251-5). C'est à ces derniers
avant tout qu'est donc destinée la longue série d'exemples tirés
cette fois de l'histoire grecque et de l'histoire romaine ou de la
mythologie (v. 256-530) : le poète y évoque les héros et héroïnes
antiques qui n'ont pas hésité à se sacrifier eux-mêmes ou à sacrifier
l'un des leurs. Cette référence aux héros de l'Antiquité peut faire
penser d'abord au passage qu'on lit à la fin de l'*Ad martyras*
(4, 2 sq.) de Tertullien (voir t. I, p. 48, n. 2), mais elle rappelle
aussi la façon dont saint Augustin, dans la *Cité de Dieu*, insère
la tradition des *exempla* dans l'histoire du salut (*Ciu.* 5, 12 sq. ;
voir t. I, p. 54, n. 5). Cependant Dracontius, pour sa part, cite
surtout des actes de cruauté, des *exempla scelerum*, et montre
la vanité des sacrifices accomplis pour satisfaire seulement la
gloire terrestre (voir t. I, p. 55).

ut uitas mortesque daret sermone fideli.
Mors cita, uita redux uerbo mandante cucurrit.
Naturae famulatus adest seruire paratus,
obsequitur Dominique uices cognoscit agentem.
245 Exigit hoc semper spes, *men*s pia, uita fidelis ;
uiuere quos libuit sub tali tramite uitae,
omnia *i*am constat precibus cito posse mereri.
Qui*d*? Si cuncta uelim miracula currere sollers,
non mihi sufficient mortalis tempora uitae,
250 multa licet maneant sub quouis limite longo.
    Sed *si* forte legat haec carmina nostra profanus
quem lateat lex sancta Dei, ne incredulus extet
impendat quid pura fides, praesumptio simplex,
nec tamen aeternum modico pro tempore quaerat
255 et neget Abraham tantum fecisse beatum
uel quoscumque docet sancta scriptura fideles,
historias curra*m* Danaum gentisque Quirini,
qui pro laude sua uel qui pro regno alieno

242 cucurrit *BMV* : recurrit *RU* ǁ 243 famulatus *BMVR
Arevalo* : -tur *U* ǁ 245 semper *BMVRU* : simplex *Arevalo* ǁ
mens *Hudson-Williams* : sors *BMVRU* uox *Arevalo* ǁ uita *BMV* :
uota *RU* ǁ 247 iam *Hudson-Williams* : nam *BMVRU* ǁ 248 quid
Vollmer : qui *BMVRU* nam *C* quod *Arevalo* ǁ sollers *M²VRU*
C : soleas *BM¹* ǁ 250 limite *BMVR Arevalo* : milite *U* ǁ 251 si
Vollmer : ne *BMVRU* ǁ 252 ne incredulus *Vollmer* : nec incre-
BM¹ nec cre- *M²VRU* ǁ 257 curram *Bücheler* : currant *BMV
RU* ǁ quirini *B* : -nae *MVR* -ne *U* ǁ 258 qui ... qui *Arevalo n.* :
quid ... quid *BMVRU*

d'un autre, l'âme infectée du désir de se livrer sans rete-
260 nue à un massacre, ont tous eu l'audace de souiller leurs
mains de la mort des leurs ou du moins de leur propre
trépas.

Stace dépeint Ménécée, le fils de Créon qui versa vo-
lontairement son sang et en arrosa les remparts de
Thèbes pour que, grâce à cette mort, son père conservât
265 le royaume des Furies. Si c'est un crime et un atroce
sacrilège que d'égorger les parents qui vous sont unis
par le sang, tourner l'épée contre soi-même est un
forfait sans nom. Mais que personne n'aille s'étonner
devant les si abominables impiétés de cette race : c'est
de la même façon que le sceptre souillé qu'Œdipe avait
270 tenu en mains put être transmis à ses successeurs (car le
sauvage Créon était à la fois le plus proche héritier et le
frère de Jocaste) ; dans cette cour ce fut en quelque sorte
une loi pour les souverains que de consacrer leurs règnes
aux crimes et aux larmes.

Codrus sollicita une réponse du trépied d'Apollon ; il
275 l'obtint pour son malheur, mais fut à l'origine de la victoire d'autrui ; il revêtit l'habit du serviteur après s'être
ceint des armes royales : celui auquel les combats
refusent la mort la trouve dans une simple querelle ;
dans les périls[1] un roi rencontre la mort en se donnant
l'apparence d'un indigent.

---

1. La leçon des manuscrits *(in dubiis)* a été conservée par
Arevalo, qui suggère cependant en note des corrections possibles
(indubia ou *indubie)*. Grosse a proposé *induuiis*, conjecture que
Vollmer a adoptée. Il faut en fait garder la leçon des manuscrits,
comme l'a bien montré Hudson-Williams (*C.Q.*, 41, 1947, p. 105-6 ;
cf. *C.Q.*, 53, 1959, p. 68) en rapprochant judicieusement Lucain
8, 241 : *in dubiis tutum est inopem simulare tyranno*, vers que
Dracontius emprunte presque entièrement : il remplace seulement
tutum par *mors* pour adapter le vers au sens de son contexte
(chez Lucain le déguisement du roi Déjotarus est au contraire
une sauvegarde). On peut aussi rapprocher Lucain 8, 240 :
egreditur famulo raptos indutus amictus du v. 276 *(uestibus
indutus famuli)*.

mentibus infectis animosae cladis amore
260 ausi omnes scelerare manus de morte suorum
aut certe de strage sua. Menoecea Creontis
Statius ostendit quia fuso sponte cruore,
ut pater orbatus furiarum regna teneret,
Thebanos proprio perfudit sanguine muros.
265 Si consanguineos scelus est iugulare propinquos
et furiale nefas, in se conuertere ferrum
hoc facinus nec nomen habet. Sed nemo profecto
miretur hominum tam saeua piacula gentis :
non aliter potuit sceptrum transire profanum
270 ad successores quod gesserat Oedipus unquam
(nam ferus ipse Creon Iocastae proximus heres
et germanus erat) ; quasi lex est ipsius aulae
criminibus lacrimisque ducum sua regna dicare.
    Codrus Apollinei tripodis responsa petiuit ;
275 accipit infelix, aliena causa triumphi,
uestibus indutus famuli post arma tyranni.
Nam cui bella negant fecerunt iurgia mortem ;
in dubiis mors est inopem simulare tyranno.

260 ausi *Arevalo* : aut si *BMVRU* ‖ 261 certe *BM²VRU* : forte
M¹ ‖ menecea *B²MVRU* : me necea *B¹* ‖ 262 quia *BMVRU* : qui
Arevalo ‖ 264 thebanos *MVRU* : te uanos *B* ‖ muros *BMVR
Arevalo* : -res *U* ‖ 265 iugulare *BMVR Arevalo* : uulgare *U* ‖
266 et *BMVRU* : est *Arevalo* ‖ in se *BMVR Arevalo* : uise *U* ‖
ferrum *MVRU* : ferum *B* ‖ 270 oedipus *M³ Arevalo* : hidippus
BM¹VRU ‖ 271 nam *BM* : iam *VRU* ‖ creon iocastae *M²VRU* :
creonio castae *BM¹* ‖ proximus *M²VRU* : proci- *BM¹* ‖ 273 dicare
M²VRU : duc- *BM¹* ‖ 274 apollinei *Vollmer* : -ne *BM¹* -neae
M²VRU ‖ petiuit *Peiper* : retibit *B* reciuit *M* resciuit *VRU* ‖ 275
accipit *BM²VRU* : -cepit *M¹* ‖ 276 post *BMVRU* : petit *Arevalo* ‖
277 negant *MVRU* : -gat *B* ‖ fecerunt *BM²VRU* : -cere *M¹* ‖
iurgia *M³ Arevalo* : iuria *BM¹VRU* ‖ 278 in dubiis *BMVRU* :
induuiis *Grosse Vollmer* ‖ mors *BMVRU* : mos *Glaeser*

　　Qu'on lise les exploits audacieux de Léonidas et ses
280　combats livrés pendant la nuit. Attaquant le camp de
l'ennemi, il l'envahit dans le silence nocturne avec une
cohorte unique que protégeaient les seules ténèbres; la
nuit servait de bouclier à ces héros; la petite troupe,
forte de l'espoir de sa propre mort, mettait sa confiance
dans les dangers; sacrifiant leur vie[1], ils attaquèrent
une multitude d'hommes sans penser à leur salut. Ils
285　assaillent des bataillons; ils font couler le sang dans un
obscur carnage. L'ennemi qui résiste ne sait pas qui il
frappe; il massacre un compagnon, abat un ami qui lui
est cher, mutile un frère qu'il ne reconnaît pas et égorge
un parent. Dans l'obscurité de la nuit on croit protéger
son père, qui gît là, victime des coups de l'affection
290　filiale; il aurait vécu, aurait encore connu de longues
années, si la descendance de ce chef de famille n'avait
pas fait preuve d'une excessive affection. C'est un crime
vertueux qui brise les liens naturels et, à mon avis, les
Perses ne commettent pas une impiété en tuant leur
295　père, puisque leurs lois leur permettent de venir partager
la couche de leur mère.

　　L'autel des Philènes, célèbre tombeau des deux
frères, a pris possession des sables des confins de Libye
brûlés par le soleil. Ils firent preuve, dans l'intérêt
d'autrui, d'un esprit cupide, comme s'ils avaient œuvré
dans leur propre intérêt. Il ne s'agissait pas d'un terri-
300　toire fertile, mais de confins desséchés. Le climat torride
avait réduit en poussière la glèbe calcinée; partout la
soif et la faim régnaient sur les sables arides. Cette région

---

1. *luce repulsa* n'est pas une allusion à l'obscurité, comme
paraît le croire Arevalo (note au v. 278). Le rapprochement qu'on
peut faire avec *tempta luce* en 3, 433 (expression sans doute
inspirée de Claudien, *Bell. Gild.* 1, 78 : *contempta luce*) invite
à comprendre que *lux* désigne ici la « lumière de la vie », la « vie »
(cf. par exemple Cicéron, *Fin.* 5, 32 : *relinquenda luce*).

Ausa Leonidae nocturnaque bella legantur.
280 Castra inimica petens inuasit nocte silenti
et fuit una cohors tantum munita tenebris.
Nox erat umbo uiris, manus haec confisa periclis,
spe mortis praesumpta suae ; qui luce repulsa
millenos petiere uiros spernendo salutem.
285 Inuadunt populos, obscura strage cruentant ;
dum nescit quemcumque ferit quicumque repugnat,
obtruncat socium, carum prosternit amicum,
amputat ignarus fratrem iugulatque propinquum.
Dum pater obscura defendi nocte putatur,
290 sic *i*bi procubuit nati pietate peremptus ;
uiueret et uitam longo produceret aeuo,
ni sobolem genitor nimiae pietatis haberet.
Foedera natur*ae* rumpuntur crimine sancto
nec reor esse nefas Persis occidere patres
295 quos sua iura probant thalamis asciscere matres.
Ara Philaenorum Libycas possedit harenas
limitis exusti, fratrum memoranda sepulcra ;
extiterunt aliis tanquam sibi mentis auarae.
Nec caespes fecundus erat, sed limes adustus.
300 Soluerat in cineres coctas plaga feruida glebas,
hinc sitis inde fames steriles retinebat harenas ;

---

279 legantur *B²MVRU* : legun- *B¹* ‖ 282 umbo *om. B¹ add.*
B² ‖ confisa *Glaeser* : -fusa *BMVRU* ‖ 288 iugulatque *BMVR*
Arevalo : uigil- *U* ‖ 289 pater *M²VRU* : -tes *B* -tros *M¹* ‖ defendi
BMVR : -fensi *U* -fensus *Arevalo* ‖ 290 ibi *Arevalo* : ubi *BM*
VRU ‖ 292 ni *BM Arevalo* : hi *VRU* ‖ 293 naturae *Peiper* :
natura *BM* nam *VRU* ‖ rumpuntur *Peiper* : rerum punitur *BM*
VRU ‖ 294 patres *M²VRU* : pares *BM¹* ‖ 295 matres *M²VRU* :
mater *BM¹* ‖ 296 libycas *M³R²* : libi- *U* liui- *BM¹VR¹* ‖ 297-
301 *om. U* ‖ 298 extiterunt *BM¹V* : -erant *M³R* ‖ 299 fecundus
M²VR : fac- *BM¹* ‖ 300 soluerat *BM* : -ueret *VR* -uit et *Glaeser* ‖
cineres *BM* : -rem *VR* ‖ coctas *M²V* : coctam *BM¹* cottas *R*

avait été abandonnée à la seule Méduse ; elle était desséchée par les roues du char du soleil, envahie de noirs reptiles, exposée aux assauts des feux de l'éther et des
305 cérastes glacés ; prise entre le froid glacial des serpents et les chaleurs brûlantes de l'air, cette terre est incapable de se renouveler avec les saisons et conserve toujours sa couleur pourprée[1] sous un soleil intense. Les chélydres s'y déplacent partout en toute sécurité : la funeste
310 ardeur de l'astre les protège et il n'existe pas ici de cerfs, qui ont pouvoir sur eux, pour les tenir à leur merci. Qu'auraient donc accompli les deux frères, s'ils avaient cherché à atteindre des campagnes fleuries, si la contrée avait offert une glèbe féconde, un sol extrêmement fertile, si elle n'avait pas été infestée de l'haleine des vipères, si ces bêtes en sifflant n'avaient pas répandu la
315 mort ? Ne seraient-ils pas allés jusqu'aux extrémités de la terre[2], là où s'étendent les espaces torrides du ciel, la zone rougeoyante de chaleur ou la sinistre glace d'un hiver aux éternels frimas, sans cesse engourdi dans une torpeur qui ne connaît jamais les souffles d'un air chaud ? Cette région n'aurait point arrêté les frères dans leur
320 marche, mais, après avoir délimité la frontière, le jalon fiché dans le sol aurait fendu les neiges glacées et se serait emparé des marais scythiques.

---

1. Arevalo (note au v. 297) se demande si l'expression *puniceum ... ruborem* ne recèle pas un jeu de mots : « fortasse alludit ad nomen *Punicus*, *Phoeniceus* et *Phoenicius* : nam *Punicus* pro *Puniceo* seu rubicundo reperitur et *Phoenicius* color non procul abest a puniceo. Nomina vero sunt Carthaginiensium *Phoenices*, *Poeni*, *Punici* ». Mais on notera que le poète emploie volontiers l'adjectif *puniceus* sans faire aucune référence aux terres ou réalités puniques (voir 1, 66 ; *Or.* 524 ; 792 ; *Rom.* 10, 102 ; 158 ; 471).
2. *per extremos* : parmi les cinq zones climatiques, le poète décrit celles qui sont le plus opposées, la zone torride qui est située au milieu et les zones glaciales qui sont aux deux extrémités (cf. Virgile, *Georg.* 1, 233 sq. ; Ovide, *Met.* 1, 45 sq.) ; voir la note à *Sat.* 89 sq.

portio telluris tantum concessa Medusae,
solis adusta rotis, nigris infecta uenenis,
ignibus aethereis, gelidis obsessa cerastis ;
305 inter serpentum glacies atque aeris aestus
ignorat mutare uices per tempora tellus,
puniceum retinens ingenti sole ruborem.
Illic securi spatiantur ubique chelydri
defendit quos flamma nocens, uel nulla potestas
310 est ibi ceruorum quorum sub iure tenentur.
Quid facerent fratres, si florea rura petissent,
si tellus fecunda foret nimis ubere glebae
aut si uipereis non esset noxia tellus
flatibus et nullas mandarent sibila mortes?
315 Nonne per extremos issent, qua flammeus axis
extendit, qua zona polos rubicunda calore
aut hiemis glacies aeterno frigore tristis,
semper anhelantis torpens ignara uaporis?
Haec plaga germanos nunquam prohiberet euntes,
320 limite sed posito niueas mensura pruinas
finderet et Scythicas retineret pacta paludes.

---

302 tantum concessa *BMR*[2] : concessa tantum *VR*[1] concessa *U* ‖
medusae *om. U* ‖ 304 aethereis (et-) *VRU* : -riis *BM* ‖ 307 ruborem
MVRU : -ore *B* ‖ 308 illic *Arevalo* : illi *BMVRU* ‖ chelydri
Arevalo : cely- *VR* celi- *U* celsy- *BM*[1] cyly- *M*[3] ‖ 309 uel *Glaeser* :
ut *BMVRU* ‖ 310 est ibi *Glaeser* : et sibi *BM*[2]*VRU* et tibi *M*[1] ‖
ceruorum *ego* : sertorum *B*[2] *(in lac.) MVRU (uide adn.)* ‖
311 rura *BMV Arevalo* : iura *RU* ‖ 312 nimis ubere *M*[3] *Arevalo* :
minus ubere *VRU* minis subere *BM*[1] ‖ 314 mandarent *BM*[2]*V*
RU : -derent *M*[1] ‖ mortes *M*[2]*VRU* : mont- *BM*[1] ‖ 315 extremos
BMVR : exinos *U* ‖ axis *BMVRU*[2] : assis *U*[1] ‖ 316 qua *M*[3]
Arevalo : uelut *BM*[1]*VRU* uel *Peiper Vollmer* ‖ calore *Peiper* :
col- *BMVRU* ‖ 318 torpens *BMVRU* : -pet *Arevalo* ‖ 321 et
scythicas *R*[2] *Arevalo* : et squati- *M*[3]*R*[1]*U* esquati- *B* squati- *M*[1]
ter squati- *V* ‖ pacta *Kuijper* : tacta *BMVRU* tracta *Arevalo*
facta *Vollmer* nacta *Corsaro*

Les actions que l'amour de Rome a poussé nos
ancêtres à accomplir[1], je vais, si j'en suis capable, les
célébrer dans un récit véridique. Car Brutus le justicier
fournit le meilleur et le pire des exemples : inspirant
325 une horreur et un amour sans égal, citoyen intègre mais
criminel chef de famille, appelé à juste titre père de la
patrie mais ennemi de ses fils tout autant que des rois,
plein de vertu, il venga la pureté outragée après l'atten-
tat du prince, ce débauché qui abusa d'une femme vertueuse, ce voleur qui usurpa les droits du mari pour
ruiner la chasteté de la couche nuptiale. Quel forfait
330 Brutus a-t-il commis, après avoir mis fin au règne cruel
du tyran, après avoir soumis Rome à l'autorité de deux
consuls, en datant ainsi les événements des années grâce
aux faisceaux pris dans l'allégresse? Le consul conduit
les combats contre le roi et poursuit le combat contre la
nature; à son retour de la guerre, il éclaboussa son corps
335 du sang des siens et tourna contre la nuque de ses affec-
tueux enfants les haches destinées aux ennemis, dont un
funeste crime a fait des armes sacrilèges, hostiles à des
concitoyens, plongeant dans le deuil ceux mêmes qui
les portaient. Un vieillard maudit suivait le convoi
funèbre de jeunes gens[2]; un seul homme fut à l'origine à
la fois de la vie et du trépas de ses fils. Un tel forfait a-t-il

---

1. Avec le v. 322 commence la série des *exempla* empruntés
à l'histoire de Rome. Sont successivement retracés dans les
v. 324-438 les traits d'héroïsme de Brutus, Virginius, Torquatus,
Scévola, Curtius, Régulus, que le poète a pu lire chez Valère-
Maxime (voir t. I, p. 67) ; mais on retrouve aussi ces héros, sauf
Virginius, évoqués parmi d'autres chez saint Augustin (*Ciu*. 5,
18, 1 sq.) qui, insérant la tradition des *exempla* dans l'histoire
du salut, a pu servir de modèle à Dracontius (voir t. I, p. 54 et 68).
2. On trouve dans le *Commentaire à l'Enéide* de Claudius
Donatus (*Aen*. 11, 85, p. 419, 26) une expression qui rappelle le
vers de Dracontius : *ibat ... infelix senex in exsequiis iuuenis*
(à propos du vieillard Acétès aux funérailles de Pallas, son
pupille). On lit aussi chez Corippe, *Iust*. 1, 171-2 : *ibo paternas/
tristis in exequias*. L'expression ancienne ne comporte pas de
préposition (*exsequias ire* dans Térence, *Phorm*. 1026 ; Ovide,
Am. 2, 6, 2, etc.).

Quae Romanus amor patres implere coegit,
dicere si ualeam, uero sermone probabo.
Optima nam uindex exempla ac pessima Bru*t*us,
325 horror amorque nouus, ciu*i*s pius, impius auctor,
iure pater patriae, natis et regibus hostis
atque pudicitiae laesae castissimus u*l*tor
post regale nefas, quod castae ingessit adulter,
iu*r*e maritali genialis praedo pudoris.
330 Quod scelus admisit, postquam fera regna tyranni
expulit et gemino praestrinxit consule Romam
annua festiuis disponens fascibus acta?
Regia bella gerens naturae bella peregit,
membra cruore suo perfudit ab hoste reuersus
335 consul et in sobolis uertit pia colla secures
hostibus aptatas, funesta fraude profanas,
ciuibus hostiles orbatricesque suorum.
Ibat in exequias iuuenum execranda senectus ;
unus erat uitae natorum et funeris auctor.

322 patres *BMVRU* : -trem *Corsaro* ‖ 324 brutus *Arevalo* :
bruc- *BMV*[1] bruch- *V*[2]*RU* ‖ 325 horror *M*[3] *Arevalo* : oror
BM[1]*VR* honor *U* ‖ ciuis *Arevalo* : cuius *BMVRU* ‖ 327 ultor
Arevalo : auctor *BMVRU* ‖ 328 castae *M*[3] *Arevalo* : -te *BMV
RU* ‖ ingessit *B Arevalo n.* : gessit *MVRU* ‖ 329 iure maritali
Arevalo n. : iam maritalis *BM*[1]*VRU* iamque maritalis *M*[3] latro
maritalis *Vollmer* inuasor thalami *Arevalo* ‖ 330 admisit *BMVR
Arevalo* : amisit *U* ‖ 331 praestrinxit *BM* : pers- *VRU* ‖ 332
fascibus *BMVRU* : fasti- *Hosius* ‖ 334 perfudit *M*[2]*VRU* : -fundit
BM[1] ‖ 335 consul et in *M*[3] *Arevalo* : consulet et *BM*[1]*VRU*

340 pu être commis? Un meurtre aussi cruel rend amer
l'amour de la patrie qui a causé l'amertume d'un père,
qui a privé de son titre de père celui qui mit à mort sa
descendance; pour la défendre il avait pris les armes,
puis il traita ses chers enfants comme des ennemis.

Il y eut un autre vieillard qui frappa sa fille de l'épée.
Quand donc un père, dans sa douleur, a-t-il fait de son
345 enfant chéri l'objet de ses lamentations? Celui-là fit
périr un être tendrement aimé pour éviter qu'une passion
coupable ne portât atteinte à la fois à sa vertu et à la
liberté qu'il possédait de naissance. Défenseur de la
pureté[1] il a enfreint les lois de la nature et l'amour de la
liberté a vaincu l'amour paternel. Ainsi il ne s'est pas
350 soucié de sa famille, mais s'est soucié de Rome; oublieux
de son sang, de père il s'est changé en marâtre. Insensible à la tendresse, il refuse d'être le père d'une jeune
fille admirable dans la crainte de devenir l'aïeul d'un
esclave. L'homme honorable redoute la pesante servitude; les plaisirs de la luxure l'épouvantent; plein de
355 courroux, il frémit à l'idée de l'union illégitime qu'impo-
serait un crime horrible. Sous l'effet de la douleur, le
père inhumain qui reçoit pour héritage la dépouille de
la jeune vierge laisse échapper des gémissements. La
gloire d'avoir restauré la liberté[2] apporta un soulagement
à son affliction. Nous, le peuple, nous nous étonnons que

---

1. *causa* offre ici l'acception juridique de « défense » ; opposant
causa pudicitiae et *naturae iura*, le poète a voulu, dans une formule
paradoxale, montrer comment Virginius, pour défendre la vertu
de sa fille, en arrive à lui ôter la vie ; sur *causa*, « défense », dans
la langue juridique, voir P. J. Miniconi, *Causa et ses dérivés*, 1951,
p. 45 sq. A. Blaise, *D.L.A.C.*, s.v. *causa*, classe à tort ce passage de
Dracontius parmi ceux où *causa* est à prendre dans l'acception
de « affaire, chose ».

2. Comme le souligne Arevalo (note au v. 348), on peut hésiter
entre deux interprétations de *libertatis honos* : Virginius tire-t-il
sa consolation d'avoir évité à sa fille la servitude ou d'avoir
contribué à libérer Rome de la tyrannie des Decemvirs ? S'il faut
choisir, nous préférons la deuxième hypothèse, mais l'ambiguité
de l'expression a peut être été recherchée par le poète.

340 Hoc scelus admissum? Tam saeuo crimine non est
dulcis amor patriae, qui patrem fecit amarum
aut fecit non esse patrem iam prole perempta
pro quibus arma tulit, hostes qui in pignore
praebet.
Alter erat senior qui natam perculit ense.
345 Quando dolens genitor planctus de pignore fecit?
Affectus perimit, ne condemnanda libido
tolleret ingenua cum libertate pudorem.
Causa pudicitiae naturae iura diremit,
libertatis amor uicit pietatis amorem.
350 Immemor hinc generis factus, non immemor Vrbis,
sanguinis oblitus fecit de patre nouercam.
Virginis eximiae pater impius esse recusat
ne sit auus famuli; pondus dicionis honestas
extimuit, formido fuit lasciua uoluptas
355 illicitosque toros obsceno crimine captos
horruit iratus; gemitus uirtute doloris
fudit uirginei truculentus funeris heres,
libertatis honos solacia planctibus egit.
Militis armati tantum potuisse dolorem

343 praebet *V* : -bent *BMR* probet *U* ‖ 344 natam *Arevalo* : -tum *BMVRU* ‖ 346 affectus perimit *Arevalo n.* : perimit affectus *BMVRU* ‖ condemnanda *M²VR* : -dempna *B* -demna *M¹* corde pnanda *U* corde premenda *Arevalo* ‖ libido *M²VRU* : liui- *BM¹* ‖ 347 ingenua *M³* : -nuae *Glaeser* -ndia *BM* -ntia *VR* -nti *U* ‖ pudorem *MVRU* : -ore *B* ‖ 349 uicit *Arevalo* : uinc- *BMVRU* ‖ 350 urbis *BM Arevalo* : orb- *VRU* ‖ 351 patre *MVRU* : parte *B* ‖ 353 famuli *Arevalo* : -lus *BMVRU* -lis *Glaeser* ‖ 355 thoros *BMVR Arevalo* : cho- *U* ‖ 356 iratus *Arevalo* : -tos *BMVRU* ‖ uirtute *BMVRU* : uincente *Arevalo* ‖ doloris *BMVR* : -res *U* -re *Arevalò* ‖ 357 fudit *Arevalo* : fund- *BMVRU* ‖ 358 honos *Vollmer* : honus *BM* onus *VRU* opus *Arevalo* ‖ planctibus *BMVR Arevalo* : plant- *U*

360 la douleur d'un guerrier ait été si violente, que, possédé
du désir de défendre la vertu, il soit devenu l'ennemi de
sa race, le meurtrier de son enfant, le bourreau qui répandit son propre sang.

Que dire de la violence de Torquatus? Au lieu d'honorer son fils, le consul le frappa d'un châtiment, montrant
jusqu'où allait la sévérité paternelle. Car aucune faute
ne fut commise : ce fils en combattant procura la victoire
365 à sa patrie, mais les blessures qu'il infligea à l'ennemi
pour le faire périr provoquèrent sa propre mort comme
si lui, le jeune guerrier, avait été vaincu. Bien que personne après ce combat n'eût défait ses cohortes, le père
tua impétueusement de son glaive celui qui avait survécu au glaive; ce fils, qui plus est, était invaincu et
370 avait rapporté les dépouilles prises à l'ennemi, le fléau
de la guerre une fois écarté des remparts de la patrie.
Quel est, je le demande, le chef suprême qui a jamais osé
faire violence à des vainqueurs ou qui à l'issue de la
guerre, au milieu des cohortes victorieuses et des chars
du triomphe, après de farouches combats, a pu avoir
l'audace de frapper la tête du héros sublime que le
375 peuple dans les cités vénère et exalte, l'audace d'unir les
lamentations aux cris triomphants, de mêler la tristesse
à la joie? La douleur a étouffé les chants de fête, les
réjouissances s'interrompent, l'allégresse publique est
troublée par la désolation funèbre. Le chef que la gloire
380 a frappé de mort a regretté sa victoire et le soldat a
déploré les succès guerriers. Tandis que le vainqueur
était châtié pour sa noble valeur, une très grande vic-

360 miramur populi, quia captus amore pudoris
hostis erat generis, prolis mors, sanguinis haustus.
Quid Torquata manus? Nato pro laude periclum
intulit ostendens quae sit censura parentis.
Nam nec culpa fuit. Patriae pugnando triumphum
365 uulneribus dedit ille suis quibus hoste perempto
contigit extingui, tanquam superata iuuentus.
Quamuis nemo suas strauit post bella cohortes,
reliquias gladii gladio feruente necauit
addo quod inuictum dantemque ex hoste tropaea
370 moenibus ereptis patriae de clade duelli.
Quis, rogo, dux princeps <uim> unquam est uictoribus ausus
aut quis adoratum populo laudante per urbes
inter uictrices audax post bella cohortes
atque triumphales post horrida proelia currus
375 percuteret sublime caput, lamenta triumphis
iungeret et laetis misceret tristia rebus?
Oppressit uotiua dolor, festiua recedunt,
publica funereo turbantur gaudia luctu.
Paenituit uicisse ducem, cui gloria mortem
380 intulit, et miles bellorum prospera fleuit.
Dum lueret uictor poenas uirtutis honestae,

360 miramur *BM*[1] : -rantur *M*[2]*VRU* ‖ 361 haustus *Kuijper* :
hostis *BMVRU* haustor *Arevalo* ‖ 362 nato *BM*[2]*VRU* : -tu *M*[1] ‖
364 nec *B* : neque *MVRU* ‖ 367 suas *Arevalo n.* : sua *BMVRU* ‖
368 reliquias (rell- *R*) *BMR* : -quas *VU* ‖ gladii *Vollmer* : -diis
BMVRU cladis *Arevalo* ‖ feruente *BMVRU* : -riente *Arevalo* ‖
necauit *Arevalo* : -abit *BMVRU* ‖ 369 tropaea *R Arevalo* : -phea
BVU -phaea *M* ‖ 370 ereptis *BMVRU* : eripuit *Arevalo* ‖ 371
princeps *BMVRU* : poenas *Arevalo* ‖ uim unquam *ego (uide adn.)* :
unquam *BMVRU* ‖ 372 adoratum *BM*[1] *Arevalo* : -atur *M*[2]*VRU* ‖
375 percuteret *M*[2]*VRU* : -re *BM*[1] ‖ triumphis *M*[2]*VRU* : -phus
BM[1] ‖ 377 dolor *Arevalo* : -lo *BMVRU* ‖ 380 fleuit *M*[2]*VRU* :
-uae *BM*[1] ‖ 381 honestae *MVRU* : -te *B*

toire a provoqué un immense deuil public[1]. La cruelle
main d'un père venge les ennemis de leurs gémissements,
l'hostilité de l'amour paternel envers son sang fut cause
385 d'affliction. Si le fils était tombé sous le coup d'une lance
ennemie brandie par l'impitoyable fureur étrangère,
l'État entier aurait été dans la désolation, les grands
auraient pris le deuil, aucune audience n'aurait eu lieu[2],
les cheveux dénoués la noble matrone affligée aurait
déchiré sa poitrine de ses mains, les plébéiennes, troupe
390 vertueuse, se seraient lacéré les bras, auraient entaillé
leur doux visage de leurs ongles. Comme jadis les mères
d'Ilion ont répandu des larmes pour Hector, de même
que la troupe des nymphes a pleuré autrefois son Achille
ou que le Sénat et la plèbe attristée ont pleuré Brutus
(il n'était pas d'âge, pas de sexe qui ne poussât des
gémissements sur ce cruel trépas à la pensée qu'il le
concernait en propre), ainsi fut longuement pleuré le fils
395 de Torquatus abattu par le crime de son père.

　　Scévola, vainqueur du feu, décida, en méprisant les
flammes qui brûlaient sa dextre, de châtier cette main,
bien que ce ne fût pas elle, mais lui qui ait déçu ses audacieux projets. L'erreur lui fut plus profitable : sans avoir
400 tué le roi, le héros s'assura une aussi grande gloire. Nulle
jeune femme ne s'affligea à Rome d'avoir perdu son
époux à la guerre, nul chef de famille ne pleura son fils,
nulle fille son père, nulle mère en deuil ne déplora le

---

　　1. *iustitium* désigne à l'époque classique la suspension des
affaires judiciaires (Cicéron, *Phil.* 5, 31 : *iustitium edici* ; Tite-Live
9, 7, 8 : *iustitium indictum*, etc.) ; cette suspension se produisant
d'ordinaire en raison d'une calamité publique, le vocable a pu
désigner un « deuil public » (dans Tacite, *Ann.* 1, 16, 2 le mot est
déjà opposé à *gaudium*). C'est ce dernier sens que le mot présente
ici, ainsi que dans *Rom.* 8, 598, mais on remarquera qu'au v. 387
Dracontius fait précisément allusion, parmi les manifestations
de deuil public, à la vacance des tribunaux *(uadimonia nulla
fuissent)*.
　　2. Le v. 387 est emprunté en partie à Juvénal 3, 213 : *pullati
proceres, differt uadimonia praetor* ; sur les emprunts de Dracontius
à Juvénal, voir t. I, p. 61.

maxima iustitium uictoria grande parauit.
Vindicat hostiles gemitus fera dextra parentis,
sanguinis ingessit pietas inimica dolorem ;
385 barbara quem rabies hostili cuspide missa
si fudisset atrox, res publica tota doleret,
pullati proceres, uadimonia nulla fuissent,
crinibus effusis lacerasset pectora palmis
illustris matrona dolens, plebeia lacertos
390 scinderet ungue secans, uultus pia turba modestos ;
ut quondam Iliades fleuerunt Hectora matres,
nympharum ceu turba suum tunc planxit Achillem,
ut Brutum planxit maesta cum plebe senatus
(non aetas, non sexus erat qui funus acerbum
395 non gemeret reputando suum), Torquata propago
sic est plancta diu scelere prostrata parentis.

Scaeuola flammipotens dextrae *cum* temnere*t*
ignis,
constituit punire manum, licet ipse fefellit,
non manus audaces animos ; plus praestitit error
400 ut sine morte ducis uir tantum laudis haberet.
Non Romana nurus doluit per bella maritum,
non genitor natum planxit, non nata parentem,
non orbata parens defleuit funera nati

---

382 iustitium *M³* : -ticium *B²M²* -ticiae *M¹VU* -titiae *R*
uirtutum *B¹* ‖ 383 gemitus *BMVR Arevalo* : geni- *U* ‖ 384
ingessit *BMVR Arevalo* : ingre- *U* ‖ pietas *M²VRU* : -atis
BM¹ ‖ 385 hostili *BM²VRU* : -le *M¹* ‖ 386 *uersum om. U* ‖
tota doleret *BM* : doleret tota *VR* ‖ 387 proceres uadimonia
M²VRU : procere suadimonia *BM¹* ‖ 389 matrona *B²MVRU* :
-terna *B¹* ‖ plebeia *M²* : -bea *BM¹VRU* ‖ 391 iliades *M²VRU* :
illa dies *BM¹* ‖ fleuerunt *M²VRU* : -erit *B* -ere *M¹* ‖ hectora
BMR² Arevalo : pec- *VR¹U* ‖ 392 achillem *M²VRU* : -es *BM¹* ‖
394 acerbum *MVRU* : -ruum *B* ‖ 397 scaeuola (sce- *U*) *MVRU* :
scebo- *B* ‖ dextrae *BMVRU* : -am *Arevalo* ‖ cum temneret
Vollmer : contemnere *MVRU* contempere *B* ‖ ignis *Vollmer* :
dignis *B²* dignus *B¹MVRU* ‖ 398 ipse *BMVR Arevalo* : in se *U* ‖
400 ut *BM Arevalo* : et *VRU*

trépas de son enfant, aucune sœur ne versa de larmes
405 pour la mort d'un frère ; aucun traité ne jugula la guerre,
aucun tribut n'en délivra[1] : une seule main dépourvue
d'armes a mis un terme à une si grande guerre.

Que dire du cavalier Romain ? Curtius s'est jeté la
tête la première dans le vaste gouffre, a plongé de lui-
même dans le royaume des ombres et poussé un gémisse-
410 ment, tandis que la terre engloutissait ce cadavre vivant,
ce défunt revêtu d'armes qui effrayait les mânes. C'est
un homme plein de vigueur et de santé qui, à l'étonne-
ment de la foule, est enseveli, c'est un héros encore
casqué et protégé d'une cuirasse que l'on a vu descendre
ainsi dans les ténèbres du Tartare. Le peuple blême de
l'Érèbe, triste apanage voué aux peines, troisième lot de
415 l'Univers, qui privé de la lumière subit les tourments de
la damnation, a cru que le descendant d'Alcée était venu
chercher une seconde proie ou qu'un autre devin avait
connu à son tour ton malheureux sort, ô toi Amphiaraos,
que ton épouse perfide a trahi.

Que dire de la bonne foi des Romains ? Envoyé par les
420 Puniques en ambassade, Régulus, terreur des descendants d'Agénor et grand ennemi de Carthage, préféra
pour assouvir sa haine subir une horrible mort ; rassem-
blant l'illustre sénat avec la plèbe, cet infortuné les
poussa à un engagement implacable : par le décret qu'il

---

1. Ce vers prépare la *sententia* du vers suivant : Scévola est
présenté comme l'artisan de la paix avec Porsenna (peut-être
y a-t-il là un souvenir d'Augustin, *Ciu.* 5, 18, 2 : *Mucius, ut
cum Porsenna rege pax fieret*). La formule *nec bellum pax ulla
ligat* ne peut se comprendre que si l'on considère *pax* comme un
équivalent de *pactio* : le poète affirme ainsi qu'il n'y eut pas besoin
de débattre des conditions d'un traité pour mettre fin à la guerre
(cf. Augustin, *Ciu.* 5, 18, 2 : *sine ulla dubitatione se ab illo bello
facta pace compescuit*) ; cette indication ne s'accorde pas avec
les données liviennes (2, 13, 3 sq.). En fait Porsenna réussit
même à s'emparer de Rome ; sur le « protectorat » de Porsenna,
voir P. M. Martin, *L'idée de royauté, op. cit.*, p. 305 sq. De l'expression *bellum pax ulla ligat* on peut rapprocher Stace, *Silu.* 4, 1, 13 :
(Ianum) uicina Pace ligatum et Claudien, *Cons. Stil.* 2, 287 :
et Ianum pax alta ligat.

nec germanorum mortem fleuere sorores ;
405 nec bellum pax ulla ligat pretiumue redemit :
una manus tantum bellum compressit inermis.
Quid Romanus eques? Vasto telluris hiatu
praecipiti iactu demersus sponte per umbras
Curtius ingemuit, cum uiuum terra cadauer
410 sorberet armato deterrens funere manes.
Fortis et incolomis populo mirante sepultus,
uir galeatus adhuc ferrato pectore uisus
inter Tartareas sic descendisse tenebras.
Pallida gens Erebi, poenarum portio tristis,
415 tertia sors, quae lucis inops damnata laborat,
credidit Alcidem praedam repetisse secundam
aut alium uatem casus renouasse sinistros,
Amphiarae, tuos, quem perfida uendidit uxor.
Quid Romana fides? Legatio Punica missus,
420 terror Agenoridum, maior Carthaginis hostis,
Regulus impleuit, horrendae mortis amator,
odia ; constipans magnum cum plebe senatum
compulit infelix ad inexorabile pactum,

---

404 mortem *BMVRU* : -tes *Arevalo* ‖ 406 tantum bellum
BM : bellum tantum *VRU* ‖ 408 demersus *M²* *Arevalo* : dim-
M¹VRU dimersis *B* ‖ 409 curtius *M²VRU* : cerci- *BM* ‖ uiuum
BMVR Arevalo : uinum *U* ‖ 410 sorberet *BM¹* : -buit *M²VRU* ‖
deterrens *MVRU* : d̥e torrens *B* ‖ 413 inter *M²VRU* : in *BM¹* ‖
415 quae *BMV* : que *R ut uid.* qua *U* ‖ 417 renouasse *BM* :
reuoca- *VRU* ‖ 418 amphiarae tuos *M²VRU* : amfiara et uos *B*
amphiara et uos *M* ‖ 420 terror agenoridum *M³* : terror genitori
dum *B¹* terrora genitori dum *B²M¹VR* ‖ terror — hostis *om. U*
in lac. ‖ 422 odia *BMVRU* : otia *Arevalo* ‖ constipans *Vollmer* :
-tinans *BM¹* -tituens *M²VRU* contemnens *Arevalo* continuans
Bücheler cum constans *Hudson-Williams*

proposa contre la vie des prisonniers carthaginois il diri-
425 gea l'épée contre sa propre gorge et sa vaillante poitrine.
Il ne s'est pas soucié de son épouse, a renoncé à ses
enfants, à Rome[1], à la jouissance de la liberté, alors
qu'aucun fer ne retenait prisonnier le général; il allait
librement parmi les patriciens, les prêteurs et les tribuns
430 de la plèbe vénérable dont la force soumit le monde. Il
s'obstina à vouloir mourir pour que ne survécut à cette
guerre aucun des ennemis élisséens[2] que pressait un
destin identique à celui du chef des descendants de
Troie. Sacrifiant sa vie, il revint en captivité et tournant
sa furie contre son propre corps il livra ses membres au
435 supplice; il se plut à périr tout éveillé, les yeux privés de
paupières, de sorte qu'il effrayait les Tyriens par sa mort
lourde de menaces plus encore que naguère par son
glaive lorsqu'il faisait la guerre et engageait le combat.
L'épouvante les saisit ensuite devant le cadavre du
vieillard qui avait pleinement accompli son devoir.

A quelles guerres sauvages, quelle famine, quels
440 cruels incendies qui répandaient la mort, sa fidélité
inaltérable a-t-elle poussé Sagonte? Hannibal ne pouvait
reprocher aux assiégés que d'être les amis du peuple
romain; il leur imputa cette amitié à crime et au lieu de
les honorer leur infligea le trépas; il frappa la cité fidèle
du châtiment qu'un juste vengeur aurait fait subir à

---

1. Alors que chez Dracontius, comme chez Cicéron, *Off.* 3, 100
(neque eum caritas patriae retinuit nec suorum), c'est par choix
personnel que Régulus ne se laisse pas attendrir par sa famille,
dans Horace, *Carm.* 3, 5, 41 sq. (*Fertur pudicae coniugis osculum/
paruosque natos ut capitis minor/ ab se remouisse...*) Régulus écarte
les siens parce qu'il a perdu la personnalité civile (il n'a donc plus
ni biens ni famille) ; étant tombé aux mains de l'ennemi, il a été
frappé de la *capitis deminutio.*

2. *hostis Elissaeus: Elissa* est le nom tyrien de Didon (ainsi
dans Virgile, *En.* 4, 335 et 610 ; 5, 3) ; *Elissaeus* est employé
comme synonyme de *Punicus* (cf. 3, 513 : *urbis Elissaeae*) ;
on rencontre l'adjectif chez Silius Italicus (6, 346 : *Elissaei ...
patres,* précisément dans l'épisode consacré à Régulus ; cf. 2, 239 ;
3, 82, etc.). Sur *par ... cum,* voir la note à *Sat.* 203.

captis lege data Poenorum in uiscera ferrum
425 per iugulos transire suos et pectora dura.
Immemor uxoris natos contempsit et Vrbem,
libertatis opem, nec ferrea uincla tenebant
captiuum tunc forte ducem ; iam liber agebat
inter patricios, praetores atque tribunos
430 plebis adorandae, domuit quae uiribus orbem.
Institit occidi, ne esset post bella superstes
hostis Elissaeus quem par fortuna tenebat
cum duce Troiugenum. Qui tempta luce reuersus
in sua membra furens tormentis intulit artus,
435 peruigil extingui gauisus lumine nudo,
ut plus terreret Tyrios de morte minaci
quam gladiis, cum bella daret pugnamque cieret.
Mox senis emeritum formidauere cadauer.

Intemerata fides ad quae fera bella Saguntum
440 compulit atque famem uel saeua incendia mortis?
Hannibal inclusis nullo surgente reatu,
praeter quod fuerant Romanae gentis amici,
crimen amicitiae reputans, pro laude periclum
intulit et poenas exegit ab urbe fideli,

424 poenorum *Vollmer* : -narum *BMVRU* ‖ 425 *uersum om. U* ‖ suos *Grosse* : tuos *M³VR* et uos *BM¹* ‖ 426 urbem *Arevalo* : -es *BMVRU* ‖ 428 tunc *BMV* : tum *RU* ‖ 430 domuit quae *M²VRU* : domuitque *BM¹* ‖ 431 ne *M²VRU* : nec *BM¹* ‖ 432 elissaeus *Arevalo* : -iseus *BMVRU* ‖ par ... tenebat *M²VRU* : pari ... tenebant *BM¹* ‖ 433 tempta *BMVR* : tempora *U* ‖ luce reuersus *M²VRU* : lucere uersus *BM¹* ‖ 439 ad quae *M²VRU* : adque *B* atque *M¹* ‖ saguntum *M²VRU* : -tur *BM¹* ‖ 441 inclusis *Arevalo* : -sos *BMVRU* ‖ 442 fuerant *MVRU* : -rat *B* ‖ romanae *Glaeser* : huma- *BMVRU* ‖ 443 amicitiae *BMVRU* : -iam *Arevalo* ‖ 444 intulit *BMVR Arevalo* : impu- *U*

445　une foule perfide. La ville supporta huit mois[1] des tourments difficiles à supporter un seul jour. Mais la troupe
ne voulut pas d'elle-même manquer à sa parole ; elle n'y
fut pas non plus contrainte par la défaite, n'y fut pas
réduite par la famine ; pour vaincre les glaives de l'ennemi, elle embrase les citoyens de sa patrie en même temps
que les remparts de la cité et trouve avec la mort un
450　moyen de s'enfuir[2]. Rassurée sur son tombeau, elle
cherche le trépas dans les flammes et soustrait légitime-
ment sa nuque au triomphe et au joug de l'ennemi. Tous
ont un même bûcher, les remparts de la patrie constituent leur tombe ; tous se confondent dans une même
cendre.

　　De même les habitants de Numance, pour avoir
455　défendu leur liberté, gisaient réduits en cendres parmi
les remparts de la cité ; le joug du sénat romain n'aurait
pourtant pas dû leur inspirer d'effroi : victorieuse, Rome
aime à faire preuve de clémence, mais elle pousse et
exhorte à réduire les ennemis irréductibles ; elle a pour
coutume d'accorder son pardon ; les Romains aiment
autant remporter les triomphes de la paix que ceux des
armes et préfèrent avoir à faire grâce après les combats
460　que de châtier dans les combats. Cependant, d'un commun accord, les libres habitants de cette cité[3] périrent
dans l'incendie allumé par leurs concitoyens ; ils ne
craignaient pas qu'à l'issue des combats l'illustre sénat

---

　　1. La clausule *mensibus octo* se lit aussi dans *Or.* 455. L'indication de la durée du siège de Sagonte est, à un mois près, conforme
à celle de Tite-Live qui parle de sept mois (21, 15, 3 : *octauo
mense*).

　　2. L'expression *sibi dat cum morte fugas* fait penser à Sénèque,
Epist. 66, 13 : *scit non esse clusum cui mors aperta est* (passage
qui concerne les habitants de Numance, dont le sacrifice est
évoqué par Dracontius dans les v. 454 sq.).

　　3. *urbs* est une addition d'Arevalo destinée à compléter la
mesure du vers ; elle a été retenue par Vollmer. F. Walter, *Zu
lateinischen Dichtern*, *WSt*, 45, 1926-7, p. 112 approuve aussi
cette conjecture, mais préfèrerait insérer *urbs* entre *uolunt* et *sic*,
pensant que *urbs* a pu être plus facilement omis s'il était placé
après *uolunt*.

445 perfida quas lueret sub iusto ui*n*dice turba.
Intoleranda semel tolerauit mensibus octo ;
qu*ae* nec sponte *f*idem uiolat nec clade coacta,
uicta caterua fame ; gladios ut uinceret hostis,
incendit patriae populos cum moenibus urbis
450 et sibi dat cum morte fugas ; secura sepulcri
poscit ab igne neces, hostis sua iure triumpho
subducens et colla iugo. Rogus omnibus unus,
moenia sunt patriae tumulus, cinis omnibus unus.
Sic Numant*in*i pro libertate cremat*i*
455 in cineres iacuere suos cum moenibus urbis.
Nec iuga Romani fuerant metuenda senatus :
parcere uictor amat, sed debellare rebelles
urget et hortatur ; ueniam donare sueuit ;
pacis et armorum similes portasse triumphos,
460 inueni*s*se magis cui dent post bella salutem
quam *b*ellis punire uolunt. Sic ‹urbs› tamen illa
libera conspirans flammis ciuilibus a*r*sit,
non iram metuens clari post bella senatus,

445 uindice *Arevalo* : iudi- *BMVRU* ‖ 447 quae *Arevalo* : qui
BMVRU ‖ sponte fidem *Arevalo* : sponteridem *BMVR* sponte
ridens *U* ‖ 448 caterua fame *Glaeser* : cateruae ame *BMVRU*
caterua tamen *Arevalo* ‖ 449 incendit *BR*[2] *Arevalo* : -cedit *MVR*[1]*U* ‖
populos *BMVR* : -lis *U* -lum *Arevalo* ‖ 450 fugas *M*[3] : -gos *BM*[1]*VR*
-ges *U* ‖ 451 igne neces *VRU* : igneces *BM* ‖ iure *B* : iura *MVR*
mira *U* ‖ 453 uersum om. *B*[1] add. i. mg. *B*[2] ‖ moenia *B*[2]*M*[2] *Arevalo* :
haec (hec *M*[1]) moenia *M*[1]*VRU* ‖ patriae *Vollmer* : patria et
B[2]*MVRU* patria est *Glaeser* ‖ cinis *B*[2]*M*[2]*VRU* : om. *M*[1] ‖ unus *B* :
ignis *MVRU* idem *Arevalo* ingens *Corsaro* ‖ 454 sic numant*i*
Vollmer : signum antim *B* signum anti *MVR* ‖ anti — cremati
om. *U in lac.* ‖ cremati *Vollmer* : -mat *BMVR* ‖ 455 suos *BMVRU* :
suae *Hudson-Williams* ‖ 457 debellare *M*[2]*VRU* : reb- *BM*[1] ‖
rebelles *BMVRU* : superbos *Arevalo* ‖ 458 ueniam donare *BMVR* :
uenia indonare *U* ‖ 459 portasse *B* : -tare *MVRU* ‖ 460 inueni*s*se
Arevalo : -nire *BMVRU* ‖ 461 bellis *M*[2] *Arevalo* : uellis *BM*[1]*VRU* ‖
sic urbs *Arevalo* : sic *BMVRU* uel sic *Glaeser* ‖ 462 arsit *Peiper* :
assit *BM* adussit *V*[1] ussit *V*[2]*RU*

manifestât son courroux, mais qu'il accordât son pardon:
celui qui vivait libre refuse d'être asservi. Ces âmes
465 indépendantes n'ont pas peur de mourir, mais seulement
peur d'être assujetties; personne n'avait encore espéré
le don de l'éternelle vie que, nous, nous espérons.

Mais il ne faut pas croire que mes paroles s'appliquent
seulement aux hommes, que la gent féminine, comme si
un manque d'énergie et la faiblesse de son corps délicat
lui faisaient redouter le poids de la gloire, poussée par
470 la crainte que ne lui survive la renommée acquise par
les tourments endurés, refuse la multitude des dons
accordés par Dieu pour l'éternité. Une mauvaise femme
peut posséder un fonds de gloire immense. Il n'est pas
d'être au monde plus impudent que les femmes prises
sur le fait; elles puisent leur énergie dans leur crime
475 même[1] et la colère les fait se livrer à de trop violents
emportements. Puisse cette force qui les rend capables
d'accomplir d'atroces forfaits faire naître aussi dans
leur cœur des élans de bonté; puissent-elles agir conformément aux règles de l'honneur, en respectant ce
qu'exige leur vertueuse réputation et ce qui fait obtenir
la gloire de la vie future.

480 La très pure Judith feignit de l'amour pour Holopherne et cette héroïne[2] qui pénétra dans le camp du
général, lieu redoutable aux yeux des hommes mêmes,
mérita sa gloire en simulant un crime. Au milieu du

1. Dracontius emprunte une grande partie de ces deux vers
à Juvénal 6, 284-5 : ... *nihil est audacius illis/ deprensis:iram
atque animos de crimine sumunt* (*animos de crimine sumunt* est
aussi repris dans *Or.* 234). Arevalo (note au v. 461) rapproche
aussi le v. 97 de la même Satire 6 : *fortem animum praestant rebus
quas turpiter audent.* Sur les nombreux emprunts de Dracontius
à Juvénal, voir t. I, p. 61.
2. *uirago* est sans doute employé au sens d'« héroïne », « femme
guerrière »; Ovide se sert du mot pour désigner Minerve dans
un vers dont Dracontius se souvient peut-être *(Met.* 2, 765 :
huc ubi peruenit belli metuenda uirago). Plus souvent *uirago*
revêt une nuance péjorative chez Dracontius qui utilise le substantif pour désigner Clytemnestre *(Or.* 752 : *truculenta uirago)* ou
Médée *(Rom.* 10, 12 et 62).

sed ueniam ; qui liber erat, seruire recusat,
465 nec ‹mortis› pauor est, ‹pauor est› dominati*o* sola
mentibus ingenuis, nec*dum* sper*aue*rat ullus
quae nos aeternae speramus munera uitae.

    Sed ne forte uiris tantum data uerba putentur
et quasi sexus iners, fragili sub corpore mollis
470 laudis on*us* metuens, ne sit sibi fama superstes
tormentis qu*a*esita sui*s*, aeterna recuset
plurima dona Dei, laudis mala femina summae
materiem retinere potest ; audacius illis
deprensis nihil est, animos de crimine sumunt
475 datque nimis grandem mulieribus ira furorem.
Vnde igitur furiale nefas assumere possunt,
inde pios animi rapiant sub pectore motus
et faciant quod honesta decet, quod fama pudoris
exigit et uitae prodest sub laude futurae.
480   Iudith Holofernem castissima finxit amare
et sibimet peperit de ficto crimine laudem
castra ducis metuenda uiris ingressa uirago.

---

465 mortis *add. Vollmer* ‖ pauor est pauor est *Walter* : pauor est *BMVRU* ‖ dominatio *Vollmer* : dominati *BMVR* dominanti *U* ‖ sola *om. U in lac.* ‖ 466 necdum *Vollmer* : nec *BMVRU* nec tum *Bücheler* ‖ sperauerat *Vollmer* : separant *B* seperant *M om. VRU in lac.* ‖ ullus *B²M* : ulnis *B¹ ut uid. om. VRU in lac.* ‖ 468 putentur *BM Arevalo* : -antur *VRU* ‖ 470 laudis onus *Vollmer* : laudisonos *BMV* laudis honos *RU* laudis opus *Arevalo* ‖ sibi *BM Arevalo* : tibi *VRU* ‖ 471 quaesita suis *Glaeser* : quesitas uita *BMVRU* ‖ 472 summae *BVR* : summe *MU* ‖ 474 deprensis *R Arevalo* : deprehen- *BMVU* ‖ 475 mulieribus *BMVR Arevalo* : uulneri- *U* ‖ 476 furiale *M³ Arevalo* : furiae *BM¹VRU* ‖ 478 faciant quod *Arevalo* : -iunt quod *U* faciant quid *BMVR* ‖ 480 iudith (-dit *R C*) *BMVR C* : ludit *U* ‖ holofernem (olo-) *BMVRU* : -ni *C* ‖ castissima *MVRU C* : apti- *B¹* capti- *B²* ‖ amare *BMVRU* : amorem *C* ‖ 481 *uersum om. U* ‖ de ficto *Glaeser* : deficto *BMVR* de fincto *C*

fracas des armes de guerre, des traits ensanglantés, au
milieu des bataillons qui brandissent l'épée dans les
485 mêlées cruelles, elle s'avance revêtue de sa foi, sa vertu
pour toute armure; ce que n'avait pu entreprendre une
troupe considérable d'hommes, une femme seule
l'accomplit dans l'obscurité de la nuit; elle plongea dans
le deuil le camp du roi en tranchant la tête du général
qu'elle apporta aux chefs de sa patrie et à sa cité; à elle
490 seule elle offrit à ses concitoyens la victoire et la liberté.
Sous le glaive d'une femme a péri un général plein de
courage et de hardiesse que les combats ne vainquent
pas, mais qu'a vaincu la promesse du plaisir. Il ne fit
pourtant qu'espérer, car sa passion ne fut pas assouvie;
en expiation de la nuit dont il se croyait assuré, ce
débauché fut châtié, alors qu'exempt encore de souillure
495 il n'avait pas consommé son forfait.
   Première d'entre les chefs, la veuve de Ninus a envahi
la chambre et le royaume de son fils chéri[1] (l'infortunée
éprouvait dans son cœur impur des sentiments de mère;
épouse scandaleuse de son fils, elle était sa propre belle-
mère); elle conduisit longtemps des combats en prenant
500 sous les armes l'aspect trompeur d'un jeune guerrier.
   Qui nierait les cruels combats que la Scythe Tamyris,
usant de stratagèmes, livra contre Cyrus, le roi des
Perses? Elle vengea son fils après son affligeant trépas;

---

1. *inuasit thalamos ... prolis* est imité de Virgile, *En.* 6, 623
(thalamum inuasit natae). On peut rapprocher Justin 1, 2, 10 :
ad postremum cum concubitum filii petiisset; Augustin, *Ciu.* 18,
2, 3 : *regnabat filius Nini post matrem Samiramidem, quae ab
illo interfecta perhibetur, ausa filium mater incestare concubitu.*
Dracontius développe ces indications qui lui fournissent l'occasion
d'une formule inattendue : *sibi socrus erat* (v. 499).

Inter belligeros fremitus et tela cruenta,
inter et ensiferas saeuo sub Marte cateruas
485 ingreditur uestita fide, munita pudore
et quod tanta manus non est aggressa uirorum,
nocte sub obscura perfecit femina sola
et duce truncato uiduauit castra tyranni ;
quae caput ad patriae proceres portauit et urbem,
490 ciuibus una dedit cum libertate triumphum.
Femineo mucrone perit dux fortis et audax ;
quem non bella domant, domuit promissa uoluptas ;
haec sperata licet, non est perfecta libido
et certae noctis poenas persoluit adulter
495 impollutus adhuc nullo sub crimine facti.
Femina prima ducum *N*ino uiduata marito
inuasit thalamos et regnum prolis amatae
(exhibet infelix incesto pectore matrem
et sibi socrus erat fili turpissima coniux) ;
500 bella diu gessit iuuenem mentita sub armis.
Quis neget et Scythicae Tamyris crudelia bella
cum duce Persarum Cyro sub fraude peracta?
Vltrix facta sui post tristia funera nati,

---

483 ingreditur *ante* inter *add.* C ‖ 484 ensiferas *Arevalo* :
sensiferae *B*[1] ensiferae *B*[2]*MVRU* ‖ cateruas *Arevalo* : -uus *B* -uae
MVRU ‖ *post u. 485 transp. u. 484 M* ‖ 485 fide munita *B* : fide
uestita *MVRU* fidem uita *C* ‖ 486 tanta manus *BMVRU* :
manus tantum aliorum *C* ‖ non est *B*[2]*MVRU C* : est *B*[1] ‖ 489
quae *BMVRU C* : ac *Hudson-Williams* ‖ patriae (-ie) *C* : patrem
BMVRU ‖ et urbem *C* : et urbes *BM* ad urbes *VRU* et urbis
Vollmer ‖ 494 certae *RU* : -te *BMV* ‖ 496 nino *Arevalo* : uno
BMVRU ‖ 501 et scythicae *M*[3] : exquitice *BM*[1] exquitite *V*
exquirite *RU* iratae *Arevalo* ‖ tamyris (tamhiris) *M*[3]*VRU* :
tamhirus *BM*[1] ‖ 502 cyro *M*[2]*VRU* : quiro *BM*[1] ‖ fraude *BMVR* :
laude *U*

elle immergea dans un bain sanglant la tête du roi, la plongeant dans une outre remplie du sang que, folle de
505 douleur, elle avait versé en faisant décapiter d'innombrables jeunes gens.

Que fit donc Evadné, la vertueuse épouse de Capanée? Tandis que brûlaient dans les flammes les ossements de son mari qu'avaient frappé les traits sulfureux de la foudre lancée contre lui, elle monta, cadavre encore
510 vivant, sur le bûcher[1]. Faut-il appeler veuve celle qui se rendit en même temps que son mari dans le monde infernal?

Didon, qui avait emporté dans l'exil ses trésors et avait vengé le meurtre de son époux, acheva la construction des murs de la vaste cité élisséenne, puis en personne éleva de ses mains un bûcher pour autel; dans
515 son égarement, elle y monta pour s'y brûler. Son amour pour Énée ou la terreur d'Iarbas qui l'envahissait la poussa à se précipiter, vivante dépouille, dans les flammes.

Qu'a donc accompli cette belle jeune femme d'une chasteté exemplaire aux yeux de ses concitoyens, la vertueuse Lucrèce, après que sa couche nuptiale ait connu une souillure qu'elle s'imputa, la malheureuse,
520 se châtiant de la folle passion d'un autre? Elle tomba, comme une coupable, sans rien avoir à se reprocher, succomba sous les coups de sa propre épée, tandis que

---

1. L'oxymoron *mors uiua* est à rapprocher de nombreuses formules antithétiques de sens proche ; voir les notes à 1, 648 ; 3, 408 ; 3, 515. *Conscendit ... rogos* est emprunté à Virgile, *En.* 4, 646 : *conscendit furibunda rogos* (vers où il est question de Didon dont Dracontius narre le trépas quelques vers plus loin, en 3, 512 sq.) ; voir aussi *Rom.* 10, 106-7 : *sepulchrum/ conscendit factura rogos.*

cum regale caput demissum sanguine multo
505 clausit in utre cruor, quem mens furiata dolore
fuderat innumera iuuenum ceruice recisa.

Casta quid Euadne fecit Capaneia coniux?
Dum post sulphureos iaculati fulminis ictus
ignibus appositis arderent ossa mariti,
510 conscendit mors uiua rogos. Viduamne uocamus
quae simul infernum cum coniuge uenit ad orbem?

Diues Dido fugax extincti coniugis ultrix
urbis Elissaeae perfectis moenibus amplae
ipsa pyram manibus propriis construxit ut aram,
515 quam pedibus furiata suis conscendit et arsit.
Impulit ad flammas accurrere funera uiua
aut amor Aeneae, ueniens aut terror Iarbae.

Quid formosa nurus populo spectante pudica
post maculam thalami Lucretia casta peregit,
520 quam tulit infelix alieni poena furoris?
Vt rea procubuit nullo surgente reatu,

504 cum *BM* : dum *VRU* ‖ demissum *Glaeser* : dim- *BMVRU* ‖
505 clausit *BM²VRU* : -serat *M¹* ‖ dolore *M²VRU* : dolo *BM¹* ‖
507 quid *Glaeser* : quod *BMVRU* ‖ capaneia *M³* *Arevalo* : -nea
BM¹VRU ‖ 510 mors *BM¹* : mox *M²VRU* ‖ uocamus *M²VRᵖᶜU* :
uac- *BM¹* rogamus *Rᵃᶜ* ‖ 511 infernum ... orbem *ego* : infernam
... urbem *BMVRU* infernas ... umbras *Arevalo* ‖ 512 ultrix *BM*
VRU² : urbem *U¹* ‖ 513 elissaeae (elisa-) *M²VRU* : aelisae
BM¹ ‖ amplae *BMVR* : -ple *U* ‖ 514 pyram *M²VR* : pur- *BM¹*
pir- *U* ‖ ut *BMVRU* : et *Arevalo* ‖ 516 funera uiua *BMVRU* :
funere uiuo *Arevalo* ‖ 517 ueniens aut *BMVRU* : aut uenientis
Arevalo uemens aut *Peiper* ‖ 520 furoris *B* : pudoris *MVRU*

demeurait sain et sauf le débauché, le seul qui aurait dû
être frappé en expiation de son infamie[1].

Partout on peut découvrir d'innombrables exemples
525 de crimes parmi les cohortes des femmes qui ont agi par
amour de la gloire, fût-elle sans éclat, ou du moins par
dévotion envers une vaine idole. Ils ont été imaginés
par la fable ces dieux que les récits mensongers de la
légende ont exaltés et ont contraint des malheureux à
adorer en pure perte (ils n'obtinrent pour autant aucune
récompense, mais eurent à supporter les peines de la vie),
530 alors qu'il n'existe aucun autre dieu que notre Dieu
qu'on doit partout révérer avec crainte.

Tout est créé par le seul verbe de Dieu, qui manifeste
sa volonté, par l'ordre du Seigneur grâce à qui l'univers
subsiste éternellement. Voici le Dieu véritable, qui ne
doit rien à l'imagination, dont l'existence exclut tout
récit légendaire, que jamais les propos de l'habile par-
leur n'exaltent ou d'aventure n'avilissent, auquel le
535 temps n'ajoute ni ne retranche rien au fil des jours. Il
change les siècles et les siècles ne le font pourtant pas
changer, car ce qu'il fut, il l'est encore et il le sera éternellement, lui qui est partout présent[2]. Le temps qui

---

1. Vollmer *(M.G.H.*, p. 373, s.v. *merces)* commente ainsi
mercede pudoris : « ut pudor vindicaretur ». Mieux vaut reprendre
l'interprétation de *pudor* que propose Arevalo (note au v. 507)
à propos du v. 520 : il voit dans le mot un équivalent de *dedecus*
(cf. Ovide, *Her.* 11, 79 ; Tite-Live 34, 58, 7, etc.) ; d'autre part
merces s'emploie parfois en parlant d'un châtiment (par exemple
dans Tite-Live 39, 55, 1 : *debuisse grauem temeritatis mercedem
statui*). L'expression *mercede pudoris* signifie donc « en châtiment,
en expiation de son infamie ».

2. *ubique* est assez souvent employé par le poète comme un
synonyme de *semper* (voir les notes à 1, 130 ; 1, 672 ; cf. *Sat.* 306) ;
on peut hésiter ici entre ce sens temporel de l'adverbe et le sens
local également bien attesté dans le poème (2, 32 ; 2, 36 ; 2,
464, etc.) : Dracontius veut-il parler de l'éternel présent, comme
dans les expressions qui précèdent, ou de l'ubiquité de Dieu ?
Nous choisissons ici le sens local, comme au v. 524 et au v. 530,
mais on peut aussi comprendre « qui est présent en tout espace
du temps ».

concidit ense suo mansitque superstes adulter
qui solus feriendus erat mercede pudoris.

Milia femineis numerantur ubique cateruis
525 exempla scelerum ; modicae uel laudis amore
aut certe fecere pie pro numine uano.
Conficti sermone dei quos fabula mendax
extulit et miseros incassum adorare coegit,
unde nihil meriti, sed uitae damna tulerunt,
530 cum sit nemo deus nisi noster ubique tremendus.

Omnia praecepti solo sermone creantur
ipsius imperio, per quem stant cuncta per aeuum.
Ecce Deus uerus, de quo nil fingitur, in quem
fabula nulla cadit, quem nunquam uerba diserti
535 exornant aut forte notant, cui tempora nil dant
aut tollunt currente die. Qui saecula mutat
nec mutant hunc saecla tamen, quia quod fuit
hoc est,
hoc erit aeternus, qui praesens constat ubique.

523 feriendus *MVRU* : -andus *B* ‖ 524 cateruis *MVRU* :
caterbis *B* ‖ 525 modicae *MVR* : -ce *BU* ‖ amore *M²VRU* : -res
BM¹ ‖ 526 pie *U* : piae *BMVR* ‖ 527 quos *BMVRU* : quem
Arevalo ‖ 528 adorare *BMVRU* : orare *Arevalo* ‖ 529 meriti
Vollmer : me cristi *BM* cristi *V* christi *RU* lucri *Arevalo* ‖ damna
MVRU : dapna *B* ‖ tulerunt *BMV* : -ere *RU* ‖ 532 stant *A* :
sunt *BMVRU* ‖ 535 forte *BMVRU A* : sorde *Arevalo* ‖ notant
BMV A Arevalo : ro- *RU* ‖ 536 tollunt *A* : recolunt *BMVRU*
releuant *Arevalo* ‖ mutat *BMVRU* : -ant *A* ‖ 537 nec mutant
hunc saecla tamen *B¹ A* : saecla nec tamen hunc mutant *B² s.l.*
saecula nec tamen hunc mutant *MVR* saecula nec tamen *U* ‖
quia quod fuit hoc est *om.* *U* ‖ nec mutant hunc saecla tamen
quia quod fuit hoc est *post v. 537 add. MVRU*

s'enfuit ajoute, retranche, enlève à tous les êtres, mais
540 Dieu n'accepte pas de croître ou de décroître; il sera
toujours identique, immuable à jamais. Bien qu'il soit
le Seigneur, il veut pourtant être un père : il offre, fournit,
procure le nécessaire; attestant qu'il nous appelle ses
enfants, il nous adopte; nous aurions donc dû vivre en
545 croyants, nous qui sommes l'image du Créateur et
qu'instruit la création où la bonté de Dieu nous guide.
Roi de bonté, les forces guerrières qui t'escortent plient
le genou devant toi; quoi que tu ordonnes, tes ordres
sont suivis d'exécution. La nature, dont les éléments
constituent la charpente, demeure fidèle au service de
Dieu[1]. Elle ignore quels sont tes ordres, jusqu'au moment
550 où soudain elle entend tes commandements et s'efforce
d'accomplir sans tarder la volonté de son Seigneur.
Elle manifeste une joie débordante devant les ordres
qu'elle a reçus, se met à ton service pour obéir aux
instructions énoncées d'une voix douce. Mère de toutes
choses, la nature[2], quand elle se fait servante, tremble
555 devant celui grâce auquel subsistent les hauteurs du
firmament, la terre, la mer, les constellations et elle
s'empresse comme une esclave apeurée. Quelle fraction
de l'univers représentons-nous, assez impudents pour
oser, dans notre cruauté, montrer un âpre mépris envers
la volonté du ciel? Dieu et nous, nous sommes placés

---

1. L'obéissance de l'univers aux ordres divins est un thème
fréquemment traité dans le poème (voir la note à 3, 11 sq.).
Famulor se retrouve dans un contexte comparable en 2, 340
(quaecumque Deo famulantur sidera magno) et de même *famulus*
en 1, 674 *(sol ... famulus ... Tonantis)* ; voir aussi 3, 554 :
natura ... famulata. On peut rapprocher Sedulius, *Carm. Pasc.*
1, 240-1 *(omne suum famulatur opus sequiturque iubentis/ impe-*
rium...). Dans l'expression *stat famulans*, *stare* exprime l'idée
de permanence, de fidélité, comme dans *Or.* 236 : *officio stat*
quisque suo.

2. La formule *rerum natura parens* se retrouve dans *Or.* 776 ;
sans doute l'expression *rerum natura* rappelle-t-elle le titre de
l'œuvre de Lucrèce, mais *natura parens*, qui sert à dénommer
la nature également en 3, 27 et dans *Rom.* 9, 117, fait aussi
penser à Lucain 10, 238 : *sic iussit natura parens.*

Omnia *dat* tollit minuitque uolatile tempus ;
540 incrementa Deus uel detrimenta recusat ;
idem semper erit, nunquam mutabilis aeuo,
qui cum sit Dominus se uult tamen esse parentem :
exhibet impendit praebet ; testatu*s* adoptat
nos genitos uocitare suos ; nos ergo fideles
545 uiuere debuimus tanquam factoris imago,
quos doceat factura Dei pietate magistra.
Rex pie, bellantum comitata potentia supplex
fit ; quodcumque iubes, effectus iussa sequuntur.
Stat famulans natura Deo constructa elementis,
550 nescia quid iubeas, donec praecepta repente
audiat et Domino citius parere laboret.
Exultans iussisse sibi gauisa ministra
perficit iniuncta placido sermone iubentis
et rerum natura parens famulata tremescit
555 per quem celsa poli tellus mare sidera constant
et gestit seruile pauens. Quota portio rerum
nos sumus audaces ut contemnamus acerbe
imperium caeleste truces? Par causa locatur

---

539 dat *Vollmer*[2] *(uide adn.)* : qui *BMVRU Vollmer*[1] *om.*
A ‖ 540 detrimenta *BMVRU A* : decrem- *Arevalo* ‖ 542 cum
BMVRU : dum *A* ‖ se uult *BMVRU* : uult sed *A* ‖ 543 testatus
Hudson-Williams : -tur *BMVRU A* ‖ 546 doceat *A* : dec-
BMVRU ‖ 551 laboret *BM A* : -rat *VRU* ‖ 552 iussisse *BMVR A*
Arevalo : uixisse *U* ‖ 553 perficit *BMVRU* : -fecit *A* ‖ 554 natura
BMVRU : -ram *A* ‖ 556 gestit *A Arevalo* : gessit *BMVRU* ‖
seruile *BMVRU A* : seruire *Arevalo* ‖ 557 contemnamus (-mpna-
B) BM : -tempnamur *A* -temnemus *VRU* ‖ acerbe *M*[2]*VRU A* :
acerue *BM*[1] ‖ 558 par causa *B*[2]*M*[2]*VR* : par causae *B*[1] par causea
M[1] pacare *U* ‖ locatur *BMVR* : loquetur *U* locetur *Glaeser*

dans une situation de réciprocité : celui qui désire que
ses vœux soient exaucés doit lui-même satisfaire ceux
560 de Dieu[1]. C'est d'une façon analogue que la volonté des
serviteurs et celle du maître restent tempérées par la
bonté. Comment pouvons-nous souhaiter que nos vœux
soient comblés à la mesure de notre espoir, alors que
nous ne nous soucions même pas de voir observer les
ordres de Dieu? Nous n'ignorons pourtant pas ce
qu'autorise et ce qu'interdit la loi divine; nous sommes
565 une race criminelle, indigne de clémence; moi le premier, avant tout autre, je dois être tenu pour un très
grand pécheur.

　　Quand confesserai-je en effet la totalité de mes
crimes, les péchés de mon cœur et ceux de mon corps?
Non, même si j'avais une voix de fer, si je disposais de
bouches aussi nombreuses que mes dents au blanc
570 d'ivoire, si j'avais l'usage de langues aussi innombrables
que les cheveux démêlés par le peigne sur toute ma tête,
je ne pourrais sans me tromper faire l'exact dénombre-
ment de mes fautes; mais il suffit que je me sois avoué
coupable de n'importe quel forfait; je confesserai avoir
été le seul à commettre tout ce que défendent tes
préceptes, je ne nierai pas avoir accompli tout ce que
575 tu abhorres. A quoi sert à qui que ce soit de cacher le
crime qu'il a perpétré, puisqu'à toi seul, mon Dieu, tu es
en même temps le juge et le témoin[2]? Comme si, pénétré
d'une pensée sacrilège, je pouvais croire que Dieu ne
sait pas tout ou qu'il ignore quelque chose; ce que per-
fidement mon esprit dissimule me causera du tort, tandis
580 que j'obtiendrai le pardon espéré si une confession

---

1. Alcuin a emprunté, en les réunissant dans un seul vers
(*Carm.* 62, 6 : *impleat ipse Dei qui uult sua uota uenire*), le second
hémistiche du v. 559 et le premier hémistiche du v. 560 ; sur
les emprunts d'Alcuin à Dracontius, voir t. I, p. 104 et n. 2.
　　2. *iudex et testis* est un souvenir de *Jérémie* 29, 23 : *ego sum
iudex et testis, dicit Dominus.*

nostra Deique simul : qui uult sua uota uenire,
560 impleat ipse Dei. Simili dicione uoluntas
seruorum dominique manet pietate modesta.
Qualiter optamus nostra spe uota mereri,
cum nos iussa Dei fieri contemnimus ultro?
Nec sumus ignari quid sit fas quidue nefastum ;
565 gens scelerata sumus, nil de pietate merentes,
quorum primus ego plus quam peccator habendus.
Quando fatebor enim scelerum simul omne,
reatum
pectoris et carnis? Non si mihi ferrea uox sit,
ora tot exurgant quo*t* dentes ossibus albent
570 aut mihi sint linguae quantos caput omne capillos
pectinat, explebo numerum sine fraude fidelem,
sed satis est dixisse reum sub crimine cuncto ;
quod tua iussa uetant, solus peccasse fatebor,
omne quod horrescis non me fecisse negabo.
575 Quid prodest cuicumque nefas celare peractum,
cum iudex et testis ades Deus unus et idem?
Sacrilega quasi mente putem non omnia nosse
aut aliquid nescire Deum, cui fraude nocebit
mens mea quod reticet, cum, si confessio simplex
580 indicet admissum, uenia sperata sequetur.

560-2 *om. U* ‖ 561 manet *BM²VR* : marcet *M¹* ‖ 564 sumus
gnari *BMVRU A* : sum ignarus *C* ‖ nefastum *BMVRU A* :
-fandum *C* ‖ 567 enim *BMVRU A* : *om. C* ‖ omne *A C* : esse
BMVRU ‖ 569 ora tot exurgant *M²VRU²* *A* : orator exurgant
B oratores surgant *M¹* ora et exurgant *U¹* ‖ quot *Arevalo* :
quod *BMVRU A* ‖ 570 sint *MVRU A* : sunt *B* ‖ caput *BMVR*
A Arevalo : -pit *U* ‖ 572 reum *BMVRU C* : rerum *A* ‖ cuncto
BMVRU C : uincto *A* ‖ 576 ades *BMVRU A* : adest *C* ‖ 578 cui
BMVRU A : sibi *Arevalo* quin *Glaeser* ‖ 579 si *BM²VRU* :
sit *M¹ A C* ‖ 580 indicet *U A C* : iudi- *BMVR* ‖ uenia sperata
BMVRU A : -iam -are *C*

sincère révèle ma faute. Celui qui refuse l'aveu[1] s'est de lui-même déjà à lui-même refusé le pardon.

Aussi, implorant la pitié, je confesse mon entière culpabilité, cet état de grand pécheur où mes nombreux forfaits m'ont conduit ; car la multitude de mes crimes dépassera celle des grains de sable du rivage et le
585 nombre de mes péchés l'emportera sur celui des flots de la mer. Je ne crois pas que le déluge ait châtié des fautes aussi nombreuses que celles dont je supporte le fardeau, écrasé que je suis sous le poids de mes méfaits. Le fleuve de mes crimes m'emporte, leur ouragan me tourmente et le torrent de mes iniquités me submerge
590 aussi de son cours ; les flots de mes erreurs m'engloutissent sous leur flux ; les eaux me sont entrées jusqu'à l'âme ; oppressant est l'effroi qu'elles m'inspirent. Quel malheur pour moi que de voir rassemblés en un seul moment, pour que j'expie mes actes, les forfaits commis à plus d'un moment de ma vie ! Où est donc maintenant ta bonté, où est la pitié que tu manifestais, où la clémence
595 qu'on te reconnaît, Seigneur, s'en est-elle allée ? M'as-tu oublié ? Je t'en prie, ô Tout-Puissant, n'oublie pas ma personne, mais oublie mes actions[2]. Les maux pèsent sur moi, m'accablant de tous côtés, les fers me tiennent

---

1. *qui negat* désigne le pécheur endurci, qui refuse de reconnaître ses erreurs. Au chant I (v. 90-111), le poète montre comment le pécheur invétéré finit, malgré la clémence divine, par attirer sur lui le châtiment (voir la note à 1, 99-100) ; mais dans tout son poème Dracontius ne cesse de louer la bonté miséricordieuse de Dieu ; sur cette spiritualité de confiance en la miséricorde divine et sur l'emploi fréquent du mot *uenia* (qui apparaît en 3, 580 et 581), voir t. I, p. 46 et n. 3.

2. Ces emplois de *obliuiscor (oblitusne mei es? ... obliuiscere non me)* dans un appel à la miséricorde divine font songer au début du livre 13 des *Confessions* de saint Augustin, 13, 1, 1 : *Inuoco te, Deus meus, misericordia mea, qui fecisti me et oblitum tui non oblitus es.* De l'expression antithétique *non me ... sed facta mea*, Arevalo (note au v. 581) rapproche des formules de Prosper d'Aquitaine, *Epigr.* 4, 6 : *dat spatium ut pereant crimina, non homines* ; *Epigr.* 25, 2 : *non homines odit, sed reprobat quod agunt.*

Qui negat, ipse sibi ueniam iam sponte negauit.
Ergo ego confiteor miseranda mente reatum
plenum, grande malum, non uno crimine partum ;
nam scelus omne meum numeros superabit harenae
585 littoris et pelagi uincent mala nostra liquores.
Non puto diluuium tantos punisse reatus
quantos ipse gero culparum pondere pressus.
Flumina me scelerum rapiunt quatiuntque pro-
cellae
et peccatorum torrens simul obruit unda ;
590 me delictorum merserunt fluctibus amnes,
usque animam uenit unda meam, grauis horror
aquarum.
Hei mihi, quod facinus non uno tempore gestum,
ut mea facta luam, tempus conuenit in unum.
Nunc ubi sit pietas, ubi sit miseratio prisca
595 aut tua quo, Domine, clementia nota recessit?
Oblitusne mei es? Precor, obliuiscere non me,
Omnipotens, sed facta mea. Grauor undique
pressus,
uincla ligant, tormenta domant, consumit egestas ;

582 ego *BMVRU A* : *om. C* ‖ miseranda mente *BMVRU
C* : -dam -tem *A* ‖ 583 plenum *BMVRU A* : pla- *C* ‖ crimine
BMVRU A : tempore *C* ‖ 584 omne *BM²VRU A C* : esse *M¹* ‖
superabit *BMVRU A* : -auit *C* ‖ 590 merserunt *M²VRU
A C* : -ere *M¹* -erit *B* ‖ 591 meam *BMVRU* : mea *A* ‖ 592 hei
BMVRU A : et *C* ‖ 595 quo *BMVRU* : quoque *A* ‖ clemen-
tia *BMR² A Arevalo* : elementa *VR¹U* ‖ 596 es *MVRU* : est *B
A* ‖ non *BM¹ A* : ne *M²VRU* ‖ me *BMVRU* : mei *A* ‖ 598 domant
BMVRU : -minant *A*

enchaîné, les supplices me brisent, le dénuement épuise
mes forces; devenu la risée des miens, objet d'affliction
600 et d'aversion pour tous, dépouillé d'une grande partie
de mes biens, je garde les cheveux longs, je porte des
haillons souillés. Familiers et étrangers me laissent sans
assistance, mes parents m'ont abandonné, les proches
auxquels j'avais été secourable se sont vite tenus à
l'écart, ainsi que soudain tous ceux qui avaient été mes
605 amis; la troupe de mes esclaves prend la fuite, mes
clients m'ont témoigné du mépris et n'ont pas déploré
la ruine qu'a entraînée un si grand malheur. Celui contre
lequel Dieu manifeste son courroux se voit refuser tout
secours.

Il ne me reste qu'à perdre la vie, si dans ton indulgence
tu n'ordonnes d'épargner un homme accablé que les
610 souffrances ont à ce point brisé. Tu as puni mes égare-
ments, aie dès à présent pitié de celui qui en fait l'aveu.
Voici que je me repens d'avoir maintes fois péché,
retiens à présent le fouet du châtiment, car je ne suis pas
capable de le supporter dans la détresse où m'ont plongé
tant de malheurs. Sois grandement attentif, je t'en
supplie, ne ferme pas tes oreilles à mes prières, ô toi,
Dieu saint, qui dans ta bonté prescris que la colère de
615 l'homme saisi de fureur quitte son cœur avec le coucher
du soleil et que la nuit suivante apporte le pardon; toi
qui recommandes au frère de manifester jusqu'à sept
fois[1] sa clémence et sa mansuétude, fais que s'accom-
plisse ce que toi-même tu ordonnes, aie pitié de celui qui
te supplie et prête attention aux larmes que dans mon
affliction je répands chaque jour, aux lamentations que

---

1. *septies* indique clairement que le poète fait allusion au
précepte évangélique, *Matthieu* 18, 21 : *Domine quoties peccabit
in me frater meus et dimittam ei? usque septies?* cf. *Luc* 17, 4 :
*Et si septies in die peccauerit in te et septies in die conuersus fuerit
ad te, dicens: « Poenitet me », dimitte illi.* L'allusion est moins
précise dans *Sat.* 291 : *si ueniam frater fratri donare iubetur.*

ludibrium generis, dolor omnibus atque inimicus
600 factus et exutus magna de parte bonorum,
crinibus intonsus, pannis squalentibus usus.
Notus et ignotus desunt, abiere parentes
et quibus impendi mox discessere propinqui
uel quicumque fuit subito discessit amicus ;
605 agmina seruorum fugiunt, tempsere clientes
nec doluere meam tanta sub clade ruinam.
Irascente Deo solacia cuncta negantur.
  Hoc superest ut uita cadat, nisi parcere mitis
iusseris afflicto, quem sic fregere dolores.
610 Punisti errantem, nunc iam miserere fatenti.
Paenitet en peccasse nimis, iam parce flagello ;
nam nequeo tolerare miser tot cladibus actus.
Accipe, quaeso, satis, precibus ne clauseris aures
nostris, sancte, tuas, qui das praecepta benignus
615 ira hominis cum sole cadat de corde furentis
et ueniam nox ipsa ferat ; qui praecipis ut sit
septies et frater clementior atque modestus,
fac fieri quod et ipse iubes, miserere roganti
et lacrimas intende meas, quas fundo diurne

599-600 *contractos sic dat* C : ludibnum generis factus et
exutus de parte bonorum ‖ 602 desunt *BMVRU* : uae sum
Glaeser ‖ 603 et *BMVRU* C : me *Arevalo* ‖ discessere *BM* :
-cesserunt C -cere *V* didicere *RU* ‖ propinqui *BMVRU* : amici
C ‖ 605 clientes *BMVRU* : dicentes C ‖ 606 meam *BMVRU* :
meum C ‖ tanta C *Arevalo* : -tam *BMVRU* ‖ ruinam *BMVRU* :
-na C ‖ 608 ut uita *BM Arevalo* : uita ut *VRU* ‖ 610 nunc
BMVRU : domine nunc C ‖ fatenti *BM¹VRU* C : -tis *M²* Arevalo ‖ 611 en *om.* C ‖ peccasse *M²VRU* C : portasse *BM¹* ‖ 613
accipe *BMVRU A* C : aspice *Arevalo* ‖ aures *BMVRU A^{pc}* C :
aurem *A^{ac}* ‖ 615 cadat *BMVRU* : -dit *A* ‖ furentis *A Arevalo* :
fruen- *BMVRU* ‖ 617 *uersum om.* U ‖ septies *A* : sepius *BMVR* ‖
618 roganti C *Vollmer²* : -tis *BMVRU A Vollmer¹* ‖ 619 diurne
BMVR A Arevalo : -nae C diuine U

620 je fais entendre prosterné de tout mon long. Malheureux
que je suis, moi qui supporte de si grands maux, moi à
qui tu as infligé de si grands châtiments pour mes
crimes; pourtant le pécheur que je suis, si longtemps
coupable de cruels forfaits, aurait dû subir des tourments encore plus rigoureux. La durée de la vie, qui
plus est, est brève, tandis que celle de la mort se pro-
625 longe[1]. Tu es grand, ô Tout-Puissant; tu sais à qui tu as
infligé de justes peines. Dieu invincible, arrache-moi
sain de corps à ces maux, porte remède à mes malheurs.
Épuisé, je suffoque, brisé par tant de maux qui m'assaillent de toutes parts. Absoudre est pour toi une joie;
ta sainte clémence, ô Père, a arraché à la mort des
630 foules de pécheurs (habitué à accorder le pardon[2] aux
coupables qui le sollicitent, après ma conversion
j'implore le pardon); au crime a succédé la beauté d'une
vie vertueuse. Dans ta bonté et ta clémence, tu ne t'es
pas irrité contre le péché des habitants de Ninive; bien
plutôt tu les as pris en pitié; tu fais attendre en châti-
635 ment le trépas...; mais tu étais déjà disposé à pardonner
et tu leur concédais la vie, alors que le prophète leur
annonçait un désastre mortel; tu fais un menteur d'un
serviteur à la parole véridique; cependant Jonas,
coupable exempt de fourberie, transmit des prédictions

1. Il est possible, comme l'indique Vollmer dans son apparat
critique, qu'après ce vers un ou plusieurs vers aient été omis par
les florilèges (*M.G.H.*, p. 109 : « vide ne 624 unus relictus sit ex
longiore sententia » ; *P.L.M.*, p. 89 : « vide ne post 624 complures
versus perierint »). Le v. 625 ne suit le v. 624 que dans *C* et
l'auteur de ce florilège n'a pas hésité à transposer ou modifier
certains vers (voir t. I, p. 118). La clausule *longa moratur* se lit
aussi dans *Rom.* 7, 119.

2. *ueniam donare suetus* est à rapprocher de *ueniam donare
sueuit* (3, 458) ; sur les emplois de *ueniam donare* et sur la scansion
de *suetus*, voir la note à 3, 458. Ici l'expression *ueniam donare*,
qui est opposée à *ueniam adoro* (v. 631), fait allusion aux activités
juridiques du poète ; pour les diverses hypothèses concernant
la nature de ces activités, voir t. I, p. 15 sq. Nous pensons que
Dracontius a pu être gouverneur de province (voir t. I, p. 17
et la note à 3, 653 sq.).

620 tristis et extenso prostratus corpore plango.
Me miserum ! qui tanta fero, cui tanta parasti
supplicia scelerum, peccans licet acrius uri
debueram, qui saeua diu delicta peregi.
Addo quod et uita breuis est, [et] mors longa
moratur.
625 Magnus es, Omnipotens, qui scis cui iusta parasti.
Eripe me his, inuicte, malis in corpore sanum,
exitio succurre meo. Lassatus anhelo,
tot fractus hinc inde malis. Ignoscere gaudes ;
eripuit tua sancta, Pater, clementia morti
630 agmina peccantum (ueniam donare suetus
ad quaesita reis ueniam conuersus adoro) ;
post scelus euasit uitae melioris honestas.
Tu pius et clemens populo peccante Niniue
iratus non es, potius miseratus eorum es
635 suppliciumque necis spondes [miseratus eorum es]
qui ueniam missurus eras uitamque parabas
exitium mortis iam praedicante propheta,
mendacemque facis famulum sermone fideli ;
Iona tamen sine fraude reus mendacia uerba

620 extenso *BMVRU* : -taenso *C* ‖ 622 supplicia *Arevalo* :
-cii *BMVRU* -cia his *C* ‖ peccans *BMVRU C* : merear *Arevalo* ‖
623-677 *om. BMVRU* ‖ 624 breuis est *Bücheler* : b. est et *C* b.
et *Meyer* ‖ 625 cui iusta *C* : quibus ista *A* ‖ 626 inuicte *A* : -ta *C* ‖
628 fractus *Meyer* : fruc- *C* fluc- *A* ‖ hinc *A* : hic *C* ‖ 629 morti
A : -tes *C^{ac}* -tis *C^{pc}* ‖ 630 peccantum *A* : -atum *C* ‖ 631 ad quaesita
reis *Vollmer* : adquisitam reis *C* adquisitam aliis *Rossberg* ad-
quisitoris *Peiper* da quaeso sceleris *Meyer* ‖ 633 peccante
Vollmer : -ti *A* ‖ 635 necis *Vollmer* : nescis *A* ‖ miseratus eorum
es *A parte posteriore u. 634 repetita*

640 mensongères et obtint son pardon une fois sorti des
entrailles de la baleine. Nous savons que le larron en
croix a obtenu son pardon[1], que le Christ est descendu
en maître dans le Tartare. Aussi, mon Dieu, aie pitié
de moi; c'est toi seul désormais que je prie. Ainsi que
tu le vois, je me repens de mes erreurs passées : désormais
645 mes plaintes condamnent tous les forfaits auxquels je
me complaisais. Mes yeux versent des torrents de
larmes, les gémissements brisent ma poitrine et mes
joues sont inondées de pleurs; ma pâleur révèle mes
jeûnes et, épuisé par la maigreur, je bats ma coulpe.
Voici que les genoux fléchis j'élève vers le ciel mes
650 paumes renversées, que je tends vers toi mes mains
enchaînées de fers grinçants. J'ai enduré l'effroi du
cachot, le supplice du gibet, les coups, l'affreuse faim[2]
qu'entraîne la grande indigence. Malheureux que je suis,
de quel faîte ma chute m'a-t-elle précipité! Moi qui
autrefois, revêtu de la toge, respectais le droit, j'ai sous-
655 trait des coupables à la mort; ma langue a accordé à
ceux qui étaient sans ressources des biens et des richesses[3], les a ôtés à qui les possédait; j'ai fait de même
pour le joug de la servitude et la liberté qui honore.
Mais ce que défenseur j'ai aimé, accusateur je l'ai eu en
aversion : distribuant à prix d'argent impunité et

1. Le poète fait allusion à l'épisode de la conversion du « bon
larron » crucifié près du Christ (*Luc* 23, 40-43) et au pardon que
Jésus lui accorde par ces mots (*Luc* 23, 43) : *Amen dico tibi:
Hodie mecum eris in paradiso*.
2. Le début du vers *(obscenamque famem)* est emprunté à
Virgile, *En.* 3, 367 ; l'expression *obscena fames* se retrouve en
2, 438. Une énumération comparable des souffrances endurées
se lit dans *Sat.* 312 : *... uerbera uincla fames* ; voir la note à ce
passage.
3. Dans ces vers Dracontius se présente comme un défenseur
des pauvres ; cette allusion pourrait faire croire qu'il exerça à
un moment donné la charge de *defensor plebis* (sur cette hypothèse,
voir t. I, p. 16), mais le poète a pu dans une autre fonction faire
preuve de ces dispositions charitables qui le conduisent à
condamner plus d'une fois la rapacité et l'insensibilité des riches
(2, 314 sq. ; 2, 776 sq. ; 3, 40 sq. ; voir aussi t. I, p. 72).

640 prodidit et ueniam meruit post uiscera cet*i*.
In cruce pendentem ueniam meruisse latronem
nouimus et dominum uenientem in Tartara
Christum.
Ergo, Deus, miserere mei ; iam te rogo solum.
Qualiter ipse uides, me paenitet ante quod egi :
645 omne nefas placitum iam nunc suspiria damnant.
Flumina dant oculi, gemitus praecordia rumpunt
et lacrimis maduere genae ; ieiunia reddo
pallidus et macie confectus pectora tundo.
En genibus curuis palmas extendo supinas,
650 cum manibus tibi uincla leuo stridente catena,
carceris horrorem, suspendia, [et] uerbera passus
obscenamque famem quam maior traxit egestas.
Me miserum, quant*o* cecidi de culmine lapsus !
Ille <ego> qui quondam retinebam iur*a* togatus,
655 exemi de morte reos, patrimonia nudis
diuitias mea lingua dedit rapuitque tenenti
ac seruile iugum uel libertatis honorem ;
nam quod *in* accusando *o*di defensor amaui ;
impunitates uendens poenasque nocentum

640 ceti *ego* : cete *A* cetae *Vollmer* ‖ *post u.* 642 *excidisse aliquot uersus susp. Vollmer* ‖ 644 paenitet ante *C* : penitenti *A* ‖ 646 rumpunt *C* : -pit *A* ‖ 649 en *A* : et *C* ‖ 651 uerbera *Meyer* : et uerbera *C* ‖ 653 quanto *Meyer* : -ta *C* ‖ 654 ego *add. Meyer* ‖ iura togatus *Vollmer* : iuret hogatus *C* iura togati *Meyer* ‖ 657 ac *Meyer* : hac *C* ‖ 658 nam quod in accusando odi *Rossberg (uide adn.)* : nam quod tua accusando dii *C* nam quod tu accusas dudum *Meyer* namque tua accusando aliud *Bücheler* non te accusando nec te *Vollmer*

660 châtiment aux coupables et aux innocents tout à la fois,
j'ai depuis longtemps accumulé de toutes parts sur ma
tête ces fautes qui m'accablent. Mais je sais désormais
que sans toi rien ne peut se mouvoir qu'il soit grand ou
petit, que ce soit le milieu ou le plus profond de l'abîme.
Accorde-moi à présent ton pardon, mets un terme à mes
665 malheurs, délivre-moi de mes chaînes, brise mes fers
grinçants, éloigne de moi la faim, écarte la soif, apaise
mes souffrances, montre-toi indulgent pour tous les
forfaits et tous les crimes que j'ai commis. A présent
aie pitié de moi; une longue détention m'épuise parmi
ceux qui exhalent des plaintes, au milieu des tourments
670 de chaque jour. Je ne demande rien d'impossible (j'ai
l'espoir de l'obtenir), puisque rien assurément, ô Tout-
Puissant, dans le cours de tous les siècles ne t'est
impossible. Puisse le fouet de si grandes épreuves m'être
salutaire, puisse le châtiment être une source de pardon;
je serai heureux de me rappeler ce moment où, dans ta
bonté, tu me fais grâce et où tu transformes ces épreuves
en joies. Redresse celui qui est terrassé, ô vengeur,
675 relève celui qui est abattu et réconforte celui qui est
écrasé sous un tel accablement de malheurs[1]. Puisse
mon espérance qui, par ma faute, était morte renaître
grâce à toi. Par la grâce du Seigneur je recevrai, quand

---

1. Le poète reprend, pour les appliquer à son propre cas
(erige prostratum ... attolle iacentem ... repara afflictum), des
expressions voisines de celles qu'il a utilisées au chant II en
développant le thème de la miséricorde divine accordée aux plus
humbles (2, 696-7 : *erigit elisos, releuat tua dextra iacentes,/ confouet
abiectos...* ; 2, 732 : *erigis oppressos humiles...* ; voir la note à
2, 732).

660 insont*u*mque simul pretio delict*a* coegi
ad caput <haec> hinc inde meum, quibus opprimor,
olim.
Nunc tamen agnoui sine te nil posse moueri
grande uel exiguum, medium minimumque profundum.
Da mihi iam ueniam, finem concede malorum,
665 uincula solue mea, stridentes frange catenas,
pelle famem, disclude sitim, compesce dolores,
omne quod admisi facinus crimenque relaxa.
Iam miserere mei ; custodia longa fatigat
inter anhelantes gemitus cladesque diurnas.
670 Nil peto difficile (spes est mihi posse mereri),
nil licet, Omnipotens, per saecula cuncta profecto
sit tibi difficile. Prosint mihi tanta flagella,
ad ueniam sit p*oena* fer*ax* ; meminisse iuuabit,
cum pius indulges et h*aec* ad gaudia transfers.
675 Erige prostratum, uindex, attolle iacentem
et repara afflictum tali sub clade malorum.
Quae per me cecidit per te spes nostra resurgat.
Munere percipiam Domini redeunte fauore

660 insontumque *Meyer* : -temque *C* ∥ delicta *Meyer* : -to *C* ∥
661 haec *add. Meyer* ∥ 662 nil *Vollmer* : nihil *A* ∥ 664 malorum
A : malum *C* ∥ 666 disclude *Vollmer* : discute *A* exclude *C* ∥
667 admisi *C* : amisi *A* ∥ 668 fatigat *A* : -gar *C* ∥ 670 mereri
Vollmer : misereri *A* ∥ 673 poena ferax *Vollmer* : pene ferox *A* ∥
674 cum *A* : iam *C* ∥ indulges *Vollmer* : -gens *A* -ge *C* ∥ haec
Vollmer : hoc *A* me *C* ∥ transfers *A* : -fer *C* ∥ 675 uindex *C* :
unde *A* ∥ 676 tali *A* : -lem *C* ∥ 677 cecidit *C* : -di *A* ∥ resurgat
C A^{pc} : -git *A^{ac}* ∥ 678 munere *C Arevalo* : -ra *BMVRU* ∥ percipiam
BMVRU : praecipuum *C*

679 la faveur me sera rendue, tout ce que les jours amers et
687 le temps m'ont ôté. Fais-moi connaître à nouveau, je
t'en supplie, des temps de rayonnante prospérité, toi qui
as soustrait Job aux jours d'affliction, lui rendant tout
ce que l'Ennemi malfaisant lui ravit.

Tu redonnes vie aux ossements desséchés d'humains
690 depuis longtemps trépassés ; la voix éclatante du prophète leur fait regagner leur corps. Pour reconstituer
des hommes, ils se colorent du rouge sang qui s'insinue.
Après que l'humidité a pénétré les moelles épuisées,
les veines se forment, puis voici les membres réunis par
des ligaments, voici que, tendue sur les multiples parties
du corps, la peau recouvre les os[1] ; la tête cherche à
695 rejoindre le cou, la nuque enserre la gorge, les os du
crâne qui domine le corps se remplissent de la matière
cérébrale ; puis les yeux, qui servent de guides, brillent
de l'éclat des joyaux, les paupières recouvrent et
dévoilent ces voies d'accès de la lumière ; l'ombreuse
chevelure se répand depuis le front qu'elle ceint en
700 couronne, elle revêt de boucles les tempes et toute la
tête pour les parer ; les sourcils font saillie au-dessus des
deux orbites. Les narines une fois tracées[2], un double
chemin est ouvert au souffle ; les deux joues prennent

---

1. *neruis... ossa cutis* sont des références précises à *Ézéchiel*,
37, 6 et 8 (versets cités dans la note à 3, 690) ; *quaerit colla caput*
(v. 695) peut être une allusion à *Ézéchiel* 37, 7 : *accesserunt ossa
ad ossa, unumquodque ad iuncturam suam.*

2. Arevalo a cru bon de corriger *obductis* en *abductis* (voir sa
note au v. 623 : « lego *abductis*, quasi separatis et recedentibus,
ut duplex uia pateat »). Mais *obductis*, leçon des manuscrits, se
comprend aussi bien, si l'on prend *obduco* dans l'acception de
« tracer », ou « creuser », comme dans César, *B.G.* 2, 8, 3 : *fossam
obduxit* (cf. *B.C.* 3, 46, 1).

679 quicquid amara dies quo*d*cumque <et> tempus
  *a*demit.

687 Lucida redde, precor, qui tempora subtrahis Iob
  aspera, restituens quicquid malus hostis ademit.
  Arida qui reparas antiquis mortibus ossa

690 quae membris rediere suis clamante propheta
  atque homines factura rubent reptante cruore.
  Humor ad absumptas intrauerat ante medullas,
  nascuntur uenae, iam neruis membra ligantur,
  iam tegit ossa cutis multos distenta per artus ;

695 quaerit colla caput, constringit guttura ceruix,
  uerticis eximii replentur et ossa cerebro ;
  inde duces oculi gemmato lumine uibrant
  et palpebra tegunt lucis nudantque fenestras,
  scaena capillorum fundens a fronte coronam

700 tempus et omne caput uestit de crine decorum
  atque supercilium gemino superimminet orbi.
  Naribus obductis duplex data semita uento

679 dies *B²MVRU* : fides *B¹* ‖ quodcumque et tempus *Arevalo*
n. : quocumque tempus *BMVR^{ac}* tempus quocumque *R^{pc}U*
quaecumque et tempora *Vollmer¹* quocumque et tempore
Corsaro ‖ ademit *Arevalo n.* : deīsit *B* derisit *MVRU* dempsit
Vollmer¹ ‖ 680-6 *post u.* 707 *transp. Arevalo* ‖ 687 lucida *M³* :
-cito *BM¹VRU* lucem *Arevalo* lucis *Bücheler* ‖ precor *BMV*
RU² : procul *U¹* ‖ subtrahis iob *BMVR Arevalo* : subtra hiob
U ‖ 691 rubent *BM* : iubent *VRU* iubes *Arevalo* uigent *Glaeser* ‖
692 ad … intrauerat *BMVRU* : ut … intrauerit *Arevalo* ‖ 693
uenae *MVRU* : bene *B* ‖ membra *M²VRU* : membraque *BM¹* ‖
ligantur *B²MVRU* : leguntur *B¹* ‖ 694 multos *BMV Arevalo* :
-tas *RU* ‖ artus *BM Arevalo* : -tes *VRU* ‖ 695 quaerit (que-)
B : -runt *MVRU* ‖ constringit *M²VRU* : -gunt *BM¹* ‖ ceruix
M¹R² Arevalo : -uis *BM²VR¹U* ‖ 697 gemmato *BR² Arevalo* :
gemina- *MVR¹* ‖ 698 nudantque *BMV* : mandantque *RU* mun-
dantque *Arevalo* ‖ 699 scaena (sce- *BVR*) *BMVR Arevalo* : sceua
U ‖ fundens *M³ Arevalo* : funde *BM¹VRU* ‖ 701 gemino *B²MV*
RU : -net *B¹* ‖ superimminet *Vollmer¹* : super imminet *B* super-
eminet *MVRU* ‖ 702 obductis *BMVRU* : abd- *Arevalo* ‖ semita
M²VRU : -minata *BM¹*

une teinte vermeille, un duvet crêpu couvre le visage
des vieillards qui retrouvent même leur vigueur après
que, bien des années auparavant, leur corps a connu
la mort et que leurs ossements ont été depuis long-
705 temps ensevelis. Une rangée de dents forme l'enceinte
fortifiée du palais ; ainsi, grâce aux modulations qu'elles
707 permettent, la bouche fait bien résonner les mots ; leur
680 barrière serrée maîtrise la langue qu'elles tiennent inves-
tie ; pont que franchissent les paroles émises par la
bouche, la langue sert d'interprète à la pensée, révèle
les secrets du cœur, se fait l'écho des désirs cachés,
reflète les sentiments profonds ; ses mouvements répandent d'une façon sonore des mots divers pour exprimer
685 à haute voix tout ce qu'inspire le crime ou la vertu[1] ; les
686 rouges lèvres bordent les dents de leur ourlet. Comme
708 des avirons le haut des bras s'adapte aux épaules, les
avant-bras s'y ajustent, la paume prend forme ainsi que
la main entière, les doigts aux modelés divers sont munis
710 d'ongles. Les côtes incurvées dont l'épine dorsale se
hérisse enserrent les flancs, la cage thoracique enferme
la poitrine, les clavicules s'y attachent. Le reste de la
charpente du corps est distribué à travers les membres ;
tous ces os sont disposés de façon à servir aux usages et
aux fonctions qui sont les leurs. Les débris d'une lente
715 désagrégation reconstituent un être humain. Mais avant
que les parties n'aient été réunies par une charpente,
existait déjà l'oreille qui entendit les paroles du Maître
du tonnerre.

Le souverain des Perses[2], après avoir régné, fut réduit

---

1. *omne nefas... dictura* : le thème des méfaits de la langue est
déjà évoqué en 1, 59 *(hominis mala lingua)*. Dracontius affirme
ici son ambivalence, faisant écho au livre des *Proverbes*, 18, 21 :
mors et uita in manu linguae et au livre du *Siracide*, 37, 21 :
*bonum et malum uita et mors ; et dominatrix illorum est assidua
lingua* ; voir aussi l'*Épître de Jacques*, 3, 2-10.
2. Ce souverain des Perses est Nabuchodonosor, désigné par
Persa tyrannus en 3, 184 et par *Persarum regem* dans *Sat.* 31.
L'épisode de Nabuchodonosor déchu de sa royauté et se nourris-
sant d'herbe comme les bœufs, emprunté au *livre de Daniel*

et geminae rubuere genae, lanugine malae
crispantur *reui*rentis adhuc post ossa senectae
705 mortua temporibus multis olimque sepulta.
Ordine m*u*ratum dentes cinxere palatum
707 ut bene uerba sonent ipsis modulantibus ora,
680 obsessamque domant densata repagula linguam
et pontem factura iacet sermonibus oris ;
interpres mentis, secreti pectoris index,
ec*h*o uolu*n*tatis tacitae uel cordis imago
uerbere distinctas spargit per murmura uoces
685 omne nefas atque omne bonum dictura loquendo ;
686 dentibus adduntur rubicundo labra labello.
708 Accedunt humeris remorum more lacerti,
brachia iunguntur, uola nascitur et manus omnis,
710 unguibus armantur digiti sub dispare forma.
Curuis spina latus complectitur aspera costis,
pectora circumstant crates iugulique ligantur ;
cetera membrorum currit compago per artus,
usibus officiis aptantur cuncta ministra.
715 Aedificant hominem longae fraumenta ruinae.
Ante tamen quam membra forent compage ligata
iam prior auris erat, quae audiuit uerba Tonantis.

703 rubuere *BMVR Arevalo* : -bere *U* ‖ 704 reuirentis *Arevalo* : uentis *BMVR* uiuentis *Bücheler* ‖ 706 muratum *Arevalo* : mora- *BMVRU* ‖ 707 ut *BM Arevalo* : et *VRU* ‖ 680 domant *BMVR* : donant *U* ‖ repagula *M²VR* : -pacula *U* -pabula *BM¹* ‖ linguam *BMV Arevalo* : -gua *RU* ‖ 681 pontem *BMVRU* : sontem *Arevalo* ‖ iacet *BMVRU* : latet *Arevalo* ‖ 683 echo uoluntatis *Pitra* : ecliouolum tantis *BMVR* e /// tantis *U* atque uoluntatis *Arevalo* ‖ 685 bonum *B²MVRU* : boum *B¹* ‖ 686 adduntur *BMVR Arevalo* : aduritur *U* ‖ labello *Hudson-Williams* : flabello *MVRU* fabello *B* ‖ 710 dispare *M³RU* : -ri *BM¹V* ‖ 711 curuis *MVRU* : cur bis *B* ‖ 712 pectora *BMVR Arevalo* : -tara *U* ‖ 713 compago *BM* : propa- *VRU* ‖ 714 officiis *BMVRU* : -iisque *Glaeser* ‖ aptantur *MVRU* : abstantur *B* ‖ 715 fraumenta *B* : fragm- *MVRU* ‖ 716 compage *B Arevalo* : -go *MVRU*

à l'état d'une bête vivant dans les prés et redouta le
bouvier, mais plus tard il rétablit sa royauté dans son
palais. Quant à moi, je t'en supplie, rends-moi à présent
720 à la liberté, délivre-moi du supplice des chaînes de fer
qui m'écrasent de leur poids. Puisse ma vie connaître
le repos, mon âme lasse vivre dans la paix ; puisse le jour
s'écouler sans soucis, la nuit m'apporter les bienfaits de
la nuit ; puissè-je voir le bonheur de retour[1], vivre dans
la vertu jusqu'à la vieillesse ; puissè-je jouir d'une consi-
725 dération qui inspire le respect ; tous les biens vers lesquels se portent mes vœux et dont la perte me fait
souffrir, puisse ta bonté me les reconstituer dans leur
plénitude. Je sais ce que dans ta colère ou dans ton
extrême indulgence[2] tu accordes, ô Père ; j'ai la convic-
tion qu'il ne me faut pas désespérer de mon salut et
qu'il m'est permis d'attendre le pardon. La preuve en
est que je suis encore vivant : épargné par la mort, je
730 dois à ta bonté et non à ta colère d'être sauf ; car si ta
colère, Seigneur, avait été terrible, tu n'aurais pas
différé ma mort, mais tu m'aurais frappé d'un trépas
soudain ; ainsi je n'aurais pu implorer ton pardon que
jamais, ô Dieu saint, tu n'as refusé, je n'aurais vraiment
pu espérer que tu me traites avec clémence. Puisque tu

(4, 22 sq. et 4, 28 sq.), est développé dans la *Satisfactio*, v. 31-35
(voir la note à *Sat.* 31 sq.). Le même épisode est aussi décrit par
Sedulius, *Carm. Pasc.* 1, 206-211. Ici la mention du souverain
est destinée à illustrer la miséricorde que Dieu manifeste à l'égard
du pécheur repentant et que le poète espère pour lui-même :
après sa conversion, Nabuchodonosor est restauré dans sa royauté
(cf. *Daniel* 4, 33 sq.).

1. L'expression *fortuna redux* est reprise dans la pièce 6
des *Romulea*, v. 40 : *fortunamque mihi reducem pietate nouarunt*,
où le poète fait allusion à sa libération (voir t. I, p. 29, n. 6).
Sit uirtus usque senectam indique que Dracontius n'était pas
encore d'un âge avancé à l'époque où il achevait son poème
(voir t. I, p. 31 et n. 1 et voir les notes à 3, 248 sq. et 3, 746).

2. L'antithèse entre *iratus* et *mitissimus* fait écho à celle du
premier vers du chant I (*... iratum placidumue ... Tonantem*) ;
le poète répugne à parler de la colère de Dieu sans évoquer sa
miséricorde (voir t. I, p. 46 et la note à 1, 1, p. 235). On retrouve
la même opposition aux v. 730-1 (*... pietate.../ non ira...*).

Persarum rector timuit post regna bubulcum
inter prata pecus, sed post regnauit in arce.

720 Me, rogo, iam repara sub libertate solutum
clade catenarum ferrato pondere pressum.
Sit uitae requies, animae sint otia fessae,
sit secura dies, sit nox cum munere noctis,
sit fortuna redux, sit uirtus usque senectam,

725 sit uenerandus honos et quicquid uota precantur
aut amissa dolent, totum pietate reforma.
Nosco quid iratus uel quid mitissimus ipse
des, Pater ; aduerto, non est formido salutis,
sed ueniam sperare licet. Res ipsa probauit

730 quod uiuus sum : mortis inops pietate reseruor,
non ira, nam si Domini grauis ira fuisset,
non me differres, subita sed morte necares,
ne peterem ueniam quam nunquam, sancte, negasti
aut ut non essem prorsus cui parcere posses.

718 rector *BMVR* : *om.* *U* ‖ bubulcum *BMV Arevalo* : -cus
RU ‖ 719 sed *BMVR* : si *U* ‖ 721 pressum *MVRU C* : -us *B A* ‖
722 animae *BMVRU A* : queso *C* ‖ sint *BMVR A C Arevalo* :
sunt *U* ‖ otia fessae *BMVRU C* : odefessae *A* ‖ 722-6 *post u.*
744 *traiciendos esse susp. Arevalo n.* ‖ 723 noctis *BMVRU* : somni
A C ‖ 724 senectam *BMVRU A* : -ta *C* ‖ 725 uota *A C* : uita
BMVRU ‖ precantur *A* : -atur *BMVRU C* ‖ 726 dolent *BMV
RU A* : -et *Arevalo* ‖ 727 quid ... uel quid *Arevalo* : quod ... uel
quod *B* quod ... uel quid *MVRU* ‖ 729 sperare *BMVR Arevalo* :
-aret *U* ‖ 731 ira *V^{pc} Arevalo* : iram *BMV^{ac}RU* ‖ 734 ut non
essem *BM²VRU* : non omnem *M¹*

735 m'as sauvegardé, puisse ta bonté coutumière me redon-
ner des forces pour que je sois capable de chanter tes
louanges dans mes vers. Personne cependant n'a célébré
ta gloire comme il convenait ni ne parviendra jamais à
le faire, car le rituel de la louange comporte d'ordinaire
trois temps, alors que toi tu n'appartiens pas au temps[1].
740 Possèdes-tu, ô Dieu, un passé et un avenir te concerne-t-
il? Si personne ne réussit à chanter tes louanges, quelqu'un pourrait se révéler un narrateur accompli, mais
qui sera jamais capable de décrire ton œuvre dans un
récit? Il suffit de lever les yeux vers Dieu, le cœur
tremblant, et de s'adresser à lui avec vénération dans les
745 larmes et les saintes prières : « Puissè-je retrouver mes
facultés, un esprit sain dans un corps sain, puissè-je
parcourir encore de longs jours sur l'heureux chemin de
la vie, puisse ma nombreuse lignée être vertueuse et sans
cesse heureuse, puisse, après mon existence charnelle,
ma vie à venir être exempte de tourments, puisse mon
âme n'être ni pécheresse, ni coupable, ni impie, puisse-
750 t-elle, une fois purifiée, connaître le repos où elle jouira
de la paix. Puissè-je au jour de ton jugement, ô Dieu
très bon, obtenir le triomphe, parvenir parmi les fleurs
odorantes et les délicieuses prairies jusqu'au bois éternel

---

1. L'expression *temporis expers* se retrouve en 2, 69 et dans
Sat. 5. Pour le thème de l'éternité divine, on rapprochera 2, 604-5 :
... praesentia cuncta uidentur/ aut transacta magis et 2, 743 : *et
transacta simul uel sunt quandoque futura.* Ici (v. 740) le passé
et l'avenir sont désignés respectivement par *ante* et *post* qui sont
traités comme des substantifs. Sur *cadere in*, « convenir à, être
compatible avec », voir la note à 3, 534.

735 Seruatum reparare iube pietate sueta
   ut merear cantare tuas per carmina laudes.
   Quamuis nemo tua praeconia congrua dixit
   aut unquam dicturus erit, nam formula laudis
   temporibus tribus ire solet, tu temporis expers.
740 Numquid habes, Deus, ante tuum uel post cadit
   in te?

   Si laudator abest, narrator plenus adesset,
   sed quis opus narrare tuum sermone ualebit?
   Suspexisse Deum satis est de corde trementer
   et lacrimis precibusque piis ueneranter adire :
745 « Sint reduces sensus, mens sana in corpore sano,
   sit mihi longa dies felici tramite uitae,
   sit bona uel perpes felix numerosa propago,
   sit sine tormentis post corpus uita futura.
   Noxia mens non sit, non sit rea, non sit iniqua,
750 sit requies animae quae mox purgata quiescat.
   Iudicio, Deus alme, tuo detur inde triumphus,
   inter odoratos flores et amoena uirecta

---

735 sueta *BMVRU* : benigna *C* ‖ 736 carmina *BMVRU* : -ne
C ‖ 741 adesset *BMVRU* : at esset *Arevalo* ‖ 744 ueneranter
MVRU : -tur *B* ‖ 745 sensus *C* : tenuis *BMVRU* uires *Arevalo* ‖
sana *B²MVRU C* : -no *B¹* ‖ 747 sit *BM¹VRU* : sitque *M³* ‖ bona
C : homo *BMVRU* ‖ perpes *C* : perplex *BMVR* perlex *U* ‖ 748
corpus *BMVRU* : tempus *C* ‖ 749 *uersum om. U* ‖ iniqua *BM* :
-que *R* unque *V* ‖ 750 sit *C Glaeser* : et *BMVRU* ‖ quae *C* :
qua *BMVRU* ‖ mox *C Arevalo* : nox *BMVRU* ‖ 751 triumphus *BMVRU* : -phans *C* ‖ odoratos *M²VRU²* : -tus *BM¹*
adoratos *U¹* ‖ uirecta *BM³R C* : -reta *M¹VU*

et aux demeures bienheureuses¹ et rendre grâces d'être
755 retiré du faisceau des méchants pour être adjoint au
peuple innocent et jouir du lot des justes. »

1. La description du Paradis est inspirée de celle que Virgile
a faite des Champs-Elysées ; les expressions *amoena uirecta* et
sedesque beatas, qui terminent respectivement le v. 752 et le
v. 753, sont empruntées au chant VI de l'*Énéide*, v. 638-639
(les deux mêmes emprunts se retrouvent dans Sedulius, *Carm.
Pasc.* 1, 53-54), tandis que *nemus aeternum* (v. 753) rappelle
fortunatorum nemorum (*En.* 6, 639). Sur cette imitation, voir
P. Courcelle, *Les Pères de l'Église devant les enfers virgiliens*,
A.H.M.A., 30, 1955, p. 33-34 ; sur les autres emprunts au chant
VI de l'*Énéide* dans ce livre III, voir t. I, p. 58 et les notes à 3,
236 ; 457 ; 626.

in nemus aeternum ueniam sedesque beatas
et grates exceptus agam de fasce malorum,
755 additus insonti populo sub sorte piorum. »

753 in nemus *C* : quamuis ad *BMVRU* ad nemus *Arevalo* ‖
aeternum *BMVRU* : aethereum *Arevalo* ‖ ueniam *C Arevalo* :
uenit *BMVRU* ‖ beatas *M²VRU C* : -tus *BM¹* ‖ 754 grates *M³ C
Arevalo* : -tias *BM¹VRU* ‖ de *C Arevalo* : ex *BMVRU* ‖ explicit
liber sancti augustini de laudibus dei *subscripsit B* aurelii
augustini de laudibus dei liber tercius et ultimus explicit
felicissime deo gratias *MV* finis a. augustini *R* finis a. augustini
de deo federicus ueteranus urbinas transcripsit anno salutis
MCCCCLXXXI id. aug. *U*

NOTES COMPLÉMENTAIRES

3, 1 sq. Le troisième chant, comme le premier (v. 1-42) et le second (v. 1-59), s'ouvre par un passage en style hymnique (v. 1-31). Cet hymne de louange au Créateur reprend nombre des thèmes des chants précédents : Omniscience de Dieu (v. 4 sq.), Toute-puissance (v. 14 sq.), Bonté (v. 20 sq.).

Luminis aeterni lumen: lumen désigne Dieu le Père, source de la lumière éternelle du monde *(luminis aeterni)* qu'est le Verbe, son Fils (cf. 1, 133 : *lucis origo* ; voir la note à 1, 134). L'expression rappelle la formule du Symbole de Nicée *(lumen de lumine)* qui s'applique au Christ ; elle rappelle aussi l'Hymne *Splendor paternae gloriae* de saint Ambroise (v. 3 : *lux lucis et fons luminis*). Toutes ces formules sont des souvenirs de la *1re Épître de Jean* (1, 5 : *Deus lux est et tenebrae in eo non sunt ullae* ; cf. *Évangile* de Jean 1, 4 sq. ; 3, 19 ; 8, 12, etc.). Induit en erreur par le texte de *B (luminis aeterni lunae lux)* conservé dans *U*, où *lunae* a été substitué à *lumen* (transmis par *A*), Arevalo (note au v. 1) a cru que *luminis aeterni* pouvait désigner ici le soleil.

lucis origo constitue, comme en 1, 133, la clausule du vers, mais *lucis* est appliqué cette fois à la lumière, la clarté du monde et des astres, et non plus au Christ ; sur l'éloge de la lumière au chant I, voir la note à 1, 119-128. Alcuin, qui connaissait bien l'œuvre de Dracontius (voir t. I, p. 119) a imité ce premier vers au début d'un de ses poèmes *(Carm.* 121, 1 : *luminis fons, lux et lucis origo)*.

3, 4 sideris innumeri numerus est sans doute un souvenir de Lucrèce (2, 1054 : *seminaque innumero numero* ; cf. 3, 779), mais, pour l'idée, Dracontius se réfère au Psaume 146 (v. 4 : *qui numerat multitudinem stellarum et omnibus eis nomina uocat* ; la seconde partie de ce verset trouve un écho au v. 5 : *nomina dans astris*) ; il se remémore peut-être aussi Sedulius *(Carm. Pasc.* 1, 66-7 : *qui stellas numeras, quarum tu nomina solus/ ... nosti)*. En 2, 481 *sideris innumeri* désigne les mauvais anges, « astres innombrables » précipités du ciel avec Satan ; voir aussi 1, 220-1, où le poète emploie, à propos des astres, les expressions *agminis innumeri* et *cursibus aptauit*.

3, 6 Il est inutile de corriger *immobiles* en *immotos*, comme l'a fait Arevalo *metri causa* ; la voyelle de la seconde syllabe d'*immobilis* est ici abrégée (sur ce type d'abrègement, voir t. I,

p. 93). La forme est transmise à la fois par *B (immobilis)* et *A (immobiles)*.

septem triones désigne d'ordinaire la Grande Ourse (cf. Hygin, *Astron.* 1, 6, 2), mais cette appellation a pu englober parfois les deux constellations boréales, Grande et Petite Ourse (cf. Hygin, *Astron.* 2, 2, 1). *Septem triones* signifie littéralement « les sept bœufs » (bœufs de battage qui tournent en cercle dans une aire à battre le blé ; de même font les sept astres autour du pôle ; voir A. Le Bœuffle, *Les noms latins d'astres et de constellations*, Paris, 1977, p. 87 sq.). Proches du pôle, les étoiles de la constellation peuvent sembler immobiles, ce qui justifie le qualificatif de *pigra* (cf. Merobaudes, *Paneg.* 2, 59 : ... *pigros ... triones*).

3, 8 La mention des grains de sable, après celle des étoiles, fait penser aux versets de la Genèse où Dieu annonce à Abraham la postérité innombrable qui sera issue de lui *(Gen.* 13, 16 : *si quis potest hominum numerare puluerem terrae, semen quoque tuum numerare poterit* ; 15, 5 : *numera stellas si potes. Et dixit ei : sic erit semen tuum* ; cf. *Nombres* 23, 10 : *quis dinumerare possit puluerem Iacob?).* Comme ici (v. 9 : *pelagi ... liquores*), les flots sont mentionnés après les grains de sable en 3, 585 comme exemples de réalités trop considérables pour être comptées.

3, 10 coactu est une conjecture séduisante de Vollmer (*B¹* offre *queatis* corrigé en *queatus* par *B²* ; *A* donne *que actus).* Corsaro a préféré *meatu* en s'appuyant sur un passage qu'il attribue à Claudien, *In Ruf.* 1, 5 : *Oceanus auido meatu terras demergens* (dans une note de son édition, p. 187). Vérification faite ce prétendu vers est un passage de Pline l'Ancien (3, 5 : *Oceanus ... auido meatu quaecumque uenientem expauere demergens*) tandis que le texte de Claudien, *In Ruf.* 1, 5 est : *praescriptosque mari fines amnisque meatus.* Aucun de ces textes n'incite à préférer *meatus* à *coactus* : ce dernier substantif, surtout attesté à l'ablatif au sens d'« impulsion » à l'âge classique, se rencontre à l'époque impériale à des cas divers dans l'acception de « réunion » ou « condensation » (voir le *Thes. L.L.* III, 1370, l. 29 sq.).

3, 11 sq. Le thème de l'omniscience de Dieu se rencontre déjà en 1, 499 sq. (voir la note à 1, 499-501) et est repris en 3, 577-8. Celui de l'obéissance de l'univers aux ordres divins (v. 14 sq.) se retrouve souvent dans le poème (1, 10-11 ; 1, 144 sq. ; 2, 19 sq. ; 2, 54 sq. ; 2, 154 sq. ; 2, 193 sq. ; 2, 211 sq.) ; voir les notes à 2, 154 ; 2, 211 ; 2, 339.

3, 19 On peut hésiter pour l'interprétation de *crinitum missile* : l'expression désigne-t-elle la foudre, déjà nommée dans les vers précédents, ou une comète, comme le croit Arevalo (note au v. 15) ? Le passage de Stace, *Theb.* 5, 387 (... *crinitum missile flamma*), auquel est emprunté le second hémistiche de ce v. 19, invite à penser qu'il s'agit encore de la foudre. Dracontius veut sans doute évoquer les différentes sortes de foudres dont il est question, par exemple, dans Apulée, *De mundo* 3 (295) : *telis fulminum et missilium caelestium iaculis ignescit* ; cf. 8 (306) :

fulmina atque aliae ignitorum telorum gignuntur plurimae species.

3, 20 Ce vers, où les rimes léonines *(monitor, amator)* soulignent la recherche de la formule, résume parfaitement le thème qui fait l'unité du poème : la justice de Dieu est indissociable de sa bonté miséricordieuse (cf. 1, 1 : *iratum placidumue ... Tonantem* ; 1, 10-11 : *... iras/ et pia uota Dei*) ; voir t. I, p. 46.

Il est possible, comme l'indique Vollmer (*M.G.H.*, p. 92), que Dracontius imite ici Prosper d'Aquitaine, *Epigr.* 101, 1 : *cultor iustitiae, diuinae et pacis amator.* Alcuin, pour sa part, comme au v. 1, s'inspire étroitement de Dracontius *(Carm.* 1, 138 : *iustitiae cultor, uerus pietatis amator* ; cf. 43, 5 : *iustitiae cultor, sanctae et pietatis amator)* ; la clausule *pietatis amator* se retrouve aussi chez Venance Fortunat, *Carm.* 3, 22, 5.

3, 21 sq. Dans ces vers, où il célèbre la Toute-puissance et la Bonté divines, le poète a recours à des procédés stylistiques qu'il affectionne : homéotéleutes *(pulcrior, dulcior, clarior* à la même place du vers) et homophonies des fins de vers *(omni* placé à la fin de trois vers successifs) ; sur ces procédés, voir t. I, p. 84. La correction de *specie sed* en *specioso* proposée par Corsaro au v. 21 est inutile et maladroite : Dracontius paraît avoir recherché aussi l'homophonie dans les finales des compléments des comparatifs *(specie, dulcedine, lumine)* ; d'autre part *sed* se rencontre assez souvent à la seconde place de l'énoncé (1, 111 ; 2, 731 ; 3, 320 ; *Sat.* 53, etc.).

3, 24 sq. *editor* désigne ici le Dieu créateur ; avant Dracontius, ce terme n'est pas attesté comme synonyme de *creator, genitor* que dans Lucain (2, 423 : *nocturnaeque editor aurae/ Sarnus*).

Le poète se complaît à décrire l'action de Dieu dans la création (v. 25-31), dans un passage que rythme l'anaphore de *sic* et où quatre vers successifs (v. 28-31) présentent la même coupe triple *a* (sur les séries de vers à triple *a*, voir t. I, p. 95 sq.). L'expression *natura parens* (v. 27) se retrouve en 3, 554 *(rerum natura parens* ; voir la note 2 p. 43) et dans *Orest.* 776 ; *Rom.* 9, 117.

Nutrita seges (v. 29) et *uestita ceres* (v. 30) se répondent à la même place du vers, devant la coupe. *Nutrio* est déjà employé à propos de végétaux par Horace, *Ep.* 1, 10, 22 *(nutritur silua)* ; le verbe nous paraît pouvoir exprimer ici, comme *alo*, « faire se développer, faire croître », l'idée de « croissance ». En effet, bien que *nutrita* puisse être le participe du déponent *nutrior* attesté chez Virgile à l'impératif (précisément en parlant d'un végétal, *Georg.* 2, 425 : *... nutritor oliuam)* et que *calamos* puisse en être le complément, nous préférons faire dépendre *calamos* de *armat* et interpréter *nutrita seges* comme « la moisson qui a grandi ». On est alors conduit à adopter la correction d'Arevalo *(aristis* pour *aristas)*, conjecture que corrobore le rapprochement de *Sat.* 231 : *... segetes uiror armat aristis* et de *Rom.* 3, 6 : *... culmos armet aristis.* Pour l'image, voir aussi le *De mensibus*, 11 : *messibus armatis flauae crispantur aristae.*

4

3, 32 sq. C'est apparemment la mention de la moisson, et peut-être plus précisément celle de la récolte (*annona* au v. 26), qui sert à introduire un nouveau développement où sont évoqués successivement le laboureur (v. 32-37) et l'accapareur de blé (v. 37-43). Le laboureur est comparé à un créancier auquel le sol paie ses intérêts en récolte ; débiteur modèle, il souhaite pouvoir rapporter le plus grand profit possible à son créancier. Dracontius a pu emprunter cette idée à saint Ambroise, *Hexaemeron* 3, 8, 35 : *faeneratum terra restituit quod acceperit et usurarum cumulo multiplicatum ... ut nunquam ullum dispendium suo inferat creditori* (cf. *De off.* 3, 6, 40 : *fecunda terra reddit quod acceperit ; fidelis ager feneratos solet restituere prouentus* ; voir ci-dessous d'autres souvenirs du *De officiis* d'Ambroise dans les v. 37 sq., où il est question de l'accapareur de blé).

3, 33 Vollmer (*M.G.H.*, p. 93) écrit à propos de l'expression *usura edax* : « ludendo mutat Lucani 1, 181 *usura vorax*, ut *edax* sit quae edatur » ; alors que chez Lucain *usura uorax* signifie « une usure dévorante », *edax*, appliqué ici à l'intérêt que représente la récolte, serait à prendre au sens passif (« qui se mange ») ; on pourrait traduire *usura praestatur edax* : « l'intérêt est payé en récolte ». Mais nous préférons conserver ici la valeur active habituelle de *edax*, qui répond à celle de *uorax* chez Lucain.

Centesima désigne d'ordinaire un intérêt de un pour cent par mois, taux légal de l'intérêt à Rome ; mais ici, où il s'agit du rendement de la récolte, ce taux, qui s'élèverait à douze pour cent par an, serait très faible. *Millesima* (v. 35) interprété de la même façon représenterait un intérêt dix fois inférieur et cette interprétation serait en contradiction avec l'idée développée par le poète. Arevalo (note au v. 31) a attiré l'attention sur cette difficulté sans apporter d'explication précise. Hudson-Williams (*C.Q.* 33, 1939, p. 157) a fourni une interprétation satisfaisante de *millesima lucra* (« gains a thousanfold ») ; l'ordinal présente ici une valeur multiplicative (voir le *Thes. L.L.* VIII, 984, l. 62, s.v. *millesimus*). Alors que pour *centesima* Hudson-Williams paraît se contenter d'un sens vague (« *centesima*... is here used figuratively of a large interest »), il faut attribuer également à cet ordinal une valeur multiplicative (voir le *Thes. L.L.* III, 819, l. 3 sq. s.v. *centesimus*) ; elle coïncide parfaitement avec les indications qu'on possède concernant les rendements en grains de certaines provinces africaines. Ainsi on lit dans Pline l'Ancien (5, 24), à propos du Byzacium (en gros, la future province de Byzacène) : *regio ... fertilitatis eximiae, cum centesima fruge agricolis fenus reddente terra*. *Centesima frux* s'applique à un rendement de cent grains pour un qui n'était pas exceptionnel dans les terres les plus fertiles ; cf. Varron, *Rust.* 1, 44, 2, où il est également question du Byzacium ; Pline, *Nat.* 18, 162, passages où l'on rencontre l'expression *cum centesimo*, « cent pour un » *(fructu* ou *fenore* est alors sous-entendu ; cf. Pline, *Nat.* 18, 162 : *cum quinquagesimo fenore)* ; Fulgence, *Myth.* 1, 10 : *quia centuplatum seges proferat fructum.* Sur les rendements en grains des provinces africaines, voir J. Despois, *Rendements en grain du Byzacium il y a 2000 ans et aujourd'hui, Mélanges E. F. Gautier*, Tours, 1937, p. 186-193 ; G. Charles-Picard, *La civilisation de l'Afrique romaine*, Paris, 1959, p. 68-69. Il faut ajouter que le rendement au centuple est celui qui, dans la parabole du semeur des Évangiles, est présenté comme le plus favorable : Vulg., *Matthieu* 13, 8 : *dabant fructum, aliud centesimum, aliud sexagesimum, aliud trigesimum* ; cf. 13, 23 ; *Marc* 4, 8 ; *Luc* 8, 8 *(fructum centuplum)*.

3, 36-7   exactor est appliqué au laboureur et *exactum* au champ moissonné. Le premier terme est usuel pour désigner une personne qui recouvre de l'argent et s'emploie aussi en parlant du créancier *(Cod. Iust.* 4, 44, 16 pr.), parfois même au figuré (Sénèque, *Benef.* 1, 2, 3 ; Paulin de Nole, *Epist.* 25, 5). Quant au participe *exactus*, il est très rarement utilisé pour qualifier celui sur qui on perçoit un tribut ; cet emploi se rattache à une construction *exigere aliquem*, « faire payer quelqu'un », qui se rencontre surtout chez les jurisconsultes (voir le *Thes. L.L.* V, 2, 1455, l. 20 sq.) ; on trouve aussi *exigere* avec un double accusatif (de la personne et de la chose), « faire payer quelque chose à quelqu'un », surtout dans la latinité tardive (voir le *Thes. L.L.* V, 2, 1455, l. 44 sq.) ; le verbe est alors surtout employé au passif : ainsi chez Augustin, *Epist.* 105, 4 *(C.V.* 34, p. 598, 13) : *decem libras auri non est exactus.*

3, 38   Le laboureur et le champ, en tant que créancier et débiteur, ont des intérêts divergents et sont néanmoins satisfaits tous deux de l'exceptionnel rendement de la moisson (v. 37 : *contraria uota duorum/ conueniunt)* ; à cette attitude le poète oppose celle de l'accapareur de blé qui souhaite la rareté de cette céréale pour pouvoir la vendre plus cher. Pour désigner le spéculateur, Dracontius utilise le terme *captator* qu'on rencontre aussi dans saint Ambroise, *Off.* 3, 6, 43 : *hunc frumentarii pretii captatorem* et 44 (où *pretii captatorem* est opposé à *largitorem frumenti)* ; ce type de spéculateur est appelé parfois *dardanarius* chez les jurisconsultes (Ulp., *Dig.* 47, 11, 6 pr. ; Paul., *Dig.* 48, 19, 37). Le poète se souvient certainement ici du *De officiis* d'Ambroise, où se retrouve l'image du sol qui est un débiteur fidèle *(Off.* 3, 6, 40 : *fecunda terra multiplicatum reddit quod acceperit; fidelis ager feneratos solet restituere prouentus* ; Ambroise développe cette image aussi dans l'*Hexaemeron*, 3, 8, 35 : *faeneratum terra restituit quod acceperit et usurarum cumulo multiplicatum ... ut nunquam ullum dispendium suo inferat creditori).* De longs passages du *De officiis* d'Ambroise sont consacrés à la condamnation des spéculations sur le blé *(Off.* 3, 6, 41 : *augetur pretium tamquam sorte cumulatum fenoris, quo periculum capitis aceruatur. Tibi conditae frugis multiplicatur usura, tu frumentum quasi fenerator occultas, quasi uenditor auctionaris* ; voir aussi 3, 6, 42 sq.); voir une étude de ces passages dans L. Ruggini, *Economia e società nell'« Italia annonaria »*, *Rapporti fra agricoltura e commer-*

cio dal IV al VI secolo d.C., Milano, 1961, p. 96 sq. et 116 sq.

Au v. 41 on trouve un autre écho du traité d'Ambroise (*Off.* 3, 6, 41 : *lucrum tuum publicum damnum est)* ; pour le spéculateur la formule est inversée : il considère comme défavorable à ses propres intérêts ce qui est profit pour la communauté (v. 41 : *... sua damna uocat compendia publica* ; *damnum* et *compendium* sont également rapprochés en 1, 14 et 3, 140). Dracontius peut aussi se souvenir dans tout ce passage d'un verset des *Proverbes*, 11, 26 : *qui abscondit frumenta maledicetur in populis* (Ambroise cite ce verset sous des formes différentes dans *Off.* 3, 6, 37 et 3, 6, 44).

Sur l'emploi de *proprius* (v. 42 : *opibus propriis*) comme équivalent de *suus*, voir la note à 1, 60 ; on retrouve cet emploi en 3, 77 ; 264 ; 514.

3, 43 sq. L'oxymoron *bene diues egenus* rappelle l'alliance de mots de 2, 780 *(diues eget)* ; voir la note à 2, 778. Cette formule sert de transition : le poète fait suivre la condamnation du spéculateur de celle de l'avare qui, tout riche qu'il est, se comporte comme s'il était sans ressources. Dans la formule *pauper sub diuite nummo* (v. 44), Dracontius se souvient d'Horace, *Sat.* 2, 3, 142 : *Pauper Opimius argenti positi intus et auri (semper auarus inops* au début du même vers rappelle aussi Horace, *Epist.* 1, 2, 56 : *semper auarus eget).* Mais ce passage est sans doute également inspiré d'Ambroise, *De Naboth* 2, 4 : *diues, nescis quam pauper sis, quam inops tibi ipse uidearis, qui te diuitem dicis, quanto plus habueris, plus requiris et quidquid adquisieris, tamen tibi adhuc indiges* (sur d'autres souvenirs du *De Naboth*, voir les notes à 3, 59 sq. et 3, 76 sq.).

Au v. 45, nous interprétons *aestuare* au sens de « peiner sous le poids de » ; cette acception du verbe se rencontre dans le *Carmen de resurrectione mortuorum* (poème d'attribution controversée), v. 21 : *uitis aestuat uuis laetis.* On peut aussi penser à l'acception voisine « regorger de » (Tertullien, *Apol.* 44, 3 : *de uestris semper aestuat carcer* ; cf. Minucius Felix 35, 6 : *carcer exaestuat)* ; voir A. Blaise, *D.L.A.C.,* s.v. *aestuo.*

3, 45 Le texte transmis par les manuscrits *(... custos alieni thuris odoret)* a été l'objet de nombreuses tentatives de correction de la part des éditeurs. Arevalo a proposé *custos alieni ruris et auri* (texte adopté par Glaeser) ; Vollmer, qui marque le passage d'une *crux* dans le texte, écrit dans l'apparat critique de sa première édition : « *temptavi captans alieni turis odores* » et dans celui de la seconde édition : « *furis odorus* conieci ». Corsaro a proposé *exceptans alieni thuris odores.* On peut également citer les conjectures de F. Walter (*W.S.,* 45, 1926-7, p. 112) : *cassus alieni turis odore est* et de R. Verdière (*A. C,* 32, 1963, p. 686) : *castos alieni thuris odores.* Toutes ces tentatives de correction sont inutiles, car l'expression *custos ... turis,* qui a déconcerté les éditeurs, est une *iunctura* empruntée à Ovide, *Met.* 13, 703 : *dantque sacerdoti custodem turis acerram* (il s'agit d'une cassolette « propre à garder l'encens ») ; on sait combien les emprunts faits par Dracontius aux œuvres d'Ovide sont souvent utilisés dans des contextes très différents (voir t. I, p. 59). D. Kuijper, à qui ce parallèle textuel avait échappé, comme à ses prédécesseurs, a néanmoins proposé avec juste raison de revenir au texte transmis par les manuscrits en corrigeant seulement *odoret* en *odorat* (*Varia Dracontiana*, p. 42). *Odorare* se rencontre dans la latinité tardive avec la même acception que *odorari*, « flairer, sentir » (Tertullien, *Pall.* 5, 4 ; Vulg., *Psalm.* 113, 6 ; *Eccli.* 30, 19, etc.). D. Kuijper *(loc. cit.)* commente ainsi le passage : « Nostro loco hoc vult poeta : avarus, quasi pauper sit, *sub divite nummo* tamen anxietate sollicitus est ; itaque homini turis possessori comparandus est, qui ' comportatis rebus ' non ' bene cogitat uti ' (Kuijper se réfère ici à Horace, *Epist.* 1, 2, 50), sed, quasi custos, non dominus sit alienarum, non suarum rerum, ' sub divite ture ' tamen id, quod suum est, odore quidem percipit, adtingere vero, libere impendere, ad maiorem Dei gloriam accendere non audet ». On comprendra, avec Kuijper, que l'avare qui n'ose pas dépenser les richesses qu'il a amassées est comparable au possesseur d'encens qui se contente, comme s'il était le simple gardien du bien d'autrui, d'en respirer l'odeur sans le faire brûler.

Dans les v. 44-5, Dracontius se souvient peut-être aussi de Juvénal, 14, 303-4 : *tantis parta malis cura maiore metuque/ seruantur ; misera est magni custodia census* (ce rapprochement est indiqué par Arevalo, note au v. 41).

3, 49 sq. L'idée exprimée dans les v. 49-50 (les avares perdent à la fois les biens de la vie terrestre et ceux de la vie future) sert de transition pour introduire la parabole du mauvais riche et du pauvre Lazare, à laquelle Dracontius consacre les v. 54-75.

De *solacia tota negauit* (v. 53) on rapprochera *solacia cuncta negantur* (3, 607).

3, 54 exempla docent ... ignes ... et requies : on peut considérer *exempla* comme un attribut, *ignes* et *requies* étant sujets de *docent*, ou comme le sujet (cf. 2, 311 et 3, 101), *ignes* et *requies* étant des appositions à *exempla*.

3, 56 L'expression *Abrahae portante sinu*, qui répond à la formule de *Luc* 16, 22 : *in sinum Abrahae*, sert à désigner le « sein d'Abraham », expression judaïque qui s'applique au festin messianique (festin où les justes sont à la place d'honneur aux côtés d'Abraham, qui préside le festin, et des autres patriarches et prophètes ; cf. *Luc* 13, 28). *Vices alterna sorte rependit* (v. 58) rappelle le verset de *Luc* 16, 25 où Abraham, s'adressant au riche, énonce le principe du renversement des situations par delà la mort : *recepisti bona in uita tua et Lazarus similiter mala ; nunc autem hic consolatur, tu uero cruciaris.*

3, 59 sq. A la description sobre de l'Évangile *(Luc* 16, 19 : *diues, qui induebatur purpura et bysso)*, le poète ajoute, pour décrire la vie fastueuse du riche, des détails surtout empruntés à Juvénal. Il se souvient de plusieurs expressions du portrait de l'affranchi Crispinus (*Sat.* 1, 26 sq.) : *aestiuum membris sudantibus ostrum* (v. 60) est calqué sur *Sat.* 1, 28 : ... *aestiuum digitis sudantibus aurum* et *exiguae ... pondera gemmae* (v. 63) sur *Sat.* 1, 29 : ... *maioris pondera gemmae* (sur cette imitation de Juvénal, voir C. Gnilka, *Der Ring des Crispinus. Zu Juvenal und Dracontius*, JbAC, 8-9, 1965-6, p. 180 sq.). On retrouve dans le *De Naboth*, traité où saint Ambroise critique avec vigueur l'égoïsme des riches, des expressions voisines qui peuvent avoir aussi inspiré Dracontius (5, 26 : *habent et gemmae pondera sua, habent et uestes sua frigora. Sudatur in gemmis, algetur in sericis* ; voir aussi 1, 3 : *sericae uestes et auro intexta uelamina, quibus diuitis corpus ambitur*) ; sur d'autres souvenirs du *De Naboth*, voir les notes à 3, 43 sq. et 3, 76 sq. Au v. 59, le pluriel neutre *serica* est sans doute employé comme un nominatif singulier (voir t. I, p. 80, n. 2). On pourrait aussi penser à sous-entendre *uestis*. Vollmer *(M.G.H.*, p. 409, s.v. *sericus)* hésite entre les deux hypothèses.

3, 64 sq. Dracontius se réfère ici à *Luc* 16, 24 : *mitte Lazarum ut intingat extremum digiti sui in aquam, ut refrigeret linguam meam, quia crucior in hac flamma* (verset que rappelle aussi Ambroise, *De Naboth* 12, 52 et 14, 60). *Anhelantes ... flammas* : *anhelare* est un de ces termes peu usuels que Dracontius affectionne (voir t. I, p. 79, n. 5) ; on rapprochera en particulier 3, 174 et 3, 318 (voir aussi, sur l'emploi de l'adjectif *anhelus*, la note à 1, 26).

3, 68 chaos désigne ici l'enfer comme en 2, 549 (pour une autre acception du mot, voir la note à 2, 13), tandis que l'expression *crudele profundum* répond à *chaos magnum* de *Luc* 16, 26 ; il s'agit de l'abîme qui sépare le séjour des justes de celui des réprouvés. *Saeua incendia mortis* (v. 69) termine aussi le v. 3, 440.

3, 71 sq. miser hic, qui diues erat peut être un souvenir de l'oxymoron qu'on lit dans Ovide, *Met.* 11, 127 : *diuesque miserque* (Midas, « à la fois riche et misérable »). L'expression *uestibus indutus Tyriis* (v. 72) se retrouve dans *Rom.* 8, 482 et, avec de légères variantes, dans *Rom.* 10, 258 *(indutum)* et *Or.* 305 *(induitur)* ; on a peut-être là encore une réminiscence d'Ovide, *Met.* 5, 51 : *indutus chlamydem Tyriam.* Les v. 73-5 sont une allusion au début de la parabole *(Luc* 16, 19 sq.) où, après la mention des vêtements de pourpre, il est surtout question des festins du riche dont les restes mêmes sont refusés au pauvre Lazare.

3, 76 sq. Dracontius revient au thème de l'avarice développé dans les v. 44-53 pour affirmer que le châtiment de l'avare sera encore plus sévère que celui du mauvais riche ; il en sera de même pour les riches qui dépouillent les pauvres de leurs dernières ressources. Aux v. 79-80, comme en 2, 314 (voir la note à ce vers), le poète stigmatise l'avidité insatiable des possédants et, comme en 2, 778 (voir la note à 2, 775), dénonce la cupidité de ceux qui

spolient les indigents du moindre de leurs biens. On peut trouver
là une allusion au *Livre du Siracide*, 13, 23 : *uenatio leonis onager
in eremo, sic et pascua diuitum sunt pauperes*, mais surtout on
reconnaît ici encore l'influence de saint Ambroise, *De Naboth* 1, 1 :
*Quis enim diuitum non cottidie concupiscit aliena? Quis opulen-
tissimorum non exturbare contendit agellulo suo pauperem atque
inopem auiti ruris eliminare finibus?* (cf. *De off.* 3, 3, 15 : *Tu
autem spolias quem Christus induit?* ... *Hoc enim agis, quando
alterius detrimento tua commoda augere expetis;* 3, 3, 19 ; *quam
graue est ut detrahamus aliquid ei cui nos compati oportet;* 3,
3, 22 : ... *diuitum rapinae publicae*) ; voir un commentaire du
passage du *De Naboth* dans L. Ruggini, *Economia e società,
op. cit.*, p. 26 sq. et n. 37 (pour d'autres souvenirs de ce traité
d'Ambroise, voir les notes à 3, 43 sq. et 3, 59 sq.).

Sur l'emploi de *proprius* (v. 77), voir la note à 3, 38.

3, 83-5 Ces vers s'inspirent de l'*Évangile de Jean* 12, 25 :
*qui amat animam suam, perdet eam; et qui odit animam suam
in hoc mundo, in uitam aeternam custodit eam* ; cf. *Matthieu* 10, 39 ;
16, 25 ; *Marc* 8, 35 ; *Luc* 17, 33. C'est du texte de *Jean*, qui
comporte l'opposition *amat ... odit*, que la formulation de
Dracontius *(diligit ... odit)* est la plus proche. Dans tous ces
versets des Évangiles, *anima* traduit ψυχή ; voir dans la « Bible
de Jérusalem » (Éditions du Cerf, 1961), la note à *Matthieu* 16, 25
(p. 1312, note b) : « Ce logion à forme paradoxale et ceux qui le
suivent jouent sur deux étapes de la vie humaine : présente
et future. Le grec ψυχή, équivalent ici de l'hébreu *néphesh*,
combine les trois sens de vie, âme, personne ». De même chez
Dracontius, l'expression *uitae animaeque* (v. 84) répond sans doute,
plutôt qu'à une recherche de *copia dicendi*, à un souci d'éclairer
la double valeur de *uita* dans la *sententia* du v. 85 (vie présente
et vie future : celui qui tient pour négligeable la vie d'ici-bas
s'assure la vie éternelle).

3, 91 sq. Cinq vers consécutifs (v. 91-95) présentent la
même coupe (triple *a*), assurant à ce passage, où il est question
de la conduite que le juste doit adopter pour gagner la vie
éternelle, une cohésion que les enjambements et rejets aux
v. 93-95 renforcent aussi ; sur les vers consécutifs à coupe
triple *a*, voir t. I, p. 96.

3, 93 Vollmer a judicieusement corrigé *conuiuia* (leçon
fautive de *B*, qui peut s'expliquer par la présence du mot à la
même place du vers en 3, 81) en *conubia*, rapprochant la clausule
conubia natos qui se lit dans la *Thébaïde* de Stace (8, 385 et 10,
768 ; ce dernier vers appartient à un passage que Dracontius
utilise à propos de Ménécée ; voir la note à 3, 261 sq.). Le poète
emploie également *conubium* avec le sens de *coniux* dans *Rom.* 8,
463 et 524.

3, 101 sq. L'épisode d'Abraham préparant le sacrifice de
son fils Isaac occupe les v. 101-117 et 128-135. Il est introduit
de la même façon (v. 101 : *doceant ... exempla*) que l'épisode du

mauvais riche (v. 54 : *exempla docent*). Au livre II (v. 625-658)
la naissance d'Isaac promise à Abraham et à Sara est l'un des
exemples développés par le poète pour montrer comment Dieu
exauce ceux qui lui manifestent leur confiance. Ici Dracontius
suit d'assez loin le récit de la Genèse (22, 1-13) : il omet les
nombreux détails concernant les préparatifs de l'holocauste pour
mettre l'accent sur l'apparente insensibilité d'Abraham et sur
l'obéissance sans réserves du père et du fils aux ordres de Dieu.
Il n'est pas question du consentement d'Isaac dans l'épisode
biblique, alors que le poète insiste sur son acceptation du sacrifice
(v. 112 : *qui deuotus erat, qui ad uulnera colla parabat* ; v. 115 :
nec natus uota negabat ; on trouve une notation comparable dans
Prudence, *Perist.* 10, 750 : *ultro sacranti colla praebuerit seni*).
Abraham et Isaac sont ici associés dans la soumission qu'ils
manifestent à la volonté divine (cf. v. 130-1 : *... uota probare
censuit amborum*).

Dans le portrait qu'il fait d'Abraham, Dracontius accumule
les expressions qui dépeignent à la fois la cruauté de l'acte qui
est demandé au père et l'impassibilité de son attitude (v. 104-111) ;
les oxymores que le poète affectionne servent à opposer la piété et
l'inhumanité du patriarche (v. 104 : *nimia pietate cruentus* ;
v. 107 : *pius immitis*).

3, 106 Le participe *feriturus* n'est attesté qu'en latin tardif
et dans un petit nombre de passages (Servius, *En.* 7, 498 ;
Claudien, *Rapt. Pros.* 3, 359, etc. ; voir le *Thes. L.L.* VI, 1, 508,
77 sq.). On notera l'abrègement du *i* de *feriturus*, comme dans
Claudien, *Rapt. Pros.* 3, 359 : *ipsum etiam feritura Iouem...* ;
sur ces licences prosodiques, voir t. I, p. 93, n. 7.

3, 110 sq. Ce passage a été l'objet de diverses corrections :
pectoribus (v. 110) est une heureuse conjecture de Grosse, *truci*
(v. 111) une correction d'Arevalo (on notera qu'en 2, 431, où se
retrouve l'expression *morte truci*, la même confusion s'était
produite dans les manuscrits de la famille du *Bruxellensis* entre
crucis et *truci* ; *truci* y est confirmé par *C*).

Vollmer a corrigé *pro funere* (v. 111) en *per funera* (la même
clausule *funera nati* se retrouve en 2, 130, 3, 403 et 503). Hudson-
Williams (*C.Q.*, 41, 1947, p. 105) préfère lire *uel funere*, mais son
interprétation des v. 110-111 est peu convaincante : « The father
inflicts not destruction upon the breast (of his son) : undismayed
he but threatens it without causing his son's savage doom and
death. » ; il pense que *pietas* (v. 110) désigne Abraham, le mot
se rencontrant chez Dracontius pour désigner le père ou la mère
(voir Vollmer, *M.G.H.*, s.v. *pietas*, p. 389), mais, comme Vollmer
(M.G.H., s.v. *pietas)* l'a bien vu, le vocable s'applique ici à Dieu.

3, 114 Arevalo (note au v. 109) commente ainsi l'antithèse
displicuit placuitque : « Deo *displicuit, placuitque*, videlicet noluit
Deus innocentem victimam immolari, et utriusque patris ac
filii voluntatem approbavit ». Sur la fréquence des formules
antithétiques dans le poème, voir t. I, p. 85.

3, 118 sq. L'épisode du sacrifice d'Isaac est interrompu par
une condamnation du culte de Saturne (v. 118-124). Le dieu
est présenté comme le Saturne romain *falcifer*, « porteur de faux »
(cf. Ovide, *Ibis* 316 ; *Fast.* 1, 234, etc.) ; cet attribut interprété
aux temps romains surtout comme un outil rustique était pour
Kronos, dont il est hérité, la harpè, instrument de la mutilation
d'Ouranos. La harpè est aussi un attribut du Saturne africain
dont le culte est ici condamné par Dracontius (sur la signification
de la harpè, voir M. Le Glay, *Saturne africain, Histoire*, Paris,
1966, p. 142 sq.). Le v. 120 fait allusion aux sacrifices d'enfants
que comportait le culte du Saturne africain ; ces sacrifices pour
l'époque carthaginoise, où ils étaient offerts à Baal-Hammon,
sont attestés par de nombreux témoignages d'auteurs grecs
et latins depuis Sophocle et Ennius (voir M. Le Glay, *op. cit.*,
p. 315 sq.). Dracontius lui-même peut viser ces sacrifices des temps
carthaginois dans les *Romulea* (5, 148-151 : ... *Carthago duorum/
annua nobilium praestabat funera templis/ Saturnoque seni pueros
mactabat ad aras ;/ tristia plangentum foedabant ora parentum*) ;
le poète est le seul à chiffrer à deux le nombre des victimes. Pour
l'époque romaine les témoignages sont moins nombreux, mais
un passage de l'*Apologétique* de Tertullien (9, 2-3) donne à croire
que ces sacrifices avaient encore lieu à la fin du IIe siècle ap. J.-C.
Les découvertes archéologiques et épigraphiques ont montré
que ce rite n'était pas limité à Carthage et qu'il s'était répandu
en maints endroits de l'Afrique (voir M. Le Glay, *op. cit.*, p. 320-1).
Les chrétiens d'Afrique ont dû lutter encore au IVe siècle contre
la survie de la religion de Saturne (voir M. Le Glay, *op. cit.*,
p. 488 sq.). Dracontius paraît se souvenir ici de Commodien
Instr. 1, 4, 1 sq. : *Saturnusque senex si deus, deus quando senescit?,
Aut si deus erat, cur natos ille uorabat?*

3, 118 Le verbe de la protase est à l'indicatif *(erat)* pour
exprimer un irréel, alors que l'apodose présente des subjonctifs
(v. 119 : ... *faceret ... subduceret*) ; lorsqu'une conditionnelle offre
une discordance modale, la situation est d'ordinaire inverse
(apodose à l'indicatif, protase au subjonctif ; voir Leumann-
Hofmann-Szantyr, II, p. 328), comme dans le poème même en
1, 621-2. Mais le type de discordance que nous rencontrons ici
se retrouve dans les *Romulea* 5, 92-3 *(si ... erat..., ... peteret)*
et 2, 59-61 *(si ... placebat..., ... cantarent)* ; voir Vollmer, *M.G.H.*,
s.v. *indicativus*, p. 435 et S. Blomgren, *Eranos*, 64, 1966, p. 62.

3, 120 sq. Dracontius met l'accent sur la douleur des parents
des enfants immolés à Saturne (v. 120 : *pietas flebat miseranda* ;
v. 122 : *planctos*), pour mieux opposer ces sacrifices à celui que
Dieu avait demandé à Abraham (le poète insiste sur l'acceptation
de la victime même, Isaac ; voir la note à 3, 101 sq.). Mais en
décrivant les manifestations de deuil des parents, Dracontius
est en contradiction avec les témoignages de Tertullien, *Apol.* 9, 4
*(quos quidem ipsi parentes sui offerebant et libentes respondebant
et infantibus blandiebantur, ne lacrimantes immolarentur)* et de

Minucius Felix 30, 3 (voir aussi Plutarque, *De superstitione* 13, cité par M. Le Glay, *Saturne africain, op. cit.*, p. 318, qui souligne que l'accord des parents était requis et qui indique (p. 331) que l'interdiction faite aux parents de manifester leur douleur peut s'expliquer par la croyance selon laquelle l'enfant offert était divinisé).

3, 121 Vollmer a conservé la leçon des manuscrits, *natos*, dans sa première édition en introduisant une ponctuation forte entre *pignore* et *natos* qui est ainsi rattaché à la phrase suivante (dans l'*index verborum*, s.v. *facio*, p. 347, il indique que le verbe doit alors être construit avec un double accusatif). Dans sa seconde édition, il a adopté la correction proposée par Bücheler, *natis* ; le substantif est alors à interpréter comme une apposition à *dilecto pignore*, solution qui nous apparaît préférable.

3, 122 planctos, leçon de *BM*[1] corrigée par *M*[2] en *planctus*, est à conserver ; la même forme d'accusatif pluriel se rencontre dans l'*Orestis tragoedia* au v. 101.

3, 123-4 Ces deux vers présentent, pour l'établissement du texte, plusieurs difficultés qui ne nous semblent pas avoir été résolues jusqu'alors de manière satisfaisante. La fin du v. 123, telle qu'elle est transmise dans *BM*[1] *(a quo deplacuntur ademit)*, offre une forme surprenante (*deplacuntur* qui laisserait supposer l'existence d'un verbe *deplacere*, inconnu par ailleurs) et est tout autant amétrique si on corrige *deplacuntur* en *deplacantur* ; *deplacuntur* a été corrigé en *placantur* par *M*[2], tandis que *V* et *R* ont *deplangitur*, *U deplangit*. Traube a proposé *quia deplacandus ademit* et Vollmer *(M.G.H.) quod deplacandus ademit*, conjecture qu'il a abandonnée dans sa seconde édition. *Deplacare* ne se rencontre que dans la latinité tardive chez un petit nombre d'auteurs, dont Fulgence, *Myth.* 3, 6 (p. 67, 3) et *Aet. mundi* 9 (p. 163, 7) (voir le *Thes. L.L.* V, 1, 573, 70 sq.) ; *deplangere* en revanche est déjà employé par Ovide, *Met.* 4, 546 et 14, 580 (où se lit la forme *deplangitur* : ... *ipsa suis deplangitur Ardea pennis*). Mais *deplangitur*, leçon de *VR*, ne peut constituer une forme métriquement satisfaisante dans le vers de Dracontius.

Le v. 124, tel qu'il est transmis par les manuscrits, est amétrique ; aussi Vollmer *(M.G.H.)* a inséré un *quod* entre *potest* et *si* ; Traube, pour sa part, avait préféré insérer *quam* (après avoir corrigé au début du vers *quam* en *quod*).

Enfin *adsit*, leçon des manuscrits, a été corrigé en *absit* par Glaeser (correction reprise par Vollmer dans sa première édition, mais non dans la seconde).

Pour amender le texte nous avons suivi les ingénieuses suggestions de Jean-Pierre Callu : au v. 123 suppression de *est* et correction de *deplacuntur* en *deplacatur* ; au v. 124 correction de *quam* en *quod* (déjà proposée par Traube), insertion de *id*, enfin correction de *et* en *ut*. Les vers offrent alors un sens : Saturne « a moins enlevé à celui qui l'apaise si, pour le secourir, il n'a pas donné ce qu'il peut donner ». Il faut comprendre, comme nous l'a précisé

Jean-Pierre Callu, que si Saturne accorde un don, il exige le contre-don du sacrifice humain. Celui qui est exaucé se voit ainsi enlever un être cher. Mieux vaut donc que Saturne n'accorde rien. Dieu au contraire est le « dispensateur de tout bien » (v. 125 : *omnia praestans*).

3, 131 non est temptator habendus : Dracontius, se rappelant certainement l'expression de la *Genèse* (22, 1 : *tentauit Deus Abraham*, expression reprise sous des formes différentes dans *Iudith* 8, 22 et dans l'*Épître aux Hébreux* 11, 17), indique comment il interprète ce verset en se souvenant sans doute de l'*Épître de Jacques* 1, 13 : *Nemo cum tentatur dicat quoniam a Deo tentatur : Deus enim intentator malorum est, ipse autem neminem tentat* (cf. le *Livre du Siracide* 15, 11-12). Sur la « tentation » d'Abraham, voir aussi saint Augustin, *Ciu.* 16, 32, 1 : *temptatur Abraham de immolando dilectissimo filio ipso Isaac, ut pia eius oboedientia probaretur, saeculis in notitiam proferenda, non Deo. Neque enim omnis est culpanda temptatio, quia et gratulanda est, qua fit probatio* (voir dans l'édition de la *Bibl. Aug.*, t. 36, p. 728, la note 31 où G. Bardy, à propos des diverses sortes de tentations, rapproche Ambroise, *De Abraham* 1, 8, 66). Abraham « est tenté », c'est-à-dire que sa fidélité « est mise à l'épreuve » ; il manifeste sa foi en obéissant à l'ordre de Dieu (cf. *Livre du Siracide* 44, 21 : *in tentatione inuentus est fidelis; Épître aux Hébreux* 11, 17 : *fide obtulit Abraham Isaac, cum tentaretur; Épître de Jacques* 2, 21). Abraham est ainsi dans la tradition biblique le modèle du juste qui obéit par la foi.

3, 136 sq. On peut reconnaître là un écho du verset du *Livre de la Sagesse* (10, 5), qui fait allusion au sacrifice d'Isaac : *(sapientia) sciuit iustum et conseruauit sine querela Deo, et in filii misericordia fortem custodiuit*. On rapprochera aussi Prudence, *Psych. Pref.* 5-8 : *(Abraham) senile pignus qui dicauit uictimae,/ docens, ad aram cum litare quis uelit,/ quod dulce cordi, quod pium, quod unicum,/ Deo libenter offerendum credito*.

L'idée exprimée dans la formule *nil praeponier unquam ... aeterno Domino* (v. 136-7) se rencontre déjà en 3, 86, 89 et 92. Le second hémistiche du v. 137 *(qui cuncta creauit)* se lit aussi en 2, 88 ; *compendia damnum* (v. 140) termine également le v. 1, 14 *(compendium* et *damnum* sont rapprochés aussi en 3, 41).

3, 141 sq. Le don de la vie éternelle vient récompenser ceux qui n'hésitent pas à faire, à la demande de Dieu, le sacrifice de leur vie. Telle est la promesse que Dracontius se propose d'illustrer par des exemples. Il prend à nouveau celui qu'offre l'histoire d'Abraham et d'Isaac, pour insister surtout en fait sur l'innombrable postérité que Dieu leur a accordée (v. 144-166). C'est seulement à la fin du développement (v. 166 sq.) qu'il revient à l'idée de la récompense accordée aux justes dans l'éternel séjour. Le poète a déjà consacré un passage du livre II (v. 653-8) à la descendance d'Abraham et d'Isaac en se référant aux versets de la Genèse (voir les notes à 2, 625 et 2, 656). Son développement est ici plus personnel : il tend à montrer que tous les peuples de la terre, pacifiques ou belliqueux, appartiennent à la postérité d'Abraham et d'Isaac ; barbares et Romains remontent tous à une même souche vertueuse (*de germine iusto*, v. 146), à savoir celle d'Isaac. Mais le poète établit ensuite une distinction entre les descendances des deux fils d'Isaac, Esaü et Jacob. De l'aîné (*maior*, v. 148), Esaü, serait issue la race belliqueuse des païens, du cadet (*minor*, v. 149), Jacob, descendraient les peuples pacifiques. C'est en effet à Jacob, auquel il donne le nom d'Israël (*Gen.* 32, 29 et 35, 10), et à sa descendance que Dieu promet le pays qu'il avait donné à Abraham et Isaac (*Gen.* 35, 12). Ésaü, « le père d'Édom » (*Gen.* 36, 9), est l'ancêtre des Édomites ou Iduméens, peuple traditionnellement ennemi d'Israël (sur la descendance d'Ésaü, voir *Gen.* 36, 1-43). Sur la préférence donnée par Dieu à la postérité de Jacob, voir *Gen.* 25, 23 ; 26, 24 ; *Malachie* 1, 2-3 et saint Paul, *Épître aux Romains* 9, 12-13 : *dictum est ei : quia maior seruiet minori* (cf. *Gen.* 25, 23), *sicut scriptum est : Iacob dilexi, Esau autem odio habui* (cf. *Malachie* 1, 2-3). Saint Augustin, *Quaest. ad Simpl.* 1, 2, 8, s'intéresse à cette « prédestination » de Jacob et d'Ésaü (voir, dans la *Bibl. Aug.*, t. 10, p. 754-5, les notes 108 et 109).

3, 148 Nous interprétons *hostis* comme un accusatif pluriel (comme le fait Vollmer, *M.G.H.*, p. 358, s.v. *hostis*, où il oppose avec raison le mot à *munera pacis amantes*, v. 149). La descendance d'Ésaü est présentée comme une race belliqueuse (cf. v. 153 : ... *immites, qui gaudent sanguine fuso*). Dans la Genèse, Isaac bénissant Ésaü lui prédit « la vie par l'épée » en lui adressant ces paroles (*Gen.* 27, 40 : *uiues in gladio*) ; Ésaü, à qui Jacob s'est substitué pour recevoir le premier la bénédiction d'Isaac, veut se venger de son frère en le tuant (*Gen.* 27, 41 sq.). L'hostilité d'Ésaü à l'égard de Jacob sert à décrire chez les prophètes l'invasion et le pillage de Jérusalem par les Édomites après la chute de la ville sous les coups de Nabuchodonosor *(Abdias* 10 : *propter interfectionem et propter iniquitatem in fratrem tuum Iacob* ; cf. *Jérémie* 49, 8 : *quoniam perditionem Esaü adduxi super eum)*. En raison de cette invasion le peuple d'Édom, présenté comme sanguinaire, est l'objet de malédictions : *Ezéchiel* 35, 5 : *Eo quod fueris inimicus sempiternus et concluseris filios Israel in manus gladii in tempore afflictionis eorum ... sanguini tradam te et sanguis te persequetur* (cf. 25, 12 sq. ; *Jérémie* 49, 7 sq. ; *Lam.* 4, 21 ; *Psalm.* 36, 7 sq.).

3, 149 nos munera pacis amantes : par *nos* Dracontius veut désigner les chrétiens, opposés aux païens (v. 148 : *gentile genus*). L'antagonisme entre Ésaü et Jacob a reçu diverses interprétations (voir le *Dictionnaire de Spiritualité ascétique et mystique*, t. VIII, art. *Jacob* de P. Guillaume, p. 1 sq.). Il est interprété d'ordinaire chez les Pères comme l'image des peuples juif et chrétien : ainsi dans la *Cité de Dieu*, 16, 42, où Augustin montre que, si pour la « filiation charnelle » ce sont les Iduméens, non les Juifs, qui descendent d'Ésaü et les Juifs, non les chrétiens, qui sont issus de Jacob, en ce qui concerne en revanche l'histoire du salut Ésaü et Jacob sont l'image respectivement des Juifs et des chrétiens (cf. *Ciu.* 16, 35). Dracontius reconnaît lui aussi dans les chrétiens les descendants de Jacob, mais il paraît étendre la descendance d'Ésaü à tous les païens et non au seul peuple juif.

3, 151 pacis amator, formule que le poète utilise aussi dans l'*Orestis tragoedia* (v. 251), se rencontre dans Ovide, *Rem.* 20 et réapparaît chez Prosper d'Aquitaine, *Épigr.* 101, 1 (pour ce vers, voir la note à 3, 20).

3, 157 sq. Le poète exprime la même idée aux v. 257-8 de la *Satisfactio* (*tempora sunt pacis uel tempora certa cruoris/ otia tempus habent militiaeque labor*), poème où les vers suivants (v. 259 sq.) montrent que Dracontius se souvient avec précision des versets de l'*Ecclésiaste* 3, 4 sq. (voir la note à *Sat.* 248 sq.). Ici on reconnaît une réminiscence d'*Eccle.* 3, 8 : *tempus dilectionis et tempus odii, tempus belli et tempus pacis.* Au v. 157, *quicumque* est employé comme un équivalent d'*alteruter* ; sur les diverses valeurs de *quicumque*, voir la note à 1, 62.

3, 159 sq. Comme en 2, 654 sq., Dracontius se souvient de la Genèse pour décrire l'immensité de la postérité d'Isaac. Ici le poète insiste, plus que sur le nombre des descendants du patriarche, sur leur prise de possession de la terre tout entière (v. 163 : *spatiatur in orbem* ; v. 168 : *omnia possedit* ; cf. *Gen.* 26, 4 : *benedicentur in semine tuo omnes gentes terrae*). Les expressions des v. 164-5, qui décrivent les quatre points cardinaux, sont sans doute une référence à un verset du songe de Jacob (*Gen.* 28, 14 : *dilataberis ad occidentem et orientem et septentrionem et meridiem; et benedicentur in te et in semine tuo cunctae tribus terrae* ; cf. *Sirach* 44, 23). Le poète étend même la souveraineté de la race des patriarches à la mer et au ciel (v. 166-167).

3, 168 benedicti s'applique à Isaac, « béni de Dieu » (*Gen.* 26, 3 : *eroque tecum et benedicam tibi*) ; de même en 2, 656 l'expression *benedicti germinis* désigne la race d'Isaac.

3, 171 sq. A l'épisode du sacrifice d'Abraham succèdent celui des trois jeunes Hébreux dans la fournaise (v. 171 sq.) et celui de Daniel dans la fosse aux lions (v. 188 sq.). Ils font partie tous deux du petit nombre des scènes bibliques représentées sur mosaïque (voir t. I, p. 90 ; ces représentations sont souvent groupées avec celle de Jonas ; voir Y. M. Duval, *Le Livre de Jonas dans la littérature chrétienne grecque et latine*, I, 1973, p. 31 sq. ; sur l'épisode de Jonas et la mosaïque de Furnos Minus qui le représente, voir la note à 3, 633 sq.) ; Dracontius a pu s'inspirer de certains de ces monuments figurés (sur la mosaïque de Furnos Minus représentant Daniel dans la fosse aux lions, voir la note à 3, 188 sq.).

Les épisodes des Hébreux dans la fournaise et de Daniel dans la fosse aux lions appartiennent l'un et l'autre au *Livre de Daniel* (3, 8 sq. et 6, 2 sq.) ; sur les problèmes posés par le *Livre de Daniel* et ses suppléments, voir l'*Introduction à la Bible*, *t. II, L'Ancien Testament*, sous la direction de H. Cazelles, 1973, p. 646 sq. et 737 sq. Ces deux récits sont parmi ceux de l'Ancien Testament qui ont le plus touché les premiers chrétiens. Les persécutions ont été de bonne heure l'occasion pour les auteurs chrétiens de citer ces épisodes pour rassurer les fidèles : ainsi Clément de Rome dans sa *Lettre aux Corinthiens*, 45 (ed. Hemmer p. 95) et Hippolyte qui, dans son *Commentaire sur Daniel*, donne une exégèse allégorique (voir en particulier 3, 31 : « si tu es jeté dans la fosse aux lions, tu seras protégé par l'Ange, tu apprivoiseras les bêtes. Elles se prosterneront devant toi, comme devant un serviteur de Dieu. On ne trouvera sur toi aucune blessure, mais tu seras tiré vivant de la fosse et tu participeras à la résurrection », traduction de M. Lefèvre, Sources Chrétiennes, nᵒ 14). La délivrance de la fosse aux lions, comme celle de la fournaise, représente symboliquement cette délivrance de la mort qu'est la résurrection ; cette interprétation se rencontre déjà dans l'art chrétien primitif (voir M. Simon, *La civilisation de l'antiquité et le christianisme*, 1972, p. 379 sq., où on relève en particulier cette formule (p. 382) : « Daniel préservé de la gueule des lions, c'est le frère aîné de Lazare délivré de la mort » ; voir aussi Y. M. Duval, *Le Livre de Jonas, op. cit.*, I, p. 32).

Chez saint Augustin, ces deux épisodes figurent la captivité où les envahisseurs peuvent jeter les fidèles, ainsi que le secours, spirituel ou matériel, que Dieu leur apporte (*Ciu.* 1, 14) ; ils sont parfois aussi une image de la mort, spécialement de la mort violente que le chrétien peut attendre des Barbares (Augustin, *Epist. ad Victorianum* 111, 3-6 (*C.V.* 34, 2, p. 645 sq.) ; voir P. Courcelle, *Histoire littéraire des grandes invasions germaniques*[3], p. 73). Sur la grande popularité dont a joui au ivᵉ siècle l'histoire des trois jeunes Hébreux, en Afrique et particulièrement chez les donastistes, voir G. Charles-Picard, *La Carthage de saint Augustin*, 1965, p. 184 ; ils apparaissent souvent sur des monuments figurés : ainsi à Carthage sur une mosaïque avec inscription de la basilique Damous-el-Karita ; voir *D.A.C.L.*, t. II, 2297, fig. 2146, art. *Carthage* et t. VI, 2, 2107 sq., art. *Hébreux (les trois jeunes)* ; ils sont fréquemment représentés sur des lampes (voir une reproduction de lampe dans G. Charles-Picard, *op. cit.*, p. 183).

tres pueros (v. 171) : les trois jeunes Hébreux sont des compagnons de Daniel qui, comme lui, ont été emmenés en exil à Babylone sous Nabuchodonosor ; ils ont reçu là-bas de nouveaux noms (Shadrak, Méshak, Abed-Négo ; cf. *Dan.* 1, 7). Ils sont jetés dans la fournaise pour avoir refusé de s'associer au culte idolâtrique en adorant la statue de Nabuchodonosor (*Dan.* 3, 12 sq.). Dracontius fait une simple allusion à la fidélité des jeunes gens au vrai Dieu (v. 172 : *nomine pro Domini*) ; en revanche dans une longue description il se complaît à développer les versets où il est question de l'ange descendant dans la fournaise et de la protection miraculeuse des jeunes Hébreux contre toute atteinte du feu (*Dan.* 3, 49-50 et 3, 94). Certains détails sont empruntés au texte de la Vulgate : *fornax ardens* (v. 171) se réfère à *Dan.* 3, 6 : *fornacem ignis ardentis* (cf. 3, 15 ; 20) ; *quem roris spiritus afflans/ imbrifer extinxit mitissimus angelus intrans* (v. 178-9) s'inspire de *Dan.* 3, 49-50 : *Angelus ... descendit ... in fornacem et excussit flammam ignis de fornace et fecit medium fornacis quasi uentum roris flantem* ; *cuius erat similis diuinae prolis imago* (v. 180) est un souvenir de *Dan.* 3, 92 : *et species quarti similis filio Dei* ; enfin *non crinis adustus* (v. 181) rappelle *Dan.* 3, 94 : *capillus capitis eorum non esset adustus.*

3, 175 La clausule *flamma camini* peut être empruntée à Sedulius, *Carm. Pasc.* 1, 205, mais le reste du passage que ce poète consacre aux jeunes Hébreux (1, 197-205) n'offre pas d'autre similitude d'expression avec le développement de Dracontius. Le miracle des flammes rendues inoffensives fournit au poète l'occasion d'oxymores (v. 173 : *frigidus ignis ... gelidis ... flammis*). L'expression *non feruor anhelat/ torridus* (v. 174-5), qui vise à souligner le même caractère prodigieux, est inspirée de Virgile, *En.* 8, 421 : *fornacibus ignis anhelat* (sur la prédilection de Dracontius pour *anhelus* et *anhelare*, voir la note à 3, 64 sq.). Pour *lambere* employé en parlant d'un feu, voir Lucrèce 5, 396 ; Virgile, *En.* 2, 684 ; Horace, *Sat.* 1, 5, 74, etc. ; *aditum lambebat* peut être une référence à *Dan.* 3, 47-48 (la flamme brûle les Chaldéens qui se sont approchés de la fournaise).

3, 186 *plenius* est rattaché pour le sens au vers précédent par Arevalo qui consacre une note (note au v. 181) à son interprétation. Nous préférons suivre Vollmer qui fait porter l'adverbe sur la seconde partie de la phrase reliée par *atque* (ce mot de liaison est ici rejeté à la deuxième place de l'énoncé, comme dans *Sat.*192) ; voir Vollmer, *M.G.H.*, p. 390, s.v. *plenus*. Sur *Parthicus* (v. 187), voir la note à *Sat.* 35 (*Parthica regna*).

3, 188 sq. L'autre épisode emprunté au *Livre de Daniel*, Daniel dans la fosse aux lions, est beaucoup moins développé par Dracontius : le poète résume en trois vers (v. 188-190) l'épisode rapporté par deux fois dans le *Livre de Daniel* (6, 17-24 et 14, 31-42 ; le deuxième récit fait partie d'un des suppléments au *Livre de Daniel* que présentent la Vulgate et la Bible grecque) ; pour sa part, Prudence consacre à l'épisode un long développement dans le *Cathemerinon* (4, 37-72). En dehors de la mention des lions rendus inoffensifs, Dracontius se contente de faire allusion au repas apporté miraculeusement à Daniel dans la fosse par Habacuq sur l'ordre de l'ange du Seigneur (élément du récit qui apparaît seulement dans le chapitre 14 (33-38) du *Livre de Daniel*, mais qui constitue la partie essentielle du développement de Prudence, *Cath.* 4, 52-72). C'est seulement aussi au chapitre 14 qu'il est question du nombre des lions (14, 31 : *porro in lacu erant leones septem*). Dracontius mentionne deux lions (v. 190 : *utroque leone*), chiffre sur lequel il insiste (v. 201 : *duos ... leones*) pour montrer que le danger était encore plus grand que dans l'amphi-

théâtre. Dans la plupart des représentations figurées, Daniel
est également représenté entre deux lions (voir *D.A.C.L.*, IV, 1,
p. 222) ; il est exceptionnel que, comme dans la mosaïque du
mausolée des *Blossii*, Daniel soit entouré de quatre fauves (sur
ce pavement, voir t. I, p. 90 ; pour la bibliographie de cette
iconographie, voir N. Duval-M. Cintas, *Basiliques et mosaïques
funéraires de Furnos Minus*, *M.E.F.R.A.*, 90, 1978, p. 915 et n. 96).

   3, 191 sq. L'épisode de Daniel donne à Dracontius l'occasion
de consacrer un développement aux *uenationes* (v. 191-208).
Les chasses de l'amphithéâtre jouissaient dans l'Afrique romaine
encore du temps d'Augustin d'un grand succès populaire, alors
que les jeux de gladiateurs avaient presque disparu (voir
G. Charles-Picard, *La civilisation de l'Afrique romaine*, 1959,
p. 260 sq. ; G. Ville, *Les jeux de gladiateurs dans l'Empire chrétien*,
M.E.F.R., 72, 1960, p. 319 ; sur les *uenationes* données à Carthage,
voir L. Poinssot et P. Quoniam, *Bêtes d'amphithéâtre sur trois
mosaïques du Bardo*, *Karthago*, III, 1952, p. 145-153 ; plus
généralement sur les *uenationes* d'amphithéâtre, voir J. Aymard,
Essai sur les chasses romaines, 1951, p. 74 sq., 189 sq. ; G. Ville,
La gladiature en Occident des origines à la mort de Domitien,
Rome, 1981, p. 51 sq., 88 sq., 155 sq.

   Dracontius désigne par le terme consacré *uenator* (v. 191)
l'homme armé qui luttait dans l'amphithéâtre contre les bêtes ;
il est difficile de le distinguer du bestiaire, *bestiarius* (voir
G. Lafaye in Daremberg-Saglio, V, art. *uenator*, p. 709 sq.). Mais
quel est exactement le sens de *productor* (v. 193), terme attesté
seulement chez les glossateurs ? La description que le poète fait
de l'activité du personnage ainsi désigné donne à penser qu'il
s'agit d'un piqueur (appelé *magister*, par exemple chez Martial,
Spect. 22, 1), chargé d'aiguillonner le fauve et peut-être aussi de
l'introduire dans l'amphithéâtre ; voir Arevalo (note au v. 188),
qui rapproche un passage de Lucain, 4, 710, où *producti* désigne
les combattants de l'arène.

   3, 195 sq. Le chasseur, qui s'apprête à recevoir l'attaque
du fauve, est décrit dans l'attitude que les monuments figurés
ont rendu familière (voir, par exemple, la mosaïque de la salle
de chasse dans la maison de Bacchus à Djemila en Algérie, où le
chasseur a le genou droit à terre). On pourrait être tenté de
corriger *subnixo* en *submisso*, au v. 196 (en rapprochant, par
exemple, Ovide, *Met.* 7, 191 : *summisso poplite*), mais *subnixo*
se comprend fort bien ici (voir Arevalo (note au v. 191)) : « melius
hoc loco est *subnixo*, quia poples terrae nititur, ut venator feram
irruentem excipiat ») ; le poète utilise aussi la forme *subnixus*
en 3, 222 et dans *Rom.* 8, 548.

   Dracontius fait allusion à différentes pièces du costume du
uenator: dura ... pelle (v. 196) désigne sans doute le brassard
de cuir *(manica); inguinibus strictis* (v. 197) fait vraisemblablement allusion au *subligaculum* qui protégeait le ventre et le
bas-ventre (les chasseurs représentés sur la mosaïque de Djemila

en sont revêtus). *Munito* (v. 197), conjecture de Bücheler adoptée par Vollmer dans sa seconde édition, est une correction préférable à celle d'Arevalo, *nudato* (*BM* ont *muto*, corrigé par *M²* en *mutato*) : quoique les bestiaires aient combattu souvent le torse découvert, certains avaient la poitrine et les épaules protégées par des plaques de cuir ou de métal (voir G. Lafaye in Daremberg-Saglio, art. *uenator*, p. 710).

Le pluriel *caueis* (v. 198) est peut-être utilisé pour désigner les différentes sections horizontales de gradins *(maeniana)*.

3, 199-200 Ces deux vers posent plusieurs problèmes pour l'établissement du texte. Le v. 199 est amétrique et le début du v. 200 offre un texte à la fois amétrique et incompréhensible *(sanguinis ab ore farte (forte* MVR*) facies* BMVR). Différentes tentatives de correction ont été faites pour la fin du v. 199 (voir l'apparat critique) ; on ne peut guère en retenir que l'interversion de *ne* et de *ualida* (proposée par Glaeser) qui rétablit la mesure du vers (si *ualida* est un ablatif). Quant à *nota* qui ne peut constituer le dernier pied, on a essayé de le remplacer par *morsu* (Arevalo), *uotum* (Glaeser), *māla* (Vollmer). Jean-Pierre Callu nous a suggéré *noxa* qui est beaucoup plus satisfaisant du point de vue paléographique ; aussi avons-nous adopté cette correction.

Au v. 200 la conjecture de Bücheler *sanguineas referat* (qui proposait *notas/ sanguineas referat*, alors que *notas* ne peut constituer le pied final du v. 199) peut être adaptée en *sanguineum referat (sanguineum* qualifiant *ruborem)*. Reste *facies*, qui a été le plus souvent corrigé en *faciens* (Glaeser, Bücheler, Vollmer) ; nous avons pensé à *saties*, substantif rare, mais qu'emploie encore Juvencus (3, 216) ; Jean-Pierre Callu nous a proposé *satians*, conjecture que nous avons retenue ; il faut noter que Dracontius emploie volontiers le verbe *satiare* (voir Vollmer, *M.G.H.*, index verborum s.v. *satio*, p. 407).

3, 201 duos pariter leones : dans les *uenationes*, il pouvait se faire qu'on lâchât ensemble plusieurs animaux d'une même espèce ou encore des animaux d'espèces différentes, mais le poète fait ici allusion au cas où chaque animal lâché séparément trouvait en face de lui un ou plusieurs chasseurs. Il veut signifier que jamais un chasseur n'était opposé seul à plusieurs fauves à la fois, comme le fut Daniel livré à deux lions ; il insiste sur les armes dont dispose le chasseur (v. 205) et sur l'aide que peut lui apporter son compagnon (v. 206) ; il prétend aussi que le *uenator* a dans la vaste arène la possibilité de fuir l'animal (v. 202), contrairement à Daniel jeté dans la fosse.

3, 203 L'interprétation de ce vers n'est pas aisée : que signifie *simul bis seno cardine uerso* ? Arevalo (note au v. 198) cite deux passages des *Variae* de Cassiodore qui peuvent éclairer cette expression. Cassiodore, *Var.* 5, 42, 9 parle, à propos des *uenationes* de l'amphithéâtre, de petites portes *(ostiola)* disposées dans l'arène même (on relève dans ce passage l'expression *in patenti area*), derrière lesquelles les bestiaires pouvaient se protéger des attaques des bêtes (il s'agit vraisemblablement des *cochleae*, portes à tourniquet ; voir E. Saglio in Daremberg-Saglio, I, 2, art. *cochlea* (V. *cochlea in area*), p. 1265 sq. ; des *cochleae* figurent dans la partie inférieure du diptyque d'Anastase conservé à Paris, à la Bibliothèque Nationale). Mais ce texte de Cassiodore, qui peut expliquer la présence de portes dans l'arène, ne permet pas de comprendre l'expression *bis seno cardine uerso*. L'autre passage des *Variae* (3, 51, 4) signalé par Arevalo, qui concerne le *Circus Maximus*, est plus éclairant : *Bis sena quippe ostia ad duodecim signa posuerunt. Haec ab hermulis funibus demissis subita aequalitate panduntur* ; Cassiodore décrit ainsi les portes des douze remises *(carceres)*, qu'un mécanisme, d'après une tradition, permettait d'ouvrir simultanément. La présence à la fois de *simul* et de *bis seno* au v. 203 donne à penser que Dracontius fait allusion à cette tradition. Bien qu'il cite le texte de Cassiodore, Arevalo (note au v. 198) pense que le poète décrit ainsi les ouvertures pratiquées dans le sol de l'arène, par lesquelles entraient les bêtes hissées depuis les cages placées dans les substructures de l'amphithéâtre ; il paraît croire que toutes ces issues s'ouvraient en même temps. Pour justifier l'emploi concomitant de *simul* et de *bis seno cardine*, il vaut mieux admettre que Dracontius décrit l'arène du *Circus Maximus* (ou d'un cirque construit suivant le même plan), et non celle d'un amphithéâtre ; le Cirque, édifié pour les courses de chars, avait été affecté assez souvent à des *uenationes* (voir G. Lafaye in Daremberg-Saglio, V, art. *uenatio*, p. 701 ; G. Ville, *La gladiature en Occident, op. cit.*, p. 382 sq.). Dans l'application qui est faite au Cirque des doctrines astrologiques, les douze portes des *carceres* représentent les douze mois de l'année ou les douze signes du zodiaque ; cf. *Anthol. Lat.* 1, 197, 3-4 : *nam duodenigenas ostendunt ostia menses/ quaeque meat cursim aureus astra iubar* (sur ce symbolisme astral du Cirque, voir la note à 2, 15).

Dans l'oxymoron *clausa patensque* (v. 203), le poète joue sur le double sens de *patens*, « ouvert » (sens qui s'oppose à celui de *clausa*) et « de vaste étendue » : l'arène est un espace clos, mais elle donne l'impression d'être « ouverte » quand les douze portes s'ouvrent ; d'autre part elle est « de vaste étendue » et permet ainsi aux bestiaires d'éviter par la fuite les attaques des lions (nous avons relevé également dans le texte de Cassiodore, *Var.* 5, 42, 9 l'emploi de l'expression *in patenti area* à propos de l'arène de l'amphithéâtre). Nous avons essayé de rendre le double sens de *patens* en traduisant le mot par « largement ouverte ».

3, 204   La voyelle finale de *fera* est allongée à l'*arsis* devant un mot commençant par *st-* (voir t. I, p. 93, n. 2). Au v. 205, dans *ferro hinc*, il n'y a pas d'hiatus, car le *h-* est à considérer comme une consonne (voir t. I, p. 93, n. 2).

stans unus ad unum : le duel qui oppose le *uenator* et le lion est représenté fréquemment sur les monuments figurés ; J. Aymard, *Essai sur les chasses romaines*, p. 405, cite en particulier la mosaïque Borghèse, la mosaïque de Ténès et celle de Yakto.

3, 207 Dans l'expression *morsibus illisis*, le verbe *illidere* présente le même sens que dans *illidere dentes*, « imprimer ses dents, mordre » (Lucrèce 4, 1080 ; Horace, *Sat.* 2, 1, 77, etc.) ; Dracontius utilise aussi l'expression *dentibus illisis* (*Or.* 618 ; *Rom.* 8, 355).

3, 209 rabies est appliqué ici par métonymie aux lions ; on rapprochera l'expression *saeua ... rabies ... leonum* du v. 188. Après avoir montré la supériorité de Daniel sur les *uenatores*, le poète le compare à Hercule, vainqueur du lion de Némée. Il souligne que le héros était armé (v. 210 : *armatus*) ; la légende rapporte en effet qu'Hercule, avant d'étouffer le fauve invulnérable, l'avait menacé de son arc, puis de sa massue. Par *uix unum* (v. 213), Dracontius oppose l'unique lion dont Hercule fut vainqueur aux deux lions de Daniel (sur *uix*, « seulement », auprès d'un nom de nombre, voir la note à *Sat.* 89 sq. à propos de *uix duas*). Le poète insiste enfin sur le caractère légendaire de l'exploit du héros mythologique (v. 214).

Vollmer *(M.G.H.*, p. 369, s.v. *loquor)* indique qu'au v. 214 il faut suppléer *extinxisse* (cf. *extinxit* au v. 213) dans l'expression *hunc ... fama locuta est* ; mais on peut aussi bien supposer que *loquor* est pris ici au sens de « parler sans cesse de, célébrer » bien attesté déjà dans Cicéron (*Parad.* 50 : *ne semper Curios et Luscinos loquamur* ; *Mil.* 63, etc.) et également usuel dans la latinité tardive (*Psalm.* 16, 4 : *ut non loquatur os meum opera hominum* ; Prudence, *Perist.* 10, 563 : *Christum loquor*, etc.) ; voir le *Thes. L.L.* VII, 2, 1667, 46 sq. et 62 sq.

3, 215 Pour Dracontius, ce qui distingue le plus de l'exploit d'Hercule l'épisode de Daniel c'est que le prophète est protégé des lions grâce à sa foi en Dieu (cf. *Dan.* 6, 23 : *eductusque est Daniel de lacu et nulla laesio inuenta est in eo, quia credidit Deo suo*). Le poète présente Daniel comme l'auteur d'un miracle (v. 216 : *exegit uirtutis opus*) que la bonté de Dieu (v. 215 : *pietate Tonantis*) lui permet d'accomplir ; sur *uirtutis opus*, voir la note à 2, 116. De l'expression *plena fides*, on rapprochera *alma fides* en 3, 240 (voir la note à ce vers). *Sed* peut être placé ici en tête du vers par suite de l'allongement à l'*arsis* devant un *h-* initial ; voir t. I, p. 93 et n. 2.

3, 217 Le poète oppose au Dieu dont Daniel était le fidèle serviteur la Diane-Artémis de Tauride qui aimait les sacrifices humains. Il se complaît à décrire la barbarie des rites (v. 218-221), mais la mention de ce culte sanglant ne semble pas amenée seulement par le souci de mettre en contraste la bonté de Dieu (v. 215 : *pietate Tonantis*) et la cruauté de la déesse. Comme l'a bien vu Arevalo (note au v. 212), l'allusion à Diane peut viser également, à la fin de ce passage qui fait une large part aux *uenationes*, la déesse de la chasse qui présidait aussi aux chasses de l'amphithéâtre (cf. Martial, *Spect.* 12, 1 : *inter Caesareae discrimina saeua Dianae* ; Tertullien, *Spect.* 12, 4 : *Martem et*

Dianam utriusque ludi praesides nouimus; Claudien, *Paneg. Theod. cons.* 293 : *amphitheatrali faueat Latonia pompae*; *Stil. cons.* 3, 239-240 ; Cassiodore, *Var.* 5, 42, 2 : *spectaculum ... in honore Scythicae Dianae repertum, quae sanguinis effusione gaudebat*; on rapprochera la dernière expression de ce texte du v. 218 : *fuso gaudere cruore*).

3, 219   sanguinis ... satiata : *satiatus* est accompagné d'un complément au génitif dans des contextes comparables chez Ovide, *Met.* 7, 808-9 : *satiata ferinae/ dextera caedis erat* et Silius Italicus 4, 435 : *satiatam sanguinis hastam*.

3, 221   Le rapprochement de *Taurica* et de *Colchos (Taurica per Colchos ... ara)* peut surprendre. *Taurica ara* fait habituellement allusion au culte de Diane-Artémis en Chersonèse Taurique (par exemple dans Ovide, *Trist.* 4, 4, 63-4 : *Taurica ... pharetratae ... ara deae*) ; Dracontius utilise aussi l'expression dans *Rom.* 5, 139 : *Taurica crudelis mitis tamen ara Dianae*. Dans la pièce 10 des *Romulea*, consacrée à la légende de Médée, le poète fait de la magicienne une prêtresse de Diane qui doit en Colchide, comme Iphigénie en Tauride, sacrifier les étrangers *(Rom.* 10, 9 sq. ; cf. 10, 177 : *impia iam Colchis, iam saeuior ara Dianae)* ; cette tradition est aussi rapportée par Diodore de Sicile, 4, 46 sq. Il est peu probable que Dracontius confonde la Tauride et la Colchide ; en tout cas, dans l'*Orestis tragoedia* (v. 45 sq.) il décrit clairement Iphigénie comme la servante du culte de la Diane de Tauride. On peut donc croire que dans ce v. 221 le poète veut parler d'un culte sanglant de Diane en Colchide comme dans *Rom.* 10, 9 sq. et que l'expression *Taurica ara* est destinée à rapprocher ce culte de celui de la Diane de Tauride. Mais on peut aussi penser, comme le fait Arevalo (note au v. 216), que l'expression *per Colchos* peut abusivement désigner ici la Tauride ; il cite un passage d'Hygin, *Fab.* 261, où l'auteur, à propos d'Iphigénie en Tauride, parle des *Colchi: Qui (Orestes) accepto oraculo carendi sororis causa cum amico Pylade Colchos petierat*.

3, 222 sq.   Après la série d'exemples empruntés à l'Ancien Testament (Abraham, les Hébreux dans la fournaise, Daniel), Dracontius consacre un développement à l'apôtre Pierre (v.222-250) ; les miracles que l'apôtre a accomplis révèlent la puissance que Dieu confère au croyant dont la foi est sans réserve. Le v. 225 rappelle l'humble origine du pécheur galiléen (cf. *Matthieu* 4, 18 sq. ; *Marc* 1, 16 sq. ; *Luc* 5, 3 sq. ; *Jean* 1, 40 sq.) ; *pelagi* désigne le lac de Gennésareth (Kinnéreth), dit « mer de Galilée » (*mare Galilaeae* dans *Matthieu* 4, 18 et *Marc* 1, 16). Dracontius insiste sur la primauté de Pierre dans l'Église primitive ; le v. 227 *(ianitor aetheraeus uel primus in orbe sacerdos)* fait référence aux paroles du Christ dans *Matthieu* 16, 18-19 : *tu es Petrus et super hanc petram aedificabo ecclesiam meam ... Et tibi dabo claues regni caelorum*.

Aux v. 223-4, *dux gentibus innumeris positus* fait allusion à la tâche pastorale de Pierre (cf. *Jean* 21, 15 sq.) et l'expression *sub lege fideli* peut faire référence à la *lex fidei (Épître aux Romains* 3, 27 : *per legem fidei)*, « la loi de la foi », régime de la foi que saint Paul oppose au régime de la loi mosaïque (voir *Épître aux Romains* 1, 16 sq. ; 3, 19 sq. ; 4, 13 sq. ; 7, 7 sq.). *Praeco Dei sollers* (v. 226) et *docens populos* (v. 229) rappellent les discours de Pierre transmis dans les *Actes des Apôtres* (2, 14 sq. ; 3, 11 sq.). *Tonanter* (v. 228), adverbe attesté seulement dans ce vers de Dracontius (sur les hapax chez le poète, voir t. I, p. 79), est vraisemblablement une allusion au passage des *Actes des Apôtres* précédant le premier discours de Pierre *(Act.* 2, 2 : *et factus est repente de caelo sonus, tanquam aduenientis spiritus uehementis)*, où la venue de l'Esprit est annoncée par un bruit venu du ciel (cf. *Act.* 4, 31 où l'effusion de l'Esprit s'accompagne d'un phénomène sismique) ; *tonanter* peut donc signifier que Pierre parle sous l'effet de l'inspiration divine (Dracontius désigne volontiers Dieu par l'appellation de *Tonans*, par exemple au v. 240 ; sur ce vocable, voir la note à 1, 1). Nous préférons rapprocher *tonanter* de *docens*, comme le fait Vollmer *(M.G.H.,* p. 419, s.v. *tono)*, plutôt que de *Christo regnante*, comme le fait Arevalo (note au v. 223).

3, 232 Une tradition très assurée fait venir saint Pierre à Rome, où il mourut victime de la persécution de Néron en 64. L'indication de Dracontius *comitante Paulo* (v. 233) ne repose sur aucune source sérieuse. Eusèbe *(H.E.* 11, 14, 6) écrit que Pierre vint à Rome au début du règne de Claude, vers 44, mais aucun texte canonique ne nous dit rien sur son activité missionnaire entre 43 et 49, année où il se trouve au concile de Jérusalem (voir J. Daniélou-H. Marrou, *Nouvelle Histoire de l'Église*, I, p. 57). Il se peut que Pierre ne soit arrivé à Rome qu'après Paul, qui y vient pour comparaître devant l'empereur vers 59-60 ; libéré en 63, Paul put reprendre son activité missionnaire avant d'être à nouveau emprisonné à Rome où il subit le martyre, sans doute en 67 (voir J. Daniélou-H. Marrou, *op. cit.*, I, p. 66 sq.).

3, 234 L'épisode de Simon est rapporté dans les *Actes des Apôtres* (8, 9 sq.). Ce Simon, qui pratiquait la magie, se donnait pour la « Grande Puissance » et exerçait une grande influence sur les Samaritains ; il reçoit le baptême et propose ensuite de l'argent pour pouvoir conférer l'Esprit-Saint en imposant les mains comme les apôtres. Pierre s'adresse à lui en ces termes *(Act.* 8, 20) : *Pecunia tua tecum sit in perditionem, quoniam donum Dei existimasti pecunia possideri*, car le don de Dieu est gratuit (voir *Matthieu* 10, 8 cité dans la note 2 p. 27, à propos de l'expression *nulla mercede).* Sur la doctrine de Simon, en qui l'on voit parfois le père du gnosticisme, voir J. Daniélou-H. Marrou, *op. cit.*, I, p. 48-9 ; M. Simon, *La civilisation de l'Antiquité et le christianisme*, p. 176. Toute une littérature apocryphe montre Simon aux prises avec Pierre, champion de la foi catholique (ainsi dans les *Actes de Pierre* et dans les *Romans pseudo-clémentins* ; voir E. Amman, art. *Apocryphes du Nouveau Testament*,

dans le *Supplément au Dictionnaire de la Bible*, I, 496-500 et
514-518. Saint Justin (*Ire Apol.* 26) rapporte que Simon venu
à Rome au temps de Claude s'y vit élever une statue (Justin
a confondu avec une statue à Semo Sancus, la dédicace *Semoni
Sanco* étant proche de *Simoni Sancto* ; l'erreur se trouve aussi
dans Tertullien, *Apol.* 13, 9) ; voir à ce sujet une longue note
d'Arevalo (note au v. 231).

La scène du vol de Simon que Pierre fait s'abattre à terre
(v. 234-5) se retrouve dans les différentes versions de la *Passio Petri
et Pauli* qui montrent que la mention de Néron comme spectateur
n'est pas une invention de Dracontius (voir le passage de
la *Passio Petri et Pauli* cité, dans différentes versions, par
R. A. Lipsius, *Die Apokryphen Apostelgeschichten und Apostel-
legenden*, II, 1, p. 371-374). On relève aussi dans le *De aetatibus
mundi*, attribué à Fulgence, cette brève description (13, 48,
Helm p. 174, 10) : *Petrus apud urbem deuoluitur et magus uolucer
caelo iam proximus sola prece iactatur.*

Au v. 234, où les manuscrits présentent la forme *magnum*,
il est préférable d'adopter la correction d'Arevalo *(magum)*
plutôt que celle de Vollmer *(magicum)* : on peut facilement
admettre ici l'allongement du *a* de *magus* qui se retrouve chez
d'autres poètes chrétiens (Ambroise, Hymne *Inluminans altissi-
mus*, v. 12 ; Commodien, *Apol.* 396 ; voir d'autres références
dans le *Thes. L.L.* VIII, 150, 1-3) ; de plus *magus* est également
l'appellation de Simon le magicien dans les *Actes des Apôtres*,
8, 9, chez Tertullien, *Apol.* 13, 9 et dans le *De aetatibus mundi*
13, 48 (cité *supra*), tandis que *magicus* n'est guère substantivé
qu'au féminin ou au pluriel neutre (voir le *Thes. L.L.*, VIII,
54, 18 sq.).

3, 236 L'expression *ficta Dei proles* désigne Simon ; elle est
calquée sur la formule *proles uera Dei* qui s'applique au Christ
chez Merobaudes (*Christ.* 1) et qui est elle-même imitée de celle
qu'utilise Virgile pour désigner Hercule *(En.* 8, 301 : *uera Iouis
proles)*. C'est à Virgile aussi que sont empruntés certains détails
de l'évocation de Salmonée (v. 237-9), à qui Simon peut être
comparé pour ses prétentions sacrilèges. Salmonée qui voulait
imiter les flammes de Jupiter et les grondements de l'Olympe
(En. 6, 586 : *dum flammas Iouis et sonitus imitatur Olympi)*
est foudroyé par Jupiter ; *sic imitatorem sed non imitabilis ignis,|
fulmina* (v. 237-8) rappelle *non imitabile fulmen* (*En.* 6, 590) ;
sur cet emprunt, voir P. Courcelle, *Les Pères de l'Église devant
les Enfers virgiliens, A.H.M.A.*, 30, 1955, p. 30 (pour d'autres
emprunts au chant VI de l'*Énéide*, voir t. I, p. 57-58 et la note
à 3, 457 ; voir aussi la note à 2, 33).

3, 240 sq. Le v. 240 reprend l'idée du v. 215 : c'est grâce
à sa foi que Pierre, comme Daniel (v. 215), obtient de Dieu le
pouvoir d'accomplir des miracles ; les mots *alma fides ... Tonantis*
sont situés à la même place du vers que *plena fides ... Tonantis*
au v. 215 (l'expression *alma fides* se retrouve chez Paulin de Nole,

Carm. 14, 80 ; 19, 200 ; 20, 42). Ici Dracontius se souvient sans
doute du verset des *Actes des Apôtres* (3, 16) où, après avoir guéri
un infirme au Temple (3, 6 sq.), Pierre proclame que cette
guérison a été accomplie « grâce à la foi au Nom de Jésus » :
*Et in fide nominis eius, hunc quem uos uidistis et nostis confirmauit
nomen eius; et fides, quae per eum est, dedit integram sanitatem
istam in conspectu omnium uestrum.* Au v. 231 l'expression *nixus
uirtute magistri* indiquait déjà que le miracle est l'œuvre de Dieu,
même quand il l'accomplit par ses envoyés ; cette affirmation
est reprise au v. 244 *(Dominique uices ... agentem)* et le poète,
dans les v. 240-247, insiste sur cet aspect du miracle : le pouvoir
d'accomplir des guérisons est accordé aux apôtres parce que la
foi les anime (v. 240 : *alma fides* ; v. 241 : *sermone fideli* ; v. 245 :
uita fidelis) et qu'ils prient pour obtenir ce pouvoir (v. 247 :
precibus ... mereri). Là encore Dracontius se souvient de versets
des *Actes des Apôtres* (4, 30 : *in eo quod manum tuam extendas
ad sanitates et signa et prodigia fieri per nomen sancti filii tui
Iesu* ; cf. 4, 10 ; 14, 3 ; 16, 18 ; 19, 11) ; sur les miracles dans
les *Actes des Apôtres*, voir A. George, *Le miracle dans l'œuvre
de Luc*, in *Les Miracles de Jésus* (sous la direction de X. Léon-
Dufour), 1977, p. 249 sq.

Au v. 241 *uitas* (cf. v. 242 : *uita redux*) fait allusion aux
guérisons opérées par Pierre, ainsi qu'à la résurrection de Tabitha
(voir la note 1 p. 27), *mortes* (cf. v. 242 : *mors cita*) au châtiment
de Simon le magicien (voir la note à 3, 234) et sans doute à celui
d'Ananias et de Saphira *(Act.* 5, 1 sq.) dont Dracontius ne parle
pas explicitement (mais *mors cita* peut faire écho à *Act.* 5, 10 :
confestim cecidit ... et expirauit). Les v. 243-4 se réfèrent non
seulement aux miracles de guérison et de résurrection ou aux
miracles de châtiment (sur ces derniers, voir A. George, *Le
miracle dans l'œuvre de Luc, op. cit.*, p. 249, n. 3 ; 258, n. 61 ;
267), mais vraisemblablement aussi à tout acte surnaturel que
la foi permet au thaumaturge d'accomplir (cf. v. 247 : *omnia
nam constat precibus cito posse mereri*) ; on peut croire que le
poète pense ainsi à la « foi capable de transporter des montagnes »
dont il est souvent question dans les Évangiles *(Matthieu* 17, 20 ;
21, 21 ; *Marc* 11, 23 ; cf. *I Cor.* 13, 2 : *et si habuero omnem fidem
ita ut montes transferam).*

Sur *arx* désignant le séjour de la divinité, les hauteurs du ciel
(v. 240 : *ab arce Tonantis*), voir les notes à 1, 19 et 2, 504. Le tour
ecce quid ... ut (v. 240) se retrouve dans la *Satisfactio* (v. 165-6 et
191-2 : *ecce quid impendit ... ut*). De *quid alma fides exegit* on
rapprochera 2, 684 : *exegit quid plena fides* ; pour l'emploi de
exigo, voir aussi 3, 216 et 245. *Vitas mortesque* (v. 241) est situé
dans *Rom.* 10, 8 à la même place du vers.

3, 245 Les manuscrits offrent la leçon *sors pia.* Arevalo a
corrigé *sors* en *uox*, conjecture que, tout en conservant *sors*,
Vollmer a jugé estimable dans l'apparat critique de sa seconde
édition (« vox *Arevalo sat bene* »), tandis que Hudson-Williams

(*CQ*, 41, 1947, p. 105) l'a rejetée (« Arev.'s conjecture *uox pia...* has but superficial attraction ; in such a summary of Christian qualities it is piety of the mind, not of the voice, that we look for »). Il propose, pour sa part, *mens pia (« mens* perharps first corrupted to *sens* owing to the influence of *spes »)* et pour appuyer sa conjecture il rapproche 1, 565 : *nec mens quaecumque praesumpsit pura,* 1, 569 : *ac mens pura Deum potius quam lingua precatur* et 2, 616 (où l'énumération *mente fide spe* peut corroborer en 3, 245 l'expression *mens pia* placée entre *spes* et *uita fidelis*). Cette conjecture nous paraît devoir être préférée à celle d'Arevalo.

Hudson-Williams *(ibid.)* propose de conserver l'ordre des vers 245-247 tel qu'il se présente dans les manuscrits. Arevalo, suivi par Vollmer, a interverti l'ordre des vers 246 et 247. La correction de *nam* en *iam* au v. 247, proposée par Hudson-Williams, permet de garder l'ordre des vers qu'offrent les manuscrits.

3, 248 sq. Le tour *si uelim ... sufficient,* où un futur répond dans la principale au subjonctif présent de la subordonnée hypothétique, est d'un type bien attesté à l'époque archaïque et à l'âge cicéronien ; voir Kühner-Stegmann, II, p. 395 ; Leumann-Hofmann-Szantyr, II, p. 663. Le v. 250 est de ceux qui permettent de croire que Dracontius n'était pas encore d'un âge avancé lorsqu'il composait son poème ; on rapprochera 3, 724 : *... sit uirtus usque senectam* et 3, 746 : *sit mihi longa dies felici tramite uitae* (la clausule de ce dernier vers est identique à celle du v. 246) ; voir aussi t. I, p. 31.

3, 253 sq. *... pura fides, praesumptio simplex* rappelle 2, 635 : *... sola fides, praesumptio maior* (expressions employées pour désigner la foi d'Abraham et de Sara et leur confiance dans les promesses divines). Au v. 254, l'opposition de *aeternum* et de *modico pro tempore* est inspirée sans doute de la *Deuxième Épître aux Corinthiens* (4, 17) : *Id enim, quod in praesenti est momentaneum et leue tribulationis nostrae, supra modum in sublimitate aeternum gloriae pondus operatur in nobis. Tantum fecisse* (v. 255) est à rapprocher de *tanta ... fecisse* en 2, 145-6 et de *tantum potuisse* en 2, 144 et 3, 359.

3, 261 sq. Dracontius présente d'abord les sacrifices des héros (v. 261-438), puis ceux des héroïnes (v. 468-530). Les sacrifices collectifs des habitants de Sagonte et de Numance (v. 439-467) servent de transition entre ces deux développements. Sur les sources de ces *exempla,* voir t. I, p. 67 sq.

Le début du développement est consacré aux héros de la mythologie. Le premier cité est Ménécée, le fils de Créon qui, à la suite de la prédiction de Tirésias, s'offrit spontanément au sacrifice pour procurer la victoire à Thèbes, sa patrie. Dracontius se réfère expressément à Stace, la seule des sources de son poème qu'il nomme ; il paraît avoir eu une prédilection pour la *Thébaïde* (voir t. I, p. 61). Dans cette épopée, l'épisode de Ménécée se lit au chant 10 (v. 756 sq.). Dracontius s'inspire au v. 264 de

Theb. 10, 777 : *sanguine tunc spargit turres et moenia lustrat; orbatus* (v. 263) peut être une allusion à *Theb.* 10, 708 : ... *ne perge meos orbare penates.* Le poète désigne par *furiarum regna* (v. 263) le royaume thébain pour rappeler sans doute, comme le remarque Arevalo (note au v. 258), la parenté de Créon avec Jocaste et Œdipe et par suite la malédiction qui pèse sur cette famille. Dans sa *Medea* (*Rom.* 10, 448 sq.), il précise sa pensée : (v. 448) ... *properate, sorores/ Tartareae...* ; (v. 451-2) ... *gens haec est uestra : dicauit/ mortibus impietas, affectus funera praestant.* Ici il évoque la cruelle destinée des membres de cette famille aux v. 267 sq. ; il rappelle en particulier comment Créon succéda sur le trône de Thèbes à Œdipe après la mort de Jocaste.

Dans *proprio ... sanguine* (v. 264) *proprius* est un simple équivalent de *suus* (voir la note à 3, 38). L'expression *furiale nefas* (v. 266) se retrouve en 3, 476. *Iocastae proximus heres/ et germanus* (v. 270-1) rappelle *Rom.* 10, 450 : *Iocastae frater et heres.*

3, 265 Dracontius condamne le sacrifice de Ménécée en l'assimilant à un suicide ; *hoc facinus nec nomen habet* (v. 267) rappelle 2, 568 : *infandae ... et sine nomine culpae* (expression employée à propos de Judas). Sur la condamnation du suicide dans la pensée chrétienne des premiers siècles, voir Y. Grisé, *Le suicide dans la Rome antique*, Montréal-Paris, 1982, p. 287 ; voir en particulier saint Augustin, la *Cité de Dieu*, 1, 17-27 et la note de G. Bardy dans la *Bibliothèque Augustinienne* (t. 33, p. 773-5, où sont indiquées d'autres références à l'œuvre d'Augustin).

3, 270 Œ*dipus* est à scander ici avec un *u* bref, comme dans *Rom.* 10, 584 ; sur la quantité vocalique dans les noms propres, voir t. I, p. 92.

3, 274 sq. L'épisode de Codrus peut être emprunté au chapitre de Valère Maxime consacré à l'amour de la patrie (5, 6 et 5, 6 ext.), où Dracontius a sans doute puisé d'autres *exempla* (voir t. I, p. 67). Dans les *Tusculanes* (1, 116), Cicéron évoque lui aussi successivement les exemples de Codrus et de Ménécée, les deux héros s'étant sacrifiés pour obéir à un oracle ; saint Augustin, *Ciu.* 18, 19, fait allusion au dévouement de Codrus sans parler de l'oracle. Codrus était roi d'Athènes ; les Péloponnésiens qui avaient entrepris une guerre contre les Athéniens, se virent promettre par l'oracle de Delphes la victoire s'ils ne tuaient pas le roi d'Athènes. Ce dernier sortit de la ville habillé en mendiant pour éviter d'être reconnu et pouvoir ainsi tomber sous les coups des Péloponnésiens avec lesquels il s'était pris de querelle, sauvant ainsi sa patrie. Dracontius insiste sur le déguisement du roi qui lui permet une série d'antithèses (v. 276 : *famuli ... tyranni* ; v. 277 : *bella ... iurgia* ; v. 278 : *inopem ... tyranno*).

3, 277 iurgia est une correction de *M³ (BM¹* ont *iuria)* ; c'est aussi une conjecture d'Arevalo, qui a rapproché Virgile,

Buc. 5, 11 *(... iurgia Codri).* Le Codrus dont parle Virgile est
sans doute un berger (cf. *Buc.* 7, 26), mais Dracontius a pu
néanmoins avoir ici présente à l'esprit cette clausule virgilienne
(d'autant plus que saint Augustin, *Ciu.* 18, 19, après avoir narré
l'histoire de Codrus, cite le passage de Virgile).

3, 279 sq. Dracontius décrit ici le fameux combat de
Léonidas et des trois cents Spartiates contre l'armée de Xerxès
aux Thermopyles (480 av. J.-C.). Reprenant les indications
d'Arevalo (note au v. 274), Vollmer (*M.G.H.*, p. 99) fait remarquer
que Dracontius ne suit pas la version d'Hérodote (7, 223 sq.),
qui place le combat pendant le jour, mais celle de Diodore de
Sicile (11, 9 sq.) et de Justin (2, 11) où, la bataille se déroulant
pendant la nuit, le petit nombre des Spartiates peut plus facilement semer le désordre dans le camp des Perses (voir aussi
Orose, *Hist.* 2, 9, 10 : *proelium a principio noctis in maiorem diei
partem tractum*). Dracontius insiste sur cet aspect de la lutte
(v. 279 : *nocturnaque bella* ; v. 280 : *nocte silenti* ; v. 281 : *cohors
... munita tenebris* ; 282 : *nox erat umbo* ; 285 : *obscura strage* ;
v. 289 : *obscura ... nocte*). Comme chez Diodore (11, 10), les pertes
de l'armée perse sont surtout provoquées, dans la confusion que
crée l'obscurité, par les combats fratricides (voir aussi Orose,
Hist. 2, 9, 9 : *Persae quoque ipsi Spartanos adiuuant mutuis
caedibus suis*) ; le poète se plaît à évoquer ces corps à corps qui,
opposant par erreur les membres d'une même famille, lui offrent
l'occasion d'accumuler des effets de contraste (v. 287-8). Les
v. 288-292 décrivent d'une façon quelque peu alambiquée le
parricide commis par le fils qui croyait défendre la vie de son
père : c'est l'amour filial (v. 290 : *nati pietate* ; v. 292 : *nimiae
pietatis*) qui provoque la mort du père. Le développement peut
alors se conclure par un oxymore (v. 293 : *crimine sancto*) et par
une réflexion d'un goût douteux qui excuse le parricide commis
chez les Perses : est-ce un crime de tuer son père dans un peuple
où il est permis de partager la couche de sa mère ? Ce dernier
trait de mœurs, qui remonte sans doute à Hérodote (3, 31), est
rapporté par les apologistes : Tertullien, *Apol.* 9, 16 : *Persas cum
suis matribus misceri Ctesias refert* ; Minucius Felix 31, 3 : *Ius
est apud Persas misceri cum matribus* (voir aussi déjà Catulle
90, 3-4).

3, 282 confisa est une heureuse conjecture de Glaeser (ou
peut-être, comme le croit Vollmer, *M.G.H.*, p. 99, une simple
erreur de typographie dans l'édition de Glaeser). En tout cas
confisa periclis peut très vraisemblablement constituer une de
ces alliances de mots dont le poème foisonne ; *spe mortis praesumpta
suae* (v. 283) confirme le sens paradoxal de l'expression qui précède
immédiatement. Arevalo (note au v. 278) rapproche de ces vers
un passage de Justin 2, 11, 16 : *se pugnare non spe uictoriae, sed
in mortis ultionem.*

3, 291 uitam longo produceret aeuo rappelle 2, 769 : *... uitam
longum produxit in aeuum* ; de *nimiae pietatis* (v. 292) on rappro-

chera *nimia pietate* employé en 3, 104 en parlant d'Abraham.

3, 296 sq. Dracontius consacre un long développement au dévouement des Philènes (v. 296-321). Mais cet épisode n'est-il pas lié à l'histoire de Carthage ? Comme pour d'autres traits d'héroïsme (voir la note à 3, 274 sq. et t. I, p. 67), le poète peut avoir pour source Valère-Maxime (5, 6, ext. 4) ; mais l'aventure est bien connue aussi grâce à Salluste qui en avait déjà fait un *excursus* (*Jug.* 79, 1-10). Cette histoire est sans doute une légende étiologique destinée à expliquer l'appellation des *Arae Philenorum* (Salluste, *Jug.* 19, 3 ; 79, 10 ; Pline, *Nat.* 5, 28 ; cf. ici, au v. 296, *ara Philaenorum*) ; ces autels (en sable, si l'on en croit Pline, *Nat.* 5, 28) furent élevés à l'endroit où les deux frères Philènes qui étaient Carthaginois acceptèrent d'être enterrés vifs pour marquer la limite entre le territoire de Carthage et celui de Cyrène, qui étaient en querelle au sujet de leurs frontières. Partis de Carthage, en même temps que des représentants de Cyrène quittaient leur ville pour marcher à leur rencontre, ils avaient progressé beaucoup plus vite que les Cyrénéens et gagné ainsi à Carthage un territoire considérable (les autels des Philènes sont situés dans la Grande Syrte à environ 180 milles de Carthage et à 80 milles seulement de Cyrène) ; accusés par les Cyrénéens d'être partis avant le temps fixé, les Philènes préférèrent être enterrés vifs à l'endroit jusqu'auquel ils étaient parvenus plutôt que de consentir à reculer les frontières de leur pays. Le poète peut donc célébrer « l'esprit cupide dont ils firent preuve au profit d'autrui » (v. 298 : *extiterunt aliis ... mentis auarae*). Il se complaît à décrire l'aspect désolé de la Tripolitaine pour s'émerveiller de l'acharnement mis par les deux frères à conquérir pour leur patrie une région aussi désertique (v. 299-310) et se demander quel chemin ils auraient été capables de parcourir pour lui gagner un pays fertile (v. 311-321).

Certains détails de la description du désert rappellent le passage du chant II qui décrit la région de Sodome et de Gomorrhe après le châtiment divin : au v. 300, *soluerat in cineres coctas* fait écho à *caespite cocto* (2, 421) et à *in cineres ... solutos* (2, 423) ; *steriles harenas* (v. 301) se retrouve en 2, 422 (sur certaines de ces expressions, voir la note à 2, 417). Le poète avait sans doute présente à l'esprit la description des Syrtes chez Lucain (9, 431-7).

Au v. 300 *plaga* désigne la zone climatique (sur *plaga*, zone céleste ou zone climatique, voir la note à 1, 5). De *plaga feruida*, on peut rapprocher Lucain 9, 861 : *torrente plaga* (Virgile, pour sa part, écrit *plaga solis iniqui* dans *En.* 7, 227).

3, 302 concessa Medusae est une allusion à la légende de Persée ; le poète se souvient certainement ici d'Ovide, *Met.* 4, 617 sq. : tandis que Persée, victorieux de la Gorgone, « planait au-dessus des sables de Libye » (617 : *cumque super Libycas uictor penderet harenas* ; cf. ici au v. 296 : *Libycas ... harenas*), des gouttes de sang tombèrent de la tête de la Gorgone et il en naquit des serpents de différentes espèces (cf. Lucain 9, 696 sq.).

Dracontius multiplie dans les vers suivants les désignations des reptiles (v. 303 : *uenenis* ; v. 304 : *cerastis* ; v. 305 : *serpentum* ; v. 308 : *chelydri* ; v. 313-4 : *uipereis ... flatibus*), sans doute pour rappeler la célèbre énumération des serpents de Libye dans Lucain (9, 700-733). Une fois de plus le poète cède à son goût des antithèses : *ignibus ... gelidis* (v. 304) ; *glacies ... aestus* (v. 305) ; *gelidis ... cerastis* (v. 304) fait penser à Lucain 9, 844 : *gelidas ... pestes* (voir aussi Martial 12, 28, 5 : *gelidum ... anguem* et chez Virgile l'expression *frigidus anguis* dans *Buc.* 3, 93 et 8, 71) ; cf. Isidore de Séville, *Etym.* 12, 4, 39 : *omnes autem serpentes natura sua frigidae sunt.*

3, 309-310 uel nulla potestas/ est ibi sertorum est le texte retenu par Vollmer ; *uel* et *est ibi* sont des conjectures de Glaeser (dans l'apparat critique de son édition, alors qu'il écrit dans le texte : *ubi nulla potestas/ est exsertorum*) ; Arevalo a pour sa part corrigé *et sibi sertorum* (qui est la leçon des manuscrits) en *et desertorum.* Vollmer a conservé *sertorum*, forme ajoutée par *B²* dans une lacune et transmise par les autres manuscrits ; il indique *(M.G.H.,* p. 409, s.v. *sertor)* : « sertorum *i. colonorum, cf. Gloss.* sertor : cultor ». Suivant ces indications, il faudrait comprendre : « il n'y a pas ici de paysans, qui ont pouvoir sur eux (les serpents), pour les tenir à leur merci ». Plutôt que de retenir cette forme exceptionnelle qu'on trouve seulement dans les glossaires (IV, 169, 31 ; 284, 10 ; 391, 10 ; V, 149, 19, etc.), il pourrait paraître tentant d'adopter une autre conjecture que Glaeser propose dans son apparat critique, à savoir *sectorum; sector* désigne le « faucheur » chez Columelle (11, 1, 12 : *sector feni*) et *sectio* s'applique parfois à la « fenaison », au « fauchage » dans la latinité tardive (voir A. Blaise, *D.L.A.C.,* s.v. *sectio*) ; *sector,* comme *sertor,* pourrait ainsi faire référence à l'absence de cultures dans cette région. Mais il nous paraît préférable d'avancer une nouvelle conjecture : *ceruorum.* Au chant I (v. 639-640) Dracontius a déjà fait allusion aux cerfs qui dévorent les serpents, se référant sans doute à la croyance selon laquelle les cerfs, ennemis des serpents, les attirent hors de leurs trous grâce au souffle de leurs narines pour les manger (croyance dont Pline se fait l'écho, *Nat.* 8, 118 : *et his cum serpente pugna: uestigant cauernas nariumque spiritu extrahunt retinentes* ; cf. 28, 149 : *exitio his esse ceruos nemo ignorat ut, si quae sunt, extractas cauernis mandentes*). Cette croyance se trouve aussi dans Lucrèce 6, 765-6, où elle est présentée comme une légende ; un passage de Pline *(Nat.* 11, 279 : *Elephantorum anima serpentes extrahit, ceruorum urit)* permet de saisir l'origine de la légende : le rapprochement des éléphants et des cerfs dans ce texte peut faire croire qu'elle est née du fait que la trompe de l'éléphant est comparable à un serpent (voir la note de A. Ernout-R. Pépin, dans l'édition de Pline, livre 11, *C.U.F.,* p. 210-211, où il est précisé que la paronymie de ἔλεφας avec ἔλαφος « a fait s'étendre la légende au cerf lui-même, où elle n'a pas d'autre justification »). Cette fable était certainement très connue : on la retrouve chez Martial 12, 28, 5 et Isidore de Séville, *Etym.* 12, 1, 18. Peu importe pour notre passage que dans l'Antiquité des cerfs aient vécu ou non en Afrique (tandis que Virgile, *En.* 1, 184 sq., en décrit un troupeau sur les côtes de Libye, Pline, *Nat.* 8, 120, affirme : *ceruos Africa propemodum sola non gignit* ; voir la note de A. Ernout, dans l'édition de Pline, livre 8, *C.U.F.*, p. 143) ; quand au v. 310 Dracontius parle de l'absence de cerfs, il décrit une contrée désertique où de toute façon des cerfs ne pourraient vivre. Le poète ne fait pas allusion aux cerfs qui dévorent les serpents seulement en 1, 639-640 ; il fait aussi mention des remèdes tirés de la moelle des cerfs qui se sont nourris de serpents (*Sat.* 67 : *salutares pasto serpente medullas* ; cf. *L.D.* 2, 282 ; voir la note à *Sat.* 65 sq.).

3, 316 Dans les manuscrits on lit au début du vers *extendit uelut*, mais M^3 (i.mg.) propose *qua* (« qua forte ») au lieu de *uelut*. Cette dernière conjecture a été faite aussi par Arevalo qu'a suivi Glaeser. Vollmer a préféré retenir la correction de *uelut* en *uel* proposée par Peiper ; la mesure du vers est ainsi rétablie, mais *uel* ne se comprend guère mieux ici que *uelut*, car les expressions *flammeus axis* et *zona rubicunda* désignent toutes deux la zone torride. Ce trait de *copia dicendi* est souligné par la répétition de *qua*, si on retient la leçon de M^3 ; pour *qua* répété, voir 3, 164-5.

3, 317 sq. Le poète se plaît à imaginer que rien n'aurait pu arrêter dans leur marche les frères Philènes, s'ils étaient partis à la recherche de campagnes fleuries, et qu'ils seraient allés conquérir les contrées les plus désolées du septentrion pour accroître le territoire de Carthage. Il les décrit prenant possession des *Scythicae paludes* (v. 321), c'est-à-dire du Palus-Méotide (la mer d'Azov). Le *palus Maeotis* symbolise chez les Romains les pays nordiques aux longs hivers (cf. Ovide, *Tristes* 3, 12, 2 : *Maeotis hiems*) ; un vers d'Ennius cité par Cicéron, *Tusc.* 5, 49, présente déjà les *Maeotis paludes* comme une extrémité du monde. Pour *anhelantis ... uaporis* (v. 318), voir la note à 3, 64 sq.

L'interprétation des v. 320-1 pose des problèmes : au v. 321 les manuscrits offrent la leçon *tacta* que de nombreux érudits se sont efforcés de corriger : *tracta* (Arevalo, note au v. 311 : « *tracta pro protracta, ut tractum bellum, tracta comitia* » ; Arevalo a pensé aussi à *tuta*) ; *acta* (Glaeser) ; *facta* (Vollmer, qui rattache ce mot à *mensura*, *M.G.H.*, p. 347, s.v. *facio: mensura facta*) ; *nacta* (Corsaro, qui précise p. 188 : « ego *nacta* intellexerim, quod cum elocutione *germanos numquam prohiberet euntes* apte concinnere uidetur »). Les deux conjectures les plus intéressantes ont été faites par Hudson-Williams et par Kuijper : Hudson-Williams (*CQ* 41, 1947, p. 106), rapprochant Columelle 8, 8, 10 (*Scythica stagna Maeotidis*, cité également par Arevalo, note au v. 311), Claudien, *Rapt. Pros.* 1, 112 *(stagna ... paludis)* et chez Dracontius même la clausule *stagna paludes* en 2, 218, propose de lire *Scythicae retineret stagna paludis*. Cette conjecture, tout intéres-

sante qu'elle est, entraîne un trop grand nombre de corrections.
Celle de Kuijper (*Varia Dracontiana*, p. 43) est paléographique-
ment beaucoup plus séduisante : il se contente de corriger *tacta*
en *pacta*, faisant judicieusement remarquer que *mensura* (v. 320)
est à prendre au sens technique d'« instrument à mesurer »
(« instrumentum dico aptum ad findendum solum », précise-t-il
en se référant au *Thes. L.L.*, VIII, 761, 30 sq. ; pour corroborer
l'interprétation de Kuijper, on peut ajouter que *mensura* se
rencontre assez souvent dans la Vulgate pour désigner un
instrument de mesure : *Isaïe* 34, 11 et 17 ; *Jérémie* 31, 39 ;
Ezéchiel 40, 3 ; *Apoc.* 21, 15) ; *mensura* pourrait donc désigner
ici un « jalon » et *pacta* serait une forme du participe passé de
pango, « enfoncer, ficher » : le « jalon » destiné à marquer les
limites du territoire de Carthage « fiché » dans les neiges glacées
du pays des Scythes aurait servi à prendre possession du Palus-
Méotide. Kuijper *(loc. cit.)* complique inutilement l'interprétation
du passage : « pro *tacta pacta* ponendum esse ita, ut v. 320 ad
vocem *mensura* subaudiamus *pacta,* i.e. ' solo infixa ', v. 321
autem ad vocem *pacta* suppleamus *mensura,* i.e. ' metiendi
instrumentum ' ». Il suffit, sans sous-entendre aucun mot, de
réunir *mensura* et *pacta* qui sont séparés par une forte disjonction.
Les disjonctions ne sont pas rares dans le poème ; on remarquera
parmi les exemples cités par Vollmer, *M. G.H.*, p. 440 (« affines
verborum collocationes liberiores »), deux passages du chant III :
3, 451-2 : ... *hostis sua iure triumpho/ subducens et colla iugo* et
3, 335 : ... *in sobolis uertit pia colla secures.*

    3, 324 sq. Lucius Junius Brutus est présenté à la fois comme
le meilleur et le pire des exemples (v. 324 : *optima ... exempla ac
pessima*). Le poète évoque en effet successivement le vengeur
de Lucrèce (v. 327-9), qui provoque la chute de Tarquin le Superbe
(cf. Tite-Live 1, 59, 1 sq.) et mérite d'être appelé « le libérateur
de la patrie » (Tite-Live, 1, 60, 2 : *liberatorem Urbis*), puis le
meurtrier de ses fils (v. 330-343), qui se sont rendus coupables de
complicité avec les Tarquins (cf. Tite-Live 2, 4, 1 sq.). Comme
Valère-Maxime (5, 8, 1) et saint Augustin *(Ciu.* 5, 18, 1),
Dracontius insiste sur ce second épisode, voulant montrer dans
l'histoire de Brutus un de ces *exempla scelerum* qui sont accomplis
pour satisfaire la seule gloire terrestre (voir la note 1 p. 28).
Une série d'expressions antithétiques oppose les divers aspects
du personnage, à la fois libérateur de la patrie et meurtrier de
ses enfants (v. 324 : *optima ... exempla ac pessima* ; v. 325 :
horror amorque nouus, ciuis pius, impius auctor ; v. 326 : *natis
et regibus hostis*), à la fois père et consul justicier (v. 339 : *uitae
natorum et funeris auctor* ; v. 343 : *hostes qui in pignore praebet*).

    3, 328 adulter s'applique à Sextus Tarquin, coupable du viol
de Lucrèce (désignée ici seulement par *castae* ; cf. *Lucretia casta*
en 3, 519, dans le passage où le poète célèbre Lucrèce parmi les
héroïnes). C'est également Sextus Tarquin que vise l'expression
genialis praedo pudoris (v. 329), où *genialis praedo* rappelle Ovide,

Ars 1, 125 : *genialis praeda* (formule employée à propos de l'enlèvement des Sabines). Dracontius utilise aussi *praedo* en parlant de Pâris *(Rom.* 8, 1 : *Troiani praedonis) ; genialis* se lit également dans *Or.* 24 : *ille tori genialis amator,* périphrase qui s'applique à Agamemnon, vengeur de l'honneur conjugal de Ménélas. Nous pensons que *genialis* substantivé désigne ici à lui seul le lit nuptial (cf. Tite-Live 30, 12, 21 ; Juvénal 10, 334 ; Prudence, *C. Symm.* 1, 256), mais on peut aussi analyser *genialis* comme une épithète de *pudoris* (« l'honneur conjugal »).

3, 329 Comme premier mot du vers, les manuscrits offrent *iam* (corrigé en *iamque* par *M*[3], *metri causa).* Vollmer a interprété la leçon de *B (Ia)* comme une abréviation de *latro* en s'appuyant, dans l'apparat critique de sa seconde édition *(P.L.M,),* sur *Rom.* 8, 4 : ... *thalami populantem iura mariti* (expression employée à propos de Pâris). Mais la lettre initiale de la forme transmise par *B* au début du v. 339 est clairement un *i* majuscule, et non un *l.* Arevalo pour sa part a corrigé *iam maritalis* en *inuasor thalami* ; mais il faut certainement conserver l'adjectif *maritalis* (cf. *Or.* 238 ; 433 ; 540, passages où *maritali* se retrouve à la même place du vers). Parmi les autres conjectures que propose Arevalo (note au v. 319), l'une est plus séduisante : *iure maritali* (« expende num melius sit *Jure maritali genialis praedo pudoris,* hoc est quasi jure maritali ») ; on rencontre en effet la même expression chez saint Augustin, *Ver. rel.* 41, 78 : *non maritali, sed fraterno iure* (voir aussi Pierre Chrysologue, Serm. 115, *PL* 52, 516 B : *cum eam a maritali iure defuncto uiro asserat absolutam*) ; il ést à remarquer que le passage de Dracontius invoqué par Vollmer *(Rom.* 8, 4) pour appuyer sa conjecture offre l'expression *iura mariti.*

3, 331 sq. Conformément à la tradition de l'annalistique, Dracontius fait coïncider l'institution du consulat avec la chute des Tarquins et fait de Brutus l'un des deux premiers consuls (cf. Tite-Live 1, 60, 4 ; 2, 1, 8) ; sur les difficiles problèmes posés par les débuts de la République romaine et sur le personnage de Brutus, voir P. M. Martin, *L'idée de royauté à Rome,* 1982, p. 289 sq. et 303 sq. Comme Tite-Live (2, 1, 7), le poète insiste au v. 332 sur le caractère annuel de la nouvelle magistrature.

Mais que signifie dans ce v. 332 l'expression *festiuis ... fascibus* ? On pourrait être tenté de corriger *fascibus* en *fastibus* en retenant la conjecture d'Hosius que signale Vollmer dans l'apparat critique de sa seconde édition ; le mot pourrait en effet s'appliquer aux fastes consulaires. Mais la forme *fastibus* est exceptionnelle : elle se rencontre seulement dans un passage de Lucain (10, 187 ; voir le *Thes. L.L.,* VI, 326, 51). Mieux vaut conserver *fascibus* en s'efforçant d'interpréter *festiuis.* On peut supposer que les *fasces* désignant par métonymie le consulat sont qualifiés par le poète de *festiui* parce qu'il les oppose aux *fasces* des rois. Il est possible, en allant plus loin, de voir très précisément ici une allusion au *processus consularis,* à la procession qui ouvre l'année consulaire et en tête de laquelle marchent les licteurs portant les faisceaux ; *festiui* se comprend alors d'autant mieux quand on sait que l'usage s'était introduit de décorer de laurier les faisceaux du consul le jour de son *processus*, comme on faisait pour un triomphe (cf. Martial 10, 10, 1 : ... *laurigeris annum qui fascibus intras* ; voir Daremberg-Saglio, I, 2, p. 1473, s.v. *consul*). Les « faisceaux pris dans l'allégresse » peuvent donc s'appliquer ici au début de l'année consulaire. Dans cette hypothèse le v. 332 doit faire allusion à la datation des années et des événements qui s'y sont déroulés *(annua ... acta)* à l'aide des noms des consuls. On en revient ainsi, comme si on adoptait la conjecture *fastibus*, à l'idée des fastes consulaires. Arevalo (note au v. 322) a pensé que *acta* s'appliquait ici aux *commentarii* : « Acta sunt commentarii, quibus res gestae perscribebantur, notato nomine consulum sub quo acciderant ». C'est sans doute donner ici à *acta* un sens trop précis, mais l'hypothèse n'est pas à écarter totalement (sur la distinction à faire entre les *Annales Maximi* et les *Commentarii pontificum*, qui sont plus anciens, voir Daremberg-Saglio, I, 1, s.v. *Annales maximi*, p. 272).

3, 334   L'expression *ab hoste reuersus* vise à faire contraste avec *cruore suo*. En réalité la guerre contre Tarquin (cf. v. 333 : *regia bella gerens*) suit l'exécution des fils de Brutus (cf. Tite-Live 2, 6, 1 sq.) ; le poète veut-il simplement dire que Brutus s'était rendu au camp de Tarquin à Ardée (cf. Tite-Live 1, 60, 1) ? C'est peu probable. On peut rapprocher *Or.* 506 *(regressus ab hoste)* et *Rom.* 5, 283-4 *(membra cruore/ perfundat)*.

3, 337   *orbatrix* est un hapax ; la forme masculine *orbator* est elle-même très rare. En dehors d'Ovide, *Met.* 13, 500 : *exitium Troiae nostrique orbator*, Achilles, le *Thes. L.L.* (IX, 2, 905, 19 sq.) signale un seul exemple (Marcellinus Comes, *Chron.* II, *M.G.H.*, *AA*, XI, p. 86, 454, 1 : *Attila, rex Hunnorum ... Europae orbator prouinciae*). Si, comme il est probable, Dracontius s'est souvenu ici de l'expression ovidienne *nostri ... orbator* placée dans la bouche d'Hécube (« (Achille) qui m'a ravi mes enfants »), *orbatrices suorum* est à interpréter suivant ce modèle : l'expression ne doit pas signifier « (les haches) qui ont ravi ses enfants (à un père) » *(suorum* renvoyant dans ce cas à *consul*, sujet de *uertit)*, mais « (les haches) qui ont ravi aux leurs (c'est-à-dire aux citoyens qui portent les haches) des concitoyens » *(suorum* renvoyant alors à *secures)*.

3, 339   *uitae natorum et funeris auctor* est inspiré d'Ovide, *Her.* 7, 136 : *et nondum nati funeris auctor eris*.

3, 341   *amarus* est souvent rapproché, comme ici, de *amor* (ou *amare*) dans des jeux de mots ; cf. Plaute, *Cist.* 68 *(an amare occipere amarum est... ?)* ; *Trin.* 259 *(amor amara dat)* ; Virgile, *Buc.* 3, 109-110 *(... et quisquis amores/ aut metuet dulcis aut experietur amaros)*. Comme Virgile, Dracontius oppose en outre *dulcis* et *amarus* ; pour rendre à la fois la paronomase et l'antithèse,

on ne dispose guère en français que des mots « amer » et « amertume ».

3, 343 L'expression *pro quibus arma tulit* se retrouve dans
Rom. 5, 7-8 (*necare/ pro quibus arma tulit* ; cf. 5, 95-6).

3, 344 sq. A l'épisode de Brutus succède celui de Virginius
qui n'est pas nommé une seule fois dans le passage. Dracontius
procèdant par allusions ne donne ici aucun des noms des personnages : Virginius poignarde sa fille Virginia pour éviter qu'elle
ne soit déshonorée par le décemvir Appius Claudius. Le récit
de Tite-Live (3, 44, 1-3, 48, 9) situe l'événement en 449, à la fin
de la période décemvirale (cet événement est à l'origine de la
chute des Décemvirs). Le rapprochement esquissé par Dracontius,
au v. 344, entre les épisodes de Brutus et de Virginius avait
déjà été fait par Tite-Live qui rappelle en 3, 44, 1 (voir aussi
3, 39, 3) que le suicide de Lucrèce avait amené la chute des
Tarquins ; les morts de Lucrèce et de Virginie sont également
rapprochées dans Cicéron, *Fin.* 2, 66 et dans Valère-Maxime
6, 1, 1-2. Pour les problèmes posés par le parallélisme des événements de 509 et de 449 (canevas identique, semblable distribution
des rôles), voir P. M. Martin, *L'idée de royauté à Rome, op. cit.*,
p. 294-5 ; sur l'épisode de Virginius, voir aussi J. Bayet, édition
de Tite-Live III, *CUF*, p. 133 sq.

3, 347 L'expression *ingenua cum libertate* est une allusion
à l'usage abusif du droit que voulait exercer Appius Claudius
pour s'assurer de la personne de Virginie : il charge un de ses
clients, Marcus Claudius, de réclamer la jeune fille comme esclave
(cf. Tite-Live 3, 44, 5 sq.). La défense de la liberté bafouée est
constamment associée à celle de la vertu outragée dans la suite
du récit : *libertatis amor* (v. 349), *ne sit auus famuli* (v. 353),
pondus dicionis (v. 353), *libertatis honos* (v. 358, mais voir la
note 2 p. 33) ; il en est de même dans le discours de Virginius
chez Tite-Live 3, 50, 6 : *sibi uitam filiae sua cariorem fuisse, si
liberae ac pudicae uiuere licitum fuisset; cum uelut seruam ad
stuprum rapi uideret...* (voir aussi Orose, *Hist.* 2, 13, 6 : *dolore
libertatis et pudore dedecoris*).

3, 350 Arevalo (note au v. 340) rapproche à juste titre un
passage de Tite-Live (8, 7, 16) : *... ut aut rei publicae mihi aut mei
meorumque obliuiscendum sit* (Manlius Torquatus s'adresse ici
à son fils dont il va ordonner la mort ; sur cet épisode, voir
3, 362 sq.).

3, 351 La recherche de l'expression antithétique aboutit ici
à une formule inattendue : *fecit de patre nouercam* (on trouve
une formule analogue dans Beaumarchais, *Mariage de Figaro*,
IV, 18 : « vous n'êtes donc qu'un père marâtre ») ; le poète adapte
ici au cas de Virginius l'expression déjà utilisée à propos de Médée
(Rom. 10, 22 : *fecit de matre nouercam).* Au livre II, dans sa
condamnation de l'avortement, Dracontius rappelle les agisse-
ments criminels des marâtres (2, 327 sq.).

3, 355 illicitos toros se retrouve dans *Rom.* 2, 37. Ce début de vers *(illicitosque toros)* est sans doute emprunté à Lucain 10, 76.

3, 357 Faut-il voir dans l'expression *uirginei ... funeris* un jeu de mots sur le nom de Virginia ? C'est le sentiment de Vollmer *(M.G.H.*, p. 426, s.v. *virgineus)* et de D. Kuijper *(Varia Dracontiana*, p. 46). Arevalo (note au v. 347) a même été tenté de corriger *uirginei* en *Virginiae*, mais il ajoute « sed non male est *virginei*, quia patri solatio erat quod filia corrupta non fuisset ».

La clausule *funeris heres* est empruntée à Lucain 6, 595. L'interprétation proposée dans le *Thes. L.L.* (VI, 2655, 26) : « i. futurus ultor filiae » est peu compréhensible ; alors que le reste de l'épisode décrit un Virginius insensible à la tendresse paternelle, le poète veut, dans ces v. 356-7, montrer que le père cède à la douleur quand « il reçoit pour héritage la dépouille de la jeune vierge » *(uirginei ... funeris heres)*.

3, 359 De *tantum potuisse*, qui se retrouve en 2, 144, on rapprochera aussi *tantum fecisse* en 3, 255.

3, 361 La leçon des manuscrits est *sanguinis hostis* ; la forme *hostis* figurant déjà au début du vers, les éditeurs se sont efforcés de corriger cette clausule. Arevalo a proposé *haustor*, terme très rare qu'on trouve, par exemple, dans Lucain 9, 591 *(haustor aquae)* ; après avoir adopté cette conjecture dans sa première édition, Vollmer l'a abandonnée dans la seconde (« *haustor*, Arevalo quod non plene mihi sufficit »), sans proposer d'autre correction. Parmi les autres conjectures, signalons, sans nous y arrêter, celle de C. Weyman, *Beiträge zur Geschichte der christ. lat. Poesie*, p. 158-9, qui propose *osor* (en s'appuyant sur Ausone, *Epist.* 14, 24, Peiper p. 246) et celle de C. Brakman, *Miscella quarta*, p. 23, qui suggère *ultor*, mais insistons sur celle de D. Kuijper, *Varia Dracontiana*, p. 43-4, qui nous paraît devoir être retenue. Kuijper s'inspire de la correction d'Arevalo *(haustor)* pour proposer *haustus* pris au sens d'*haustor* : (p. 44) « auctor vocabulum *haustus* eo praeparat, quod audacter aliam vocem sensu insolito antecedere iubet confidens fore, ut legentes, cum semel in vocem *mors* pro ' interfectore ' positam inciderint, eodem modo vocem *haustus* pro ' haustore ' esse facile perspiciant duplicemque vocis *sanguinis* sensum bene intellegant : hausit pater sanguinem filiae, sanguinem sanguinis sui ». Cette dernière remarque a inspiré notre traduction de *sanguinis haustus* : « le bourreau qui répandit son propre sang ». La conjecture de Kuijper est corroborée par les références qu'il cite (p. 44, n. 2) : Ovide, *Met.* 4, 118 *(... sanguinis haustus)* ; Stace, *Theb.* 4, 607 *(... sanguinis haustus)* ; *Laus Pis.* 28 *(... sanguinis haustu)* ; dans ces trois passages l'expression constitue également la clausule du vers. Peut-être Kuijper a-t-il raison d'ajouter que Dracontius a recherché un jeu d'homophonie en plaçant *hostis* et *haustus* aux deux extrémités du vers.

3, 362 sq. L'épisode de Torquatus suit celui de Brutus dans le passage d'Augustin *(Ciu.* 5, 18, 1 sq.) que Dracontius a sans doute présent à l'esprit (voir la note à 3, 322 sq.). Il s'agit là encore d'un héros qui fait mettre son fils à mort : le consul Manlius Torquatus veut ainsi punir son fils Titus qui, lors de la guerre contre les Latins (341 av. J.-C.), a désobéi à ses ordres en provoquant un chef ennemi, Geminus Maecius, en combat singulier ; malgré sa victoire, le jeune guerrier est frappé de la hache. Tite-Live rapporte l'épisode en 8, 7, 1-22 ; Dracontius a pu s'inspirer aussi de Valère-Maxime 2, 7, 6 (voir t. I, p. 67).

Dans l'expression *Torquata manus*, il faut interpréter *manus* comme un synonyme de *uis*, « la violence » (voir le *Thes. L.L.*, VIII, 1, 353, 68 sq.) ; dans cette acception *manus* est souvent groupé avec *uis* (Cicéron, *Verr.* 2, 68 : *ui manuque; Phil.* 2, 91 ; *Cluent.* 161 : *uim et manus attulisse*, etc.). Dans le même v. 362 la formule *pro laude periclum* résume bien le développement qui suit, où le poète se complaît à souligner le paradoxe : un guerrier est châtié pour sa victoire sur l'ennemi ; nombreux sont les termes qui font allusion à cette victoire : *triumphum* (v. 364), *inuictum* (v. 369), *tropaea* (v. 369), *uicisse* (v. 379), *uictor* (v. 381) ; fréquentes sont les expressions antithétiques qui rapprochent la victoire et le châtiment, le triomphe et le deuil, en particulier dans les v. 375-382. L'expression *pro laude periclum* se retrouve en 3, 443 (voir la note à ce vers).

3, 363 censura est un vocable que le poète utilise volontiers pour désigner le jugement de Dieu ou la justice divine (1, 94 ; 1, 544 ; 2, 416) ; voir la note à 1, 94 ; il l'emploie aussi dans l'acception de « châtiment, punition » dans *Or.* 146 et 950 (cette acception est attestée depuis saint Cyprien, *Epist.* 4, 4, 1 ; voir le *Thes. L.L.*, III, 806, 5 sq.) ; ici le mot désigne plus précisément la « sévérité », acception également attestée depuis saint Cyprien (ce dernier, par exemple, dans *Epist.* 55, 22, 4 oppose la *censura* et la *clementia* de Dieu) et assez fréquente dans la latinité tardive (voir le *Thes. L.L.*, III, 806, 10 sq.).

3, 364 nam nec, qui équivaut à *neque enim* (cf. Vollmer, *M.G.H.*, p. 378, s.v. *nec*), se retrouve en 2, 572 et dans *Or.* 511.

3, 365 Arevalo (note au v. 355) indique avec raison : « *vulneribus suis*, quae ipse inflixerat » ; recherchant une fois de plus la formule paradoxale, le poète affirme que la mort du jeune guerrier est due aux blessures qu'il a infligées à l'ennemi ; ces v. 365-6 préparent la série d'expressions antithétiques où victoire et châtiment sont liés (v. 375-382).

3, 368 reliquiae peut s'appliquer aux survivants d'un combat (Tite-Live 5, 3, 12 ; 22, 56, 2) ; Dracontius emploie le mot dans cette acception dans *Rom.* 5, 7 : *reliquias belli*. Mieux vaut adopter la correction de Vollmer, *gladii* (les manuscrits ont *gladiis*), que retenir la conjecture d'Arevalo, *cladis* : *clades* ne convient guère pour désigner un combat singulier. L'expression *reliquias gladii* signifie donc « celui qui a survécu au glaive (de l'ennemi) ».

3, 369 sq. L'allusion aux dépouilles prises à l'ennemi (v. 369 : *ex hoste tropaea*) rappelle Tite-Live 8, 7, 13 : *haec spolia capta ex*

hoste caeso porto et Valère-Maxime 2, 7, 6 : *speciosa spolia referen-
tem*. *Duelli* (v. 370) est le seul emploi dans le poème de la forme
archaïque de *bellum* ; le poète en use plus volontiers dans ses
œuvres profanes où *duelli* (ou *duellis*) est utilisé, comme ici, en
fin de vers (*Rom.* 8, 344 ; *Or.* 110 ; 388). Cette forme archaïque
a été souvent employée, en particulier à cette place finale du
vers, par les poètes, même à l'époque tardive (ainsi dans Prudence,
Psych. 21 et 575 ; pour d'autres exemples, voir le *Thes. L.L.*,
V, 1, 2181, 63 sq.).

3, 371 Vollmer a supposé l'omission d'un vers dans les
manuscrits après le v. 371 (dans l'apparat critique de son édition,
Corsaro suppose même, sans expliquer pourquoi, que plusieurs
vers ont été omis). Il est tentant de corriger la forme *princeps*
qui paraît faire double emploi avec *dux* ; aussi Arevalo a-t-il
substitué *poenas* à *princeps* ; Glaeser, pour sa part, a écrit *poena
est* au lieu de *princeps* et *in uictoribus usus* au lieu de *uictoribus
ausus*. Mais l'expression *dux princeps*, qui se retrouve dans
Sat. 183, doit être conservée et l'on peut néanmoins penser,
contrairement à Vollmer, qu'aucun vers n'a été omis. Pour que
le texte devienne cohérent, il suffit de retenir la conjecture à
laquelle Vollmer, dans l'apparat critique de sa première édition,
dit avoir songé : « vix enim sufficit ... ut feceram, ante *umquam*
interponere *vim* » ; on peut, à l'appui de cette conjecture, citer
Tacite, *Ann.* 12, 55, 1 : *uim cultoribus et oppidanis ... audebant*
(passage cité par Arevalo, note au v. 361, comme attestation
de l'expression *uim alicui audere*) et supposer que *uim* a pu
facilement être omis par un copiste par confusion avec la première
syllabe de *umquam*.

3, 372 sq. *adoratum*, leçon de *B* et *M¹* (corrigé à tort en
adoratur par *M²* qui a transmis cette leçon à *VRU*), est aussi
une conjecture proposée par Arevalo ; le mot se rapporte à
sublime caput (v. 375). *Post bella cohortes* (v. 373) se lit déjà à
la fin du v. 367. On rapprochera de *horrida proelia* (v. 374),
horrida bella (*Rom.* 4, 16) et *certamina Martis/ horrida* (*Sat.* 207-8).

3, 377 Vollmer *(M.G.H.*, p. 428, s.v. *uotiuus)* interprète
uotiua comme équivalant à *carmina festiua* ; on peut en effet
rapprocher *Rom.* 6, 100 : *pompa ... uotiua canebat*. Les v. 375-7
font penser au début de l'*Orestis tragoedia* (v. 1-2 : *Gaudia maesta
canam detestandosque triumphos/ uictoris pro laude necem, festiua
cruenta*). Le v. 378 rappelle aussi *Or.* 118 : *publica planctigeris
execrans gaudia uotis; gloria mortem/ intulit* (v. 379-380) est
comme un écho de *uictoria crimen/ intulit* (*Or.* 463-4) ; *bellorum
prospera* (v. 380) se retrouve dans *Or.* 175 *(prospera bellorum)*.

3, 383 Dans l'*Orestis tragoedia* le poète emploie *uindicare*
au sens de « venger (une personne) » (v. 542 : *uindicet ut patrem* ;
cf. v. 544) ; il en est de même ici : il faut comprendre que
Torquatus, en faisant périr son fils, venge les ennemis qui pleurent
la mort de leur chef. *Vindicare* au sens de « venger » se rencontre
surtout dans l'expression *se uindicare* (Sénèque, *Benef.* 6, 5, 4 ;

Pline le Jeune, *Epist.* 4, 11, 14, etc.), mais aussi dans d'autres
tours (Lucain 8, 326-7 : ... *aut me fortuna necesse est/ uindicet
aut Crassos*).

3, 384 sanguinis est employé au sens de « descendant »
(cf. *Rom.* 7, 115 ; voir aussi la note à 3, 361 à propos de *sanguinis
haustus*) et désigne le fils de Torquatus ; nous interprétons ce
génitif comme un complément d'*inimica* : le poète construit
l'adjectif *inimicus* indifféremment avec le datif (cf. 3, 39) ou le
génitif *(Rom.* 5, 109-110 : *Carthago ... inimica senatus/ et populi).*
Dolorem fait allusion à la désolation des Romains (cf. Tite-Live 8,
7, 20-21).

3, 386 sq. Le système conditionnel au subjonctif (*si fudisset...
doleret*, etc.) est, mise à part l'alternance des imparfaits *(doleret,
scinderet)* et des plus-que-parfaits *(fuissent, lacerasset),* tout-à-fait
conforme à la syntaxe classique ; il faut voir dans ces subjonctifs
des irréels du passé et non, comme le suppose Arevalo (note au
v. 376), des emplois libres du subjonctif au lieu de l'indicatif
(« *fuissent* mutatio temporis pro *fuerunt,* ut vers. seq. *lacerasset*
pro *laceravit,* etc. »). La protase *barbara ... rabies ... si fudisset...*
indique clairement qu'il s'agit d'un système à l'irréel : le fils
de Torquatus n'a pas été tué par l'ennemi. Mais la succession
des idées n'est pas évidente : Dracontius paraît vouloir distinguer
les manifestations de deuil qu'aurait entraînées dans l'État
entier la mort du fils de Torquatus sous les coups de l'ennemi
(v. 386-390) et celles qui sont provoquées par le châtiment que
le consul a infligé à son fils (v. 382 ; v. 384 ; v. 395-6) ; Titus
Manlius fut pleuré par tous, mais pour avoir été, malgré son
héroïsme, victime de la sévérité paternelle.

3, 388 sq. En décrivant les manifestations de deuil le poète
se souvient de Stace, *Theb.* 6, 625 : *ora ... ungue secat* et sans
doute de Virgile, *En.* 11, 86 : *pectora nunc foedans pugnis, nunc
unguibus ora* (il utilise la clausule de ce vers en 3, 108). On peut
aussi rapprocher, comme le fait Arevalo (note au v. 378), Ovide,
Met. 9, 637 : ... *planxitque suos furibunda lacertos* et Lucain 2, 37 :
scissa genas, planctu liuentis atra lacertos (il faut ajouter 7, 38-9 :
... *lacerasset crine soluto/ pectora femineum, ceu Bruti funere,
uulgus* ; voir *infra* la note à 3, 391 sq.).

3, 389 plebea, leçon des manuscrits (seul *M²* a préféré *plebeia*),
est conservé par Vollmer qui n'explique pas pourquoi il maintient
cette forme exceptionnelle, alors qu'Arevalo avait corrigé en
plebeia. La forme usuelle de cet adjectif, formé sur *plēbēs,* est
plēbēius qui est d'ordinaire scandé comme un trisyllabe (Lucrèce 2,
36 ; 5, 1429 ; Lucain 2, 18 ; 3, 442, etc.) ; *plēbēia* est donc satisfaisant ici pour la mesure du vers (pour conserver *plebea,* il
faudrait supposer une scansion *plēbēa,* donc un adjectif en -*ēus*
d'un type qui ne se rencontre guère que parmi les adjectifs
dérivés de noms propres : *Musēus, Orphēus,* etc.). En 3, 507 les
manuscrits présentent de même une forme *Capanea,* corrigée
en *Capaneia* seulement par *M³,* alors que la mesure du vers exige

Capaneia. On notera aussi que dans les manuscrits qui ont transmis les œuvres de Claudien on rencontre des hésitations entre *plebeius* et *plebeus* ; ainsi dans *In Ruf.* 2, 476 ; *Cons. Stil.* 3, 50 ; *Rapt. Pros.* 3, 15.

3, 391 sq. Évoquant les Troyennes qui pleurent Hector, Dracontius se remémore la fin de l'*Iliade* (24, 710 sq.) ; puis il fait allusion aux funérailles d'Achille célébrées par Thétis et les Nymphes. Les v. 393 sq. rappellent Lucain 7, 38-9 (vers cités *supra* à 3, 388), passage où il est question comme ici du deuil qui suit la mort de Brutus, le vengeur de Lucrèce ; Dracontius se souvient peut-être aussi du passage de Tite-Live (2, 7, 4) qui décrit les funérailles du consul : *multo maius morti decus publica fuit maestitia, eo ante omnia insignis, quia matronae annum, ut parentem, eum luxerunt, quod tam acer ultor uiolatae pudicitiae fuisset.* La répétition de *plangere* (v. 392 et 393 : *planxit* ; v. 396 : *est plancta*) souligne le rapprochement que fait le poète entre ces deuils célèbres de l'épopée et de l'histoire.

3, 397 sq. L'épisode de Mucius Scévola est également rappelé dans le passage de saint Augustin (*Ciu.* 5, 18, 1 sq.) qui a pu servir de modèle au poète (voir les notes à 3, 322 sq. et à 3, 362 sq.). L'héroïque exploit de Scévola est narré par Tite-Live en 2, 12, 1 sq. ; l'expression *punire manum* (v. 398) est peut-être un souvenir de Valère-Maxime 3, 3, 1 : *perosus enim, credo, dexteram suam quod eius ministerio in caede regis uti nequisset* ; Vollmer (*M.G.H.*, p. 102) rapproche aussi Martial 1, 21, 7-8 : *Maior deceptae fama est et gloria dextrae : | si non errasset, fecerat illa minus.* Les v. 398-9 font allusion à l'erreur de Scévola qui égorge le secrétaire de Porsenna en croyant tuer le roi (Tite-Live 2, 12, 7 : *scribam pro rege obtruncat*). Dracontius insiste sur les heureuses conséquences de cette méprise ; la crainte d'avoir à affronter les attaques d'autres jeunes Romains aussi héroïques engage Porsenna à conclure la paix avec Rome (Scévola a révélé au roi que trois cents autres conjurés étaient prêts à suivre son exemple ; cf. Tite-Live 2, 12, 15-16). Dracontius énumère, dans un développement que rythment les anaphores de *non* et de *nec* (v. 401-5), les deuils auxquels les familles de Rome ont ainsi échappé. Sur le geste de Scévola, voir P. M. Martin, *L'idée de royauté à Rome, op. cit.*, p. 313-4.

flammipotens (v. 397) est sans doute une création de Dracontius (dans Arnobe, *Nat.* 3, 21 *flammipotens* est une conjecture de Gelenius, à laquelle on préfère d'ordinaire la leçon *flammis potens*) ; Dracontius utilise aussi *flammipotens* dans *Rom.* 6, 5 (comme épithète de *Cupido*) ; il a pu forger ce composé d'après le modèle d'*ignipotens*, fréquent qualificatif de Vulcain (Virgile, *En.* 8, 414 ; 423 ; 628, etc.) encore utilisé par Arnobe, *Nat.* 2, 70 et Dracontius lui-même dans *Rom.* 10, 262 (où *puer ignipotens* désigne l'Amour).

audaces animos (v. 399) se retrouve à la même place du vers dans *Or.* 234. Dans l'expression *doluit maritum* (v. 401), *doleo* est employé avec un nom de personne comme complément à l'accusatif ; cette construction est d'abord attestée en poésie (Properce 1, 16, 24 ; Sénèque, *Ag.* 579 ; Lucain 8, 628, etc. ; voir le *Thes. L.L.*, V, 1, 1826, 15 sq.).

3, 403 Ce vers rappelle 2, 130 : *... orba parens fleret cum funera nati*. La même clausule *(funera nati)* se retrouve aussi en 3, 111 et 3, 503.

3, 407 sq. L'épisode de Curtius suit, comme ici, immédiatement celui de Scévola chez Augustin, *Ciu.* 5, 18, 2 (voir la note à 3, 397 sq.). Dracontius a pu connaître les passages de Tite-Live (7, 6, 1-6) et de Valère-Maxime (5, 6, 2) qui narrent la *deuotio* de ce personnage, mais on ne saurait découvrir ici une source historique précise ; le poète dans sa description s'inspire de développements de la *Thébaïde* de Stace consacrés à Amphiaraüs (7, 818 sq. et 8, 1 sq.) : de même que Curtius s'est précipité à cheval et tout armé dans le gouffre du Forum, de même Amphiaraüs avait été englouti sous terre avec son char et ses chevaux ; Amphiaraüs est nommé à la fin du passage (voir la note à 3, 416 sq.).

La clausule *telluris hiatu* (v. 407) est empruntée à *Theb.* 8, 19 ; aux v. 408-9 *demersus ... ingemuit* rappelle *Theb.* 7, 821-2 *(cadens.../ ingemuit)* ; au v. 410 *armato ... funere manes* est transposé de *Theb.* 8, 3. Dracontius décrit Curtius descendant dans les ténèbres du Tartare (v. 413 sq.), de même que Stace évoque Amphiaraüs englouti au séjour des ombres (*Theb.* 8, 1 sq.).

3, 408 *praecipiti iactu* se rencontre aussi en 2, 507 ; sur l'oxymoron *uiuum cadauer* (v. 409), qu'on trouve aussi chez Sedulius (*Carm. Pasc.* 3, 89), voir la note à 1, 648 (où on lit : *... uiuax in morte cadauer*). Le goût du poète pour les alliances de mots se manifeste aussi au v. 411 : *fortis et incolumis ... sepultus*.

3, 410 *sorberet*, leçon de *BM¹*, a été corrigé en *sorbuit* par *M²* *metri causa*, mais cette correction ne s'impose pas : la voyelle de la seconde syllabe de *sorberet* peut ici être brève (cf. *Rom.* 5, 212 : *sorbere*, alors qu'on a *sorbeat* en *Rom.* 5, 133) ; sur les confusions entre la conjugaison en *-ēre* et celle en *-ĕre* dans la latinité tardive, voir la note à 2, 264 (où le poète écrit *medantur*). On trouve déjà une forme *sorbamus* dans Apulée, *Met.* 2, 11, 2.

3, 414 Sur l'Érèbe, le royaume des ombres, voir la note à 1, 69 où se lit, comme ici (v. 415), l'expression *tertia sors* qui désigne le lot échu à Hadès-Pluton. Dracontius utilise aussi *tertia regna* (*Or.* 861) comme dénomination des enfers et *tertius heres* (*Rom.* 10, 407) comme appellation de Pluton ; voir aussi la note à 2, 464 à propos de *pars tertia* qui apparaît en 2, 481.

3, 416 sq. Ces vers font allusion d'abord à Hercule descendu aux enfers pour en ramener Cerbère (on trouve une autre allusion à cette entreprise en 1, 73 ; voir la note à 1, 71-3), puis à Amphiaraüs, le devin auquel Stace a consacré l'épisode de la *Thébaïde* dont Dracontius s'est inspiré (voir la note à 3, 407 sq.). L'épouse d'Amphiaraüs est Eriphyle qui, prise comme arbitre

entre Amphiaraüs et son beau-frère Adraste, décide en faveur
de la guerre contre Thèbes à laquelle s'opposait son époux ;
c'est lors de cette guerre qu'Amphiaraüs est englouti dans le
gouffre que Zeus a ouvert devant lui pour le soustraire aux
ennemis. Le fils d'Amphiaraüs, Alcméon, venge plus tard son
père en tuant sa mère Ériphyle ; dans l'*Orestis tragoedia*, Dracontius compare le destin d'Ériphyle (v. 692 : *uxorem ... auguris
Amphiarai*) et celui de Clytemnestre (v. 691).

3, 419 sq. Comme les héros précédents, M. Atilius Régulus
figure dans le développement de la *Cité de Dieu* où Augustin a
célébré les anciens Romains (5, 18, 2 ; voir la note 1 p. 32) ;
Augustin rappelle aussi le courage de Régulus dans *Ciu.* 1,
15, 1-2 et 1, 24. Nombreux sont les autres récits consacrés à ce
personnage ; citons seulement Cicéron, *Off.* 3, 99-100 ; Valère-
Maxime 1, 1, 14 et 9, 2, ext. 1 ; Aulu-Gelle 7, 4 ; en poésie
Horace, *Carm.* 3, 5, 13 sq. et surtout le long épisode du chant VI
des *Punica* de Silius Italicus (v. 346-550). Régulus est mentionné
à côté de Mucius Scévola comme type des héros Romains auxquels
sont comparés les martyrs chrétiens chez Tertullien, *Apol.* 50, 5-6
et Minucius Félix 37, 5. Fait prisonnier au cours de la première
guerre punique, Régulus est envoyé à Rome pour obtenir du
sénat d'être échangé contre un grand nombre de jeunes Carthaginois captifs, après avoir promis par serment que si certains
prisonniers n'étaient pas rendus à Carthage il reviendrait dans
la ville punique. Dracontius rappelle que Régulus pousse lui-
même le sénat Romain à ne pas accepter l'échange et qu'il
retourne en captivité pour respecter la parole donnée sans que
ni sa famille ni sa patrie ne puissent le retenir (v. 423 sq. ; cf.
Cicéron, *Off.* 3, 100 : *Cuius cum ualuisset auctoritas, captiui
retenti sunt, ipse Carthaginem rediit neque eum caritas patriae
retinuit nec suorum* ; mais voir la note 1 p. 37).

3, 419 *legatio ... missus: legatio* est employé ici comme un
équivalent de *legatus* ; on retrouve le même emploi du mot dans
Rom. 8, 259 ; 429 ; 586. Vollmer (*M.G.H.*, p. 436-7) cite de
nombreux autres exemples de termes abstraits utilisés pour
désigner des personnes (voir aussi t. I, p. 79, n. 7).

3, 420 *Agenoridum* s'applique aux Carthaginois, descendants
d'Agénor dont on faisait le premier roi de Tyr ou de Sidon ;
Silius Italicus (8, 1 et 214) désigne de la même façon les Carthaginois et Virgile appelle Carthage *Agenoris urbem* (*En.* 1, 338).
L'hémistiche *maior Carthaginis hostis* est empruntée à Lucain
(6, 789) qui dénomme ainsi Caton. La clausule *mortis amator*
(v. 421) se rencontre chez Sedulius (*Carm. Pasc.* 4, 93). L'expression *implere odium* (v. 421-2) est employée par Ovide, *Met.* 9, 135.

3, 422 Différentes tentatives ont été faites pour corriger
les leçons des manuscrits (*BM*[1] ont *constinans*, *M*[2]*VRU constituens*). Au lieu de *odia constituens*, Arevalo a écrit *otia contemnens* ;
Bücheler a proposé de corriger *constinans* en *continuans* (il place
un point d'interrogation après *amator*, faisant des v. 419-421

une seule phrase, et considère *odia* comme le complément de *continuans* ; cette conjecture a été approuvée par S. Blomgren, *Eranos*, 64, 1966, p. 53). Vollmer a conjecturé *constipans* ; enfin Hudson-Williams, *CQ*, 41, 1947, p. 106, a proposé *cum constans*. La conjecture de Vollmer, la plus satisfaisante du point de vue paléographique, nous paraît la meilleure ; le verbe *constipare* est assez fréquemment employé dans la latinité tardive (voir le *Thes. L.L.*, IV, 509, 67 sq., où le verbe est glosé par « *conglobare, congregare, condensare animantes* »). Il faut comprendre que Régulus pousse tout à la fois le sénat et le peuple à prendre la même décision (Valère-Maxime 1, 1, 14 réunit ici lui aussi le sénat et le peuple : *(Regulus) missus ad senatum populumque Romanum legatus*).

odia, placé en tête du vers, doit être scandé avec une voyelle initiale longue ; la même scansion se rencontre dans *Or.* 546 ; sur ce type d'allongement, voir t. I, p. 92.

3, 424-5 L'analyse de ces deux vers n'est pas évidente. Vollmer (*M.G.H.*, p. 103) explique : « *pactum* est hoc ut ferrum, quod lege lata in Poenos captos stringitur, ipse lator legis in se converterit », autrement dit : en conseillant au sénat d'être impitoyable envers les prisonniers carthaginois Régulus prononça sa propre condamnation au supplice. Dans cette interprétation l'expression *per iugulos ... suos et pectora dura* s'applique à Régulus ; l'emploi du pluriel *(iugulos, pectora)* n'est pas un obstacle : on peut rapprocher *Rom.* 10, 239 (où *iugulis* est utilisé à propos du seul Jason) et les emplois fréquents du pluriel *pectora* en parlant d'une seule personne (2, 42 ; *Or.* 558 ; 742 ; 837, etc.) ; *iugulos* et *pectora* sont ici des pluriels poétiques.

L'expression *lege lata* doit faire allusion à l'opinion exprimée par Régulus devant le sénat ; les textes cités *supra* (voir la note à 3, 419 sq.) indiquent seulement que Régulus conseilla de ne pas libérer les prisonniers (ainsi Valère-Maxime, 1, 1, 14 : *in contrarium dato consilio* ; Augustin, *Ciu.* 1, 15, 1 : *in senatu contraria persuasit*). La recherche de la formule paradoxale a conduit Dracontius à dénaturer les faits rapportés par ses prédécesseurs.

La clausule *uiscera ferrum* se retrouve dans *Or.* 561 ; elle est empruntée à Lucain 2, 148.

3, 431 institit occidi : on peut interpréter le parfait *institit* comme une forme de *insto* ou de *insisto* ; *insto* se rencontre avec un infinitif complément chez Cicéron *(Verr.* 3, 136 : *instat poscere)* et en poésie (Lucrèce 3, 1064 ; 4, 999 ; Virgile, *En.* 2, 627 ; 10, 118, etc.) ; Dracontius l'emploie ainsi dans *Rom.* 5, 303 *(instas orbare)*. *Insisto* se trouve avec cette même construction dès Plaute, *Capt.* 584 et souvent par la suite au parfait (Cicéron, *Fam.* 10, 16, 1 ; Catulle 66, 50 ; Tite-Live 24, 26, 11 ; 25, 18, 7, etc.). Dans notre passage, mieux vaut rattacher *institit* à ce dernier verbe : Régulus « s'attacha », « s'obstina » à être tué. Vollmer *(M.G.H.*, p. 364, s.v. *insisto)* écrit : « institit occidi

Poenos Regulus », supposant apparemment que *occidi* doit se comprendre avec *Poenos* pour sujet sous-entendu (cf. *Thes. L.L.*, VII, 1, 1926, 24 : « institit occidi *captiuos* Regulus ») ; à cette interprétation on peut objecter que *insisto* se rencontre très rarement avec une proposition infinitive (voir le *Thes. L.L.* VII, 1, 1926, 20 sq.) et que le sens de la phrase est beaucoup moins satisfaisant ; c'est parce qu'il se sacrifie que Régulus diminue le nombre des ennemis (il empêche ainsi le retour à Carthage de jeunes combattants susceptibles de reprendre la guerre contre Rome ; cf. Cicéron, *Off.* 3, 100) ; là encore le poète a recherché une formule paradoxale *(occidi ... ne esset ... superstes hostis).*

3, 433 Troiugenae désigne-t-il ici les compagnons d'Enée, « fils de Troie », comme dans Virgile, *En.* 8, 117 et 12, 626, Lucrèce 1, 465 ou les « descendants des Troyens », c'est-à-dire les Romains, comme dans Tite-Live 25, 12, 5 et Juvénal 1, 100 et 11, 95 ? Dans ses poèmes profanes, Dracontius emploie *Troiugena* tantôt à propos des Troyens *(Rom.* 8, 231 ; 261 ; 9, 63), tantôt à propos des Romains *(Rom.* 5, 111 : *Troiugenis ... lacertis* ; cf. 5, 109-110 : *Carthago ... inimica senatus et populi Aeneadum).* Dans la première hypothèse, il faudrait que *duce Troiugenum* désigne Enée (ce qui est l'interprétation de Vollmer, *M.G.H.*, p. 311, s.v. *Troiugena)* et que *quem* (v. 432) se rapporte à Régulus ; mais qu'ont de commun le sort d'Énée et celui de Régulus, sinon le séjour de ces héros à Carthage ? L'expression *par fortuna* paraît alors fort exagérée. Mieux vaut adopter la seconde hypothèse : *duce Troiugenum* s'applique dans ce cas à Régulus, « chef des Romains » et *quem* se rapporte au substantif qui le précède, *hostis.* La proposition développe l'idée du vers précédent (mal compris, semble-t-il, par Vollmer ; voir la note à 3, 431 à propos de *institit occidi)* : le sort des Carthaginois prisonniers est lié à celui de Régulus ; ce dernier, en décidant de mourir, entraîne ses ennemis à leur perte.

Tempta luce reuersus est un souvenir de Claudien, *Bell. Gild.* 1, 78-9 : ... *contempta luce reuerti/ Regulus* ; pour le sens de *lux*, voir la note 1 p. 30.

3, 434 sq. Sur le supplice de Régulus enfermé dans une cage hérissée de pointes et, les paupières coupées, soumis à l'alternance de l'obscurité et de la pleine lumière, voir Cicéron, *Off.* 3, 100 *(uigilando necabatur)*, Valère-Maxime 9, 2, ext. 1 *(palpebris resectis ... uigilantia pariter et continuo tractu doloris necauerunt)*, Aulu-Gelle 7, 4, Augustin, *Ciu.* 1, 15, 1.

3, 436 sq. De *terreret Tyrios* on peut rapprocher Tertullien, *Apol.* 50, 6 : *o uirum fortem etiam in captiuitate uictorem* ! *Emeritum* (v. 438) assimile le cadavre de Régulus au soldat qui a achevé son temps ; l'emploi figuré du participe (« qui a accompli sa tâche ») que nous trouvons ici se rencontre déjà dans Ovide, *Fast.* 1, 665 ; 4, 688 ; Juvénal 6, 498. Dans la latinité tardive, le mot est parfois appliqué à ceux qui ont quitté la vie (voir Blaise, *D.L.A.C.*, s.v. *emeritus*).

3, 439 sq. Après le long développement consacré aux sacrifices des héros (v. 261-438), les sacrifices collectifs des habitants de Sagonte et de Numance servent de transition (v. 439-467) avant que le poète ne célèbre les femmes héroïques.

Le siège de Sagonte, ville de la Tarraconaise alliée de Rome, dont Hannibal s'empare en 219, est narré par Tite-Live en 21, 7, 1 sq. Dracontius consacre surtout son récit à l'épisode final où les principaux citoyens, refusant les conditions de paix proposées par les Carthaginois, amassent les trésors de la cité sur la place publique pour les brûler, avant de se précipiter eux-mêmes dans les flammes (Tite-Live 21, 14, 1 sq.; l'épisode est également dans Valère-Maxime 6, 6, ext. 1 et dans Silius Italicus 2, 599 sq.).

Intemerata fides (v. 439) rappelle les réflexions de Valère-Maxime 6, 6, ext. 1 : *Crediderim tunc ipsam Fidem ... maestum gessisse uultum, perseuerantissimum sui cultum iniquae fortunae ... cernentem*; Dracontius insiste lui aussi sur cette fidélité des Sagontins (v. 444 : *fideli* opposé à *perfida* (v. 445); v. 447 : *nec sponte fidem uiolat*).

3, 440 L'hémistiche *saeua incendia mortis* se lit aussi en 3, 69. *Nullo surgente reatu* (v. 441) se retrouve en 3, 521 (cf. aussi *Or.* 957 : *... nullo damnante reatu*); sur *reatus*, mot affectionné du poète qui l'emploie comme un simple équivalent de *culpa*, voir t. I, p. 79, n. 6.

3, 443   pro laude periclum/ intulit apparaît déjà en 3, 362-3; le poète utilise l'expression *pro laude* dans différentes formules antithétiques *(Rom.* 5, 232 : *legis cauta ... pro laude triumphi*; 10, 601 : *pro laude pericla*; *Or.* 2 : *pro laude necem).*

3, 449   cum moenibus urbis se retrouve quelques vers plus loin (v. 455). La clausule *secura sepulcri* (v. 450) rappelle Stace, *Theb.* 12, 781 *(secure sepulcri)*; Arevalo (note au v. 438) rapproche aussi Ovide, *Trist.* 1, 1, 49 *(securus famae)*, mais dans ce passage *securus* présente une autre signification. *Securus* employé avec un génitif complément se rencontre d'abord en poésie et signifie « sans se soucier de » (Virgile, *En.* 1, 350-1 : *securus amorum/ germanae*; Horace, *Epist.* 2, 2, 17 : *poenae securus*, etc.); c'est le cas dans Ovide, *Trist.* 1, 1, 49. Arevalo remarque avec raison que, dans Stace, *Theb.* 12, 781, *secure sepulcri* offre un autre sens : « hoc est deposita cura sepulcri, quod certo habebis »; l'adjectif a glissé au sens de « sans crainte de » (cf. Ovide, *Met.* 12, 199 : *uota ... secura repulsae*) et a même pu signifier « assuré de » (Lucain 8, 784 : *securus ueniae*). On peut hésiter ici entre ces deux acceptions, mais la seconde nous paraît préférable, car on peut rapprocher d'autres emplois de *securus* chez Dracontius (3, 169 : *spes secura futuri*; *Or.* 730 : *secura sui*, « rassurée sur son propre sort »); la foule est « rassurée sur son tombeau », puisqu'elle a un bûcher.

3, 452 De *subducens ... colla iugo* on rapprochera *Sat.* 36 *(summisit ... colla iugo)* et 136 *(colla subacta iugo).* La clausule *omnibus unus* termine deux vers consécutifs (v. 452-3) ; pour d'autres exemples de ce procédé, dont on trouve l'équivalent chez Ovide, voir t. I, p. 85, n. 1.

3, 454 sic Numantini est une brillante correction de Vollmer ; les manuscrits offrent un texte inintelligible *(signum antim* ou *anti)* et les éditeurs qui ont précédé Vollmer ont cru que les v. 454 sq. se rapportaient toujours à l'épisode de Sagonte. En fait il est ici question des habitants de Numance qui périrent aussi dans l'incendie de leur ville au cours de la troisième guerre Punique ; après les échecs de plusieurs consuls, les Romains durent envoyer contre la place Scipion Émilien qui la réduisit en 133. Valère-Maxime relate cet épisode en 2, 7, 1 *(noster exercitus ... acrem illam et animosam Numantiam incendiis exustam ruinisque prostratam solo aequauit* ; voir aussi 3, 2, ext. 7 où l'auteur célèbre le Numantin qui prit l'initiative d'incendier sa ville).

L'insistance que met le poète à célébrer la clémence de Rome (v. 456 sq.) est peut-être une allusion voilée aux traités que les précédents consuls avaient conclu avec Numance et que le sénat Romain avait jugés sans valeur (cf. Cicéron, *Off.* 3, 109 ; Tite-Live, *Per.* 55, 5 ; Velleius Paterculus 2, 1, 4).

Numantini est à scander ici avec une première syllabe longue ; sur la quantité vocalique dans les noms propres, voir t. I, p. 92.

3, 455 Hudson-Williams *(CQ,* 41, 1947, p. 107) propose de lire *suae* au lieu de *suos* ; il estime que l'expression *in cineres iacuere suos* n'offre pas de sens satisfaisant et critique l'explication de Vollmer *(M.G.H.,* p. 358, s.v. *iaceo)* qui fait de *iacuere* l'équivalent de *cecidere.* Il est tentant de faire dépendre *in cineres* de *cremati* (v. 454), comme le suggère Hudson-Williams qui rapproche Pline, *Nat.* 20, 41 *(cremata in cinerem)* et compare des passages de Dracontius où le poète emploie l'expression *in cineres* (1, 698 ; 2, 423 ; 3, 300) ; la correction de *suos* en *suae* ne nous apparaît pas pour autant indispensable.

3, 457 Ce vers est inspiré de Virgile, *En.* 6, 853 : *parcere subiectis et debellare superbos* (pour d'autres souvenirs du chant VI de l'*Énéide* dans le livre III, voir t. I, p. 57-58 et les notes à 3, 236 ; 626 ; 752 sq.). P. Courcelle, *Les Pères de l'Église devant les Enfers virgiliens, A.H.M.A.,* 30, 1955, p. 61 cite divers passages de poètes chrétiens où se retrouve la devise virgilienne et montre que, sous l'influence de la pensée augustinienne, elle n'est pas citée sans réserves (à cette maxime qui traduit l'orgueil romain on oppose des vertus chrétiennes telles que la patience dans l'épreuve). Dracontius, pour sa part, célèbre ici sans réserves la clémence du sénat Romain en insistant sur la formule *parcere subiectis* : le substantif *uenia,* si souvent employé dans le poème pour exprimer la spiritualité du pardon (voir t. I, p. 46 et n. 3), se retrouve ici au v. 458 *(ueniam donare)* et au v. 464 (où il s'oppose à *ira*).

3, 458 *urget* est construit avec un infinitif ; comme autres exemples de cette construction rare, on peut citer Horace, *Carm.* 2, 18, 20 ; Silius Italicus 13, 428.

sueuit doit être scandé ici comme un trisyllabe (il en est de même pour *suetus* en 3, 630 et *sueta* en 3, 735 ; la forme est toujours placée en fin de vers). L'expression *ueniam donare* se retrouve en 3, 630 *(ueniam donare suetus)* et dans *Sat.* 291 ; *Rom.* 7, 68 ; *Or.* 586.

3, 460 Les manuscrits offrent la leçon *inuenire* qu'Arevalo a corrigée, *metri causa*, en *inuenisse.* Vollmer *(M.G.H.)* a adopté cette correction, mais il a préféré *inuenire* dans sa seconde édition (Glaeser a également conservé *inuenire*) ; il est vrai que Dracontius modifie parfois à son gré la quantité de la voyelle radicale des verbes (voir t. I, p. 93, n. 7 et Vollmer, *M.G.H.*, p. 442), mais on ne trouve dans le poème aucun autre exemple de ces modifications de quantité pour *uenio* ou ses composés. Nous préférons donc adopter la correction d'Arevalo *(inuenisse)* ; on la retient d'autant plus volontiers qu'au vers précédent *B*, le manuscrit le plus ancien, offre un autre infinitif parfait *(portasse).*

3, 465 Ce vers est encore plus gravement amputé que le v. 461. On lit en effet dans les manuscrits *(BMVR)* : *nec pauor est dominati sola* (seulement *nec pauor est dominanti* dans *U*). Vollmer a ainsi corrigé et complété le vers : *nec pauor est <mortis>, dominatio sola <timetur>* ; F. Walter, *Zu lateinischen Dichtern, op. cit.*, p. 112 a proposé une restitution qui nous paraît plus séduisante : *nec mortis pauor est, pauor est dominatio sola* ; la répétition de *pauor est* aurait pu en effet entraîner facilement l'omission de cette expression dans la première ou la seconde partie du vers (il rapproche un passage de Sénèque, *De ira* 2, 3, 4 : *hanc iram non uoco, motum animi rationi parentem* où il est tentant de supposer que *uoco* a pu être omis, après *non uoco*, dans la seconde partie de la phrase). F. Walter ajoute que *pauor est*, dans la deuxième partie du vers, équivaut à *pauori est* et il rapproche les expressions *pudor est* (*Rom.* 8, 201 et 224), *honor est* (*Rom.* 9, 80).

3, 466 *mentibus ingenuis* se retrouve dans *Rom.* 5, 219. La clausule *munera uitae* (v. 467) se lit aussi en 2, 579 où l'expression désigne, comme ici, le don de la vie éternelle (*uitae* est qualifié par *perpetuae* en 2, 579, par *aeternae* en 3, 467). On peut rapprocher Sedulius, *Carm. Pasc.* 1, 341 (*perpetuae ... praemia uitae*).

3, 468 sq. Le développement consacré aux sacrifices ou exploits des héroïnes de la mythologie ou de l'histoire (v. 468-530) est introduit par une série de réflexions sur la nature féminine (v. 468-479). Le poète estime que les femmes, qui sont capables d'un grand courage, peuvent être stimulées, comme les hommes, par l'amour de la gloire. On retrouve ici l'idée qui a conduit le

poète à développer cette longue série d'*exempla* : les traits
d'héroïsme que célèbrent la légende et l'histoire sont surtout
des *exempla scelerum* et ont pour motif la seule gloire terrestre
(voir t. I, p. 55 et la note à 3, 252 sq.). Dracontius souhaite voir
les héroïnes montrer autant d'ardeur à mériter la gloire de la vie
éternelle (v. 479 : *uitae ... sub laude futurae*) ; ce thème est déjà
introduit par le dernier vers du développement précédent (v. 467 :
aeternae ... munera uitae) et il est repris aux v. 471-2 : *aeterna...
plurima dona Dei*. Le poète se souvient sans doute ici d'Augustin,
Ciu. 5, 18, 3 (voir t. I, p. 55, n. 2).

   data uerba (v. 468) : l'expression *dare uerba* signifie ici seulement
« prononcer des paroles » (cf. *Sat*. 48 ; *Or*. 767), de même que
déjà dans Ovide, *Pont*. 4, 8, 38 ; 4, 9, 111, puis fréquemment par
la suite. La locution est employée plus anciennement dans
l'acception de « payer de mots, tromper » (Plaute, *Capt*. 945 ;
Térence, *Andr*. 211 ; Cicéron, *Att*. 15, 16, 1 ; *Phil*. 13, 33, etc.) ;
voir le *Thes*. *L.L.*, V, 1, 1675, 11 sq. et 33 sq.

   3, 469 sq.   sexus iners se retrouve dans *Sat*. 218 *(... femina
sexus iners)* et *Or*. 195. Le second hémistiche du v. 470 *(sit sibi
fama superstes)* est presque identique à celui de 2, 131 *(sit sibi
uirgo superstes)*; *fama superstes* est sans doute un souvenir
d'Horace, *Carm*. 2, 2, 8.

   3, 475   La voyelle *e* de *mulieribus* doit être ici scandée longue ;
le poète allonge cette voyelle dans toutes les formes de *mulier*
aux cas obliques (ainsi dans *muliere* en 2, 135 et 670 ; pour
d'autres exemples, voir Vollmer, *M.G.H.*, p. 376, s.v. *mulier*).
La clausule *ira furorem* se lit aussi en 2, 701. Le poète utilise
déjà l'expression *furiale nefas* (v. 476) en 3, 266.

   3, 478   Comment faut-il interpréter *quod honesta decet* ?
Les explications de Vollmer *(M.G.H.*, p. 337, s.v. *decet* et
p. 358, s.v. *honestus)*, qui voit dans *honesta* un féminin singulier,
équivalant à *honesta femina*, sujet d'un *decet* employé dans une
construction personnelle, ne nous paraissent guère convaincantes ;
il faudrait voir alors dans *decet* un quasi-synonyme de *debet* et
comprendre *quod honesta decet facere*. Il est préférable de reconnaître, avec Arevalo (note au v. 466), dans *honesta* un pluriel
du neutre substantivé *honestum* utilisé avec le sens de *honestas*
(Arevalo cite, par exemple, Lucain 2, 389 : *rigidi seruator honesti*) ;
quod honesta decet peut être alors rapproché d'autres passages de
Dracontius *(Sat*. 120 : *non decet ira pium* ; *Rom*. 9, 125-6 :
te ... ista decent ; 10, 417 ; *Or*. 905) ; ce type de construction, où
decet reçoit un nom de chose pour sujet, est attesté depuis Plaute
(Most. 166) et est bien représenté en poésie (Horace, *Epist*. 1,
7, 44 ; Ovide, *Ars* 3, 502, etc.) ; voir Kühner-Stegmann, I, p. 258.
La clausule *fama pudoris* se retrouve dans *Rom*. 8, 279.

   3, 480 sq.   L'histoire de Judith est le seul des *exempla* de
cette longue série qui soit emprunté à l'Ancien Testament.
Judith est l'héroïne à laquelle le poète consacre le plus long
développement en s'inspirant du récit du *Livre de Judith* 8, 1 sq. ;

cette pieuse veuve israélite sort de Béthulie, ville assiégée par les troupes assyriennes que commande Holopherne, et se rend au camp ennemi en feignant de trahir son peuple (*de ficto crimine* au v. 481 désigne cette prétendue trahison ; cf. *Judith* 10, 12 sq.). Séduit par sa beauté, Holopherne l'invite à partager sa tente où, profitant de l'ivresse du général, l'héroïne lui tranche la tête qu'elle rapporte à ses concitoyens (v. 488 : *duce truncato* ; cf. *Judith* 13, 1 sq. ; v. 489 : *caput ad patriae proceres portauit* ; cf. *Judith* 13, 11 sq.). Dracontius insiste sur l'exploit qu'une femme a pu accomplir à elle seule (v. 487 : *femina sola* ; v. 490 : *una*), en s'avançant sans armes au milieu de l'armée ennemie (v. 485 : *uestita fide, munita pudore*).

La seconde syllabe de *Iudith* (v. 480) est abrégée, tandis que la seconde syllabe de *Holofernem* est allongée ; la quantité dans les noms propres est souvent adaptée aux besoins du mètre (voir t. I, p. 92).

3, 484 Le poète imite Stace, *Theb.* 4, 321 : *Martis et ensiferas inter potes ire cateruas.*

3, 488 Dracontius se souvient ici de Paulin de Nole, *Carm.* 26, 165 : *(Iudith) barbara truncato uictrix duce castra fugauit. Viduauit castra* (peut-être imité de Virgile, *En.* 8, 571 : *uiduasset ... urbem*), fait allusion au *Livre de Judith* (14, 16-19) ; *tyranni* désigne Nabuchodonosor dont Holopherne était le général (cf. *Judith* 14, 16 : *una mulier hebraea fecit confusionem in domo regis Nabuchodonosor*).

3, 489 Les leçons des manuscrits divergent *(et urbes BM, ad urbes VRU, et urbem C)*. La correction choisie par Arevalo *(ad urbem)* l'oblige à d'autres modifications ; Glaeser a proposé : *... apprendens proceres portauit ad urbis* ; Vollmer a corrigé la leçon de *BM et urbes* en *et urbis* (*urbis* doit alors être rattaché à *ciuibus* au vers suivant). Hudson-Williams (*CQ*, 41, 1947, p. 107) juge sévèrement cette correction (« Vollm.'s *urbis* is very bad ») et propose à juste titre de retenir la leçon de *C (et urbem)* en plaçant une ponctuation après ce mot (il compare, avec raison, l'expression redondante *ad patriae proceres ... et urbem* à celles qu'on peut lire dans *Rom.* 5, 241 : *... populo monstraret et urbi* ; 8, 265 : *... gentis reparator et urbis* ; 9, 220 : *... ciues dilexit et urbem*). Il ne nous paraît pas utile, en revanche, de corriger au début du même vers, comme Hudson-Williams le suggère, *quae* (leçon à la fois de *B* et de *C*) en *ac*, en supprimant la virgule après *tyranni*. Nous pensons au contraire qu'il vaut mieux placer une ponctuation forte à la fin du v. 488.

3, 490 sq. L'expression *cum libertate triumphum* se retrouve dans *Rom.* 5, 259. Au v. 492, *promissa uoluptas* peut être, comme l'indique Arevalo (note au v. 479), une allusion aux paroles de Judith à Holopherne *(Judith* 12, 13 : *cui Iudith respondit : quae ego sum ut contradicam domino meo ?)*

3, 494 Arevalo (note au v. 481) commente ainsi l'expression *certae noctis* : « sibi constitutae, quam certo sibi promiserat.

Nox saepe pro ipso vetito concubitu ponitur » ; il rapproche
Prudence, *C. Symm.* 1, 143 : ... *hoc pretium noctis persoluit honore.*
Cet emploi de *nox* se rencontre déjà dans Cicéron, *Att.* 1, 16, 5 :
noctes certarum mulierum ; cf. Horace, *Epod.* 15, 13 ; Ovide,
Fast. 4, 109, etc.

3, *495 impollutus* est attesté depuis Salluste, *Or. Lep.* 11
(quaeue humana superant aut diuina impolluta sunt?) et se
retrouve chez Tacite (*Ann.* 14, 35, 1 : *ne senectam quidem aut
uirginitatem impollutam* ; 16, 26, 3), mais le mot est surtout
employé dans la latinité tardive (voir le *Thes. L.L.,* VII, 1,
649, 64 sq.). Le poète fait ici allusion à *Judith* 13, 20 : *et non
permisit me Dominus ancillam suam coinquinari, sed sine pollutione
peccati reuocauit me uobis gaudentem in uictoria sua.*

3, *496* La veuve de Ninus est Sémiramis, projection légendaire d'une reine historique, Sammouramat, épouse du roi
d'Assyrie Shamshi-Adad V (Ninos) qui régna de 823 à 810 av.
J.-C. ; Sammouramat exerça la régence de 810 à 805 pendant
la minorité de son fils Adad-Nirari III (Ninyos). Ninus est le
fondateur mythique de la ville de Ninive.

prima ducum doit faire allusion à l'étendue de l'empire de
Sémiramis en Asie (cf. Orose, *Hist.* 2, 2, 1 : *Occiso Nino, Semiramis
uxor eius, totius Asiae regina...*) ; saint Jérôme (*Chronicon, Eusebii
praefatio, P.L.* 27, 56 A) emploie à propos de Ninus une expression
comparable à celle de Dracontius : *Primus quippe omnis Asiae,
exceptis Indis, Ninus, Beli filius, regnauit. Itaque manifestum
est Abraham Nini aetate generatum* ; saint Augustin, dans la
Cité de Dieu, fait allusion lui aussi à la grandeur de l'empire de
Ninus (16, 17, 1 : *nam rex ille Ninus Beli filius excepta India
uniuersae Asiae populos subiugauerat*) et fait également de ce
souverain un contemporain d'Abraham (*Ciu.* 18, 2, 2) ; il cite
aussi (*Ciu.* 4, 6) le début de l'ouvrage de Justin qui fait de Ninus
le premier roi qui, par esprit de conquête, ait porté la guerre
chez ses voisins (cf. Justin 1, 1, 4).

Nino est une judicieuse correction d'Arevalo (les manuscrits
ont *uno*) ; le *i* doit être ici scandé long (il en est de même dans
l'*Anthologie Lat.* 856, 1). L'expression *uiduata marito* se retrouve
dans *Or.* 431 et *Rom.* 10, 297 (cf. *Rom.* 5, 5 : *uiduare maritis* ;
8, 154 : *uiduare marito*) ; elle constitue comme ici la clausule
d'un vers dans un poème de l'*Anthologie* consacré à Médée
(102, 3, Riese, I, 1, p. 126) ; voir aussi *Anthol.* II, 1, 433, 4 (= *C.I.L.*
VIII, 4071) ; 487, 9 (= *C.I.L.* XIV, 636) ; II, 3 (suppl. Lommatzsch),
41, 8.

3, *500* Le poète célèbre Sémiramis pour ses vertus guerrières
(bella diu gessit) ; la reine passait pour avoir encore étendu
l'empire conquis par son mari (cf. Quinte-Curce 9, 6, 23 : *Quas
urbes Semiramis condidit* ! *Quas gentes redegit in potestatem* ! ;
Augustin, *Ciu.* 18, 2, 2 : *Solis quippe Indis in partibus Orientis
(Ninus) non dominabatur, quos tamen eo defuncto Samiramis
uxor eius est adgressa bellando.*

iuuenem mentita : on trouve la même indication chez Justin 1, 2, 1 : *simulat se pro uxore Nini filium, pro femina puerum* et Orose, *Hist.* 1, 4, 4 : *huic (Nino) mortuo Samiramis uxor successit uirum animo, habitu filium gerens* (voir aussi *Anthol.* I, 2, 857, 1-2 : *... cultusque uenusti corporis ambiguus*). L'expression de Dracontius est imitée de Claudien, *In Eutr.* 1, 339-340 : *... seu prima Semiramis astu | Assyriis mentita uirum.*

3, 501 *Scythicae Tamyris* : Tamyris (appelée parfois Tomyris) est présentée le plus souvent comme une reine des Scythes (cf. Frontin, *Strat.* 2, 5, 5 ; Justin 1, 8, 2 ; Ammien Marcellin 23, 6, 7). Dracontius, dans l'*Orestis tragoedia* (v. 427), l'appelle reine des Gètes ; elle était en fait reine des Massagètes, tribu apparentée aux Scythes (cf. Hérodote 1, 205, qui situe ce peuple à l'est du Caucase ; Pline, *Nat.* 6, 50). Le poète fait ici allusion à la guerre que la reine mena contre Cyrus le Grand qui avait envahi son royaume ; dans une première bataille le roi des Perses fit prisonnier le fils de Tamyris, Spargapise, qui se suicida ; Cyrus fut vaincu par les Massagètes dans un autre combat où il trouva la mort (probablement en 529 av. J.-C.).

3, 502 *sub fraude* : Dracontius emploie volontiers cette expression (cf. 2, 285 ; *Rom.* 5, 82 ; 6, 54 ; 7, 155 ; *Or.* 162 ; 338) ; *sub* avec l'ablatif y exprime une valeur d'instrumental (ablatif de manière ou ablatif de la circonstance concomitante), comme souvent dans la latinité tardive (voir Leumann-Hofmann-Szantyr, II, p. 279) ; pour d'autres exemples de cet emploi de *sub* chez Dracontius, voir Vollmer, *M.G.H.*, p. 413-4, s.v. *sub, vi fere modali.*

3, 503 sq. Dracontius décrit la vengeance que Tamyris, éperdue de douleur après la mort de son fils, voulut tirer de Cyrus ; Valère-Maxime 9, 10, ext. 1 ajoute que Tamyris voulait aussi châtier l'insatiable cruauté du roi : *exprobrans illi insatiabilem cruoris sitim* (cf. Justin 1, 8, 13 : *« satia te, inquit, sanguine quem sitisti cuiusque insatiabilis semper fuisti »*).

ultrix ... sui ... nati : le poète utilise aussi *ultrix* avec un complément au génitif en 3, 512 *(coniugis ultrix)* ; on trouve la même construction avec *ultor* en 3, 327. La clausule *funera nati* se lit aussi en 2, 130 et 3, 403.

3, 504-5 On peut rapprocher Valère-Maxime 9, 10, ext. 1 : *caput Cyri abscissum in utrem humano sanguine repletum demitti iussit* et Justin 1, 8, 13 : *caput Cyri amputatum in utrem humano sanguine repletum conici regina iubet.* Arevalo (note au v. 492) commente ainsi l'expression *clausit in utre cruor* : *« quod tantus fuerit cruor, ut caput cooperuerit et quasi clauserit ».*

3, 507 Dans l'épisode consacré à Evadné, Dracontius s'inspire de Stace, *Theb.* 12, 797 sq. La clausule *Capaneia coniux* (v. 507) est empruntée à ce chant de la *Thébaïde* (12, 545). Evadné est l'épouse de Capanée, l'un des princes argiens qui marchèrent contre Thèbes (il est un des Sept Chefs) ; il fut tué par la foudre de Zeus au moment où il escaladait les murs de Thèbes (cf. v. 508 :

iaculati fulminis ictus). Evadné se jeta sur le bûcher funèbre
de son époux pour ne pas lui survivre. Ovide fait souvent allusion
à ce sacrifice de cette héroïne qu'il désigne du nom d'*Iphias*,
« la fille d'Iphis » (*Ars* 3, 21-2 ; *Pont.* 3, 1, 111 ; *Trist.* 5, 14, 38).
Dracontius célèbre aussi Evadné dans l'*Orestis tragoedia* (v. 442-
451) parmi les épouses fidèles à leur mari au-delà de la mort.

3, *508   iaculati fulminis* : le déponent *iaculor* a été concurrencé
dans la latinité tardive par la forme active *iaculo* (voir le *Thes.
L.L.*, VII, 1, 71, 36 sq.) ; mais le participe passé *iaculatus* se
rencontre employé au sens passif dès Lucain (3, 568 : *iaculato ...
ferro*).

La clausule *ossa mariti* (v. 509) se retrouve dans *Or.* 738 et 762.

3, *511*   Ce vers rappelle *Or.* 447 (où il est également question
d'Evadné et de Capanée) : *et simul ad manes in puluere coniugis
iuit*. On peut aussi rapprocher Claudien, *Laus Serenae* 151-2 :
*et prona ruens Capaneia coniux | communes ardente uiro mixtura
fauillas*.

Faut-il conserver la leçon des manuscrits *(urbem)* ? Arevalo
a corrigé le vers d'une façon trop hardie *(... infernas ... ad umbras)*.
Dans l'apparat critique de sa première édition, Vollmer indique :
« *ad undam* puto ». Nous pensons qu'il suffit de corriger *urbem*
en *orbem* ; on peut en effet rapprocher Claudien, *Rapt. Pros.* 2,
361 : *Iam suus inferno processerat Hesperus orbi*, où *inferno ... orbi*
désigne le « monde des Enfers ». Bien que *orbis* soit parfois
considéré comme un féminin dans la latinité tardive (voir le
Thes. L.L., IX, 2, 907, 7 sq.), mieux vaut sans doute corriger
aussi *infernam* en *infernum* (la mauvaise lecture de *orbem* en
urbem aura été suivie de la correction de *infernum* en *infernam*).

3, *512*   Le sort de Didon, qui monta vivante elle aussi sur
le bûcher où elle voulut mourir, est rapproché de celui d'Evadné,
mais la motivation du suicide de Didon, rapporté par Virgile
à une volonté de vengeance contre Énée, est bien différente.
Pour Y. Grisé, *Le suicide dans la Rome antique, op. cit.*, p. 134,
ce suicide apparaît comme un sacrifice rituel comparable à
celui de la *deuotio* : « il lui permet d'exercer, depuis l'au-delà,
une véritable contrainte sur Énée et, par delà les siècles, sur
les Romains à venir ». Le v. 512 résume l'histoire de la princesse
tyrienne jusqu'à son arrivée en Afrique : la mort de son mari
Sicharbas (Sychée chez Virgile) tué par Pygmalion, frère de
Didon, qui voulait s'emparer de ses trésors ; puis l'exil de Didon
qui s'enfuit avec les trésors de Sicharbas. Le v. 513 fait allusion
à la construction de Carthage *(urbis Elissaeae)* ; sur l'adjectif
Elissaeus, voir la note 2 p. 37. On retrouve dans ces vers des
souvenirs de l'*Énéide* (1, 340 sq. ; 1, 357 sq.) ; Dracontius se
remémore peut-être ici plus précisément un passage du chant IV
où Didon, avant de mourir, résume ainsi elle-même son action
(v. 655-6) : *urbem praeclaram statui, mea moenia uidi | ulta uirum
poenas inimico a fratre recepi.*

Dido (v. 512) est à scander avec un *o* bref ; la quantité de la désinence -*o* de nominatif singulier est dans le poème indifféremment longue ou brève (pour d'autres exemples, voir t. I, p. 93, n. 3).

3, 514 Chez Virgile la construction du bûcher est confiée par Didon à sa sœur Anna (*Én.* 4, 494 sq.), mais la reine achève elle-même les préparatifs (*Én.* 4, 505 sq.). Dracontius utilise ici *pyra* pour désigner le bûcher (comme Virgile dans les passages cités précédemment, *En.* 4, 494 et 504) ; il est douteux que le poète ait voulu introduire ainsi une distinction de sens avec *rogus*, employé à propos d'Evadné au v. 510 (la similitude des expressions est frappante : v. 510 : *conscendit ... rogos* ; v. 514-5 : *pyram ... quam ... conscendit*) ; le poète utilise de même les deux substantifs comme des synonymes dans *Rom.* 10, 106-7 et *Or.* 451. Pour sa part, Servius, *Ad Aen.* 11, 185, a essayé d'établir des distinctions d'emplois entre *pyra, rogus* et *bustum*.

Dans *manibus propriis*, *proprius* est un simple équivalent de *suus* ; voir les notes à 1, 60 et 3, 38.

ut aram peut être un souvenir de Virgile, *Én.* 6, 177-8 : *... aramque sepulcri | congerere arboribus* (il s'agit du bûcher élevé pour Misène). Le bûcher est conçu comme un autel et l'incinération comme un sacrifice ; sur la signification du sacrifice de Didon, voir la note à 3, 512.

3, 515 sq. furiata conscendit rappelle Virgile, *Én.* 4, 646 : *conscendit furibunda* ; *funera uiua* (v. 516) est à rapprocher de *mors uiua* (v. 510 ; voir la note 1 p. 41).

3, 517 Le poète paraît laisser le choix entre deux versions de la légende *(aut amor Aeneae ... aut terror Iarbae)*. Chez Virgile en effet le rôle d'Iarbas est secondaire (*En.* 4, 36 ; 196 sq.) : si Didon évoque devant Énée sa crainte du roi des Gétules (*En.* 4, 326), c'est pour essayer de retenir le héros. En revanche, dans la version de la légende antérieure à l'*Énéide*, Didon se sacrifiait pour éviter l'union que voulait lui imposer Iarbas. Arevalo (note au v. 504) cite le passage de Macrobe (*Sat.* 5, 17, 4 sq.), où ce dernier rappelle comment Virgile a transformé le personnage légendaire de Didon : *... ad Didonem uel Aenean amatoriam incontinentiam Medeae circa Iasonem transferendo. Quod ita elegantius auctore digessit, ut fabula lasciuientis Didonis, quam falsam nouit uniuersitas, per tot tamen saecula speciem ueritatis obtineat.*

3, 518 La dernière héroïne de cette série d'*exempla* est Lucrèce dont le poète, à propos de l'épisode consacré à Brutus (3, 324 sq.), a déjà évoqué dans les v. 327-8 le viol par Sextus Tarquin. Ce dernier, comme au v. 328, est désigné par le mot *adulter* (v. 522). Ici Dracontius rappelle l'attitude héroïque de Lucrèce qui ne voulut pas survivre au déshonneur (cf. Tite-Live 1, 58, 10 sq.). Il insiste sur l'innocence de la jeune femme (v. 518 : *pudica* ; v. 519 : *casta* ; v. 520 : *alieni poena furoris* ; v. 521 : *nullo surgente reatu*) ; on peut voir là un écho de Tite-Live 1, 58, 9 : *auertendo noxam ab coacta in auctorem delicti*. Comme pour le suicide de Didon (voir la note à 3, 512), Y. Grisé, *Le suicide dans la Rome antique, op. cit.*, p. 134, compare le sacrifice de Lucrèce au rite de la *deuotio* et montre comment l'idée de vengeance domine toute la fin de l'épisode chez Tite-Live : « la mise en scène du suicide assure l'accomplissement de la vengeance en mettant entre Lucrèce et Tarquin la dette du sang que la famille sera obligée de réclamer ». Parmi les nombreuses évocations du suicide de Lucrèce dans la littérature latine, il faut citer plus particulièrement le long développement qu'Ovide consacre à l'épisode dans les *Fastes* (2, 725-852).

formosa ... pudica (v. 518) rappelle Tite-Live 1, 57, 10 : *cum forma tum spectata castitas incitat. Populo spectante* peut être un souvenir de la formule livienne *spectata castitas* ; en tout cas, il vaut mieux rattacher l'expression à *pudica* et comprendre « d'une chasteté exemplaire aux yeux de ses concitoyens » que faire de l'expression un complément de *peregit* comme le fait Corsaro (« Cosa fece al cospetto del popolo... ») : Lucrèce ne se donne pas la mort devant ses concitoyens, mais seulement en présence des siens (cf. Tite-Live 1, 58, 11 ; Valère-Maxime 6, 1, 1 ; Ovide, *Fast.* 2, 831, etc.).

3, 520   infelix se rapporte à Lucrèce ; *alieni poena furoris* est une apposition. Arevalo (note au v. 507) rapproche judicieusement 3, 275 : *accipit infelix, alieni causa triumphi* ; il indique aussi la double interprétation qu'on peut faire de *tulit* : on peut voir dans ce parfait l'équivalent de la forme composée *abstulit* (Arevalo rapproche l'emploi du présent *fert* dans Virgile, *Buc.* 9, 51 : *omnia fert aetas*, référence à laquelle on peut ajouter *Buc.* 5, 34 : *postquam te fata tulerunt*) ou bien comprendre *tulit* comme signifiant *supra se tulit* (Arevalo rapproche 2, 612 : *et licet ipse ferat maculas et crimina nostra*). Nous préférons cette dernière interprétation (*maculam* se rencontre au v. 519, comme *maculas* en 2, 612) : Lucrèce « a porté », c'est-à-dire « s'est imputé », la souillure ; cependant il n'est pas exclu que Dracontius ait voulu jouer du double sens possible de *tulit*, comme il a pu le faire pour *ferat* en 2, 612 (voir la note à 2, 611).

furoris est la leçon de *B*, qu'il faut retenir ; *pudoris*, leçon de *MVRU*, est certainement une erreur due à la présence du même mot à la fin du v. 523.

3, 521   nullo surgente reatu se rencontre déjà en 3, 441 ; sur *reatus*, voir la note à 3, 440.

3, 525 Les expressions *exempla scelerum* et *laudis amore* rappellent que les traits d'héroïsme cités par le poète sont souvent des actes de cruauté condamnables et que la gloire terrestre en est d'ordinaire le seul motif (voir t. I, p. 55 et la note 1 p. 28). Dans ce passage de transition, Dracontius mentionne comme autre motivation pour les héros du paganisme la dévotion envers les idoles (v. 526-9), auxquelles il va opposer le Dieu des chrétiens (v. 530 sq.).

3, 526   uanus sert aussi à qualifier les idoles dans *Sat.* 96

(voir la note à ce vers). De *conficti sermone dei* (v. 527), où *sermo* est synonyme de *fabula* (*fabula mendax* termine le même vers), on rapprochera 2, 592 : ... *dei ficti sermone uetusto* (où par *sermone uetusto* il faut entendre les « fables antiques ») ; au v. 531, *sermo* s'applique en revanche à la parole de Dieu (voir la note à ce vers). *Confictus* est employé de la même façon par Paulin de Périgueux, *Mart.* 3, 640, dans la périphrase *confictae sorores* qui désigne les Muses.

3, 528 Comme en 2, 204 dans *adorande*, la voyelle de la deuxième syllabe de *adorare* est ici abrégée. Cet abrègement n'est pas constant chez Dracontius ; voir t. I, p. 93, n. 7.

3, 531 sq. L'opposition qu'a faite le poète entre les dieux du paganisme et le Dieu des chrétiens sert à introduire un nouvel hymne de louanges (v. 531-566). On y retrouve les thèmes déjà développés dans les hymnes précédents : immuabilité et éternité du Seigneur (v. 531 sq.), bonté providentielle (v. 542 sq.), toute-puissance divine et obéissance de la nature (v. 547 sq.), désobéissance des hommes (v. 556 sq.). Sur les passages en style hymnique, voir t. I, p. 52 (et n. 1).

solo sermone creantur (v. 531) se lit aussi en 2, 230 (voir aussi 2, 59 : *iubens solo sermone creasti*) ; *sermo* dans tous ces passages s'applique au verbe, à la parole de Dieu ; *praeceptum* désigne ici l'ordre de Dieu, c'est-à-dire sa volonté (cf. *iubens* en 2, 59 dans le passage cité *supra*).

3, 532 ipsius est une désignation de Dieu. Employé avec une valeur emphatique, *ipse* a servi à dénommer des dieux, des héros ou simplement le maître (voir le *Thes. L.L.*, VII, 2, 341, 19 sq. et 344, 14 sq.) ; chez les auteurs chrétiens, il a pu désigner Dieu, le Christ ou l'Esprit-Saint (voir le *Thes. L.L.*, VII, 2, 342, 41 sq.).

3, 533 Dans la formule *Deus uerus*, *uerus* renforcé par l'expression *de quo nil fingitur*, s'oppose à *confictus* (v. 527 : *conficti ... dei*). Comme l'indique A. Blaise, *D.L.A.C.*, s.v. *Deus*, le vocable *Deus* est d'ordinaire déterminé chez Tertullien par un adjectif pour distinguer le Dieu des chrétiens de la divinité païenne ; *uerus* est alors une détermination fréquente ; voir R. Braun, *Deus christianorum. Recherches sur le vocabulaire doctrinal de Tertullien*[2], p. 74, qui relève 29 attestations de l'expression et remarque qu'elle revient surtout dans les ouvrages destinés aux païens (17 attestations dans *Ad nationes*, *Apologeticum*, *Ad Scapulam*) : « elle sert à opposer Dieu aux idoles du paganisme et aux chimères de l'hérésie » (elle exprime l'opposition avec le polythéisme païen en particulier dans *Carn.* 4, 6 ; *Res.* 6, 6 ; *Cor.* 7, 8 ; *Id.* 6, 2 ; *Prax.* 3, 1). Il faut aussi rappeler la formule du Symbole des Apôtres : *Deum uerum de Deo uero* (sur des souvenirs possibles de cette prière dans le poème, voir la note à 2, 552). En 3, 125 la formule *uerus Deus* sert à opposer Dieu à Saturne. Dans les v. 533-4, le poète insiste, par contraste, sur le caractère légendaire des dieux du paganisme *(fingitur, ... fabula).*

3, 534 Pour le sens de *cadit*, on rapprochera 3, 740 : *uel post cadit in te.* Cet emploi de *cadere in*, « convenir à, être compatible avec », est bien attesté chez Cicéron *(Tusc.* 3, 7 : *uidetur mihi cadere in sapientem aegritudo* ; *Off.* 3, 81 : *cadit ergo in uirum bonum* ; *Nat.* 2, 77 : *sustinendi muneris ... difficultas minime cadit in maiestatem deorum*, etc. ; il est encore fréquent dans la latinité tardive (voir A. Blaise, *D.L.A.C.*, s.v. *cado,* 6).

3, 535 sq. Le thème de l'immuabilité divine est également développé dans un hymne du chant II (v. 595 sq. ; voir la note à 2, 594) ; on peut rapprocher quelques expressions des deux hymnes : *nil dant aut tollunt* (v. 535-6) répond à *nil addens minuensque* (2, 596) et *nec mutant hunc saecla* (v. 537) à *te nunquam saecula mutant* (2, 597). On rapprochera aussi *Sat.* 9 : *nil addit demitque tibi tam longa uetustas* (les v. 7-10 de la *Satisfactio* traitent également ce thème de l'immuabilité de Dieu ; voir aussi la note à 3, 541).

notant (v. 535), qui est opposé à *exornant*, signifie « abaisser, flétrir », comme dans *Or.* 530.

3, 537 L'ordre des mots inutilement bouleversé par B^2 a entraîné de nombreuses confusions dans les manuscrits qui dérivent de *B (MVRU)* ; voir Vollmer, *M.G.H.*, p. xi, n. 3 : « ludendo (an deceptus signis in archetypo adpictis ?) scriba B^2 verba versus alio ordine repetivit ». Il faut revenir à l'ordre des mots qu'offre B^1 et qui est confirmé par *A.*

3, 539 Ce vers a été repris par Colomban au v. 70 de son *Epistola ad Sethum* (sur les emprunts textuels du moine irlandais aux poèmes de Dracontius, voir t. I, p. 102). Colomban a inséré ce vers du *De laudibus Dei* parmi des vers empruntés à la *Satisfactio* (voir t. I, p. 102, n. 3) ; la seule différence qu'on relève entre le vers emprunté et celui qu'ont transmis les manuscrits du *De laudibus Dei* concerne le deuxième mot : *dat* chez Colomban au lieu de *qui.* Vollmer, qui avait conservé *qui* dans sa première édition, lui a substitué *dat* dans la seconde. On pourrait estimer préférable de garder *qui,* leçon de tous les manuscrits de la famille de *B (A,* qui contient le passage allant du v. 530 au v. 546, a malheureusement omis, au v. 539, le mot litigieux) ; la modification de *qui* en *dat* pourrait s'expliquer aisément par le désir de Colomban de mieux intégrer le vers à son passage composé de centons (il n'hésite pas à modifier en partie le v. 220 de la *Satisfactio,* un pentamètre, pour en faire un hexamètre ; voir la note à *Sat.* 219 sq.). Mais le maintien de *qui* rend très difficile l'interprétation de la phrase : si on rapporte ce relatif à *Deus* (comme le fait Corsaro qui traduit « Dio che toglie o limita il tempo fugace »), que faire d'*omnia* ? Si on considère *uolatile tempus* comme le sujet de *tollit minuitque* (verbes dont *omnia* est le complément d'objet), *qui* devient incompréhensible (aussi Arevalo, substituant *cum* à *qui,* a-t-il corrigé ainsi le vers : *omnia cum tollat minuatque...*). Nous nous rallions donc en définitive à la solution de Vollmer *(P.L.M.)* qui adopte le texte transmis par Colomban, d'autant plus qu'au vers suivant *incrementa* répond bien à *dat*, de la même façon que *detrimenta* correspond à *tollit minuitque* ; en outre *dare* est déjà opposé à *tollere* aux v. 535-6 dans une expression qui fait antithèse avec le v. 539 : *cui tempora nil dant | aut tollunt*.

L'expression *uolatile tempus* rappelle Ovide, *Met.* 10, 519 : *... uolatilis aetas.*

3, 541 idem semper erit est à rapprocher de 2, 595 et *Sat.* 8 *(idem semper eris...)* et *nunquam mutabilis aeuo* de *Sat.* 7 *(... nullo mutabilis aeuo).*

3, 542 sq. Le thème de la providence divine est souvent traité dans le poème (1, 427 sq. ; 1, 726 sq. ; 2, 186 sq., etc.). Le poète emploie volontiers comme ici le mot *parens* quand il parle de la « bonté du Père » *(pietate parentis* se lit, par exemple, en 1, 83 et 1, 726 ; voir aussi 1, 754 : *... nimia pietate parentem).*

3, 543-4 Hudson-Williams, *CQ*, 33, 1939, p. 158 a proposé l'interversion des deux hémistiches *exhibet impendit praebet* (v. 543) et *nos genitos uocitare suos* (v. 544), pensant que la suite des idées est ainsi plus satisfaisante et la grammaire mieux respectée (il corrige en outre *testatur* en *testatus*). Le v. 543 ainsi remanié *(nos genitos uocitare suos testatus adoptat)* signifierait « he adopts us, bearing witness that he calls us his children ». On peut s'inspirer de cette conjecture, sans modifier pour autant l'ordre des membres de phrase comme le propose Hudson-Williams ; il suffit de corriger *testatur* en *testatus* en admettant que ce participe reçoit pour complément la proposition *nos genitos uocitare suos* (avec un sujet *se* non exprimé ; Vollmer, *M.G.H.*, p. 436, indique ce passage parmi les nombreux exemples d'ellipse du sujet de la proposition infinitive).

impendere, employé comme synonyme de *dare, praestare*, se rencontre surtout dans la latinité tardive (voir le *Thes. L.L.*, VII, 1, 547, 65 sq.) ; le même emploi absolu du verbe, au sens de « faire des dons, être secourable », se retrouve en 3, 603.

Comme ici, *adoptare* est employé chez les auteurs chrétiens en parlant de l'adoption comme enfants de Dieu : Tertullien, *Orat.* 4, 2 ; *Pudic.* 10, 7, etc. (voir le *Thes. L.L.*, I, 810, 67 sq.) ; dans le Nouveau Testament, *adoptio* répond ainsi à gr. υἱοθεσία *(Rom.* 8, 15 ; *Ephes.* 1, 5). Dracontius fait ici peut-être allusion plus précisément à la *1re Épître de Jean*, 3, 1 : *Videte qualem charitatem dedit nobis Pater ut filii Dei nominemur et simus.* Pour l'emploi substantivé de *genitus* (v. 544 : *genitos ... suos* ; cf. 2, 67 ; 2, 328), cf. Virgile, *En.* 9, 642 *(dis genite)* ; Ovide, *Trist.* 5, 5, 55 ; Prudence, *Cath.* 5, 157, etc.

3, 545 sq. Dracontius oppose dans ce passage la désobéissance des hommes à l'obéissance de la nature (v. 545-565), thème qu'il a déjà longuement traité au chant II (v. 339-368). Le développement sert ici à introduire sa propre confession (v. 566 sq.).

factoris imago (v. 545) est un souvenir de la *Genèse*, 1, 27 .
*Et creauit Deus hominem ad imaginem suam, ad imaginem Dei
creauit illum* (cf. *I Cor.* 11, 7 : *quoniam (uir) imago et gloria
Dei est*) ; voir la note à 1, 337, à propos de *caelestis imago.* Corippe
a repris l'expression de Dracontius dans *Iust.* 2, 29. *Factor* désigne
aussi le Créateur en 2, 563 ; *factura* peut s'appliquer chez les
auteurs chrétiens soit à l'acte de la création, soit à une œuvre
créée, à une créature (Prudence, *Apoth.* 304 ; 792 ; Sedulius,
Carm. Pasc. 1, 30 ; 2, 21, etc. ; voir le *Thes. L.L.*, VI, 142, 63 sq.) ;
ici le mot doit désigner l'ensemble de la création.

3, 546 Vollmer a choisi avec juste raison la leçon de *A
(doceat)* de préférence à *deceat (BMVRU).* Corsaro a préféré
deceat en donnant une justification peu convaincante de son
choix (p. 189) : « nam uerba cum decore et honore rationem
habentia in *De laud. Dei* crebro usurpantur ». *Doceo* s'impose
dans un contexte où se rencontre aussi *magistra* ; l'idée est claire :
la création instruit les hommes, c'est-à-dire leur donne l'exemple
de l'obéissance (cette idée est développée dans les v. 549 sq.) ;
la bonté de Dieu s'y manifeste pour les guider.

L'expression *pietate magistra* se lit chez Stace, *Achill.* 1, 105
et se retrouve chez Prosper d'Aquitaine, *Epigr. Praef.* 9, Corippe,
Ioh. 1, 283 et Venance Fortunat, *Carm.* 4, 1, 21 ; *magistra* apparaît
déjà dans des formules comparables chez Cicéron (*Fin.* 1, 71 :
magistra ac duce natura ; cf. *Off.* 1, 129) et Virgile *(En.* 8, 442 :
omni nunc arte magistra) ; le mot est souvent utilisé ainsi par
Claudien, *III Cons. Hon. Praef.* 7 : *luce magistra* ; *Epithal.
Honor.* 233 : *ipsa genetrice magistra* ; *Stil.* 2, 22, etc.

3, 547 L'expression *rex pie* se lit aussi en 2, 708 ; l'adjectif
pius y exprime l'idée de bonté, de miséricorde (cf. 2, 504 : *pium
Christum).* A propos des v. 547-8, Arevalo (note au v. 534) écrit :
« obscura sententia et fortasse mendosa scriptura » ; il propose
dans la même note des corrections peu convaincantes *(cui tota*
au lieu de *comitata* ou *semper* au lieu de *supplex).* Vollmer a
conservé avec raison le texte des manuscrits, mais la ponctuation
qu'il adopte (en plaçant la ponctuation forte après *iubes,* comme
le fait Arevalo) rend l'interprétation malaisée. Il nous paraît
nettement préférable de couper la phrase après *fit* et de rattacher
la relative *quodcumque iubes* à la proposition qui termine le
v. 548. *Bellantum ... potentia* désigne la milice céleste (voir
Vollmer, *M.G.H.*, p. 107 : « bellantum i. militiae tuae, angelorum
elementorumque ») ; on rapprochera 1, 231, où l'expression *miles
et ipse Dei* est appliqué au soleil, 2, 25 *(militia famulante sua)*
et 2, 341 *(militia poli)* ; voir la note à 2, 25.

3, 548 quodcumque iubes : Dracontius emploie souvent le
verbe *iubeo* dans des formules comparables (3, 133 : *quaecumque
iubebit* ; *Sat.* 12 : *quocumque iubes* ; 104 : *ubicumque iubes)* ;
l'expression *iussa sequi* se rencontre aussi en 3, 233.

effectus exprime l'efficacité de la parole divine, comme en

1, 566. Ce thème biblique (cf. *Psalm.* 32, 9 : *ipse dixit et facta sunt*) est souvent évoqué par le poète ; voir la note à 1, 566.

3, *551* *citius* est employé ici avec la valeur de *cito* (cf. *Or.* 58) ; sur le comparatif utilisé à la place d'un adjectif ou adverbe positif, voir t. I, p. 80, n. 4. Le poète, qui aime d'ordinaire pratiquer la variation synonymique (voir t. I, p. 83 et n. 8), multiplie dans ce passage les formes de *iubere* pour désigner les ordres de Dieu auxquels se soumet la nature (v. 548 : *iubes* ; 550 : *iubeas* ; 552 : *iussisse* ; 553 : *iubentis*). En revanche *praecepta* (v. 550) et *iniuncta* (v. 553) font concurrence à *iussa* (v. 548) ; pour l'emploi substantivé du pluriel neutre *iniuncta* qui se rencontre en latin tardif dans l'acception de « prescriptions, instructions » (Symmaque, *Epist.* 4, 70, 1 ; 5, 22, etc.), voir le *Thes. L.L.*, VII, 1, 1667, 9 sq.

3, *552* *iussisse sibi* peut dépendre de *gauisa* ou de *exultans* ; le sujet de cette proposition infinitive *(Deum)* n'est pas exprimé (voir Vollmer, *M.G.H.*, p. 354, s.v. *gaudeo*). La ponctuation adoptée par Arevalo suggère de rattacher *iussisse sibi* à *exultans*, mais la construction de *exultare* avec une proposition infinitive (Stace, *Theb.* 10, 529, etc. ; voir le *Thes. L.L.*, V, 2, 1950, 77 sq.) est beaucoup plus rare que celle de *gaudeo* (voir le *Thes. L.L.*, VI, 1703, 78 sq.). De *exultans ... gauisa*, on rapprochera *Rom.* 10, 184 : *exultat gauisa*.

Arevalo a corrigé *ministra* en *ministrat*, mais *ministra* se comprend aussi bien comme qualificatif de la nature au service de Dieu que *minister* employé en 3, 14 en parlant des éléments *(ut sint elementa ministra)*.

3, *553* *placido sermone* : *placidus*, qui qualifie ici la parole divine, est appliqué à Dieu en 1, 1 (*iratum placidumue ... Tonantem* ; voir la note à ce vers) et en 2, 706 (*placidissimus extas*).

3, *556* Arevalo a corrigé *seruile* en *seruire*, mais l'expression *seruile pauens* peut être calquée sur celle de Stace, *Silu.* 3, 1, 40 : *famulare timens*. Un emploi adverbial comparable de *seruile* se rencontre chez Claudien, *Gild.* 365 *(seruile gemens)*.

L'idée exprimée dans les v. 556-8 *(quota portio ... truces?)* rappelle Lucrèce 6, 651-2 : *quam sit paruola pars et quam multesima constet, | nec tota pars homo terrai quota totius unus*. L'expression *quota portio*, qui se lit aussi dans *Rom.* 8, 9, est souvent employée en parlant d'une petite partie d'un ensemble : Pline, *Nat.* 9, 105 ; 23, 33 ; Sénèque, *Cons. Marc.* 26, 6 ; Juvénal 3, 61, etc. (voir le *Thes. L.L.*, X, 2, 34, 13 sq. et 46 sq.).

3, *558* Pour l'emploi de *caelestis* comme synonyme de *diuinus*, voir la note à 1, 337 ; la même acception de l'adjectif se retrouve dans *Sat.* 27. L'interprétation de l'expression *par causa locatur* n'est pas évidente ; *par* a pu servir de qualificatif à *causa* pris dans des acceptions diverses (Ovide, *Fast.* 6, 300 ; *Her.* 20, 158 ; Tacite, *Ann.* 1, 53, 3 ; *Hist.* 4, 46, 8, etc.). Le contexte qui nous semble le plus proche du passage de Dracontius est Gaius, *Inst.* 3, 127 : *in eo quoque par omnium causa est quod...*, où *causa*, désignant la « situation juridique », est synonyme de *condicio* (cf. *Inst.* 3, 126 : *in eo quoque iure par condicio est omnium quod...*). Ici *causa* est à prendre dans l'acception plus générale de « situation » (sur *causa*, « situation juridique » et « position, situation », voir P. J. Miniconi, *Causa et ses dérivés*, 1951, p. 43 sq. et 110 sq.). La suite du passage (v. 558-563) éclaire la pensée du poète qui développe l'idée de la communauté des intérêts, de la réciprocité : *qui uult sua uota uenire | impleat ipse Dei* (v. 559-560) évoque la justice distributive de Dieu qui récompense ceux qui l'honorent. Aussi pensons-nous que *par* (v. 558) exprime l'idée de réciprocité, comme dans la locution *parem gratiam referre*, et comprenons-nous : « Dieu et nous, nous sommes placés dans une situation de réciprocité » (sur *parem gratiam referre*, voir Cl. Moussy, *Gratia et sa famille*, 1966, p. 283-4 ; sur *retribuere*, *retributio*, principaux termes appliqués à la justice distributive de Dieu chez les auteurs chrétiens, *ibid.*, p. 279 et 285).

3, 560 Pour l'emploi de *dicio* comme équivalent de *condicio*, voir la note à 2, 73.

3, 561 On peut hésiter dans l'interprétation de ce vers : faut-il voir dans *modesta* une forme à l'ablatif servant de qualificatif à *pietate* ou bien un nominatif en accord avec *uoluntas* (v. 560) ? En 1, 29 *pietas* est qualifié par *modesta*, mais c'est par hypallage (voir la note à 1, 29) ; en 2, 70 l'ablatif *pietate* est complément de *modestus (pietate modestus innumera)*, ainsi que dans *Rom.* 7, 110 *(sancta pietate modesti)*. Nous pensons qu'il en est de même ici ; on peut rapprocher aussi 1, 435 *(continua pietate bonus, uirtute modestus)*, où *pietate* et *uirtute* sont compléments d'adjectifs.

3, 562 *nostra* se rapporte à *uota* ; la syllabe finale de *nostra* est allongée à l'*arsis* devant un mot commençant par *sp-* ; voir t. I, p. 93, n. 2. L'expression *uotum merere* se rencontre aussi en 2, 680 ; Dracontius emploie presque indifféremment la forme active *merere* et la forme déponente *mereri* (voir Vollmer, *M.G.H.*, p. 373, s.v. *mereo* et s.v. *mereor*). Sur l'emploi de l'indicatif avec un *cum* adversatif (v. 563 : *cum ... contemnimus*), voir la note à 3, 580.

3, 564-5 Arevalo (note au v. 548) rapproche à juste titre 2, 273-5 : *... nos improba turba | quid nos? Iustitiam noscentes temnimus actu | plectibili...* Ces vers 564-5, où Dracontius insiste sur la conscience que les hommes ont de leurs fautes quand ils les commettent, servent à introduire la confession du poète. *Nil de pietate merentes* (v. 565) rappelle 2, 95-6 *(meretur | de pietate)* ; voir aussi *Or.* 753 *(nil ... de prole mereri)* ; *mereri*, souvent employé comme simple synonyme de *impetrare* chez Dracontius, reçoit comme ce dernier verbe en latin tardif un complément introduit par *de* (sur *de* concurrençant *ab* auprès de verbes comme *impetrare*, voir Leumann-Hofmann-Szantyr, II, p. 263).

3, 566 sq. Le v. 566 sert de transition avec la seconde partie du chant III qui est autobiographique : après la confession de ses fautes (v. 567-593) et un appel à la miséricorde divine (v. 594-596), le poète décrit sa misérable condition de prisonnier, tout en renouvelant l'aveu de nombreuses fautes et en implorant la clémence de Dieu (v. 597-688).

primus ego (v. 566) est un écho de saint Paul, *I Tim.* 1, 15 : *Christus Iesus uenit in hunc mundum peccatores saluos facere, quorum primus ego sum.* Quel que soit le sens de *primus ego* dans ce verset (voir *Nouveau Testament, T.O.B.,* p. 640 note *l*), Dracontius en employant cette expression veut se présenter comme un des plus grands pécheurs. Sa *confessio animae peccatricis* noircit à dessein son passé. Les formules des v. 567-571, 584-5 et 588-590 montrent combien le poète exagère le nombre et la gravité de ses fautes ; ce genre d'exagération est fréquent dans les écrits autobiographiques de l'antiquité tardive (voir G. Misch, *A History of Autobiography in Antiquity,* II, p. 575 sq., qui écrit (p. 582) : « The form of the autobiography is determined by the systematization of sins ». Voir aussi, à propos de Prudence, *Praef.* 7 sq., J. Fontaine, *Études sur la poésie latine tardive d'Ausone à Prudence,* p. 342 et n. 24, p. 416 et n. 3).

plus quam peccator (v. 566) : *plus quam* s'emploie avec un adjectif (Lucain 1, 1), un adverbe (Ovide, *Met.* 12, 583) ou, comme ici, un substantif (Cicéron, *Phil.* 2, 31) ; voir Kühner-Stegmann, II, p. 462.

3, 567 scelerum ... omne : *omne*, leçon de *A* et de *C*, est nettement préférable à celle des autres manuscrits *(esse)* ; *omne* est employé ici comme un substantif pour désigner la « totalité » et reçoit un complément au génitif ; *omnis* se rencontre au pluriel avec un complément au génitif dès les débuts de l'époque impériale : Tite-Live 10, 31, 5 : *Samnitium omnes* ; 31, 45, 7 : *Macedonum fere omnibus* ; Properce 3, 9, 7 : *omnia ... rerum,* etc. ; voir Kühner-Stegmann, I, p. 428. Sur *reatus,* voir la note à 3, 440.

3, 568 sq. Dracontius contamine deux passages de Virgile, *En.* 6, 625-7 : *Non, mihi si linguae centum sint oraque centum, | ferrea uox, omnis scelerum comprendere formas, | omnia poenarum percurrere nomina possim* et *En.* 12, 36 : *sanguine adhuc campique ingentes ossibus albent.* Dans la latinité tardive, prosateurs et poètes ont rivalisé d'ingéniosité dans le remploi du cliché virgilien des cent bouches *(En.* 6, 625-6 ; cf. *Georg.* 2, 43-4), qui est d'origine homérique (cf. *Il.* 2, 488-490, comme l'indiquait déjà Macrobe, *Sat.* 6, 3, 6) ; voir P. Courcelle, *Histoire du cliché virgilien des cent bouches, R.E.L,* 33, 1955, p. 231 sq. La contamination des deux passages virgiliens à laquelle a procédé Dracontius (v. 568-570) manifeste quelque irrévérence à l'égard de son modèle : les cent bouches sont réduites au nombre des dents du poète, tandis que les cent langues deviennent aussi nombreuses que ses cheveux... ; sur l'imitation d'*En.* 12, 36 *(ossibus albent),* voir A. Hudson-Williams, *Virgil and the Christian Latin poets, Proceedings of the Virgil Society,* 6, 1966-67, p. 19. Comment comprendre ici *ossibus* ? Plutôt qu'à l'emploi de *ossa* pour désigner la personne, l'être entier (comme dans la Vulgate : *Psalm.* 31, 3 ; 34, 10 ; *Prou.* 15, 30, etc.), nous pensons à la désignation de l'ivoire par *os* (Arnobe, *Nat.* 1, 39, 1 ; Prudence, *Perist.* 10, 150 ; voir le *Thes. L.L.*, IX, 1098, l. 71 sq.) ; d'où notre traduction : « mes dents au blanc d'ivoire ». La mention des cheveux (v. 570-1 : *quantos caput omne capillos | pectinat*) est un souvenir des *Psaumes (Psalm.* 39, 13 : *(iniquitates) multiplicatae sunt super capillos capitis mei)* ; Arevalo, qui fait le rapprochement (note au v. 555), ajoute : « Dracontius hyperbolem longius protrahit ». Sur *quanti* employé avec le sens de *quot* (cf. v. 587), voir la note 3 p. 16 ; *capillos pectinat* se retrouve dans *Rom.* 10, 102-3.

Au v. 571, *explebo numerum* est aussi un souvenir de Virgile, *En.* 6, 545 ; sur les nombreux emprunts au chant VI de Virgile dans ce livre III, voir la note à 3, 236. *Sine fraude fidelem* est à rapprocher de 2, 429 *(sine fraude fidelis)* ; *sine fraude* se retrouve en 3, 639.

3, 572 dixisse reum : *reum* se rapporte à un *me* non exprimé (sur ce type de construction, où le pronom est sous-entendu, voir Vollmer, *M.G.H.*, p. 436, *inf. nudus*). De *sub crimine cuncto* on rapprochera 3, 495 : *nullo sub crimine* ; dans l'expression *crimine cuncto, cunctus* est utilisé comme un équivalent de *quisque*, emploi attesté depuis Stace (*Theb.* 5, 202 : *cuncto ... pectore* ; *Silu.* 4, 5, 9), qui se retrouve dans la Vulgate (*Gen.* 7, 14 : *cunctumque uolatile* ; *Exod.* 9, 25 : *cunctamque herbam*, etc.) ; voir le *Thes. L.L.*, IV, 1398, 7 sq.

3, 575 quicumque est employé ici avec la valeur de *quiuis, quilibet* ; sur les diverses valeurs que Dracontius donne à *quicumque* voir la note à 1, 62.

3, 577 sq. Sur le thème de l'omniscience de Dieu, voir les notes à 1, 499-501 et à 3, 11 sq. Au v. 478, *cui* équivaut à *ego cui* (voir Vollmer, *M.G.H.*, p. 108) ; Arevalo a corrigé inutilement *cui* en *sibi.*

Arevalo (note au v. 562) rapproche à juste titre la *Première Épître de Jean,* 1, 8 : *Si dixerimus quoniam peccatum non habemus, ipsi nos seducimus ... Si confiteamur peccata nostra, fidelis est et iustus et emundet nos ab omni iniquitate,* ainsi que *III Reg.* 8, 46 sq.

confessio (v. 579), substantif qui n'est pas employé ailleurs dans le poème, s'applique à la confession, c'est-à-dire l'aveu, des fautes (cf. v. 582 : *confiteor ... reatum*), mais le mot peut désigner aussi la confession de foi et la confession de louange à Dieu (sur ces différents sens de *confessio*, qui se rencontrent chez saint Augustin, voir P. Courcelle, *Recherches sur les Confessions de saint Augustin,* 1950, p. 13 sq. ; M. Pellegrino, *Les Confessions de saint Augustin,* 1960, p. 28 sq. ; A. Mandouze, *Saint Augustin. L'aventure de la raison et de la grâce,* 1968, p. 47 sq.). Dans le poème, *confiteor* se rapporte parfois à la confession de louange de l'univers au Créateur (1, 4 et 2, 212 : *auctorem confessa suum* ; cf. *Sat.* 3-4 : *fatentur / auctorem*). *Simplex*, qualifiant *confessio*, signifie ici « sincère, franc » ; pour d'autres sens de l'adjectif chez Dracontius, voir la note à *Sat.* 69 ; voir aussi la note à 2, 814 sur *simplicitas*.

3, 580 cum ... sequetur : *cum*, qui présente ici une valeur adversative, est employé avec un indicatif futur (au v. 563 *cum* adversatif est aussi suivi d'un indicatif) ; Arevalo (note au v. 563) rapproche Martial 7, 84, 8 *(cum morietur opus)*. Cet emploi de l'indicatif, usuel en latin archaïque, se retrouve fréquemment dans la latinité tardive ; voir Leumann-Hofmann-Szantyr, II, p. 625.

3, 584 sq. Après les réminiscences virgiliennes (voir la note à 3, 568 sq.), ce sont les souvenirs scripturaires qui fournissent au poète les expressions hyperboliques propres à grossir le nombre des fautes dont il s'accuse. Les grains de sable et les flots de la mer (v. 584-5 : ... *harenae / littoris et pelagi ... liquores*) sont des images empruntées au *Livre de la Genèse* (13, 16 ; 15, 5 ; cf. *Nombres* 23, 10) ; voir la note à 3, 8 (en 3, 8-9 ces mêmes expressions servent aussi à exprimer l'idée de réalités incommensurables). L'allusion au déluge (v. 586 : *diluuium*) se réfère aussi à des textes de la Genèse que Dracontius connaît bien (*Gen.* 6, 4 sq.) : le poète suit le récit de la Genèse dans la description qu'il fait au chant II (v. 369 sq.) de ce premier châtiment que le Seigneur inflige aux impiétés de l'humanité (voir la note à 2, 369). Mais, dans les v. 587-591, il utilise surtout des souvenirs des *Psaumes* : *culparum pondere pressus* (v. 587) rappelle *Psalm.* 37, 5 : *quoniam iniquitates meae supergressae sunt caput meum et sicut onus graue grauatae sunt super me* ; dans les quatre vers suivants les images des « fleuves », des « torrents », des « flots » qui « emportent » et « submergent » le pécheur sont surtout empruntées au *Psaume* 68 : 68, 3 : *ueni in altitudinem maris et tempestas demersit me* ; 68, 16 : *non me demergat tempestas aquae, neque absorbeat me profundum* (cf. *Psalm.* 17, 5 : *torrentes iniquitatis conturbauerunt me*). Le v. 591 reprend une formule de *Psalm.* 68, 2 : ... *intrauerunt aquae usque ad animam meam* (cf. *Ionas* 2, 6 : *circumdederunt me aquae usque ad animam*). Il est possible que le poète se souvienne ici également d'Ovide, *Tr.* 2, 101-2 *(nec mihi pars nocuit de gurgite parua, sed omnes / pressere hoc fluctus Oceanusque caput)*, comme l'indiquent Arevalo (note au v. 575) et Vollmer (*M.G.H.*, p. 108), mais ce passage est avant tout de ton psalmique ; aux v. 602 sq., on relève d'autres références aux *Psaumes* (voir la note à 3, 598 sq.) ; sur le ton psalmique de nombreux passages du poème, voir t. I, p. 53.

Pour désigner ses fautes, le poète utilise dans ce développement (v. 580-593) un grand nombre de synonymes qui produisent un effet cumulatif ; sur cette recherche de la *uariatio sermonis*, voir t. I, p. 83 et n. 8.

Les v. 588-591, qui reprennent la même idée sous des formes

différentes, sont savamment élaborés et disposés : deux vers à prédominance dactylique (v. 588 et 591) encadrent deux vers à prédominance spondaïque (v. 589 et 590) ; sur ces effets de contraste, voir t. I, p. 98, n. 3.

tantos … quantos… (v. 586-7) sont à interpréter comme équivalant à *tot … quot…* ; sur *quanti* employé avec le sens de *quot*, voir la note 3 p. 16.

3, *593   facta luam* : Dracontius utilise la même expression dans *Or.* 575 *(facta luat pastor)*.

3, *594 sq.*   Le poète, tel le psalmiste, dans la détresse où il est plongé, adresse à Dieu des supplications pour obtenir sa clémence. L'accumulation de termes de sens voisin *(pietas, miseratio, clementia)* rappelle là encore le style des versets bibliques : *Psalm.* 85, 15 : *Et tu, Domine, Deus miserator et misericors, patiens et multae misericordiae et uerax* (cf. *Ex.* 34, 6-7 : *Dominator Domine Deus, misericors et clemens, patiens et multae misericordiae ac uerax qui custodis misericordiam in millia* ; *Num.* 14, 18).

ubi sit (v. 594) : dans cette série d'interrogations directes, le subjonctif alterne sans raison apparente avec l'indicatif (v. 595 : *quo … recessit ?*) : on rapprochera *quam sit* en 3, 89 (voir la note à 3, 87).

3, *598 sq.*   Dracontius décrit sa misérable condition de prisonnier. Sur les circonstances qui ont pu provoquer son emprisonnement sous le règne de Gonthamond, voir t. I, p. 18 sq. Le poète déplore non seulement les rigueurs de la captivité, mais aussi la perte de ses biens (v. 600) et encore plus l'abandon où le laissent parents, amis et clients (v. 602-6). Ce développement où il insiste sur la solitude où sa disgrâce l'a plongé est nourri de références scripturaires ; on retrouve là encore les accents des *Psaumes* : *Psalm.* 37, 12 : *amici mei et proximi mei aduersum me appropinquauerunt et steterunt et qui iuxta me erant de longe steterunt* ; 68, 9 : *extraneus factus sum fratribus meis* ; 87, 9 : *longe fecisti notos meos a me, posuerunt me abominationem sibi* et ceux du *Livre de Job*, 19, 13 : *fratres meos longe fecit a me et noti mei quasi alieni recesserunt a me* ; 19, 14 : *dereliquerunt me propinqui mei et qui me nouerant obliti sunt mei.* L'allusion même à la fuite des esclaves (v. 605 : *agmina seruorum fugiunt)* rappelle *Job* 19, 15 : *inquilini domus meae et ancillae meae sicut alienum habuerunt me.* Le mot *serui* peut désigner encore des esclaves ; sur le maintien de l'esclavage dans l'Afrique vandale, voir C. Courtois, *Les Vandales et l'Afrique,* Paris, 1955, p. 312-3 ; sur la brillante condition dont Dracontius paraît avoir joui avant sa disgrâce, voir t. I, p. 15 sq.

parentes (v. 602) s'applique ici à la parenté au sens large (le mot est synonyme de *consanguinei)* ; cet emploi de *parentes* se rencontre dans Quinte-Curce 6, 10, 30 et est surtout bien attesté à partir de Tertullien *(Mart.* 2, 1 ; *Scorp.* 3, 4, etc.).

impendi (v. 603) : *impendo* est employé absolument, comme

au v. 543, dans l'acception d'« être secourable » ; voir la note
à ce vers.

3, 607 irascente Deo se lit aussi au début du v. 29 de la
Satisfactio ; *solacia cuncta negantur* rappelle 3, 53 : *solacia tota
negauit.*

3, 609 L'emploi figuré de *frangere*, « briser, abattre (quelqu'un) », est fréquent. On peut, comme le fait Arevalo (note au
v. 593), rapprocher, entre autres passages, Ovide, *Tr.* 3, 14, 33 :
ingenium fregere meum mala.

3, 610-611 punisti errantem (v. 610) et *parce flagello* (v. 611)
rappellent 2, 704-5 : *errantes punis ... | ... poenae cessante flagello.*
Le poète, qui reconnaît ses fautes, implore le pardon que Dieu
accorde volontiers au pécheur qui se repent (cf. 2, 703 sq.).
Faut-il, au v. 610, préférer *fatentis* à *fatenti*, comme l'a fait
Arevalo imité par Corsaro ? *Fatenti* est la leçon à la fois de *C*
et des manuscrits de la famille de *B* (seul *M²* a *fatentis*). Arevalo
(note au v. 594) s'appuie sur la construction de *miserere* au
v. 618 *(miserere rogantis)*, mais ajoute « defendi tamen potest
miserere fatenti ». Il faut sans doute préférer ici le datif *(fatenti)*
et de même au v. 618 *(roganti* ; voir la note à ce vers). En effet
Dracontius paraît ne conserver la construction usuelle de *misereor*
avec le génitif que lorsque le complément est un pronom (3, 643
et 688 : *miserere mei*) et employer ailleurs le datif *(Rom.* 10, 504 :
miserere tuae ... nepti ; *Or.* 744 : *miserere parenti)* ; voir Leumann-
Hofmann-Szantyr, II, p. 89, où sont cités des exemples montrant
l'alternance dans la même phrase, auprès de *misereor*, du génitif
mei et de substantifs au datif dans la latinité tardive (la construction de *misereor* a subi l'influence de celle de *parco, ignosco,
indulgeo*) ; voir aussi le *Thes. L.L.*, VIII, 1, 1118, 74 sq.

iam est employé devant les impératifs (v. 610 : *iam miserere* ;
v. 611 : *iam parce*) pour exprimer la hâte, l'impatience (cf.
3, 668 : *iam miserere* ; 3, 720 : *iam repara*) ; sur ces emplois de
iam et *nunc iam* (v. 610), voir Ernout-Meillet, *Dict. Étym.*, s.v.
iam ; *Thes. L.L.*, VII, 1, 104, 59 sq. On lit également *iam parce*
dans Virgile, *En.* 3, 41, *miserere iam* dans Martial 4, 61, 14 et
5, 39, 4.

en introduit ici toute une proposition ; il en est de même en
3, 649 ; sur ces emplois de *en*, voir le *Thes. L.L.*, V, 548, 23 sq.
En est placé ici en seconde position (cf. *Rom.* 5, 159 : *qualiter
en pietas se uindicat*), comme dans Tite-Live 2, 6, 7 *(ipse en ille)*,
Ovide, *Met.* 13, 264 *(aspicite en)*, etc. Sur *flagellum*, voir la
note à 3, 672.

3, 615-6 Ces vers sont un souvenir de saint Paul, *Éph.* 4, 26 :
sol non occidat super iracundiam uestram. Dracontius rappelle
le même précepte dans la *Satisfactio*, v. 155-6 : *nonne Dei
praecepta iubent ne sol cadat intrans | irascente animo...*

3, 618 miserere roganti : *roganti*, leçon de *C*, est préférable à
rogantis, leçon de *A* et des manuscrits de la famille de *B* ; sur
l'emploi du datif avec *misereor*, voir la note à 3, 610-611. Vollmer

a adopté *rogantis* dans sa première édition, *roganti* dans la seconde.

3, 619 *diurne*, qui se lit aussi en 1, 680, doit être une création du poète ; cet adverbe n'est attesté dans aucune autre œuvre. Sur les néologismes de Dracontius, voir t. I, p. 79, n. 4.

3, 620 Comme l'indique Arevalo (note au v. 603), *extenso prostratus corpore* décrit l'attitude du suppliant prosterné plutôt que celle du prisonnier qui ne peut se relever après avoir été supplicié. Arevalo rapproche Cicéron, *Ligar.* 5, 13 *(strati ad pedes)* ; on peut comparer, chez Dracontius même, *Rom.* 5, 263-4 : *... cui crura lacertis / cinxit et ad plantas prostratus planxit egenus.* Pour l'attitude du suppliant, voir aussi 3, 649.

3, 621 sq. De *cui tanta parasti* (v. 621), on rapprochera *cui iusta parasti* (v. 625). L'expression *supplicia scelerum* (v. 622) se lit aussi en début de vers en 2, 437 et dans *Or.* 717 (cf. aussi *Or.* 120 : *supplicium ... scelerum*).

3, 623 sq. Le passage qui va du v. 623 au v. 677 inclus ne nous est connu que grâce aux manuscrits *C* et *A* qui sont des florilèges. Sur les 55 vers de ce passage, *C* en a transmis 38 (623-631 ; 643-661 ; 664-9 ; 674-7), dont 16 ne se retrouvent pas dans *A* (623-4 ; 631 ; 650-661 ; 665) ; *A* a transmis 39 vers (625-630 ; 632-649 ; 662-4 ; 666-667), dont 17 ne se retrouvent pas dans *C* (632-642 ; 662-3 ; 670-3). Les deux florilèges ont fait la part belle à la partie autobiographique du livre III ; ils comportent chacun dans leur titre une indication *(de sua paenitentia* dans *C, de confessione* dans *A)*, qui prouve l'intérêt porté par leurs auteurs à la « confession » du poète ; sur le titre complet et sur le contenu de ces florilèges, voir t. I, p. 116 sq. (voir aussi t. I, p. 44 et n. 2). *C* offre à la suite les v. 618-631 (fol. 3ᵛ-4ʳ) et les v. 674-678 (fol. 4ᵛ), ce qui permet de situer après *acrius uri* (v. 622) le début de la lacune que présentent les manuscrits de la famille du *Bruxellensis* et après *spes nostra resurgat* (v. 677) la fin de cette lacune. Il se peut, comme l'indique P. Langlois, *Notes critiques sur l'Hexameron de Dracontius, Latomus,* 23, 1964, p. 811, que l'archétype de *B* ait été amputé d'un feuillet (ce qui pourrait expliquer la lacune de 55 vers). Mais, bien que les deux florilèges dans ce passage se complètent, on ne peut pas savoir s'ils nous ont conservé la totalité des vers qui manquent dans *B* et dans les manuscrits qui en dérivent ; c'est ainsi que Vollmer s'est demandé si plusieurs vers n'ont pas été laissés de côté par les auteurs des florilèges dans les extraits qu'ils ont transmis (voir les notes à 3, 624 ; 631 ; 642).

3, 625 Avec l'invocation à Dieu *(magnus es, Omnipotens)* débute une longue prière (v. 625-688) : c'est une supplication du poète pour être délivré des tourments de la captivité, mais surtout un appel à la miséricorde divine ; reconnaissant ses erreurs passées (v. 643 sq.), Dracontius implore le pardon : la répétition de *miserere mei* (v. 643 et 668) et surtout celle de *uenia,* terme qui revient comme un leit-motiv (v. 630 ; 631 ; 636 ; 640 ; 641 ; 664 ; 673), soulignent que le poète ne place plus son espoir qu'en Dieu seul (cf. v. 643 : *iam te rogo solum*) ; sur la spiritualité de confiance en la miséricorde divine et la fréquence des emplois de *uenia*, voir t. I, p. 46.

3, 626 La première partie du vers est empruntée à Virgile, *En.* 6, 365 : *eripe me his, inuicte, malis* ; cet emprunt se retrouve dans *Rom.* 10, 207. Sur les souvenirs du chant VI de l'*Énéide* dans ce livre III, voir les notes à 3, 236 ; 3, 457 ; 3, 752 sq. A propos d'*En.* 6, 365, P. Courcelle, *Les Pères de l'Église devant les Enfers virgiliens, A.H.M.A,* 30, 1955, p. 18, écrit : « L'appel déchirant de Palinure à Énée : « *Eripe me his, inuicte, malis* » allait ... résonner longtemps encore aux oreilles des générations chrétiennes » (outre les deux passages de Dracontius, P. Courcelle cite Eutrope, *Hist. Rom.* 9, 13, Orose, *Hist.* 7, 23, 5 et Pétrarque, *Secretum,* dial. 1). Comme nous l'a indiqué Jean-Pierre Callu, l'expression virgilienne se retrouve aussi dans l'*Histoire Auguste, Tyr. Trig.* 24, 3.

Pour d'autres emplois d'*inuictus* appliqué à Dieu ou au Christ, voir le *Thes. L.L.,* VII, 2, 187, 65 sq. ; citons, par exemple, dans la Vulgate *Sirach* 18, 1 : *Deus solus iustificabitur et manet inuictus rex in aeternum.* L'épithète est fréquemment appliquée aux dieux du paganisme, ainsi qu'aux empereurs (voir le *Thes. L.L.,* VII, 2, 186, 46 sq. et 187, 11 sq.).

3, 627 exitio succurre meo est un souvenir de Claudien, *Rapt. Pros.* 2, 271 ; Dracontius adapte cet emprunt dans *Rom.* 4, 46 *(sudori succurre meo).*

anhelo : sur la prédilection du poète pour ce verbe, voir la note à 3, 64 sq.

3, 631 Le sens de *conuersus* est éclairé par le vers suivant : après ses fautes, Dracontius s'est « converti » à une vie plus vertueuse (cf. 2, 729 où l'expression *conuersus ... reus* s'applique au « pécheur converti » et 1, 558 où *conuersis corde* désigne les « cœurs repentants »). *Conuersus* a pu être employé dans la latinité chrétienne pour désigner le « converti » qui s'efforce de réaliser l'idéal ascétique sans faire pour autant profession de foi religieuse, comme le firent Paulin de Nole, Sulpice Sévère ou Paulin de Pella (voir P. Galtier, *Pénitents et « convertis ». De la pénitence latine à la pénitence celtique, RHE,* 33, 1937, p. 5-26 et 277-305 ; E. Griffe, *La pratique religieuse en Gaule au V*e *siècle, III. « Sancti » et « conuersi » au temps de Paulin de Nole et de Salvien, B.L.E,* 63, 1962, p. 252-261 ; Cl. Moussy, édition de Paulin de Pella, *Poème d'action de grâces et Prière,* Paris, 1974, p. 32 sq.). Dracontius souhaite pour sa part retrouver la prospérité matérielle dont il jouissait avant son emprisonnement (cf. v. 722-6) et ne paraît pas avoir été tenté par l'idéal ascétique du « converti ».

ad quaesita est une conjecture de Vollmer. La leçon de *C (adquisitam reis)* a été l'objet de différentes tentatives de correction (voir l'apparat critique) ; celle de Vollmer est la plus satisfaisante du point de vue paléographique et du point de vue du

sens (Vollmer, *M.G.H.*, p. 398, s.v. *quaero*, fait de *quaesita* dans
ce passage l'équivalent de *preces*). Dans *Sat.* 295, le poète emploie
l'expression *quaerere ueniam*.

Dans l'apparat critique de sa première édition, Vollmer écrit :
« vide ne post 631 desint aliquot versus » ; cette indication a
disparu dans la seconde édition, à juste titre, nous semble-t-il,
car la suite des idées est claire : le v. 632, nous l'avons vu,
développe le sens de *conuersus*.

3, 632 L'expression *uitae melioris*, comme en 2, 432 *(uitae
melioris amator)*, désigne une « vie vertueuse » (alors qu'en 3, 96
elle s'applique à la vie éternelle). *Honestas* présente sans doute
ici la même acception de « beauté morale » qu'en 2, 753 *(purgatae
mentis honestas)*.

3, 633 sq. Le poète fait allusion dans ces vers à la pénitence
des habitants de Ninive, qui se convertirent après la prédication
de Jonas (*Matthieu* 12, 41 : *uiri Niniuitae … poenitentiam egerunt
in praedicatione Ionae* ; cf. *Luc* 11, 32). Les Évangiles parlent
du « signe » que fut Jonas pour les Ninivites (*Matthieu* 12, 39-40 ;
Luc 11, 29-30). Dans l'Ancien Testament, le livre de *Jonas*
(3, 1 sq.) développe l'épisode de la prédication de Jonas chargé
de proférer contre Ninive un oracle de Dieu (cf. v. 637 : *exitium
mortis iam praedicante propheta*) ; les Ninivites font pénitence
et se convertissent, obtenant ainsi le pardon de Dieu (*Jonas* 3,
5 sq.). Jonas est appelé *mendax* (v. 638 ; cf. v. 639 : *mendacia
uerba*), parce que le châtiment qu'il était chargé d'annoncer
n'a pas eu lieu. Dans le livre de *Jonas*, le prophète prend mal la
décision divine de pardonner aux Ninivites (4, 1 sq.) ; dans le
lieu où Jonas se retire, Dieu fait pousser au-dessus de la tête
du prophète une plante que la tradition médiévale a identifiée
au ricin (4, 6 sq.). Sur le Livre de *Jonas*, voir Y. M. Duval, *Le
Livre de Jonas dans la littérature chrétienne grecque et latine*,
Paris, 1973 (p. 549, n. 345, l'auteur cite le passage de Dracontius).

Aux v. 639-640, Dracontius évoque le séjour de Jonas dans
les entrailles de la baleine ; le prophète est ainsi englouti pour
avoir été d'abord rebelle à la mission que Dieu veut lui confier
auprès des Ninivites (*Jonas* 2, 1 sq.). Ce séjour de trois jours
et trois nuits dans le ventre du poisson a été interprété comme
un symbole de la mort et de la Résurrection du Christ *(Matthieu
12, 40 : sicut enim fuit Ionas in uentre ceti tribus diebus et tribus
noctibus, sic erit Filius hominis in corde terrae tribus diebus et
tribus noctibus)*. Aussi l'histoire de Jonas a-t-elle été le premier
thème biblique à connaître une grande fortune dans le premier
art chrétien (voir M. Simon, *La civilisation de l'Antiquité et le
christianisme*, 1972, p. 377 sq. et les illustrations 52, 145, 169 ;
H. Leclercq, *D.A.C.L.*, s.v. *Jonas*, t. VII, 2, 2572-2631 ; Y. M. Duval,
Le Livre de Jonas, op. cit., p. 19 sq.). A Furnos Minus même,
dans la basilique voisine du mausolée des Blossii un panneau
du pavement de la nef centrale représente Jonas et la baleine
(voir N. Duval-M. Cintas, *Basiliques et mosaïques funéraires*

de Furnos Minus, M.E.F.R.A., 90, 1978, p. 882 : « Au sommet on devine dans un grand médaillon circulaire le motif de Jonas et la baleine, éclairé par les légendes *Ionas* et *Cetus* » ; voir p. 882, n. 43, la bibliographie de l'iconographie) ; sur les mosaïques du mausolée et de la basilique de Furnos Minus, voir t. I, p. 10 et 90 ; voir aussi la note à 3, 188 sq.

Prudence a consacré un long développement à l'histoire des Ninivites et de Jonas dans le *Cathemerinon* (7, 81-175) ; voir J. L. Charlet, *La création poétique dans le Cathemerinon de Prudence*, 1982, p. 143-151 (où l'auteur, à propos du récit fait par Prudence, parle d'un « véritable épyllion » (p. 143)) ; Y. M. Duval, *Le Livre de Jonas, op. cit.*, p. 496 sq.

3, 633 Niniue est employé ici comme une forme indéclinable qui sert de génitif. Dans la Vulgate, le mot est d'ordinaire décliné (*Gen.* 10, 11 : *Niniuem* ; *Jonas* 1, 2 : *Niniuen* ; 3, 2 : *in Niniuen*, etc.), mais la forme *Niniue* y sert néanmoins de génitif *(Jonas* 3, 6 : *ad regem Niniue)* et de datif *(Jonas* 4, 11 : *non parcam Niniue ciuitati magnae).*

3, 634 iratus non es ... miseratus ... es : sur l'association fréquente dans le poème de la colère et de la miséricorde divines, voir la note à 1, 1. La construction de *miseror* avec un génitif *(miseratus eorum es)* se rencontre déjà chez Silius Italicus 11, 381 *(poenae ... indignae miseratus)* et se répand dans la latinité tardive (Minucius Félix 28, 3 ; Prudence, *Psych.* 580, etc.) ; voir Kühner-Stegmann, I, p. 470.

3, 635 Dans ce vers transmis seulement par *A* la fin du v. 634 *(miseratus eorum es)* a été répétée par erreur. Dans son apparat critique *(M.G.H.)*, Vollmer suppose que la fin du v. 635 devait comporter une formule telle que *pietate minatus* (pour cette conjecture, il s'inspire sans doute de 2, 496 : *... caelestis pietas ueniale minatur).* Corsaro supplée *haud perficiendum* en précisant (p. 189) : « lacunam his uerbis compleui quae tanquam πρόληψις exstant uersibus insequentibus *qui ueniam missurus ... praedicante propheta* ». Dans sa seconde édition, Vollmer a sagement renoncé à sa conjecture ; la tradition ne fournissant ici aucun élément pour corriger le texte, toute conjecture nous semble des plus hypothétiques.

suppliciumque necis spondes (cf. v. 637 : *exitium mortis iam praedicante propheta)* est une allusion à *Jonas* 3, 4 : *(Ionas) clamauit et dixit: Adhuc quadraginta dies et Niniue subuertetur.*

3, 636 sq. Les v. 636-7 insistent sur l'indulgence de la décision divine ; les habitants de Ninive se repentent dès les débuts de la prédication de Jonas et Dieu leur pardonne aussitôt, renonçant au châtiment annoncé *(Ionas* 3, 10 : *Et uidit Deus opera eorum, quia conuersi sunt de uia sua mala; et misertus est Deus super malitiam quam locutus fuerat ut faceret eis et non fecit).* Le pardon divin rend mensongère la prophétie de Jonas qui en est irrité (voir la note à 3, 633 sq.) ; les expressions *sermone fideli* (v. 638) et *sine fraude* (v. 639), qui s'opposent respective-

ment à *mendacem* et à *mendacia uerba*, soulignent que le prophète
a été malgré lui l'auteur d'une fausse prédiction.

3, 640 La suite des idées n'est pas apparente : *ueniam
meruit post uiscera ceti* constitue en effet un retour en arrière
dans l'histoire de Jonas ; c'est parce qu'il s'est d'abord dérobé
à la mission que Dieu lui a confiée auprès des Ninivites que Jonas
est précipité dans la mer et englouti par la baleine (*Ionas* 2, 1 sq. ;
cf. Prudence, *Cath.* 7, 111-5) ; *ueniam meruit* paraît faire allusion
à la délivrance de Jonas au bout des trois jours et des trois nuits
(*Ionas* 2, 11 ; cf. Prudence, *Cath.* 7, 126-130) ; c'est ensuite
seulement que le prophète entreprend sa prédication (*Ionas*
3, 3 sq.). La signification de *reus* (v. 639) n'est pas non plus
évidente : Dracontius veut-il dire que Jonas a été coupable
malgré lui, pour avoir annoncé une prédiction qui ne s'est pas
réalisée, ou bien le prophète est-il appelé *reus* (comme dans
Prudence, *Cath.* 7, 111) pour avoir tenté de se dérober à la mission
dont Dieu l'a chargé ? L'expression *sine fraude* paraît confirmer
la première des deux hypothèses, mais le rapprochement qu'on
peut faire avec un passage de Paulin de Nole invite à choisir
plutôt la seconde. Paulin, *Carm.* 24, 217 sq., compare le ventre
du monstre marin à une prison destinée au *fugitiuus Dei* qu'est
Jonas et ajoute (v. 223-4) : *spatiatur antro beluini corporis /
captiuus et liber reus*. Comme chez Prudence et Paulin de Nole,
Jonas est sans doute appelé *reus* chez Dracontius pour avoir
fui, pensant échapper à Dieu.

ceti : *A*, seul manuscrit à transmettre ce vers, offre la leçon
cete. Vollmer *(M.G.H.)*, qui interprète cette forme comme une
graphie de *cetae*, précise dans l'apparat critique qu'il n'a pas
voulu la corriger en *ceti*, bien qu'on lise dans Tertullien, *Resurr.
carn.* 32, 3 l'expression *uiscera ceti* (également employée à propos
de Jonas et de la baleine). Le mot latin, qui est un emprunt au
grec τὸ κῆτος, « monstre marin », est au singulier de genre
masculin et le génitif usuel est *ceti* ; le *Thes. L.L.*, III, 976, 14,
donne comme référence d'un génitif *cetae* ce seul passage de
Dracontius. Au pluriel le substantif est le plus souvent du genre
neutre : le nom. acc. *cete* est calqué sur la forme grecque (ainsi
dans Virgile, *En.* 5, 822 : *immania cete*, clausule reprise par
Dracontius dans *Rom.* 7, 148) ; un vers de Paulin de Nole,
Carm. 17, 117, où on lit *tremefacta cete*, montre combien la tradition manuscrite est hésitante pour les formes de ce substantif
rare (*coete* V, *caeti* G, *coeti* R, etc.). On peut donc croire que chez
Dracontius la leçon de *A* reflète une hésitation du même genre ;
plutôt que de voir dans *cete* la graphie d'un hypothétique *cetae*,
comme le fait Vollmer, nous préférons restituer le génitif usuel
ceti.

3, 642 Au chant II, Dracontius a consacré un long récit à
la descente du Christ aux enfers (v. 538-551) ; voir la note à
2, 538. Il se peut, comme le suppose Vollmer *(M.G.H.)* dans
son apparat critique, que plusieurs vers aient été omis après

le v. 642 (voir la note à 3, 623 sq.). Mais la simple mention qui est faite, dans un développement consacré au pardon, de la descente du Christ aux enfers peut être à elle seule un rappel de 2, 537-8 où le poète fait allusion à l'interruption des peines infligées aux damnés et de 2, 544 sq. où le Tartare se plaint de la délivrance des âmes des justes ; c'est dans cette hypothèse que nous interprétons *dominum* comme ayant une valeur d'attribut : le Christ est descendu « en maître » dans le Tartare. D'autre part, la mention de la descente du Christ aux enfers est préparée par l'histoire de Jonas dans les vers précédents ; le poète connaît sans doute l'interprétation du « signe de Jonas » : l'engloutissement du prophète et sa sortie du monstre sont des types du séjour du Christ aux enfers et de sa résurrection (cf. *Matthieu* 12, 40 ; voir la note à 3, 633 sq.). Cette interprétation est souvent attestée chez les écrivains chrétiens ; voir Y. M. Duval, *Le Livre de Jonas*, *op. cit.*, p. 138 sq., 162 sq., p. 202 sq., p. 233 sq., etc.

3, 643 miserere mei : sur la construction de *misereor* avec le génitif ou le datif, voir la note à 3, 610-611. Sur l'expression *iam te rogo solum*, voir t. I, p. 26, n. 5 et p. 28, n. 2.

3, 645 De *nefas placitum ... damnant* on peut rapprocher 2, 710 : *damnent ... delicta priora*.

3, 646 Après Virgile, *En.* 1, 465 : *... largoque umectat flumine uoltum*, *flumen* désignant un « flot » de larmes est surtout bien attesté dans la poésie tardive : Paulin de Nole, *Carm.* 31, 421 et 424 ; Claudien, *Rapt. Pros.* 3, 128 ; Paulin de Périgueux, *Mart.* 3, 450, etc. (voir le *Thes. L.L.*, VI, 966, 44 sq., où est rapproché à tort *Isaïe* 44, 27 : *flumina tua arefaciam*).

gemitus praecordia rumpunt : *praecordia rumpere* est employé au sens propre par Ovide, *Met.* 6, 251 *(intima fatifero rupit praecordia ferro)* ; Dracontius associe volontiers *gemitus* et *rumpere* dans diverses expressions figurées *(Or.* 64 ; 523 ; 552). Corippe paraît s'être souvenu de ce vers de Dracontius dans *Ioh.* 7, 198 : *gemitus pia pectora rumpunt*.

3, 647 lacrimis maduere genae peut être une réminiscence d'Ovide, *Ars* 3, 378 *(et lacrimis uidi saepe madere genas)*, comme l'indique Vollmer *(M.G.H.)*, p. 109, mais *madeo* et *madesco* sont souvent utilisés en parlant d'un visage « ruisselant » de pleurs (voir le *Thes. L.L.*, VIII, 33, 15 sq., 49 sq. ; VIII, 35, 26 sq., 45 sq.). Vollmer *(M.G.H.*, p. 109) commente ainsi l'emploi de *reddo* dans l'expression *ieiunia reddo* : « i. spectanda praebeo » (cf. p. 359, s.v. *ieiunium* : « *ieiunia reddo* (spectanda) ».

3, 649 Ce vers décrit l'attitude du suppliant. Dans l'expression *genibus curuis*, l'adjectif *curuus* est employé de façon quelque peu insolite comme un équivalent de *curuatus* ; c'est la locution *curuare genu* ou *genua* qui est usuelle, en particulier dans la Vulgate : *Iud.* 7, 5 ; *IV Reg.* 1, 13 ; *Is.* 45, 24 ; *Mich.* 6, 6, etc. *Palmas supinas* désigne les mains renversées pour la supplication (cf. Virgile, *En.* 3, 176-7), la paume tournée vers le ciel (cf. Virgile, *En.* 1, 93 : *... tendens ad sidera palmas* ; 2, 153 ; 9, 16 ;

Ovide, *Met.* 6, 368, etc.). *Extendere palmas* se lit aussi dans la Vulgate, *Exod.* 9, 29 : *extendam palmas meas ad Dominum.*

3, 651   suspendium, qui désigne habituellement la pendaison, s'applique ici à une forme de torture, le supplice du gibet ; le verbe *suspendere* dans la latinité tardive offre le sens de « pendre au gibet, torturer » (voir A. Blaise, *D.L.A.C*, s.v. *suspendo,* qui cite *Act. Priscae* 3, 14 ; *Act. Carpi* 2 ; *Act. Claud.* 1, 7 ; Tertullien, *Apol.* 30, 7). Tertullien emploie parfois aussi le verbe au sens figuré de « torturer » *(Anim.* 18 : *ista tormenta cruciandae simplicitatis et suspendendae ueritatis).*

3, 653 sq. Ces vers évoquent la carrière juridique de Dracontius. Le poète exerça à un moment donné la fonction d'avocat attaché au tribunal du proconsul de Carthage, comme l'indique la souscription de la pièce 5 des *Romulea (togatus fori proconsulis almae Karthaginis)* ; voir t. I, p. 8 et 9. Mais les v. 653 sq., et en particulier le mot *culmen* (v. 653 : *quanto cecidi de culmine lapsus),* peuvent faire allusion à une autre étape de sa carrière ; les v. 659-660, où Dracontius s'accuse de vénalité, donnent à penser qu'il avait le pouvoir de rendre des sentences. Aussi avons-nous supposé que Dracontius avait été gouverneur de province, les gouverneurs de province ayant conservé sous la domination vandale leurs prérogatives judiciaires ; c'est cette fonction que pourrait désigner le substantif *culmen* ; sur cette hypothèse et différentes autres hypothèses concernant la carrière de Dracontius, voir t. I, p. 15 sq.

quanto ... de culmine lapsus est emprunté à Sedulius, *Carm. Pasc.* 5, 135, qui utilise la formule à propos de Judas devenu après sa trahison « apostat » d'« apôtre » qu'il était (5, 138 : *tunc uir apostolicus, nunc uilis apostata factus)* ; cf. *Pasc. op.* 5, 10 *(C.V.* 10, p. 283, 2 sq.) : *patefecit ex quanto culmine sit prolapsus.*

3, 654 W. Meyer a suppléé *ego* ; l'hémistiche *ille ego qui quondam* ainsi reconstitué est un souvenir du premier vers de l'*Énéide* qui fut conservé, ainsi que les trois suivants, par Servius *(Aen., praef.)* et par la *Vita Donatiana* (l. 165-169 Brummer) ; sur ces quatre vers restitués par J. Perret dans son édition de l'*Énéide (C.U.F.),* voir cette édition, t. I, p. xlvi et p. 141.

W. Meyer a corrigé la leçon de *C (iuret hogatus)* en *iura togati* en s'inspirant de l'expression *iura potestatis retinens* qui se lit en 2, 251 et 2, 740 (voir W. Meyer, *Die Berliner Centones, op. cit.,* p. 291) ; Vollmer a préféré avec raison *iura togatus* qui est plus proche de la leçon de *C.*

3, 655 sq. Vollmer *(M.G.H.,* p. 110) indique qu'il a pensé un moment qu'un vers avait pu être omis entre le v. 655 et le v. 656, mais ajoute « possunt tamen inter se opponi *nudis* et *tenenti* » ; il ne semble pas qu'on doive supposer ici une lacune : *patrimonia* et *diuitias* peuvent être les compléments à la fois de *(nudis) dedit* et de *(tenenti) rapuit.* En revanche le v. 657 et le v. 658 posent des problèmes. A quoi se rattachent, au v. 657, les expressions *seruile iugum* et *libertatis honorem* ? La ponctuation adoptée par Vollmer paraît indiquer qu'il en fait des compléments des verbes du vers précédent (c'est également l'interprétation de Corsaro dans son édition) ; mais on s'attend à rencontrer l'expression *seruile iugum* comme complément de *imponere* et *demere* (verbes qui constituent avec elle des locutions usuelles) plutôt que de *dare* et *rapere* ; aussi peut-on se demander si un vers n'a pas été omis après le v. 657.

3, 658 Ce vers, tel qu'il a été tranmis par *C (nam quod tua accusando dii defensor amaui)*, est à la fois incompréhensible et inscandable. Différentes corrections ont été proposées pour la partie du vers qui précède *defensor amaui* ; la plupart s'éloignent trop du texte du manuscrit : *nam quod tu accusas dudum* (W. Meyer) ; *namque tua accusando aliud* (Bücheler) ; *non te accusando nec te* (Vollmer) ; *nunquam accusando tua seu* (Corsaro). Pour sa part, Vollmer n'a avancé sa conjecture qu'avec réticence, supposant, comme il l'indique dans son apparat critique *(M.G.H.* et *P.L.M.)*, que l'auteur du florilège aurait pu réunir ici deux vers en un seul (comme il lui est arrivé de le faire pour 2, 198-199 ; voir t. I, p. 117, n. 2). Dans cette hypothèse, toute tentative de correction serait évidemment vaine. Mais nous pensons qu'une autre conjecture, celle de Rossberg *(nam quod in accusando odi)*, beaucoup plus proche du texte de *C* que les précédentes, mérite d'être retenue : Rossberg a conservé avec raison *nam quod* (début de vers qu'on lit aussi en 3, 128) et a corrigé seulement *tua* en *in* et *dii* en *odi*. Dans le vers ainsi corrigé *(nam quod in accusando odi defensor amaui)*, *odi* et *amaui* s'opposent, répondant à l'antithèse de *accusando* et de *defensor* ; *odi* et *amo* sont souvent ainsi placés en antithèse : Plaute, *Most.* 180 ; *Poen.* 518 ; Térence, *Ad.* 701 ; Catulle 85, 1, etc. ; de même à l'époque tardive chez saint Augustin, *Conf.* 4, 11, 22 ; Sidoine Apollinaire, *Carm.* 5, 200-1, etc. ; on trouve souvent aussi *odi* opposé à *diligo* (Cicéron, *Inu.* 1, 24 ; *Mur.* 76 ; *Fin.* 5, 28, etc.). Si on adopte la conjecture de Rossberg, il faut supposer que *odi*, qui est en opposition avec *amaui*, présente comme cette dernière forme un sens de parfait ; l'emploi de *odi* avec une valeur de passé (« j'ai haï ») se rencontre dans la latinité tardive : ainsi dans la Vulgate, *Iud.* 11, 7 *(odistis me et eiecistis)*, *Psalm.* 49, 17 *(odisti ... et proiecisti)*, et précisément parfois quand *odi* et *diligo* sont placés en antithèse, *Psalm.* 44, 8 : *dilexisti iustitiam et odisti iniquitatem*. Dracontius ne se souviendrait-il pas ici de ce verset des Psaumes ? Ce v. 658 signifierait donc « ce que défenseur j'ai aimé, accusateur je l'ai eu en aversion » *(quod* évoquant l'idée de justice ; cf. *iustitiam* dans *Psalm.* 44, 8) ; un vers présentant ce sens se comprend fort bien dans un contexte où il peut servir de transition entre les v. 655-7 qui, répondant à *defensor*, décrivent les louables activités de Dracontius et les v. 659-660 qui, correspondant à *in accusando*, font allusion à sa vénalité : après avoir, comme avocat, défendu des causes, en particulier celles des déshérités, en respectant la justice, Dracontius a pu, dans des fonctions judiciaires (peut-

être celles de gouverneur de province), commettre des injustices
en se laissant corrompre. Cette interprétation de l'ensemble du
passage (v. 654-661) conduit à penser que *retinebam iura* (v. 654)
est à interpréter par opposition à *impunitates uendens poenasque*
(v. 659) et signifie « je respectais le droit, j'observais la justice » ;
le composé *retineo* est ici un équivalent du simple *teneo*, employé
dans l'acception d'« observer, respecter » (cf. Varron, ap. Gell. 13,
12, 6 : *uetus ius tenui*) ; Dracontius utilise de même *retineo* en
2, 272 : *iustitiam retinente fera* (cf. Cicéron, *Off.* 2, 12, 42 : *colenda
et retinenda iustitia est*).

Pour la valeur adversative de *nam*, voir la note à *Sat.* 10.

3, 659 poenasque nocentum | insontumque simul : on rappro-
chera *Rom.* 10, 543-4 : *punisse nocentes | insontesque simul.*

3, 661 Le vers transmis par *C* est inscandable. W. Meyer
(*Die Berliner Centones, op. cit.*, p. 291) a inséré *haec* entre *caput*
et *hinc*, alors que Bücheler proposait d'introduire *et* à cette même
place du vers. Vollmer a adopté avec raison la première des
deux conjectures dans sa deuxième édition.

Dans l'apparat critique de sa première édition, Vollmer a
supposé qu'une proposition avait pu être omise après le v. 661 :
« post 661 fortasse deest sententia qualis : magna quidem
affectavi gloriam divitiasque petendo, *nunc tamen* eqs. » ; dans
sa seconde édition il ne fait aucune allusion à cette hypothèse
qui paraît peu fondée. Après l'évocation des erreurs commises
dans l'exercice de ses activités judiciaires, Dracontius revient
aussitôt avec *nunc tamen* à la prière de supplication, qui allie
la confession de louange (v. 662-3 : *agnoui ... profundum*) et
l'imploration du pardon des fautes et de la délivrance des maux,
dans une phrase où s'accumulent les demandes pressantes à
l'impératif *(da ... concede ... solue ... frange ... pelle ... disclude ...
compesce ... relaxa).*

3, 663 profundum désigne ici l'abîme, la mer profonde,
comme souvent dans l'Ancien et dans le Nouveau Testament :
Exod. 14, 25 ; 15, 5 ; *Psalm.* 68, 16 ; *Sirach* 1, 2 ; 23, 28 ; *Matth.*
18, 6 ; *II Cor.* 11, 25, etc. Il est possible que Dracontius se
remémore ici plus précisément *Psalm.* 64, 8 : *qui conturbas profundum maris.* Employé auprès de *medium, minimum* est à
comprendre par référence à la série *summus, medius, minimus*
(voir, par exemple, Cicéron, *Opt. gen.* 6) et désigne donc ici
« le plus profond » de l'abîme.

3, 668 sq. miserere mei : voir la note à 3, 643. Pour la valeur
de *iam* employé auprès d'un impératif *(iam miserere* ; cf. v. 664 :
da mihi iam), voir la note à 3, 610-611. *Anhelo*, terme affectionné
du poète (voir la note à 3, 64 sq.), est employé ici transitivement,
comme, par exemple, dans Silius Italicus 5, 604 *(anhelatum ...
pectore murmur)* et 13, 428 *(murmur anhelans)* ; pour d'autres
emplois transitifs de *anhelo*, voir le *Thes. L.L.*, II, 67, 18 sq.

3, 670 difficile dans ce vers et au v. 672 signifie « impossible »,
comme dans les passages de la *Vetus Latina* uqe cite Blaise,

D.L.A.C., s.v. *difficile* : *Hebr.* 6, 4 (où la Vulgate a *impossibile*) et *Iob* 42, 2 (dans Tertullien, *Prax.* 10, 7) : *nihil Deo difficile* (Vulg. : *scio quia omnia potes*) ; à ces références on peut ajouter, dans la Vulgate, *Gen.* 18, 14 : *numquid Deo quidquam est difficile ? Difficile* répond alors à gr. ἀδύνατον. *Nil licet ... sit tibi difficile* (v. 671-2) fait écho à *Iob* 42, 2 et à *Gen.* 18, 14.

Dans *posse mereri*, l'emploi de *posse* est explétif ; voir la note à 2, 624.

3, 671 Le sens concessif de *licet* ne s'accorde pas avec le contexte et il est fort peu probable que *licet* puisse être encore ici la forme verbale impersonnelle employée avec un subjonctif de parataxe, alors que le tour *licet ut* est bien attesté dans la latinité tardive. *Licet* doit être interprété dans ce passage comme une conjonction à valeur causale, comme, par exemple, dans Servius, *Georg.* 4, 454 : *licet maiora non possit* ; voir d'autres références dans le *Thes. L.L.*, VII, 2, 1368, 28 sq.

3, 672 L'emploi métaphorique de *flagellum*, qu'on rencontre aussi en 2, 705 et en 3, 611, se retrouve dans la Vulgate (*Sirach* 23, 2 ; 26, 9, etc.) et chez saint Augustin, *Conf.* 5, 8, 15 *(iusto dolorum flagello)* ; 5, 9, 16 *(flagello aegritudinis corporalis)*.

3, 674 Dans ce vers où *C* et *A* divergent sur plusieurs points, Vollmer a proposé de lire *haec* là où *A* offre *hoc* et *C me* ; Hudson-Williams (*CQ*, 41, 1947, p. 107) a critiqué cette conjecture, s'appuyant en particulier sur le fait que chez Dracontius une syllabe brève est rarement allongée en dehors de l'*arsis* (dans le texte édité par Vollmer il faut scander *et* comme une syllabe longue devant *haec*) ; il propose de combiner les leçons de *C (me)* et de *A (hoc)*, mais en corrigeant *hoc* en *hinc (... et me hinc ad gaudia transfers)*, ajoutant que l'omission dans chacun des deux manuscrits de l'un des quatre monosyllabes qui se suivent n'est pas surprenante. Nous serions tenté d'adapter la conjecture de Vollmer *(haec)* à celle d'Hudson-Williams et d'écrire *me haec ad gaudia*. Mais il faut remarquer que l'allongement d'une syllabe brève est fréquente devant les formes de *hic*, comme l'indique Vollmer, *M.G.H.*, p. 442, pour la position à l'*arsis* (« saepissime ante *hic haec* similia »), qui précise au paragraphe suivant : « eadem productio ante *h* vel in thesi conceditur, rarius tamen multo » (outre 3, 674, Vollmer signale *Sat.* 135 : *dat hostibus* ; *Rom.* 5, 93 : *sub hoste* ; 9, 89 : *at hic* ; *Or.* 740 : *per haec*). Même s'ils sont peu nombreux, ces exemples montrent que chez Dracontius un monosyllabe peut être allongé au temps faible devant *h* ; nous préférons en conséquence adopter la conjecture de Vollmer *(haec)* en supposant, comme il l'a fait, l'allongement du *et* qui précède. On notera en outre que l'expression *haec ad gaudia transfers* peut être rapprochée de *Rom.* 9, 51 : *... luctus conuerte tuos ad gaudia*.

3, 675 *uindex* est employé ici à propos de Dieu comme *ultor*, dans un texte comparable, en 1, 740-1 : *... pius ultor | eleuat elisos* ; *uindex* est appliqué au Christ dans *Sat.* 124. Sur l'application à Dieu de *ultor* et *uindex*, termes du vocabulaire traditionnel, voir R. Braun, *Deus christianorum*², p. 117.

3, 677 Avec ce vers se termine le passage qui nous a été transmis seulement par les florilèges (voir la note à 3, 623 sq.) ; le v. 678 se lit à la fois dans *C* et dans les manuscrits de la famille du *Bruxellensis*. Pour les v. 679 sq., Arevalo a proposé de transposer après le v. 707 les v. 680-686 (note au v. 608 : « eos (versus) collocavi, ut orationi et sententiae congruere censui ») ; Vollmer a adopté la même disposition du passage, qui a été approuvée aussi par Hudson-Williams (*CQ*, 41, 1947, p. 108). En effet, alors que le v. 679 s'accorde bien avec le développement qui précède et avec les v. 687-8 où le poète implore encore la miséricorde divine, les v. 680-6 ne peuvent guère s'intégrer qu'à la description du corps humain qui se reconstitue dans la vision d'Ezéchiel (voir la note à 3, 680 sq.). Seuls *B* et les manuscrits qui en dérivent ont transmis ce passage ; il est possible que le copiste de *B* ait interverti par erreur deux pages de l'archétype.

3, 678 A *munera*, leçon de *B* qu'a retenue Vollmer, nous préférons *munere*, leçon de *C* qu'Arevalo a également retrouvée par conjecture. *Domini* peut ainsi se rattacher à *munere*. Dracontius emploie *munus* pour désigner un don divin (cf. 2, 579 ; 3, 232 ; 3, 467), la faveur divine, tandis que, dans l'expression *redeunte fauore*, *fauor* s'applique, comme souvent, à la faveur dont on jouit parmi les hommes (cf. 3, 724 : *sit fortuna redux*) ; sur ces valeurs de *munus* et de *fauor*, voir Cl. Moussy, *Gratia et sa famille*, p. 381 sq. et p. 464 sq.

3, 679 La deuxième partie du vers présente des difficultés : le texte de *B (quocumque tempus deïsit)* est incompréhensible et inscandable (de même celui de *M* où *deïsit* est corrigé en *derisit*). Vollmer a abandonné dans sa seconde édition la conjecture proposée dans la première : *quaecumque et tempora dempsit*. Arevalo (note au v. 607) a pensé à *quodcumque et tempus ademit*. Il est tentant de retenir *quodcumque et tempus* et d'écarter *ademit*, forme qui se lit aussi à la fin du v. 688 ; mais Dracontius utilise volontiers *ademit* en fin de vers (3, 123 ; 3, 688 ; *Rom.* 2, 2 et 134) et la répétition de ce verbe peut être volontaire, comme celles, dans ces mêmes vers, de *quicquid ... quicquid, tempus, ... tempora*.

3, 687 sq. Le poète se réfère aux derniers versets du *Livre de Job* (42, 10 sq.), qui montrent le Seigneur rétablissant Job dans sa fortune passée. Sans doute l'expression *malus hostis* (v. 688) correspond-elle à *Satan*, le terme hébreu qui désigne l'Adversaire, l'Ennemi, plutôt qu'elle ne s'applique à un ennemi de Dracontius, car Dieu avait remis à Satan les biens de Job *(Job* 1, 12 : *Dixit ergo Dominus ad Satan: Ecce, uniuersa quae habet in manu tua sunt)* ; *restituens* (v. 688) signifie dans ce cas « rendant à Job » (et non « me rendant »). Pour d'autres références au *Livre de Job*, voir la note à 3, 598 sq. ; voir aussi t. I, p. 69, et n. 6.

3, 689 sq. Après la restauration de la fortune de Job,

Dracontius évoque dans un long développement (v. 689-717) la vision d'Ezéchiel où est décrite la résurrection des ossements desséchés (*Ez.* 37, 1-10) ; ce tableau fantastique est l'image de la restauration d'un Israël nouveau après la prise de Jérusalem par Nabuchodonosor et l'exil à Babylone en 587 (*Ez.* 37, 11 : *Et dixit ad me: Fili hominis, ossa haec uniuersa domus Israel est* ; cf. 37, 12 sq.). Comme les brèves allusions à Job (v. 687-8) et à Nabuchodonosor (v. 718-9), entre lesquelles il est inséré, l'épisode emprunté à Ezéchiel exprime l'espérance qu'a le poète de bénéficier de la miséricorde divine pour échapper à sa déchéance (sur les problèmes que pose le livre d'*Ezéchiel*, voir l'*Introduction à la Bible*, t. II : *L'Ancien Testament, sous la direction de H. Cazelles*, 1973, p. 413 sq. ; sur l'influence de ce livre sur la littérature apocalyptique, *ibid.*, p. 427).

3, 690 clamante propheta : Dracontius fait allusion aux oracles qu'Ezéchiel prononce à la demande du Seigneur, *Ez.* 37, 4 : *Et dixit ad me: Vaticinare de ossibus istis et dices eis: Ossa arida, audite uerbum Domini* ; cf. 37, 9 : *Et dixit ad me: uaticinare ad spiritum* ; *uaticinare, fili hominis, et dices ad spiritum: Haec dicit Dominus meus: A quattuor uentis ueni, spiritus, et insuffla super interfectos istos et reuiuiscant*. Au premier oracle, les ossements se réunissent pour former des corps *(Ez.* 37, 7 : *Et prophetaui sicut praeceperat mihi. Factus est autem sonitus, prophetante me, et ecce commotio; et accesserunt ossa ad ossa, unumquodque ad iuncturam suam)*, puis au second oracle le souffle anime ces corps reconstitués qui ressuscitent (*Ez.* 37, 10 : *Et prophetaui sicut praeceperat mihi et ingressus est in ea spiritus; et uixerunt steteruntque super pedes suos, exercitus grandis nimis ualde)*. Dracontius ne fait qu'une brève allusion à ces oracles *(clamante propheta)* ; en revanche il consacre un long développement à la reconstitution des corps en s'inspirant également de deux autres versets : *Ez.* 37, 6 : *Et dabo super uos neruos et succrescere faciam super uos carnes et superextendam in uobis cutem et dabo uobis spiritum et uiuetis et scietis quia ego Dominus* ; 37, 8 : *Et uidi et ecce super ea nerui et carnes ascenderunt et extenta est in eis cutis desuper et spiritum non habebant*. Le poète évoque certains de ces détails aux v. 693-4 (... *neruis membra ligantur, | iam tegit ossa cutis ... distenta...)*, et donne ensuite à sa description une grande ampleur en reprenant parfois des éléments de la création d'Adam au livre I (v. 340 sq.) ; voir les notes à 3, 697 et 3, 703.

On trouve dans un passage de Paulin de Nole, *Carm.* 31, 315-322, où le poète se réfère aussi à la vision d'Ezéchiel, une description beaucoup plus sobre de la résurrection des ossements. Dans les quelques vers qu'il consacre dans le *Cathemerinon* à la réanimation des corps défunts sortis des tombeaux après la Résurrection du Christ, Prudence paraît se remémorer également les versets d'Ezéchiel *(Cath.* 9, 100-102 : *Cerneres coire membra de fauillis aridis | frigidum uenis resumptis puluerem tepescere, | ossa, neruos et medullas glutino cutis tegi)*. On peut aussi rapprocher quelques vers du *Carmen ad Flauium Felicem de resurrectione mortuorum* (*C.V.* 3, 3), 156-160 : *Haerent membra comis, nectuntur ossa medullis | consertique regunt spirantia corpora nerui | et simul infusae mouentur sanguine uenae, | dimissaeque cauis animae redduntur apertis | organa quaeque sua repetunt surgentia cuncta.*

3, *691-2   cruore ... humor ... medullas* : on retrouve les mêmes précisions en 2, 85-6 : *... pinguescunt intro medullae | hinc cruor, hinc humor...*, où, même en parlant de l'Incarnation du Verbe dans le sein de Marie, le poète manifeste son goût pour les descriptions anatomiques ; voir la note à 2, 82. Il faut aussi rapprocher 1, 652 *(udansque medullas)*, où, à propos de la résurrection d'un corps, il est aussi fait allusion à l'humidité de la moëlle (sur ce point, voir Macrobe, *Sat.* 7, 9, 11). Au v. 692 Dracontius se remémore Virgile, *En.* 8, 388-9 : *... notusque medullas | intrauit calor.*

3, *696   uerticis eximii* : le poète emploie ici *eximius* de façon très singulière comme un synonyme d'*eminens*, « qui s'élève au-dessus » ; voir le *Thes. L.L.*, V, 2, 1492, 26.

3, *697* Ce vers rappelle, dans la création d'Adam au chant I, le v. 345 : *orbe micant gemino gemmantia lumina uisus* ; sur *gemmare*, voir la note à 1, 345.

3, *698* Le neutre *palpebrum*, beaucoup plus rare que le féminin *palpebra*, est attesté surtout dans la latinité tardive ; voir le *Thes. L.L.*, X, 1, 161, 4 sq. et 17 sq. *Fenestrae* est employé au figuré en parlant d'organes des sens (yeux et oreilles) par Cicéron, *Tusc.* 1, 46 : *eas partis quae quasi fenestrae sint animi* ; le mot est plus souvent appliqué aux seuls yeux, comme chez Dracontius : saint Jérôme, *Epist.* 64, 1 *(per oculorum fenestras)* ; Salvien, *Gub.* 3, 37 ; Prudence, *Ham.* 870 ; *Perist.* 10, 434 ; Sedulius, *Carm. Pasc.* 4, 38.

3, *699   scaena*, comme l'a bien vu Arevalo (note au v. 620), est ici un emploi métaphorique qui s'explique à partir de l'acception « lieu ombragé, ombrage » (pour l'image, il rapproche Ovide, *Met.* 13, 844-5 : *... coma plurima toruos | prominet in uoltus umerosque ut lucus obumbrat*). *Scaena* se rencontre dans cette acception de « lieu ombragé » chez Virgile, *En.* 1, 164 : *... siluis scaena coruscis* (cf. Servius, *Aen.* 1, 164 : *scaena inumbratio*) ; voir aussi Cassiodore, *Var.* 4, 51, 6 : *frons autem theatri scaena dicitur ab umbra luci densissima*. Servius *(loc. cit.)* rapproche *scaena* de σκιά, « ombre » ; il est possible que σκηνή (auquel *scaena* a été emprunté) soit apparenté à σκιά (voir P. Chantraine, *Dict. Étym. de la langue grecque*, s.v. σκηνή et s.v. σκιά).

Au chant I, dans la description de la chevelure d'Adam, Dracontius utilise une autre image, celle de la moisson (1, 344 : *surgunt in messe capilli*). La clausule *fronte coronam* se lit aussi dans *Or.* 243 et *Rom.* 10, 513.

3, *701* Mieux vaut choisir la leçon de *B (super im(m)inet)* que celle de *MVRU (supereminet)*, qui résulte d'une correction inutile (ou d'une erreur) du copiste de *M*. Comme *superimmineo* est déjà dans Virgile (*En.* 12, 306) et que les composés à préverbe *super-* sont particulièrement fréquents à l'époque tardive, on doit préférer la forme composée *(superimminet,* comme dans Vollmer, *M.G.H.)* plutôt que de conserver telle quelle la leçon de *B* en deux mots *(super imminet,* comme dans Vollmer, *P.L.M.)*.

3, *703* L'expression *geminae rubuere genae* rappelle 1, 342 : *mox rubuere genae* (dans le passage consacré à la création d'Adam ; cf. 1, 395 : *gena pulcra rubore,* dans le portrait d'Ève). De *lanugine malae crispantur* on peut rapprocher *Or.* 528 : *genas lanugine crispa* et *Rom.* 8, 492-3 : *qua lanugine malas | umbret.* La clausule *lanugine malae* (ou *malas)* se rencontre fréquemment : Lucrèce 5, 889 ; Virgile, *Én.* 10, 324 ; Ovide, *Met.* 13, 754 ; Lucain 10, 135 ; Stace, *Theb.* 7, 655.

3, *706* Arevalo a judicieusement corrigé *moratum* en *muratum* (voir sa note au v. 627 : « *muratum* apposite exhibet dentes tanquam muros quibus cingitur palatum ») ; l'image se retrouve deux vers plus loin (v. 680 : *obsessam ... densata repagula linguam).* *Muro,* terme de la latinité tardive, est assez fréquent dans les différentes versions de l'Ancien Testament *(Vetus Latina* et *Vulgate),* surtout au participe passé pour désigner des villes « fortifiées » (voir le *Thes. L.L.,* VIII, 1680, 42 sq.) ; citons seulement *Num.* 13, 20 ; 13, 29 ; 32, 17 ; *2 Par.* 11, 5.

3, *707* Sur *modulari, modulamen,* voir la note à *Sat.* 47 *(tacitae modulamina linguae).* A propos de ce passage consacré à l'articulation des sons, Arevalo (note au v. 628) cite Cicéron, *Nat.* 2, 149 : *deinde in ore sita lingua est finita dentibus; ea uocem immoderate profusam fingit et terminat atque sonos uocis distinctos et pressos efficit, cum et dentes et alias partes pellit oris. Itaque plectri similem linguam nostri solent dicere, chordarum dentes.* Pline l'Ancien insiste pour sa part sur le rôle des dents, 7, 70 : *quippe uocis sermonisque regimen primores (dentes) tenent.* On rapprochera aussi un passage de Prudence, *Perist.* 10, 931-5, dont Dracontius a pu se souvenir ici. Quant à saint Avit, il a sans doute voulu rivaliser avec Dracontius dans les vers suivants *(Carm.* 1, 87-9) : *flexilis artatur recauo sic lingua palato, | pressus ut in cameram pulsantis uerbere plectri | percusso resonet modulatus in aere sermo* ; sur les imitations de Dracontius dans l'œuvre d'Avit, voir t. I, p. 100.

3, *680* A propos de l'expression *obsessam ... densata repagula linguam,* on peut, comme Arevalo (note au v. 629), évoquer le passage où Aulu-Gelle, faisant allusion à Homère (*Il.* 4, 350 : ἕρκος ὀδόντων), écrit (1, 15, 3) : *petulantiaeque uerborum coercendae uallum esse oppositum dentium luculente dixit.*

3, *683* *imago* est ici un synonyme de *echo,* terme que le poète utilise au début du même vers. *Imago* est ainsi employé au sens propre par Virgile, *Georg.* 4, 50 ; Horace, *Carm.* 1, 20, 6 ; Ovide, *Met.* 3, 385, etc. (voir le *Thes. L.L.,* VII, 1, 408, 45 sq.) et au figuré par Cicéron, *Tusc.* 3, 3 : *ea (gloria) uirtuti resonat tanquam imago.*

3, 686 flabello (MVRU) résulte de la correction dans *M* de la leçon de *B (fabello)* ; *flabello* a été retenu par Arevalo, Glaeser, Vollmer, Corsaro. Arevalo et Vollmer ont bien noté que la première syllabe du mot devrait être scandée brève dans ce vers, mais, le même abrégement se retrouvant apparemment dans *Rom.* 7, 30 *(... perflante flabello)*, ils ont conservé la leçon des manuscrits. Pourtant le sens de *flabellum*, qui désigne habituellement un éventail, fait ici problème ; le mot pourrait à la rigueur se comprendre dans *Rom.* 7, 30 dans l'acception exceptionnelle de «souffle» (comme le propose A. Blaise, *D.L.A.C.*, s.v. *flabellum*), mais comment interpréter en 3, 686 *rubicundo labra flabello* ? Corsaro traduit « le labra col loro rosso vermiglio », en oubliant apparemment *flabello.* Arevalo (note au v. 635) justifie ainsi l'emploi du terme : « labra, ut lingua, non male *flabello*, quo scilicet ventus excitatur, comparari possunt » (il cite Cicéron, *Flac.* 54 : *lingua quasi flabello seditionis ... contio uentilata*). Hudson-Williams (*C.Q.*, 41, 1947, p. 108) a estimé qu'il ne fallait retenir la leçon *flabello* ni en 3, 686, ni dans *Rom.* 7, 30 ; il a proposé de corriger dans les deux cas en *labello*, rapprochant de 3, 686 : *rubicundo ... labello, Rom.* 2, 7 : *roseo ... labello* (on peut citer aussi à l'appui de cette *iunctura* Catulle 63, 74 : *roseis ... labellis* ; 80, 1 : *rosea ... labella* ; Ovide, *Am.* 3, 14, 23 : *purpureis ... labellis*, etc.). Cette correction est satisfaisante et n'offre pas de difficulté du point de vue paléographique (d'autant plus que *B* a *fabello*) ; en revanche, il est difficile de suivre Hudson-Williams lorsqu'il veut aussi corriger *labra* en *claustra* (en se référant pour l'image aux v. 706 et 680 et en ajoutant *(ibid.)* : « as the theeth encircle the palate, and their thickset barrier keeps in subjection the besieged tongue, so the teeth are shut in by the lips »). L'idée est bonne, mais n'oblige nullement à corriger *labra* : il suffit d'interpréter *labrum* au sens de « bord, rebord » (acception attestée dès l'époque classique et bien conservée dans la latinité tardive ; voir le *Thes. L.L.*, VII, 2, 811, 53 sq.). La réunion dans le même contexte de *labrum* et de *labellum* employés comme synonymes se rencontre, par exemple, dans Plaute, *Pseud.* 1259 : *labra ad labella adiungit* ; *Mil. Glor.* 1335 : *labra ab labellis aufer* ; Lucilius 8, 1 (303-4 Marx) : *labra labellis fictricis compono.* Il est bien dans la manière de Dracontius d'avoir voulu donner au rapprochement des deux termes *(labra labello)* un contenu plus inattendu, proche du jeu de mots : *labellum* est pris au sens propre de « lèvre » et *labra* au sens métaphorique de « lèvres », c'est-à-dire « bords, rebords ».

3, 708-9 Dracontius emploie *bracchium* dans l'acception restreinte d'« avant-bras », alors que *lacerti* désigne le haut du bras (cf. Celse, *Med.* 8, 1, 19 ; 8, 1, 20 ; 8, 10, 1 ; Tacite, *Germ.* 17, 4 : *nudae bracchia ac lacertos* ; Lucain 3, 667). Le poète se souvient peut-être ici d'Ovide, *Met.* 14, 304-5 : *... redeunt umeri et subiecta* *lacertis | bracchia sunt.* Dans la description de la main, il se remémore vraisemblablement les vers suivants de Prudence, *Apoth.* 859-861 : *... Numquid manus articulatim | est digesta Dei? Numquid uola? Numquid et ungues | claudere flexibiles...* ; on y retrouve le terme rare *uola* qui désigne la paume, le creux de la main (parfois aussi le dessous du pied ; cf. Isidore de Séville, *Orig.* 12, 7, 4 : *uola enim dicitur media pars pedis siue manus*) et qui est sans doute un mot de la langue parlée (cf. Ernout-Meillet, *Dict. Etym.*, s.v. *uola*, où est cité le proverbe *nec uola nec uestigium exstat* qu'on trouve dans Varron, *Men.* 110).

3, 711-2 Dracontius s'inspire sans doute ici d'Ovide, *Met.* 8, 804-6 : *ossa sub incuruis extabant arida lumbis, | ... | ... a spinae tantummodo crate teneri.* *Cratis*, désignant le thorax, la « cage thoracique », se retrouve chez Virgile, *En.* 12, 508 *(crates pectoris)* ; cet emploi du mot se rencontre assez souvent dans la latinité tardive, en particulier chez Prudence (*Apoth.* 891 ; *Cath.* 8, 59 ; *Perist.* 3, 148 ; 11, 57) ; voir le *Thes. L.L.*, IV, 1112, 33 sq.

Curuis ... costis (v. 711) rappelle Stace, *Theb.* 2, 636 *(curuas ... costas).* *Iuguli* (v. 712) désigne les clavicules ; sur cet emploi du mot, voir le *Thes. L.L.*, VII, 1, 638, 78.

3, 715 *fraumenta*, leçon de *B*, doit être préféré à *fragmenta*, forme qu'offrent les autres manuscrits ; *fraumentum* se lit aussi chez Fulgence, *Aet. mundi* 8 (p. 158, 2 Helm) et dans les *Actus Petri* 11 (voir le *Thes. L.L.*, VI, 1, 1232, 16 sq.). L'évolution de *-gm-* en *-um-* peut être un trait de latin vulgaire ; voir Leumann-Hofmann-Szantyr, I, p. 199.

3, 717 Ce vers fait allusion aux versets de la vision d'Ezéchiel où Dieu demande au prophète de s'adresser aux ossements en son nom : *Ez.* 37, 4-5 : *Et dixit ad me: Vaticinare de ossibus istis et dices eis: Ossa arida audite uerbum Domini ; haec dicit Dominus Deus ossibus his ...* Arevalo (note au v. 645) commente ainsi le passage de Dracontius : « *Pulchre : nam commotio ossium facta est antequam membra singula formarentur, sed non poterant commoueri, ut uoci Domini obedirent, nisi eam audirent* » ; il rapproche les versets suivants de l'*Évangile de Jean* 5, 25 : *... uenit hora, et nunc est, quando mortui audient uocem Filii Dei ; et qui audierint, uiuent* ; 5, 28 : *... uenit hora in qua omnes qui in monumentis sunt audient uocem Filii Dei.*

3, 719 Le sens de *arx* est sans doute ici celui de « résidence impériale, palais » (voir le *Thes. L.L.*, II, 741, 31 sq.) ; sur diverses significations de *arx*, voir la note à 1, 19.

3, 722 sq. Arevalo (note au v. 650) se demande si les v. 722-726 ne seraient pas mieux à leur place après le v. 744 : ces cinq vers qui expriment des vœux et dont les quatre premiers commencent par *sit* formeraient un ensemble plus cohérent s'ils étaient immédiatement suivis des v. 745-750 qui expriment aussi des vœux et dont cinq sur six ont également *sit* (ou *sint*) pour premier mot. Mais Vollmer, dans son apparat critique, objecte avec raison que l'ordre des vers dans le manuscrit *C* (qu'Arevalo ne connaissait

pas) plaide en faveur du maintien de la disposition des vers dans
B : les vers du passage donnés par *C* (fol. 4ᵛ) sont successivement
720-725, 735-736, 745-748, 750-755 (là aussi 735-736 sont insérés
entre les v. 720 sq. et les v. 745 sq.).

Cette prière finale du poème, parfois rythmée par les anaphores
de *sit* ou *sint* (v. 722-726 et v. 745-750), rappelle l'*Oratio* d'Ausone
(Peiper p. 7 sq.), ainsi que l'*Oratio* de Paulin de Pella, petit-fils
d'Ausone (les deux poèmes sont rapprochés dans le *Parisinus*
7558 ; voir notre édition de Paulin de Pella, *Poème d'action de
grâces et Prière*, Sources Chrétiennes, 1974, p. 212). Ainsi des
v. 722-3 on peut rapprocher Ausone, *Or.* 71 : *pace fruar, securus
agam...* et Paulin de Pella, *Or.* 2-3 : *... ne sit mihi tristis / ulla dies,
placidam nox rumpat nulla quietem.* Le début du v. 727 : *des, Pater*
peut être une réminiscence de l'*Oratio* d'Ausone où l'expression
da, Pater constitue le début de plusieurs vers (31 ; 43 ; 58). L'idée
des v. 737-8 *(quamuis nemo tua praeconia congrua dixit / aut
unquam dicturus erit...)* paraît faire écho à celle d'Ausone,
Or. 4-5 : *... cuius formamque modumque / nec mens complecti
poterit nec lingua profari.* Comme l'indique Vollmer (*M.G.H.*,
p. 112) les v. 745 sq. rappellent Ausone, *Or.* 59 sq. (mais le
rapprochement qu'il fait aussi avec Paulin de Nole, *Carm.* 4, 8 sq.
concerne en fait l'*Oratio* de Paulin de Pella (v. 8 sq.), poème
longtemps attribué à Paulin de Nole ; voir notre édition de
Paulin de Pella, p. 8 et p. 211) : comme Ausone et Paulin de Pella,
Dracontius associe à ses vœux de prospérité matérielle celui d'une
vie vertueuse (v. 749 : *noxia mens non sit, non sit rea, non sit
iniqua*) ; voir la note à 3, 749.

On notera dans cette prière finale la fréquence de la coupe triple
a : en 34 vers (722-755) on en relève 11 exemples (729 ; 730 ; 735 ;
736 ; 738 ; 739 ; 740 ; 742 ; 744 ; 751 ; 754) ; sur les passages qui
renferment une forte proportion de cette coupe, voir t. I, p. 97
et n. 6.

3, 723   La périphrase *munere noctis*, comme l'indique Arevalo
(note au v. 651), équivaut à *somno*. Au lieu de *munere*, leçon
de *B*, *C* et *A* offrent *somni* qui doit être une glose incorporée
dans le texte de l'ancêtre commun de ces deux manuscrits.

3, 726   *amissa* est à interpréter comme un pluriel neutre à
l'accusatif (cf. Vollmer, *M.G.H.*, p. 341, s.v. *doleo*), qui reprend
quicquid. Arevalo (note au v. 654), indiquant « quidquid vim
pluralis numeri habet », rapproche *Sat.* 15 : *quicquid agunt
homines, bona tristia prospera praua* (voir la note 1 p. 177) et
Properce 4, 5, 77-8 : *quisquis amas ... caedite ... / ... addite.*

3, 730 sq.   Ce thème du châtiment miséricordieux, du
châtiment progressif qui avertit plus qu'il ne frappe est fréquemment traité dans le poème (voir la note à 1, 29-34).

3, 735   Pour la scansion de *sueta*, voir la note à 3, 458.

3, 736   Dans l'expression *merear cantare*, *mereor* suivi d'un
infinitif prend le sens affaibli de « pouvoir, avoir l'occasion de » ;

voir A. Blaise, *Le vocabulaire latin des principaux thèmes litur-giques*, § 288.

Ce v. 736 est très proche de 1, 749 : *ut ualeam memorare tuas hoc carmine laudes* (ces deux vers formulent le thème général de l'œuvre, la célébration de la gloire de Dieu ; voir t. I, p. 45 et n. 4) et l'idée des v. 737-8 fait écho à celle de 1, 750-1 : *... nam nemo ualet narrare creatus | uel modicum facientis opus...* Nous avons vu que cette idée se rencontre aussi dans l'*Oratio* d'Ausone (v. 4-5 ; voir la note à 3, 722) ; ce thème des insuffisances du chant du poète est également traité par Prudence, *Cath.* 3, 81-85 : *Quae ueterum tuba quaeue lyra | ... | diuitis Omnipotentis opus | ... | laudibus aequiperare queat?*

Dracontius peut avoir ces derniers vers présents à l'esprit, car la suite immédiate de son développement (v. 738-9 : *... nam formula laudis | temporibus tribus ire solet*) évoque, comme la strophe suivante du poème de Prudence (*Cath.* 3, 86-90), les trois moments de la journée consacrés à la prière (voir t. I, p. 52, n. 4, notre critique de l'interprétation différente que donne Vollmer, *M.G.H.*, p. 112, en renvoyant à tort à Quintilien, *Inst.* 3, 7, 10). Dracontius se remémore sans doute aussi un passage des *Psaumes* (54, 18 : *Vespere et mane et meridie narrabo et annuntiabo*) et le *livre de Daniel* (6, 10 : *(Daniel) tribus tempo-ribus in die flectebat genua sua et adorabat*). Comme l'indique clairement le passage de Prudence (*Cath.* 3, 86-90 : *Te, Pater optime, mane nouo, | solis et orbita cum media est, | te quoque luce sub occidua, | ... | nostra, Deus, canet harmonia*), les *tria tempora* en question sont ceux de la prière du matin (laudes), de midi (sexte) et du soir (vêpres). Sur les différentes heures de prière (les *Constitutions apostoliques*, 8, 34 en distinguent six : *precationes facite mane et tertia hora ac sexta et nona et uespere atque in gallicinio*), voir l'article *Sexte et Tierce* de H. Leclercq dans le *D.A.C.L.*, XV, 1, 1395-1399 ; sur les différentes prières des heures du jour que constitue le premier cycle des poèmes (I-VI) du *Cathemerinon* de Prudence, voir J. L. Charlet, *La création poétique dans le Cathemerinon de Prudence*, 1982, p. 51 sq.

Dans l'expression *formula laudis* (v. 738), *formula* désigne la « règle qui s'applique » à la louange, donc le « rituel » de la louange. Dans le *Thes. L.L.*, VI, 1115, 22, cet emploi est classé sous la rubrique *regula, praescriptum, norma*.

3, 741-4 Dracontius évoque dans ces vers les diverses tâches qu'il s'est assignées dans son poème : panégyriste *(laudator)*, il s'efforce de chanter les louanges de Dieu, narrateur *(narrator)*, il s'attache, en poète épique, à célébrer, dans une paraphrase de la Bible, les *mirabilia Dei* ; enfin, tel le psalmiste (cf. v. 743-4), il joint aux hymnes de louange des prières de supplication dans sa détresse. Sur ces divers caractères (panégyrique, épique, hymnique et psalmique) du *De laudibus Dei*, voir t. I, p. 52 sq.

3, 745 sq. Comme les v. 722-6, les v. 745-750 sont rythmés par les anaphores de *sit* ou *sint* ; voir la note à 3, 722. Sur les rapprochements qu'on peut faire entre ce passage de la prière de Dracontius et l'*Oratio* d'Ausone ou celle de Paulin de Pella, voir cette même note et la note à 3, 749.

Le substantif *sensus* (v. 745) désigne ici les « capacités », les « facultés » ; il embrasse à la fois le domaine intellectuel et le domaine sensoriel, comme dans Cicéron, *Diu.* 1, 110 ; 2, 110 ; *Nat.* 2, 87 (voir P. Morillon, *Sentire, sensus, sententia*, 1974, p. 273-4).

Mens sana in corpore sano (v. 745) est une allusion à l'adage bien connu qu'on lit dans Juvénal (10, 356), mais l'idée se retrouve aussi, sous une autre forme, dans l'*Oratio* d'Ausone au v. 68 (Peiper p. 10) : *non animo doleam, non corpore...*

3, 746 Ce vers donne à croire que Dracontius n'était pas alors d'un âge avancé ; voir la note 1, p. 52. La clausule *tramite uitae* se lit aussi en 1, 12 et 3, 246.

3, 747 Se référant au v. 283 de la *Satisfactio (si ipse ego peccaui, quaenam est, rogo, culpa meorum)*, Arevalo (note au v. 675) a sans doute raison de penser que le poète ne demande pas à Dieu de lui accorder une nombreuse descendance, mais souhaite de voir vivre heureux ses nombreux enfants déjà nés.

3, 748 tormentis désigne les tourments de l'enfer ; Ausone dans son *Oratio*, v. 56 (Peiper p. 9) utilise pour sa part l'expression *tormenta ... gehennae.* De *post corpus* on rapprochera *post sua membra* (3, 55), employé avec le même sens.

3, 749 Comme nous l'avons vu (note à 3, 722), ce vers, où le poète exprime le souhait d'une vie vertueuse, fait penser à l'*Oratio* d'Ausone et à celle de Paulin de Pella. On rapprochera en particulier chez Ausone, *Or.* 31 : *Da, Pater, inuictam contra omnia crimina mentem* et 60 : *... nil turpe uelim nec causa pudoris | sim mihi...* et Paulin de Pella, *Or.* 4 : *nec placeant aliena mihi...* ; 6-7 : *... male uelle facultas | nulla sit...*

3, 750 Arevalo (note au v. 677) pense que *purgata* fait allusion à un feu purificateur (« Ignis purgatorius non obscure innuitur »). Sur la question des peines purificatrices, et spécialement du feu expiatoire, voir saint Augustin, *Ciu.* 21, 13 sq. et dans l'édition de la *Cité de Dieu* dans la Bibliothèque Augustinienne, t. 37, p. 812 sq., la note 48 (« la purification par le feu ») de G. Bardy.

3, 751 Comme en 2, 558 *iudicium* désigne le jour du jugement, le jugement dernier. *Triumphus* doit s'appliquer à la résurrection, qui est une victoire sur la mort ; en utilisant l'image du triomphe, le poète pense peut-être à un texte comme *II Cor.* 2, 14 : *Deo autem gratias, qui semper triumphat nos in Christo Iesu* ou comme *I Cor.* 15, 43 : *(corpus) seminatur in ignobilitate, surget in gloria.*

La voyelle intérieure de *detur* est abrégée, comme celle de *demus* en 1, 361 ; voir t. I, p. 93 et n. 7.

3, 754 grates est à la fois la leçon de *C* et une correction de *M*ª (au lieu de *gratias*, qui est exclu de la poésie dactylique). C'est le seul emploi dans le poème de *grates*, substantif que

Dracontius utilise volontiers dans ses œuvres profanes (*Or.* 336 ;
Rom. 8, 212 ; 10, 193 ; 269 ; 380). Sur les emplois de *grates agere*
et des expressions nouvelles où entre *grates* dans la poésie tardive,
voir notre ouvrage *Gratia et sa famille*, 1966, p. 93 sq.

fasce malorum : Vollmer (*M.G.H.*, p. 113) indique simplement
« fasce i. agmine, turba nocentum », négligeant le judicieux commentaire d'Arevalo (note au v. 681). Ce dernier, qui précise :
« fascis malorum sunt daemones et impii aeterno igni damnati »,
met ensuite en lumière l'image que le poète emprunte à des textes
bibliques tels qu'Isaïe 24, 22 : *et congregabuntur in congregatione
unius fascis in lacum et claudentur ibi in carcere*, Matthieu 13, 30 :
*colligite primum zizania et alligate ea in fasciculos ad comburen-
dum* et 13, 40-41 : *sicut ergo colliguntur zizania et igni comburuntur,
sic erit in consummatione saeculi ... colligent ... eos qui faciunt
iniquitatem et mittent eos in caminum ignis.* Comme les mauvaises
herbes qu'on lie en botte pour les brûler, à la fin du monde les
méchants sont réunis en un unique fagot avant d'être précipités
dans le feu éternel ; voir aussi le commentaire de saint Jérôme
à Isaïe 24, 22 (*P.L.* 24, 288 A) : *Illos igitur principes ... congre-
gabit Dominus in die iudicii quasi in uno fasce colligatos et mittet
in lacum inferni.*

3, 755 insonti populo : l'expression désigne les justes qui
sont séparés des méchants au jugement dernier (cf. *Matthieu* 13,
49 : *et separabunt malos de medio iustorum* ; 25, 32 sq.).

sub sorte piorum : *sors piorum*, le « lot des justes », est la vie
éternelle ; l'expression de sens contraire *sors impiorum* se lit
dans un verset du *livre du Siracide* 6, 4 : *Anima enim nequam
disperdet qui se habet, et in gaudium inimicis dat illum et deducet
in sortem impiorum.* Arevalo, qui cite ce texte, commente ainsi
in sortem impiorum : « videlicet in poenas aeternas impiis prae-
paratas ».

RÉPARATION
(SATISFACTIO)

INTRODUCTION A LA *SATISFACTIO*

*Destinataire,
occasion et date
de la Satisfactio*

L'ouvrage est adressé au roi des Vandales Gonthamond, comme l'indiquent clairement l'*explicit* de *V* : *Explicit satisfactio Dracontii ad Guthamundum regem Guandalorum dum esset in uinculis*[1] et l'*incipit* de *D* : *Incipit satisfactio Traconi ad Gunthamundum regem*[2]. Mais cette indication ne figure pas dans les manuscrits de la recension eugénienne *(MFP)*[3], où la *Satisfactio* est précédée du texte suivant : *hoc sequenti libello auctoris satisfactio continetur qua omnipotenti Deo ueniam petit ne praecedenti carmine aliquid incautus errasset. Dein Theodosio iuniori Augusto precem defert cur triumphis illius eodem opere tacuisset.* Cette mention de Théodose II a été reproduite dans les éditions de la *Satisfactio* antérieures à celle d'Arevalo[4]. L'origine de l'erreur est sans doute à chercher dans le v. 214 du poème où il est question d'un Ansila[5].

1. Voir *infra* p. 161.
2. Voir *infra* p. 162.
3. La mention de Gonthamond devait être absente du manuscrit utilisé par Eugène de Tolède, qui a peut-être lu Dracontius dans un florilège (voir t. I, p. 106). Sa recension de la *Satisfactio* s'arrête au v. 251 ; il est probable qu'il ne connaissait pas le reste de l'œuvre (voir *infra* p. 159).
4. Voir *infra* p. 166.
5. Voir Vollmer, *M.G.H.*, p. xvii, n. 1 et p. 296 (*index nominum*, s.v. *Ansila*) : «... Ansila ... non aliunde notus, sed nescio an progenies illius Ansilae Gothi, qui sub Theodosio II cum Ariobindo et Germano in Sicilia contra Vandalos pugnabat (Prosp. chron. I p. 478, 1344 ad a. 441). Certe ex hoc versu 214 Eug ... satisfactionem ad imp. Theodosium datam esse conclusit » ; voir aussi F. Speranza dans son édition de la *Satisfactio*, p. xiii. Eugène aurait confondu deux Ansila qui, à cinquante ans de distance (441 et 491), combattirent en Sicile contre les Vandales, le premier

Les indications précédentes fournies par les divers manuscrits mentionnent en partie les circonstances qui ont conduit le poète à composer son œuvre : il est alors emprisonné ; il demande pardon à Dieu en raison d'un poème qu'il a écrit précédemment et implore l'indulgence du souverain dont il n'a pas célébré les triomphes. Le contenu de l'œuvre nous éclaire davantage, mais n'apporte pas toutes les précisions que nous souhaiterions. Nous avons déjà exposé en détail les difficultés qu'on rencontre quand on cherche à préciser les raisons de l'incarcération de Dracontius[1]. Il suffit de rappeler ici brièvement l'essentiel : le poète a célébré un étranger comme s'il était son souverain dans une de ses œuvres aujourd'hui perdues qu'on peut appeler le *carmen ignotum*[2] ; Gonthamond, qui considère ce poème comme une offense à son égard, emprisonne Dracontius. L'identification du personnage dont le poète a chanté les louanges pose le problème le plus difficile : on a supposé longtemps qu'il s'agissait de l'empereur Zénon, puis on a pensé plus récemment à Odoacre ou à Théodoric. C'est cette dernière hypothèse, proposée par D. Kuijper[3], qui nous paraît la plus vraisemblable. Pour obtenir son pardon, Dracontius adressa à Gonthamond la *Satisfactio*. On peut retenir la datation proposée par D. Kuijper[4] : le *carmen ignotum* aurait été adressé à Théodoric en 490 et la palinodie qu'est la *Satisfactio* aurait été composée après le meurtre d'Odoacre par Théodoric en mars 493 ; le poète a déjà subi un long emprisonnement à l'époque où il écrit la seconde œuvre[5]. Les objections qu'on a opposées à cette chronologie n'ont plus de fondement si, à la différence de D. Kuijper et de nombreux érudits, on suppose, comme l'a fait Vollmer, que le *De laudibus Dei* n'a pas été entrepris après l'échec de la *Satisfactio*

au temps de Théodose II contre Genséric, le second contre Gonthamond (voir la note à *Sat.* 214 ; voir aussi t. I, p. 23, n. 3).

1. Voir t. I, p. 18 sq.
2. Cf. *Sat.* 93-94.
3. Voir t. I, p. 22-23.
4. Voir t. I, p. 26 sq.
5. Cf. *Sat.* 120 *(tempore tam longo)* ; voir t. I, p. 23, n. 5.

et que la composition de l'œuvre majeure, s'étendant sur une longue période, a commencé bien avant l'incarcération du poète[1]. Nous retenons donc l'année 493 comme date la plus vraisemblable de la *Satisfactio*.

**Titre
et genre littéraire
du poème**

Le titre du poème, *Satisfactio*, peut être traduit par « Réparation »[2]. Mais il importe d'insister sur la signification exacte du mot *satisfactio*, à laquelle se relie étroitement le problème du genre littéraire de l'œuvre, comme l'a souligné J. Fontaine[3]. Dans la latinité classique *satisfactio* désigne une justification, une excuse, une disculpation[4]; l'emploi du terme n'implique pas qu'on reconnaisse des torts, ni même qu'on se sente coupable[5]. Au début de l'époque impériale en revanche le substantif peut déjà s'appliquer à la satisfaction, à la réparation d'une injustice[6]. A partir de Tertullien, il désigne d'ordinaire chez les auteurs chrétiens la réparation à laquelle le pécheur est disposé par l'aveu même de ses fautes[7]; la

1. Voir t. I, p. 26 sq.

2. C'est la traduction choisie par J. Fontaine, *Naissance de la poésie dans l'Occident chrétien*, 1981, p. 274, pour le poème de Dracontius et pour le *De satisfactione paenitentiae* (« Réparation pénitentielle ») que composa une cinquantaine d'années plus tard Verecundus, évêque de Junca en Byzacène.

3. Dans son compte-rendu de l'édition de la *Satisfactio* procurée par S. Gennaro, *Latomus*, 20, 1961, p. 594 : « Trop peu de choses sur le problème difficile du genre littéraire, lié au sens exact du titre ... ce titre apparemment innocent contient toute la complexité des ascendances du poème » ; voir aussi, du même auteur, *Naissance de la poésie, op. cit.*, p. 275.

4. Le plus souvent dans l'expression *satisfactionem alicuius accipere*, « accepter la justification de quelqu'un » ; ainsi dans César, *B.G.* 1, 41, 4 ; 6, 9, 8 ; Cicéron, *Fam.* 7, 13, 1.

5. C'est particulièrement net dans Salluste, *Cat.* 35, 2 : *satisfactionem ex nulla conscientia de culpa proponere decreui.*

6. Ainsi chez Tacite, *Germ.* 21, 1 : *luitur enim etiam homicidium certo armentorum ac pecorum numero recipitque satisfactionem uniuersa domus.*

7. Tertullien, *Paen.* 8, 9 : *confessio enim satisfactionis consilium est*, « l'aveu des fautes exprime une intention de réparation » traduit J. Fontaine, *Naissance de la poésie, op. cit.*, p. 275

coloration juridique du mot qui peut s'appliquer au paiement d'une dette[1], tend à présenter le péché comme une dette et le pécheur comme un débiteur à l'égard de Dieu devenu son créancier[2]. « Aucune expression n'est aussi propre à caractériser le but et l'efficacité morale des actes de pénitence offerts à Dieu pour obtenir son pardon » écrit P. Galtier[3], qui montre comment le mot s'applique d'ordinaire chez Tertullien et saint Cyprien

cf. *Paen.* 9, 2 : *quatenus satisfactio confessione disponitur, confessione paenitentia nascitur,* « parce que la satisfaction se prépare par l'aveu, par l'aveu naît la pénitence » traduit Ch. Munier dans son édition de la Collection Sources Chrétiennes (1984), avec ce commentaire (p. 230) : « la discipline pénitentielle, dont la fonction est d'offrir à Dieu satisfaction pour le péché, se met en place, s'ordonne, du fait de la confession, de l'aveu ».

1. Ainsi dans le *Digeste* : Ulpien, *Dig.* 46, 3, 52 : *satisfactio pro solutione est* ; voir R. Monier, *Manuel élémentaire de droit romain*[5], II, 1954, p. 8 et note 3. Le verbe *satisfacere* est employé dès la latinité classique dans l'acception de « satisfaire un créancier, payer des dettes » : Cicéron, *Flacc.* 47 ; *Q.fr.* 1, 3, 7 ; César, *B.C.* 3, 60, 5.

2. Voir Ch. Munier dans son édition du *De paenitentia* de Tertullien (Sources Chrétiennes), à propos de *Paen.* 5, 9 *(qui per delictorum paenitentiam instituerat Domino satisfacere)*, p. 218 : « La pénitence fournit (à l'homme) un moyen de satisfaire à Dieu, son créancier, d'offrir une *compensatio pro debito peccati...* L'idée de *satisfactio* occupe donc une place importante dans la doctrine pénitentielle de T., qui, à l'occasion, aura recours aux institutions juridiques romaines pour illustrer ce point de vue ». Cependant Ch. Munier (*op. cit.*, p. 26) invite à ne pas suivre dans le détail les analyses trop systématiques qui vont « jusqu'à construire toute une théorie sur la notion d'obligation *ex delicto* qui en résulterait pour le pécheur » et prétendent que Tertullien a donné à *satisfactio* une valeur technique étroite empruntée au langage juridique, comme l'a cru M. Brück, « *Genugtuung* » *bei Tertullian*, *VChr*, 29, 1975, p. 276 sq. (voir les critiques de R. Braun, *Chronica Tertullianea 1975*, *REAug*, 22, 1976, p. 305-306, dans la recension qu'il a faite de cet article ; voir aussi G. Hallonsten, *Satisfactio bei Tertullian*, Studia Theologica Lundensia 39, 1984, p. 120 sq.

3. Dans le *Dictionnaire de Théologie Catholique*, XIV, 1, art. *satisfaction*, col. 1136. Voir aussi col. 1135 : « les notions de dettes à acquitter, d'offenses à réparer, de colère à apaiser, de pardon à obtenir, que nous avons vues commander l'idée commune de satisfaction, correspondent très exactement à la conception chrétienne et même juive du péché ».

à l'ensemble des rites et des œuvres de pénitence destinés à obtenir de Dieu le pardon des péchés[1].

Bien qu'elle soit adressée à un homme, le roi Gonthamond, l'œuvre de Dracontius répond bien à ce que fait
attendre le titre de *Satisfactio*, si l'on cherche à retrouver
dans le terme latin la complexité des valeurs que lui a
conférées son emploi chrétien. Le poème comporte en
effet à la fois l'aveu de la faute commise à l'égard du
souverain, l'expression d'un repentir, la promesse d'une
réparation qui vise à mériter le pardon. Le fait que le
poète s'y adresse aussi à Dieu pour confesser ses erreurs[2],
implorer son pardon[3], le prier de fléchir Gonthamond[4]
et qu'il propose la miséricorde divine à l'imitation
du roi[5] confère à l'ensemble du poème une tonalité
chrétienne qui justifie aussi le choix, pour son titre, du
mot *satisfactio*.

L'analyse du sens précis du titre montre combien il
est difficile de définir le genre littéraire du poème. A son
propos, J. Fontaine a pu parler d'« élégie de componc-
tion »[6] et de « Psaume romanisé »[7]. L'appellation d'élégie
convient en effet à une œuvre dont la forme métrique
est élégiaque[8] et dont l'inspiration profane rappelle
souvent les poèmes d'exil d'Ovide[9]. Quant aux affinités
avec les *Psaumes*, livre de la Bible pour lequel le poète

1. *Op. cit.*, col. 1137. Voir aussi J. Fontaine, *Naissance de la
poésie, op. cit.*, p. 275 : « (la *satisfactio*) exprime les divers aspects
d'une « confession » de la faute qui est à la fois aveu, imploration
du pardon divin, résolution de conversion, et donc de retour,
vers ce Dieu offensé ».
2. V. 19-20 ; v. 41.
3. V. 101-102.
4. V. 49-50 ; v. 109-112.
5. V. 149-150.
6. *Naissance de la poésie, op. cit.*, p. 274.
7. *Naissance de la poésie, op. cit.*, p. 276.
8. C'est l'appellation qu'utilise J. B. Carpzov dans le titre
de son édition (voir *infra* p. 166) ; c'est aussi le terme qu'emploie
Arevalo dans ses *Prolegomena* pour désigner la *Satisfactio* (*P.L.* 60,
col. 644 sq.).
9. Voir *infra* p. 149.

a une prédilection[1], elles apparaissent à la fois dans l'humble aveu des fautes, les lamentations du pécheur plongé dans l'affliction, les supplications adressées à Dieu pour obtenir sa clémence, l'exaltation de la Toute-puissance et de la miséricorde divines.

Comme celui du *De laudibus Dei*[2], le genre littéraire de la *Satisfactio* est donc composite : des passages en style hymnique[3] y alternent avec les plaintes lyriques[4] et les développements didactiques[5]. Mais le poème conserve une certaine unité, dans la mesure où l'aveu des fautes et l'imploration du pardon en constituent la trame, comme le montre l'analyse qui suit.

Analyse de la Satisfactio — Dracontius s'adresse d'abord à Dieu dont la Toute-puissance inspire les actions des hommes. Dieu a permis que le poète, en raison de ses nombreuses fautes, commette des erreurs. Dracontius avoue avoir péché à la fois contre Dieu et contre Gonthamond; il espère qu'inspiré par Dieu le roi lui pardonnera; il chantera alors les louanges de la dynastie des Hasdings. Ayant commis l'erreur de célébrer un étranger comme son souverain, le poète en demande d'abord pardon à Dieu, le priant d'incliner en sa faveur les dispositions bienveillantes de Gonthamond, puis il s'adresse directement au roi, l'invitant à imiter la clémence divine. Après une longue digression sur le thème du temps, Dracontius implore à nouveau Gonthamond : il n'est pas digne de la colère d'un si haut personnage; le temps du pardon doit succéder à celui du châtiment.

De longs passages didactiques s'insèrent parmi ces aveux et ces implorations : le bien et le mal coexistent dans tout le monde créé (v. 55-90); les Écritures et l'histoire profane fournissent des exemples de clémence

1. Voir t. I, p. 69-70 et *infra* p. 151.
2. Voir t. I, p. 49 sq.
3. V. 1 sq. ; 99 sq.
4. V. 19 sq. ; 41 sq. ; 105 sq. ; 265 sq.
5. V. 29 sq. ; 55 sq. ; 157 sq. ; 215 sq.

(v. 157-190); les êtres, la nature, l'univers entier sont soumis au temps (v. 215-264).

Les sources littéraires A propos du *De laudibus Dei*, nous avons souligné la variété des emprunts et la diversité des procédés d'imitation que le poète met en œuvre[1]. Il suffira d'indiquer ici brièvement quels sont les principaux auteurs dont Dracontius se souvient dans la *Satisfactio*. On trouvera dans les *loci similes* les références des parallèles textuels et dans les notes l'indication des imitations les plus nettes.

Les poètes profanes.

Comme dans le *De laudibus Dei*, les poètes profanes que Dracontius imite le plus souvent sont Virgile et Ovide.

Il n'est pas utile de s'attarder sur l'imitation de Virgile[2], qui se limite ici à des emprunts textuels aux *Géorgiques*[3] et surtout à l'*Enéide*[4]. En revanche il importe d'insister sur la dette de Dracontius envers Ovide, qui est particulièrement nette dans le poème. L'auteur de la *Satisfactio*, pour décrire le retour à une forme humaine de Nabuchodonosor métamorphosé en bœuf (v. 38 et v. 45-46) s'inspire successivement des *Héroïdes* (14, 86) et des *Métamorphoses* (1, 741-2), passages où il est question d'Io transformée en génisse[5]. Dans le développement où le poète montre comment le bien et le mal coexistent dans le monde créé (v. 55 sq.), le vers consacré aux éléments contraires (v. 60) est une réminiscence de la description du chaos dans les *Métamorphoses* (1, 19)[6]. Mais ce sont les *Tristes* et les *Pontiques* qui ont été

1. Voir t. I, p. 55 sq.
2. Sur les divers types de réminiscences virgiliennes chez Dracontius, voir t. I, p. 56 sq.
3. Voir la note au v. 271.
4. Voir les notes aux v. 11 ; 37 sq. ; 86 ; 119 ; 137 ; 314.
5. Voir les notes aux v. 37 sq. et 45 sq.
6. Voir la note au v. 59.

dans la *Satisfactio*, plus que dans les autres œuvres de Dracontius, une source d'inspiration[1]. De même qu'au livre II des *Tristes* Ovide rappelle la condamnation dont fut l'objet son *Ars amatoria*[2], de même Dracontius reconnaît dans la *Satisfactio* l'erreur que fut un précédent poème[3]. Dans la même pièce Ovide invite Auguste à se montrer aussi clément que Jupiter (*Trist.* 2, 39 sq.); de même Dracontius supplie Gonthamond d'imiter la clémence de Dieu (v. 149-150)[4]. Quelques vers plus haut (*Trist.* 2, 31-32), Ovide déclare que sa faute fournit à l'empereur une occasion de pardon; l'auteur de la *Satisfactio* se sert du même argument (v. 297)[5]. L'exemple du lion magnanime qui épargne sa victime à terre, utilisé par Ovide pour fléchir Auguste (*Trist.* 3, 5, 33-34), est repris et développé par Dracontius (v. 141-146)[6]. A un même passage des *Pontiques* sont empruntés le thème des lettres qui adoucissent les cœurs (v. 300; cf. *Pont.* 1, 6, 5-8)[7] et une clausule (v. 258 : *mililiaeque labor*; cf. *Pont.* 1, 6, 10). Enfin Dracontius s'est inspiré des *Remedia amoris* (v. 45-46) au v. 72[8].

L'imitation d'autres poètes profanes est moins fréquente et moins significative. On ne peut guère relever

---

1. J. Bouquet, *L'imitation d'Ovide chez Dracontius, Colloque Présence d'Ovide*, 1982, p. 180, a souligné à juste titre cette particularité de la *Satisfactio* ; cf. p. 184 : « Dracontius en imitant les *Tristes* et les *Pontiques* établit par delà les siècles une sorte de fraternité avec le poète exilé par la colère impériale ». Voir aussi E. Clerici, *Due poeti: Emilio Blossio Draconzio e Venanzio Fortunato, Rend. Ist. Lomb.*, 107, 1973, qui montre bien (p. 112-113) l'importance du second livre des *Tristes* dans l'inspiration de la *Satisfactio*.

2. *Trist.* 2, 7 sq. ; 61 ; 207, etc.

3. V. 93-94.

4. Voir la note aux v. 149 sq.

5. Voir la note au v. 297. On notera aussi que *Sat.* 115 offre une réminiscence de *Trist.* 2, 22 (voir la note au v. 115).

6. Voir la note aux v. 141 sq.

7. Voir la note au v. 300.

8. Voir la note aux v. 71 sq. ; on peut établir une certaine analogie entre la *Satisfactio* et les *Remedia amoris*, où Ovide affecte de corriger son *Ars amatoria* ; voir J. Bouquet, *L'imitation d'Ovide, op. cit.*, p. 179-180.

que quelques réminiscences d'Horace[1], de Juvénal[2] et de Claudien[3].

Les poètes chrétiens.

L'étendue et la nature de l'œuvre expliquent que dans la *Satisfactio* les souvenirs des poètes chrétiens sont moins nombreux et moins variés que dans le *De laudibus Dei*[4]. On peut relever une réminiscence du *Carmen apologeticum* de Commodien[5], l'imitation d'un vers des *Épigrammes* de Damase[6], une définition de l'éternité divine qui s'inspire du *Contre Symmaque* de Prudence[7], un emprunt probable à l'*Alethia* de Claudius Marius Victor[8], un souvenir du *Liber epigrammatum* de Prosper d'Aquitaine[9].

Les sources bibliques

Comme le *De laudibus Dei*[10], la *Satisfactio* témoigne d'une connaissance approfondie de l'Ancien et du Nouveau Testament. Dracontius manifeste ici encore sa prédilection pour les *Psaumes*[11], livre de la Bible avec lequel son propre poème présente des affinités évidentes[12]. Mais il se réfère fréquemment aussi au *livre des Proverbes*[13] et il se souvient très souvent de versets de l'*Ecclésiaste* dans la digression qu'il consacre au thème

1. Voir la note au v. 33.
2. Voir la note au v. 15.
3. Voir la note au v. 204 et au v. 275.
4. Sur les imitations de poètes chrétiens dans le *De laudibus Dei* et les caractéristiques de ces réminiscences, voir t. I, p. 64 sq.
5. Voir la note au v. 96.
6. Voir la note au v. 312.
7. Voir la note au v. 5.
8. Voir la note aux v. 91 sq.
9. Voir la note au v. 116.
10. Voir t. I, p. 68 sq. Pour la *Satisfactio*, on trouve une liste de références scripturaires dans l'édition procurée par S. Gennaro, p. 63-64.
11. Pour les souvenirs des *Psaumes* dans le *De laudibus Dei*, voir t. I, p. 69-70. Pour la *Satisfactio*, voir les notes aux v. 1 ; 2 ; 3 ; 26 sq. ; 310.
12. Voir *supra* p. 147.
13. Voir les notes aux v. 54 ; 103 ; 137 sq. ; 147-8 ; 209 sq.

du temps[1]. La *Satisfactio* contient en outre des réminiscences de l'*Exode*[2], des *livres des Rois*[3], du *livre de Job*[4], du *livre de la Sagesse*[5], du *livre du Siracide*[6], et des livres prophétiques : *Nahum*[7], *Jérémie*[8], *Malachie*[9], *Daniel*[10].

On relève aussi dans le poème des souvenirs du Nouveau Testament, surtout des *Évangiles*[11], mais aussi de l'*Épître aux Romains*[12], de l'*Épître aux Éphésiens*[13] et de la *I*[re] *Épître de Jean*[14].

La langue et le style de la Satisfactio   A propos du *De laudibus Dei*[15] nous avons défini les traits caractéristiques de la langue et du style de Dracontius. Nous nous bornons donc à signaler ici les particularités qu'offre la *Satisfactio*.

Dans le lexique on note, comme dans les autres œuvres de Dracontius, le goût du poète pour les termes rares : on relève ainsi le substantif *catulaster* (v. 225), les adjectifs *diademalis* (v. 33), *doctiloquax* (v. 61), *triumphiger* (v. 22), le verbe *discipulare* (v. 154). On retrouve l'emploi dans un sens nouveau de vocables comme *merere*, *mereri* (v. 92 ; 159) ou *reatus* (v. 19 ; 53 ; 198 ; 307)[16] ; on relève aussi *linquere* dans l'acception de *delinquere* (v. 39), *praestare* utilisé comme synonyme de *prodesse* (v. 64).

---

1. Voir les notes aux v. 216 ; 219 sq. ; 233 sq. ; 243 sq. ; 248 sq. ; 257 ; 259-260.
2. Voir la note au v. 18.
3. Voir les notes aux v. 54 ; 165 ; 167-8.
4. Voir la note au v. 303.
5. Voir les notes aux v. 253-5 ; 310.
6. Voir la note au v. 44.
7. Voir la note aux v. 26 sq.
8. Voir la note au v. 11.
9. Voir la note au v. 7.
10. Voir les notes aux v. 7 et 31 sq.
11. Voir les notes aux v. 101 ; 151 ; 291 ; 293 ; 296 ; 305 sq. ; 307.
12. Voir la note au v. 114.
13. Voir la note au v. 155.
14. Voir la note au v. 54.
15. Voir t. I, p. 78 sq.
16. Sur ces termes, voir t. I, p. 79, n. 6.

La phrase, le plus souvent, est moulée dans le distique élégiaque[1]. Il n'est pas rare qu'elle prenne un peu d'ampleur, s'étendant à deux distiques[2]. Mais, à la différence du *De laudibus Dei*[3], la *Satisfactio* ne compte qu'un très petit nombre de phrases dépassant quatre vers[4]. Dracontius recherche volontiers la brièveté de la *sententia*, enserrée dans le seul pentamètre quand elle est limitée à un vers[5].

Nombreux sont dans la *Satisfactio*, comme dans le *De laudibus Dei*[6], les procédés d'origine rhétorique. On notera spécialement les fréquentes recherches d'iso-métrie, surtout dans le pentamètre[7]; la symétrie des membres de phrases successifs est fréquemment ren-forcée par les anaphores[8], les homéotéleutes[9], les rimes léonines[10], procédés qui sont souvent associés[11]; elle est

1. Les rejets et enjambements ne sont pas rares, mais n'appa-raissent qu'à l'intérieur du distique : v. 4 ; 20 ; 68 ; 80 ; 92, etc.

2. Vers 1-4 ; 5-8 ; 11-14 ; 55-58 ; 93-96 ; 101-104 ; 143-146 ; 151-154 ; 211-214 ; 277-280 ; 299-302 ; 313-316.

3. Voir t. I, p. 82 et n. 3.

4. Seulement deux phrases, aux vers 19-26 et 45-52.

5. Par exemple aux vers 10 ; 174 ; 190 ; 196 ; 206. La *sententia* occupe parfois aussi un distique entier : ainsi aux vers 27-28 ; 29-30 ; 209-210 ; 255-256.

6. Voir t. I, p. 83 sq.

7. Ainsi aux vers 2 ; 28 ; 58 ; 60 ; 66 ; 70 ; 78 ; 82 ; 88 ; 118 ; 124 ; 220 ; 248 ; 252 ; 260 ; 292. Parfois le distique entier est l'objet de ces recherches de symétrie : v. 215-216 ; v. 239-240. H. Drexler, *Zum lateinischen Pentameter, Philologus*, 109, 1965, p. 227-8, cite de nombreux pentamètres d'Ovide où se rencontrent ces recherches d'isométrie.

8. Par exemple au v. 66 : *uipera saepe iuuat, uipera saepe nocet* et au v. 82 : *cuncta creanda parans, cuncta creata fouens* ; à l'intérieur du distique aux v. 215-216 : *quod pereunt hostes... | quod pereunt populi...* et aux v. 239-240 : *Cynthia dum crescit... | ... Cynthia dum minuit.*

9. Les homéotéleutes sont d'ordinaire associés à d'autres procédés ; voir *infra* la note 11.

10. Ainsi au v. 2 : *quem tremit omne solum, qui regis igne polum*, au v. 248 : *tempus habent noctes, tempus et ipse dies*, ou encore au v. 292 : *quid rex subiectis et dominus famulis?*

11. Ainsi aux vers 28 : *aspera cuncta petat, prospera cuncta negat* ; 58 : *et bona mixta malis et mala mixta bonis* ; 60 : *humida*

soulignée aussi parfois par les chiasmes[1]. Les anaphores[2], les homéotéleutes[3], les rimes léonines[4], les chiasmes[5] se rencontrent également en dehors de ces recherches de symétrie. Comme dans ses autres œuvres, Dracontius manifeste ici son goût pour les formules antithétiques[6] et se plaît aux alliances de mots, aux *oxymora*[7].

Prosodie et métrique   Dans la *Satisfactio* on relève dans la prosodie des irrégularités du même type que dans le *De laudibus Dei*[8] : des modifications de la quantité dans les noms propres[9], des allongements dans des formes où se succèdent habituellement trois brèves[10], des allongements

---

cum siccis, ignea cum gelidis ; 70 : impius inde nocet, rusticus inde placet ; 88 : Lucifer hoc docuit, Sirius hoc monuit.

1. Par exemple aux vers 124 : *uindice quo regnas, quo uigilante uiges* ; 220 : *tempora eunt uitae, tempora mortis eunt* ; 260 : *tempora dant lucrum, tempora damna ferunt*.

2. Aux vers 91 *(quod)* ; 101 *(te)* ; 112 *(sit)* ; 225 *(non)* ; 252 *(tempus)* ; 263-4 *(horam)* ; 275-6 *(despicit)*.

3. Aux vers 41 *(dominoque Deoque)* ; 51 *(patriasque suasque)* ; 86 et 244 *(itque reditque)* ; 281 *(sontes peccantes)*. Le procédé peut servir à souligner l'accumulation des adjectifs : v. 15 : *bona tristia prospera praua*.

4. Aux vers 140 (... *fuerit* ... *furit*) ; 238 (... *polis* ... *maris*) ; 244 (... *solitas* ... *plagas*) ; 267 (... *aetherias* ... *rapinas*) ; 271 (... *egregios* ... *tauros*).

5. Voir les vers 65 ; 87 ; 150 ; 166 ; 202 ; 247 ; 261.

6. Par exemple aux vers 7 : *omnia permutans, nullo mutabilis aeuo* ; 10 : *omnia tempus habent, nam tibi tempus abest* ; ces formules antithétiques se rencontrent en grand nombre dans le passage où le poète montre comment le bien et le mal s'opposent dans la nature (v. 55-90) : v. 60 ; 65 ; 66 ; 70, etc. H. Drexler, *Zum lateinischen Pentameter, Philologus*, 109, 1965, p. 228, donne de nombreux exemples de formules antithétiques dans les pentamètres d'Ovide.

7. Par exemple *ueniale minaris* (v. 121) et *feritate pia* (v. 274).

8. Voir t. I, p. 92-93.

9. Ainsi des abrègements dans *Dauĭd* (v. 158 ; cf. *L.D.* 2, 664) et *Isrǎhēlitarum* (v. 97 ; cf. *L.D.* 2, 171) ou des allongements dans *Stēphanus* (v. 171) et *Tītus* (v. 183) ; voir t. I, p. 92, n. 2 et p. 93, n. 5.

10. Ainsi *prōpitius* (v. 14 ; voir la note à ce vers) et *muliēre* (v. 161).

en syllabe finale à l'*arsis* devant un *h* initial[1], divers abrègements de voyelles longues[2].

Devant la coupe du pentamètre, une syllabe brève ne peut d'ordinaire jouer le rôle d'une longue[3]. La *Satisfactio* présente quelques exceptions à cet usage[4]. Contrairement aux poètes de l'âge augustéen[5], Dracontius ne s'interdit pas de terminer le pentamètre par une syllabe ouverte dont la voyelle est brève[6].

Dans la *Satisfactio* le pentamètre se termine le plus souvent par un mot dissyllabique[7] ou trisylla-

1. Par exemple au v. 62 *(ut habeant)*, au v. 185 *(perdidimus hac)*, etc. ; on relève même un allongement devant *h-* au temps faible du pied au v. 135 *(dat hostibus)*, comme dans *L.D.* 3, 674 (voir la note à ce vers). On trouve aussi des allongements à l'*arsis* de syllabes finales placées devant un groupe de consonnes comportant une occlusive et une liquide (voir t. I, p. 93, n. 2) : au v. 137 *(terribile fremit)* et au v. 315 *(culpa plectente)*.

2. Par exemple à la finale le *ō* de nominatif singulier *(homo :* v. 38 et 92 ; *grando :* v. 79 ; *praedo :* v. 143, etc.), de l'ablatif du gérondif (au v. 149 *ignoscendo* ; voir t. I, p. 93, n. 3), de la première personne du singulier de l'indicatif présent *(posco :* v. 108 ; *retorqueo :* v. 117, etc.), de *quando* (v. 98 ; 267 ; 269). On trouve aussi des abrègements de voyelles longues dans divers substantifs : *idŏla* (v. 96 ; cf. *L.D.* 2, 589), *senectŭs* (v. 224), *pĭcus* (v. 268).

3. Pour les exemples très rares d'allongements devant la coupe du pentamètre, voir L. Mueller, *De re metrica poetarum Latinorum praeter Plautum et Terentium*[2], 1894, p. 406 ; L. Nougaret, *Traité de métrique latine classique*, p. 56-57.

4. Dans son édition de la *Satisfactio*, p. 102, M. St. Margaret donne une liste de ces exceptions. La syllabe brève allongée est d'ordinaire fermée (v. 80 : *uicibus* ; 92 : *simul* ; 102 : *iuuat* ; 140 : *fuerit* ; 166 : *daret*), mais parfois aussi ouverte (v. 160 : *impune* ; 262 : *seruare* ; voir la note au v. 262).

5. Voir L. Nougaret, *Traité de métrique latine classique*, p. 57.

6. Aux vers 12 ; 20 ; 22 ; 42 ; 56 ; 102 ; 130 ; 222 ; 308.

7. Dans 118 des 158 pentamètres que compte la *Satisfactio*, soit dans près de 75 % des cas. Certains poètes, comme Tibulle, Properce et Ovide, au moins dans certaines de leurs œuvres, ont presque uniquement utilisé des fins de pentamètre dissyllabiques ; chez Catulle en revanche, seulement 39 % des pentamètres se terminent par un dissyllabe ; sur l'usage de ces divers auteurs, voir J. Veremans, *Évolution historique de la structure verbale du deuxième hémistiche du pentamètre latin, Hommages à Marcel Renard I*, 1969, p. 761-2.

bique[1], beaucoup plus rarement quadrisyllabique ou
pentasyllabique[2]. En ce qui concerne la structure verbale du deuxième membre du pentamètre, Dracontius
dans la *Satisfactio* se rapproche de l'usage de Tibulle
et de Properce[3] en utilisant quinze des trente-huit types
différents qu'on peut rencontrer chez les poètes latins[4].

Comme dans le *De laudibus Dei* et dans les œuvres
profanes[5], les élisions dans la *Satisfactio* sont en petit
nombre : nous en avons relevé 32 exemples dans les
316 vers du poème[6], soit un pourcentage moyen de

1. Dans 31 pentamètres sur 158, soit près de 20 %. Ce pourcentage est beaucoup plus élevé que chez Tibulle, Properce,
Ovide et Martial ; pour ces auteurs, voir G. A. Wilkinson, *The
trisyllabic ending of the pentameter: its treatment by Tibullus,
Propertius and Martial*, C.Q., 42, 3-4, 1948, p. 68 et n. 1.

2. 8 pentamètres ont une fin quadrisyllabique et un seul une
fin pentasyllabique (v. 22 : *triumphigera*) ; chez Catulle ces types
de fins de pentamètres ne sont pas rares.

3. Chez ces deux poètes on trouve de 11 à 17 types différents
(ces nombres varient selon les différents livres de leurs œuvres) ;
c'est moins que chez Catulle (21 types) et plus que chez Ovide
(8 types) ; voir J. Veremans, *Évolution historique de la structure
verbale, op. cit.*, p. 759.

4. Les 5 types le plus souvent utilisés par Dracontius comportent une fin dissyllabique ; ils correspondent aux 5 types qui
dominent chez les autres poètes latins, Catulle excepté, et qui,
selon J. Veremans, *Évolution historique de la structure verbale,
op. cit.*, p. 763, « ont donné à la deuxième moitié du pentamètre
latin son allure définitive, mais aussi typiquement romaine ».
Parmi les types à fin trisyllabique, le plus fréquent chez Dracontius
comporte un monosyllabe inaccentué et proclitique entre deux
trisyllabes (cf. v. 60 : *ignea cum gelidis*) ; sur ce type, voir
G. A. Wilkinson, *The trisyllabic ending of the pentameter, op.
cit.*, p. 72-73. Dracontius use aussi de types d'ordinaire plus rares
(on les rencontre surtout chez Catulle) : type du v. 122 : *deliciis
epulas* (un mot choriambique et un mot anapestique) ; cf. v. 146 ;
v. 302 ; v. 304 ; type du v. 74 : *concula diuitias* (un mot dactylique
et un mot choriambique) ; cf. v. 12 ; v. 186 ; v. 200 ; v. 254 ;
sur ces deux derniers types, voir J. Veremans, *op. cit.*, p. 764 sq.
et G. A. Wilkinson, *op. cit.*, p. 70 et n. 1.

5. Voir t. I, p. 94 et n. 4.

6. B. Barwinski, *Pars III, op. cit.*, p. 9, indique le chiffre de
31 élisions ; M. St. Margaret, dans son édition de la *Satisfactio*,
p. 101, en a relevé 29 exemples ; on pourra se reporter à la liste
qu'elle donne en supprimant la référence au v. 172 (*pro hostibus* ;

10,12 %[1]; elles sont plus nombreuses dans les pentamètres (19 exemples, soit 12,02 %) que dans les hexamètres (13 exemples, soit 8,22 %).

Les coupes de l'hexamètre dans la *Satisfactio* confirment l'usage de Dracontius dans ses autres œuvres[2] : la césure habituelle est la penthémimère[3]; en dehors de cette coupe, on ne rencontre que la coupe triple *a*[4], qui est utilisée surtout dans des hexamètres consécutifs[5] ou appartenant à un même passage[6].

Les imitateurs   En Afrique, on trouve des imitations de la *Satisfactio*, de même que du *De laudibus Dei*[7], dans l'*In laudem Iustini* et dans la *Iohannis* de Corippe[8]. En Gaule, Venance Fortunat s'est inspiré de la *Satisfactio*, comme des autres œuvres de Dracontius[9]; outre les parallèles textuels[10], on a pu noter chez les deux auteurs des motifs littéraires communs et des analogies syntaxiques[11]. En Italie, on

il faut lire *hostibus* ; voir la note à *Sat.* 172) et en ajoutant les vers 98 *(deum oblitus)*, 206 *(qui ignoscit)*, 220 *(tempora eunt)*, 308 *(culpa est)*.

1. Le pourcentage moyen chez les poètes tardifs, Claudien excepté, se situe entre 20 et 25 % ; voir t. I, p. 94, n. 6.

2. Voir t. I, p. 95-96.

3. Dans 136 hexamètres sur 158, soit 86, 07 %.

4. Dans 22 hexamètres sur 158, soit 13, 92 %. Ce pourcentage est assez nettement inférieur à celui du *De laudibus Dei* ; voir t. I, p. 95, n. 4.

5. Dans les vers 113-115 ; 183-185 ; 247-249 ; 303-305 ; 311-313.

6. Dans les vers 5 et 9 ; 127, 131 et 135 ; 247, 249 et 253.

7. Voir t. I, p. 100, n. 1.

8. On rapprochera en particulier *Ioh.* 1, 287-8 de *Sat.* 3-4 (voir la note à *Sat.* 3), *Ioh.* 7, 25 de *Sat.* 58 (voir la note à *Sat.* 58), *Iust.* 4, 306 de *Sat.* 263 (voir la note à *Sat.* 263).

9. Voir t. I, p. 100-101.

10. On retrouve chez Venance Fortunat la clausule *igne polum* (*Carm.* 4, 14, 6 ; cf. *Sat.* 2), la clausule *modulamine linguam* (*Carm.* 4, 16, 7 ; cf. *Sat.* 47 : *modulamina linguae*), l'expression *pectore mente* (*Carm. app.* 23, 2 ; cf. *Sat.* 118), la clausule *tremebunda senectus* (*Carm.* 4, 6, 1 ; cf. *Sat.* 229), l'expression *languida membra* (*Carm.* 7, 12, 44 ; cf. *Sat.* 296).

11. Voir E. Clerici, *Due poeti : Emilio Blossio Draconzio e Venanzio Fortunato*, *Rend. Ist. Lomb.*, 107, 1973, p. 108 sq. ; pour les rapprochements avec la *Satisfactio*, voir surtout p. 112 sq.

peut relever une imitation chez Maximianus[1], des réminiscences chez Boèce[2] et surtout des emprunts de Colomban[3]. En Espagne, Isidore de Séville, qui connaît le livre I du *De laudibus Dei*[4], cite dans ses *Etymologiae* (6, 9, 1) le v. 63 de la *Satisfactio*. Julien de Tolède, disciple d'Eugène de Tolède[5], a transmis plusieurs vers de Dracontius[6].

Dans les Iles Britanniques, on trouve chez Aldhelm des imitations étroites de vers de la *Satisfactio*[7]; son contemporain Cellanus de Péronne connaît aussi cette œuvre[8]. Lors de la première renaissance carolingienne, Alcuin, dont l'œuvre poétique présente divers emprunts au *De laudibus Dei*[9], s'est inspiré également de la *Satisfactio*[10]. On relève aussi chez Théodulf d'Orléans[11] des

1. *Eleg.* 1, 246 : *gemitus aegra senectus habet*; cf. *Sat.* 224 (rapprochement relevé par Vollmer, *M.G.H.*, p. ix, n. 25).

2. Cons. 3 *carm.* 9, 10 sq. et 4 *carm.* 6, 19 sq. (cf. *Sat.* 60) ; *Cons.* 1 *carm.* 5, 29-30 (cf. *Sat.* 282).

3. Voir t. I, p. 102 et n. 3 ; voir les notes à *Sat.* 219 sq., 247, 253-255.

4. Voir t. I, p. 7, n. 1 et p. 105.

5. Sur Julien de Tolède et son *Ars grammatica*, voir G. Funaioli, *Esegesi Virgiliana antica*, Milano, 1930, p. 412 sq. ; A. H. Maestre Yenes, *Ars Juliani Toletani episcopi. Una gramática latina de la España visigoda. Estudio y edición crítica*, Toledo, 1973.

6. V. 55-60 de la recension eugénienne (voir la note à *Sat.* 55 sq.) ; v. 210 (voir la note à *Sat.* 210).

7. *Laud. uirg.* 2874 (cf. *Sat.* 5) et 2875 (cf. *Sat.* 9) ; voir les notes à *Sat.* 5 et 9.

8. Voir la note à *Sat.* 189-190 ; sur Cellanus et l'abbaye de Péronne, voir L. Traube, *Perrona Scottorum, ein Beitrag zur Ueberlieferungsgeschichte und zur Palaeographie des Mittelalters*, *SBAW*, 1900, p. 479 sq. et 488 sq. ; sur les vers conservés dans le *Laurentianus lat.* LXVI 40, parmi lesquels *Sat.* 189-190 au fol. 61[v], voir *ibid.*, p. 484 sq.

9. Voir t. I, p. 104 et n. 2.

10. *Carm.* 9, 117 (cf. *Sat.* 29 ; voir la note à *Sat.* 29) ; *Carm.* 9, 92 (cf. *Sat.* 152 ; voir la note à *Sat.* 152). Le v. 53 de la *Satisfactio* est aussi emprunté dans le poème *Miracula Nyniae episcopi* (v. 131) qui se trouve dans un florilège dû à Alcuin ; voir la note à *Sat.* 53.

11. Sur le possible rôle de Théodulf dans la transmission de la recension eugénienne, voir t. I, p. 104, n. 3 et p. 129.

réminiscences du poème de Dracontius[1]. Signalons enfin qu'Heriger de Lobbes[2] a reproduit presque textuellement un vers de la *Satisfactio*[3].

La recension d'Eugène de Tolède Dans l'édition qu'Eugène de Tolède a donnée des œuvres chrétiennes de Dracontius[4] la *Satisfactio* est présentée comme un *liber secundus* du *De laudibus Dei* réduit au livre I[5]. De même que ce dernier livre[6], la *Satisfactio* a subi des amputations : le poème qui compte 316 vers est interrompu au v. 252 et dans la partie conservée les omissions sont nombreuses[7]; l'œuvre est ainsi réduite à 220 vers. Il est probable qu'Eugène n'a eu connaissance que d'une partie du poème[8]. En outre Eugène a fait subir de profondes modifications à un bon nombre de vers[9], dont certains sont entièrement, ou presque entièrement, récrits[10], sans qu'il soit facile de bien comprendre toujours les intentions du correcteur[11]. Si la recension eugé-

---

1. *Carm.* 25, 15 (cf. *Sat.* 33 ; voir la note à *Sat.* 33) ; *Carm.* 2, 129 (cf. *Sat.* 58 ; voir la note à *Sat.* 58).

2. Sur les souvenirs de Dracontius chez Heriger, voir t. I, p. 45 et n. 3.

3. Dans la *Vita metrica S. Ursmari* 1, 318 (cf. *Sat.* 5 ; voir la note à *Sat.* 5).

4. Sur les caractéristiques générales de cette recension, voir t. I, p. 106 sq.

5. L'appellation de *liber secundus* se rencontre à la fois dans l'*incipit* et dans l'*explicit* du manuscrit *M* (voir *infra* p. 163). Elle est reprise dans l'édition de F. de Lorenzana *(Dracontii liber secundus)* ; voir *infra* p. 166.

6. Voir t. I, p. 106 sq.

7. Il manque les vers 5-6, 22-23, 35-36, 51-52, 113-116, 121-130, 133-136, 193-196, 207-208, 217-218.

8. Voir t. I, p. 106 et *supra* p. 143, n. 3.

9. Citons en particulier les vers 1, 12, 17, 20, 24, 27, 46, 48, 49, 80, 100, 117, 163, 228, 231, 245. En outre trois vers sont substitués au seul v. 16, un vers supplémentaire est inséré entre le v. 245 et le v. 246 (voir la note à *Sat.* 245) et le dernier vers de la recension eugénienne (v. 252) est étranger au poème (voir la note au v. 251).

10. Ainsi les vers 12, 17, 27, 100, 117, 228, 231.

11. Voir t. I, p. 108-109. K. Reinwald, *Die Ausgabe des ersten Buches der Laudes dei und der Satisfactio des Dracontius durch*

nienne du livre I du *De laudibus Dei* est souvent précieuse[1], celle de la *Satisfactio* doit être utilisée avec
grande précaution, comme l'avait bien vu Vollmer[2].
Elle ne doit cependant pas être négligée, car elle apporte
des confirmations, des corrections ou des compléments
aux leçons des manuscrits de Dracontius : sans doute le
plus souvent *V* et *D*, pour les vers que ce dernier manuscrit a transmis, sont en accord contre la recension
eugénienne, mais il arrive que *D* et Eugène concordent,
alors que la leçon de *V* diffère et paraît devoir être
écartée[3]; d'autres leçons d'Eugène, sans l'appui de *D*,
apparaissent aussi préférables à celles de *V*[4]; enfin le
texte d'Eugène permet de compléter deux lacunes du
texte de Dracontius[5]. D'autre part telle ou telle leçon
de *V* est utilement confirmée par l'accord d'un ou deux
des trois manuscrits d'Eugène[6].

Les manuscrits de la Satisfactio　　Un seul manuscrit, le *Vaticanus Reg. lat.* 1267, nous a conservé l'œuvre entière. Un autre, le *Darmstadtensis* 3303, a transmis seulement le début du poème.

Le *Vaticanus Reg. lat.* 1267 *(V)* est un manuscrit en

Eugenius von Toledo, Progr. Speyer 1913, s'est efforcé d'analyser
la méthode d'Eugène correcteur ; voir aussi E. Provana, *Blossio
Emilio Draconzio, op. cit.*, p. 56-58.

1. Voir t. I, p. 109.

2. *M.G.H.*, p. xxix: «Hic unum restat monendum, Eugenium
carmen brevius multo licentius tractasse quam hexaemeron
ideoque eius opere hac in parte maiore etiam cum cautione
utendum esse » ; cf. *P.L.M.*, p. vi : « Eugenius recensuit satisfactionem vel potius novum ex Dracontiano effecit carmen
licentissime mutando ».

3. L'accord de *D* et d'Eugène invite ainsi à retenir *tremit* au
v. 2 et *praestet* au v. 64.

4. Ainsi *at* au v. 141, *nobis* au v. 149, *reparauit* au v. 177,
contulit au v. 213, *Maurus* au v. 214, *Cynthia* aux v. 239 et 240.

5. Au v. 160 (<*reus*>) et au v. 166 (<*haec daret*> et
sub<*oli*>).

6. En particulier l'accord entre *V* et *M* (v. 50 : *ut* ; 82 : *parans* ;
92 : *homo* ; 131 : *sub iure*, etc.) ou entre *V* et *FP* (91 : *fretum* ;
92 : *meruere* ; 94 : *ignotumque* ; 109 : *armato*, etc.).

parchemin de 150 folios. Il comprend deux parties : la première (fol. 1-135ᵛ), qui date du xivᵉ siècle, comporte surtout des traités de mathématiques (dont l'*Institutio Arithmetica* de Boèce)[1]; la seconde (fol. 136-150ᵛ) est presque entièrement en écriture bénéventaine des ixᵉ-xᵉ siècles (fol. 139-150ᵛ)[2]. Cette dernière partie a été détachée d'un autre manuscrit (Rome, *Bibl. Casanatense* 641² *(B IV 18))*[3]; elle renferme essentiellement les *Versus Marci Poetae de S. Benedicto* (fol. 141ᵛ-142ᵛ) et la *Satisfactio* de Dracontius (fol. 143ᵛ-150ᵛ). Les folios qui transmettent la *Satisfactio* contiennent 22 vers par page, excepté le fol. 143ᵛ qui comporte 20 vers et le fol. 150ᵛ qui en compte 10. C'est seulement dans l'*explicit* que sont indiqués le titre et le destinataire de l'œuvre : *Explicit satisfactio Dracontii ad Guthamundum regem Guandalorum dum esset in uinculis*. Le manuscrit a été décrit par Arevalo qui le découvrit et l'utilisa pour son édition[4], par Vollmer[5] et par E. A. Lowe[6]. Une seconde main *(V²)* a apporté un petit nombre de corrections[7], dont la plupart sont judicieuses[8]. Une troisième main a seulement porté dans la marge quelques indications sur les sujets traités[9].

Le *Darmstadtensis* 3303 (Darmstadt, Hessische Landes- und Hochschulbibliothek Darmstadt) *(D)* est un

---

1. Cette partie du manuscrit porte le numéro 508 dans le catalogue de Montfaucon ; voir Fr. de Marco, *Les manuscrits de la Reine de Suède au Vatican, Studi e Testi*, 238, 1964, p. 33.

2. Voir E. A. Loew, *The Beneventan Script. A History of the South Italian Minuscule*², Rome, 1980, II, p. 168.

3. Voir E. A. Lowe, *Scriptura Beneventana*, I, Oxford, 1929, pl. XXIX et pl. XXXVIII ; W. J. Anderson, *Nouvelle liste de membra disiecta, Revue Bénédictine*, 43, 1931, p. 105 ; E. A. Loew, *The Beneventan Script*, *op. cit.*, II, p. 122.

4. Voir *Prolegomena*, Caput VII, 80-81 (*P.L.* 60, col. 639-640).

5. *M.G.H.*, *A.A.*, XIV, p. xxviii-xxix.

6. *Scriptura Beneventana*, I, *op. cit.*, pl. XXIX.

7. Voir les vers 14 *(gerant)*, 21 *(qui)*, 25 *(despicerem)*, 26 *(et)*, 39 *(liquit* et *senior)*, 241 *(obseruat)*, 289 *(quia)*, 313 *(si)*.

8. Celles des vers 14, 21, 25, 241, 289, 313.

9. Au v. 31 : *de Nabuchodon(o)s(or)*, au v. 69 : *de ferro*, au v. 81 : *de sole*, etc.

manuscrit en parchemin du ixᵉ siècle qui compte seulement 4 folios. Comme les manuscrits 3149 et 3301 de la
même bibliothèque il a été découvert en 1859 dans les
archives de Wimpfen. Il a été décrit par Vollmer[1]. Le
fol. 3, qui contient au recto un poème d'Alcuin[2], offre
au verso le début de la *Satisfactio* de Dracontius jusqu'au v. 80. La page comporte deux colonnes de 40 vers
précédées, sur toute la largeur de la page, d'un *incipit* :
Incipit satisfactio Traconi ad Gunthamundum regem.
Vollmer pense que le manuscrit n'a jamais renfermé
d'autres vers de la *Satisfactio*[3]; Speranza est moins
affirmatif[4], sans doute avec raison, car le manuscrit
présente une lacune entre le fol. 3 et le fol. 4; cette
lacune pourrait expliquer l'absence de la suite de la
Satisfactio et celle du début du *De tropis* qui figure au
fol. 4[5]. L'état du manuscrit rend difficile, parfois même
impossible, la lecture de certains vers de la *Satisfactio*[6].
Ce fragment est néanmoins utile, car il apporte souvent
des confirmations aux leçons de *V* quand elles diffèrent
de celles de la recension eugénienne[7], faisant bien
apparaître en particulier l'étendue des modifications
apportées par Eugène à certains vers de Dracontius[8].
D'autre part les accords entre certaines leçons de *D* et

1. *M.G.H., A.A.*, XIV, p. xxix. Voir aussi E. Dümmler, *Nasos
(Modoins) Gedichte an Karl den Grossen, Neues Archiv*, 11, 1886,
p. 77 sq. et surtout K. H. Staub- H. Knaus, *Die Handschriften
der Hessischen Landes- und Hochschulbibliotek Darmstadt*, 4
(Bibel Handschriften ; Ältere Theologische Texte)*, Wiesbaden,
1979, p. 282, nᵒ 180.
2. *Conflictus ueris et hiemis* (voir *M.G.H., Poet. Carol.*, I, p. 270).
3. *M.G.H.*, p. xxix : « tum finit pagina et carminis fragmentum,
neque umquam amplius in codice fuisse putabimus ».
4. Dans la préface de son édition de la *Satisfactio*, p. xix : « in
quo an integra Draconti elegia olim extiterit nescio ».
5. Voir K. H. Staub-H. Knaus, *Die Handschriften, op. cit.*,
p. 282.
6. Surtout aux vers 4-7, 9-10 et 46-50.
7. Voir, par exemple, aux vers 11 *(qui)*, 13 *(uelle)*, 26 *(ut)*,
28 *(petat)*, 32 *(quis neget)*, 33 *(et)*, etc.
8. Voir, par exemple, les vers 15, 18, 19, 20, 24, etc.

d'Eugène montrent l'intérêt, dans certains cas, du texte
d'Eugène[1].

Les manuscrits de la recension eugénienne Pour notre édition de la *Satisfactio*, nous avons utilisé tous les
manuscrits qui ont transmis la
recension eugénienne de cette œu-
vre : le *Matritensis* 10029, le *Parisinus lat.* 8093 et le
Parisinus lat. 2832. Pour la présentation générale de ces
manuscrits qui contiennent également la recension
eugénienne du *De laudibus Dei*, nous renvoyons à
l'Introduction du tome I[2]. Il suffit de donner brièvement
ici les indications qui concernent la seule *Satisfactio*.

Dans le *Matritensis* 10029 *(M)* la recension de la
Satisfactio occupe les fol. 12ʳ-16ʳ. L'œuvre est présentée,
à la suite du livre I du *De laudibus Dei*, comme un *liber
secundus* à la fois dans l'*incipit (Incipit liber secundus
Dracontii satisfactio pro se)* et dans l'*explicit (Explicit
eiusdem Dracontii liber secundus)*. La recension s'arrête
au v. 251 du poème[3]; compte tenu des vers omis par
Eugène[4], l'œuvre dans *M* comporte seulement 220 vers.
M est le témoin le plus fidèle de la recension eugénienne[5].

Dans le *Parisinus lat.* 8093 *(F)* la recension de la
Satisfactio est contenue dans les fol. 30ʳ-31ᵛ. Comme
dans *M*, elle suit immédiatement celle du livre I du *De
laudibus Dei*. Cette recension, qui s'interrompt au v. 230
du poème, compte seulement 198 vers.

Dans le *Parisinus lat.* 2832 *(P)*, la recension de
l'œuvre, qui se trouve aux fol. 24ᵛ-28ᵛ, présente les
mêmes caractéristiques que dans *F*; elle s'interrompt
aussi au v. 230 du poème. L'étroite parenté de *F* et de

---

1. Outre les leçons concordantes qu'on peut retenir (voir
supra p. 160 et n. 3), on relève des accords significatifs aux vers 1
(aeterne), 17 *(haec)*, 21 *(qui)*, 25 *(despicerem)*, 29 *(artus)*,
45 *(tyrannum)*.
2. Voir t. I, p. 121-126.
3. Ce v. 251 est suivi dans *M* d'un autre vers étranger au
poème ; voir la note à *Sat.* 251.
4. Voir *supra* p. 159 et n. 7.
5. Voir t. I, p. 125 et n. 3.

P, qui apparaît dans la partie du *De laudibus Dei* qu'ils ont transmise[1], est confirmée par la *Satisfactio* : là encore les deux manuscrits sont les seuls à présenter un bon nombre de variantes[2].

La filiation des manuscrits Pour l'ensemble des manuscrits qui ont transmis la *Satisfactio* de Dracontius ou sa recension eugénienne, Vollmer a proposé le stemma suivant[3] :

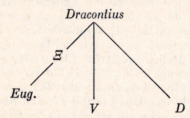

Vollmer désigne par *Ξ* un *exemplar Hispanum*, qui serait l'archétype des manuscrits ayant transmis le *De laudibus Dei*[4]; les manuscrits de la recension eugénienne *(Eug.)* seraient issus de cet archétype après qu'il ait été mutilé[5]. Nous avons essayé de montrer qu'il n'était pas nécessaire d'attribuer à *Ξ* une origine espagnole et aussi qu'il était plus satisfaisant de supposer avec F. Corsaro que l'archétype avait été l'objet d'une *excerptio* et non d'une mutilation[6]. En proviendrait donc un florilège *X*, contenant des *excerpta* du *De laudibus Dei* et de la *Satisfactio*, grâce auquel Isidore de Séville et Eugène de Tolède auraient eu connaissance des deux poèmes de Dracontius.

D'autre part nous avons vu que *D*, qui a transmis seulement un fragment de la *Satisfactio*, offrait des

1. Voir t. I, p. 126.
2. Ainsi aux vers 11 *(tu et quamuis)*, 13 *(homini)*, 19 *(lingua)*, 27 *(conspectus ad aethram)*, 29 *(membra)*, 33 *(tum)*, 50 *(et)*, 62 *(qui)*, etc.
3. *M.G.H.*, p. xxix.
4. *M.G.H.*, p. xxviii.
5. Pour la filiation des manuscrits de la recension eugénienne, voir t. I, p. 130-131.
6. Voir t. I, p. 128.

concordances significatives avec la recension eugénienne[1]. Il est donc tentant de penser que D pourrait
aussi dériver du florilège X[2].

Nous proposons donc un stemma nettement différent
de celui de Vollmer, en nous inspirant en partie de celui
que suggère Kuijper[3] :

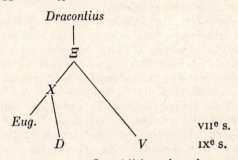

Dracontius

Ξ

X

Eug.

D V

VIIe s.

IXe s.

**Les éditions
de la Satisfactio**

Les éditions les plus anciennes,
excepté celle d'Arevalo, ont été
établies d'après des manuscrits de
la recension d'Eugène de Tolède.
Le texte de la *Satisfactio* incomplet y suit celui du premier livre du *De laudibus Dei* et y est parfois présenté
comme un second livre de cet ouvrage[4]. Nous avons
déjà mentionné ces éditions à propos du *De laudibus
Dei*[5]; il suffit de préciser ici les indications concernant
la *Satisfactio*.

Jacques Sirmond, *Beati Eugenii episcopi Toletani
Opuscula, quibus inserti sunt Dracontii libelli duo ab
Eugenio eodem olim recogniti*, Paris, 1619. Le texte de la
Satisfactio se trouve aux p. 46-53 avec le titre : *Dracontii*

---

1. Voir *supra* p. 160, n. 3 et p. 163, n. 1. Voir aussi les remarques
de F. Speranza dans son édition de la *Satisfactio*, p. xix.

2. D. Kuijper, *Varia Dracontiana*, p. 45, penche pour une
parenté assez étroite entre D et les manuscrits de la recension
eugénienne : «... efficio codices Eugenii et Darmstadensem
affinitate iungi artiore quam docet F. VOLLMER MGAA, p. xxix».

3. *Varia Dracontiana*, p. 45. Mais dans notre stemma X prend
la place que Kuijper propose pour Ξ.

4. Voir *supra* p. 159 et n. 5.

5. Voir t. I, p. 132 sq.

liber II. Ad Theodosium iuniorem Augustum. Cette
editio princeps est établie d'après le *Parisinus lat.*
2832[1]; elle ne donne donc que 198 vers du poème[2]. Elle
a été reproduite par A. Rivinus (Leipzig, 1651); dans le
titre très détaillé de cette édition[3], la *Satisfactio* est
ainsi désignée : *suiipsius ad Deum et ad regem Theodosium
Juniorem Augustum excusatio.*

Franciscus de Lorenzana, *SS. PP. Toletanorum
quotquot extant opera nunc primum edita... in duos tomos
distributa,* t. I, Madrid, 1782. La *Satisfactio,* qui occupe
les p. 50-55, y a pour titre : *Dracontii liber secundus ad
Theodosium iuniorem Augustum.* Le texte, qui est établi
d'après le *Matritensis* 10029, comporte 220 vers[4]. Cette
édition a été reproduite dans la *Patrologie Latine* de
Migne parmi les œuvres d'Eugène de Tolède (t. 87,
col. 383-388); le poème est ainsi intitulé : *Dracontii
hexaemeri liber secundus. Ad Theodosium iuniorem
Augustum.*

Johann Benedict Carpzov, *Dracontii presbyteri Hispa-
ni carmen epicum hexaëmeron ab Eugenio II Episcopo
Tolet. emendatum eiusdemque elegia ad Theodosium
iuniorem, Imperatorem Augustum,* Helmstädt, 1794.
La *Satisfactio,* qui se trouve aux p. 113-128, ne compte
que 220 vers. Postérieure aux travaux d'Arevalo qu'elle
ignore[5], cette édition reproduit encore la recension
eugénienne.

Les autres éditions transmettent le texte du « véritable Dracontius » et non plus de la recension d'Eugène
de Tolède.

Faustin Arevalo, *Dracontii poetae christiani seculi V
carmina ex mss. Vaticanis duplo auctiora iis quae adhuc*

---

1. Voir t. I, p. 132 et n. 4. F. Speranza, *Adnotatiunculae a due
edizioni del Vollmer, Orpheus, NS,* I, fasc. 2, 1980, p. 493, n. 21,
se demande si Sirmond n'a pas utilisé également le *Parisinus
lat.* 8093 *(F).*
2. Voir *supra* p. 163.
3. Voir t. I, p. 132.
4. Voir *supra* p. 163.
5. Voir t. I, p. 133 et n. 2.

prodierunt recensente Faustino Arevalo, qui prolegomena varias veterum editionum lectiones perpetuasque notationes adiecit, Rome, 1791. Sous le titre *Dracontii Satisfactio ad Guntharium regem Vandalorum dum esset in vinculis* qui s'inspire de l'*explicit* de *V*, la *Satisfactio* occupe les p. 367-402. Arevalo, utilisant, outre les manuscrits de la recension eugénienne, le *Vaticanus Reg. lat.* 1267 *(V)*, est le premier éditeur à publier le texte complet du poème. Cette édition a été reproduite dans la *Patrologie latine* de Migne (t. 60, col. 901-932).

Frédéric de Duhn, *Dracontii carmina minora plurima inedita ex codice Neapolitano*, Leipzig, 1873. Sous le titre *Satisfactio Dracontii*, le poème se trouve aux p. 80-90. Comme Arevalo, dont il signale les conjectures, de Duhn a utilisé le *Vaticanus Reg. lat.* 1267.

Frédéric Vollmer, *Fl. Merobaudis reliquiae, Blossii Aemilii Dracontii carmina, Eugenii Toletani episcopi carmina et epistulae, M.G.H., A.A.*, XIV, Berlin, 1905[1]. Vollmer a donné à la fois le texte de Dracontius et, sur la page voisine, celui d'Eugène de Tolède (sous le titre *Eugenii recensio*); cette double édition de la *Satisfactio* occupe les p. 114-131. Pour le texte de Dracontius, Vollmer est le premier à tenir compte du fragment contenu dans le *Darmstadtensis* 3303[2].

Frédéric Vollmer, *Dracontii de laudibus dei. Satisfactio. Romulea. Orestis tragoedia. Fragmenta. Incerti Aegritudo Perdicae, P.L.M.*, V, Leipzig, 1914[3]. Dans cette seconde édition de Vollmer le texte de la *Satisfactio*, sans la recension eugénienne, se trouve aux p. 95-107; il est établi à la fois d'après les manuscrits de Dracontius et d'après ceux de la recension eugénienne.

M. St. Margaret, *Dracontii Satisfactio with introduction, text, translation and commentary*, University of Pennsylvania, Philadelphie, 1936. Cette édition repro-

---

1. Pour les caractéristiques générales de cette édition, voir t. I, p. 135.
2. Voir *supra* p. 162.
3. Pour les caractéristiques générales de cette édition, voir t. I, p. 135-136.

duit le texte de la seconde édition de Vollmer *(PLM)*.
Elle n'est pas pourvue d'apparat critique; les conjectures et corrections proposées par l'auteur sont présen-
tées dans le commentaire. Ce travail estimable offre une
traduction anglaise qui se recommande par sa précision
et un commentaire assez abondant.

Salvatore Gennaro, *Satisfactio. Introduzione, testo,
traduzione e commento*, Catane, 1959. Cette édition
reproduit aussi le texte de l'édition de Vollmer *(PLM)*
et ne comporte pas d'apparat critique; l'auteur tient
compte de certaines des corrections proposées par des
érudits postérieurs à Vollmer. Outre une traduction
italienne dans l'ensemble assez exacte[1] et un commentaire qui n'est pas très développé, l'édition comporte
un index des sources scripturaires et des parallèles avec
l'édition remaniée du poème par Eugène de Tolède.

Feliciano Speranza, *Blossi Aemili Draconti Satisfactio una cum Eugeni recensione*, Rome, 1978. Cette
édition très utile présente simultanément, par inter-
linéation, le texte de Dracontius et celui de la recension
eugénienne. Elle est pourvue, pour ces deux textes, d'un
apparat critique très complet qui repose sur une collation minutieuse des manuscrits[2]; elle comporte d'abon-
dantes indications concernant les sources et les imita-

---

1. S. Gennaro avait précédemment publié, sans le texte du
poème, une traduction italienne qui diffère sur un assez grand
nombre de points de détail (Raccolta di studi di letteratura
cristiana antica, 19, Catane, 1951).

2. Dans l'article intitulé *Adnotatiunculae a due edizioni del
Vollmer*, Orpheus, NS, I, fasc. 2, 1980, p. 488-494, F. Speranza
a indiqué tous les points sur lesquels sa propre collation des
manuscrits diffère de celle de Vollmer : il a corrigé plus d'une
cinquantaine d'erreurs de Vollmer, surtout dans la collation
des manuscrits de la recension eugénienne, et relevé l'omission
d'une vingtaine de variantes de ces manuscrits. La collation que
nous avons faite personnellement de l'ensemble des manuscrits
nous a permis de constater que dans la très grande majorité des
cas F. Speranza a corrigé à juste titre l'apparat critique de
Vollmer ; il reste bien entendu des formes de lecture difficile
pour lesquelles on peut hésiter entre l'interprétation de Vollmer
et celle de Speranza.

teurs de Dracontius, ainsi que deux *indices* (I. *Nomina propria et appellativa*; II. *Index sermonis*).

La présente édition Notre édition de la *Satisfactio* se fonde sur les manuscrits qui ont transmis le texte *(V)* ou seulement une partie du texte *(D)* de Dracontius et sur ceux de la recension eugénienne *(MFP)*. Nous avons jugé inutile de donner le texte de la recension eugénienne, qu'on peut trouver dans la première édition de Vollmer *(MGH)*[1], ou de présenter cette recension par inter-linéation, comme l'a fait F. Speranza[2]. Nous avons préféré nous inspirer de la solution choisie par Vollmer pour sa seconde édition *(PLM)* : les manuscrits de la recension eugénienne sont placés dans l'apparat critique sur le même plan que ceux qui ont transmis le « véri-table » Dracontius[3]. Sans doute la recension eugénienne de la *Satisfactio* doit-elle être utilisée avec précaution[4], mais les manuscrits d'Eugène apportent parfois d'utiles corrections, compléments ou confirmations aux leçons des manuscrits de Dracontius[5].

La collation que nous avons faite de l'ensemble des manuscrits nous a permis de rectifier et compléter l'apparat critique des éditions de Vollmer[6]. Nous avons apporté aussi des modifications au texte de ces éditions. Nous avons écarté certaines conjectures retenues par Vollmer, préférant revenir à la leçon des manuscrits ou d'un manuscrit : ainsi aux v. 165 *(patri* pour *patris*, leçon de *V MFP)*, 178 *(deus* pour *dei*, leçon de *V)*, 195 *(sonat* pour *sonet*, leçon de *V)*. Nous avons parfois fait, entre les diverses leçons des manuscrits, un choix différent de celui de Vollmer : aux v. 39 *(linquit)*,

1. Voir *supra* p. 167.
2. Voir *supra* p. 168.
3. Il en est de même au tome I pour l'édition du livre I du *De laudibus Dei* procurée par Colette Camus.
4. Voir *supra* p. 160.
5. Voir *supra* p. 160 et n. 4, 5, 6.
6. Sur les erreurs et omissions que présentent ces apparats critiques, voir *supra* p. 168, n. 2.

50 *(restituat respicialque)*, 105 *(ullius)*, 172 *(hostibus)*[1]
(dans les trois derniers cas nous avons préféré la leçon
de *V* à celle des manuscrits d'Eugène choisie par Vollmer). Nous avons adopté une conjecture d'Arevalo que
Vollmer avait écartée : au v. 98 *(flans)*. Enfin nous
avons introduit trois conjectures postérieures aux éditions de Vollmer : aux v. 156 *(animo)*, 265 *(quis sim
qui)* et 272 *(candida)*.

1. Vollmer a choisi *hostibus* dans sa première édition, mais
préféré *pro hostibus* dans la seconde.

CONSPECTVS SIGLORVM

I. CODICES

Dracontii *Satisfactio* :

V   *Vaticanus Reg. lat. 1267*, s. IX-X.
D   *Darmstadtensis 3303*, s. IX.

Eugenii Toletani recensio :

F   *Parisinus lat. 8093*, s. IX.
P   *Parisinus lat. 2832*, s. IX.
M   *Matritensis 10029* (olim *Toletanus 14, 22*), s. IX-X.

II. EDITIONES ET ADNOTATIONES CRITICAE

Alfonsi: L. Alfonsi, *Sulla « Satisfactio » di Draconzio*, *GIF* 13, 1960, p. 351-355.

Arevalo: F. Arevalo, Édition de Dracontius *(Satisfactio)*, Rome, 1791.

Arevalo n.: conjectures de F. Arevalo dans les notes de son édition.

Blomgren: S. Blomgren, *In Dracontii carmina adnotationes criticae*, Eranos 64, 1966, p. 46-66.

Collins: S. T. Collins, *Two Notes on Early Christian Latin Poets, Sacris Erudiri* 4, 1952, p. 185-188.

de Duhn: Fr. de Duhn, Édition de Dracontius *(Carmina minora)*, Leipzig, 1873.

Gennaro: S. Gennaro, Édition de Dracontius *(Satisfactio)*, Catane, 1959.

Hudson-Williams: A. Hudson-Williams, *Notes on Dracontius and on the Aegritudo Perdicae, CQ* 33,

1939, p. 157-162; *Notes on the Christian Poems of
Dracontius, CQ* 41, 1947, p. 95-108.

Kuijper: D. Kuijper, *Varia Dracontiana*, Amsterdam,
1958.

Margaret: M. St. Margaret, Édition de Dracontius
(Satisfactio), Philadelphie, 1936.

Reinwald: K. Reinwald, *Die Ausgabe des ersten Buches
der Laudes Dei und der Satisfactio des Dracontius
durch Eugenius von Toledo*, Progr. Speyer, 1913.

Rossberg: K. Rossberg, *In Dracontii carmina minora et
Orestis quae vocatur tragoediam observationes
criticae*, Stadae, 1878.

Speranza: F. Speranza, Édition de Dracontius *(Satisfactio)*, Rome, 1978.

Vollmer[1]: Fr. Vollmer, Édition de Dracontius *(Satisfactio)*, *M.G.H.*, *A.A.*, XIV, Berlin, 1905.

Vollmer[2]: Fr. Vollmer, Édition de Dracontius *(Satisfactio)*, *Poetae Latini Minores*, V, Leipzig, 1914.

RÉPARATION

TEXTE ET TRADUCTION

RÉPARATION

Roi infini, Dieu qui es le principe et l'espérance de tous les êtres, toi que redoute toute contrée, qui par le feu gouvernes les cieux, que les astres, la flamme, le jour, le soleil, la nuit, la lune proclament leur Créateur, que tous les siècles reconnaissent pour leur Seigneur,
5 tu vis sans commencement et sans fin, éternel, sans connaître de renouvellement ni subir de vicissitudes. Tu transformes complètement toutes choses sans te transformer sous l'effet de la durée. Toujours tu seras identique à celui que tu es maintenant et à celui que tu étais. Une aussi longue existence n'ajoute ni ne retranche
10 rien à ton être; tout est soumis au temps, mais toi tu échappes au temps. Toi qui conduis l'âme humaine partout où tu le veux[1], qui disposes l'esprit à se rendre en quelque lieu que tu l'ordonnes, dans ta colère tu inspires aux hommes des vœux qui leur sont contraires et dans ta miséricorde leur ordonnes des actions qui leur sont toutes favorables. Quoi que les hommes

1. De même qu'ici l'expression *per singula* signifie « partout, en tout lieu » dans *Orest.* 309 ; *per singula ducis* rappelle Virgile, *En.* 6, 888 : ... *per singula duxit* (et 6, 565 : ... *perque omnia duxit*). Comme le suppose M. St. Margaret, le poète peut avoir présent à l'esprit le verset de *Jérémie*, 2, 17 : *quia dereliquisti Dominum Deum tuum eo tempore quo ducebat te per uiam.*

SATISFACTIO

Rex immense Deus, cunctorum conditor et spes,
    quem tremit omne solum, qui regis igne polum,
sidera flamma dies quem sol nox luna fatentur
    auctorem, Dominum saecula cuncta probant :
5 principio seu fine carens et temporis expers
    nescius alterni nec uice functus agis,
omnia permutans nullo mutabilis aeuo
    idem semper eris qui es modo uel fueras ;
nil addit demitque tibi tam longa uetustas :
10   omnia tempus habent, nam tibi tempus abest ;
qui mentes hominum qua uis per singula ducis
    et quocumque iubes dirigis ingenia,
qui facis iratus homines contraria uelle
    propitiusque iubes ut bona cuncta gerant.

incipit satisfactio traconi ad gunthamundum regem *D* :
om. V ‖ incipit liber secundus sactisfactio pro se *M* : *om. FP* ‖
1 immense *V* : aeter/// *D* aeterne *MFP* ‖ deus cunctorum *V* :
deus deus auctor *D* deus auctor *MFP* ‖ conditor et spes *V* :
conditor et s///s *D* rectorque serenus *MFP* ‖ 2 tremit *D MFP* :
timet *V* ‖ solum *V D FP* : polum *M* ‖ polum *V FP* : poli/// *D*
polorum *M* ‖ 3 fatentur *V D FP* : -etur *M* ‖ 4 probant *V D MF²P* :
proprobrant *F¹* ‖ 5 *uersum om. MFP* ‖ seu *V* : s/// *D* sine *Rossberg*
ceu *Collins* ‖ 6 *uersum om. MFP* ‖ 7 *D legi nequit* ‖ 8 idem *V* :
tu idem *D ut uid.* noster *MFP* ‖ fueras *V* : fu/// *D* fueris *MFP* ‖
9 addit *V D M* : ///t *F¹* confert *F²P* ‖ demitque *V D MF¹* : adimitque
F²P ‖ uetustas *V MFP* : *D legi nequit* ‖ 10 habent nam tibi
tempus abest *V MFP* : *D legi nequit* ‖ 11 qui *V D* : tu *FP* tali
M ‖ qua uis *V D M* : quamuis *FP* ‖ 12 effingisque bonis candida
corda uiris *sic FP om. M* ‖ ingenia *V* : -nium *D* ‖ 13 iratus
V D FP : -tos *M* ‖ homines *V D M* : -ni *FP* ‖ uelle *V D* : uella
F¹ bella *MF²P* ‖ 14 gerant *V² D* : -at *V¹ FP* regnent *M*

15 accomplissent de bien, de fâcheux, d'heureux ou de mal[1],
c'est la colère ou la bienveillance de Dieu qui leur permet de le faire. Voilà ce que montrent tes paroles
adressées à Moïse ton prophète, lui annonçant que tu
endurcirais le cœur de Pharaon.

De la même façon, mon état de pécheur s'invétérant
20 à l'excès, Dieu a poussé mon cœur à des fautes : moi qui
aurais pu chanter les hauts faits de mes souverains, les
guerres qui assuraient le triomphe de la dynastie des
Hasdings, qui aurais pu obtenir, en même temps que la
gloire et la sécurité, une grande récompense de la géné-
25 rosité du roi, j'ai dédaigné ces avantages en ne célébrant
pas tant de rois bienfaisants et je me suis soudain exposé
à des dangers bien réels, malheureux que je suis. Qui
serait assez insensé, s'il n'y était incité par la colère
divine, pour s'exposer à tous les malheurs, s'opposer à
tous les bonheurs?

Sous l'effet de la colère de Dieu changent les âmes et
30 les corps, se modifient les sentiments, se modifie aussi

---

1. L'énumération *bona tristia prospera praua* rappelle *L.D.* 1,
18 : *bona gaudia tristia saeua,* où il est question des joies et des
peines distribuées par la Providence. Au v. 15 Dracontius s'est
souvenu de Juvénal 1, 85 : *quicquid agunt homines, uotum, timor,
ira, uoluptas* (le même début de vers se retrouve dans Prudence,
Ham. 763 : *quicquid agunt homines...*). *Quicquid* est repris par
des pluriels neutres *(bona tristia prospera praua),* comme dans
L.D. 3, 725-6 *(quicquid ... amissa)* ; voir la note à *L.D.* 3, 726.

15 Quicquid agunt homines, bona tristia prospera
praua,
    hoc fieri ammittunt ira fauorque Dei.
Hoc tua uerba probant Moseo dicta prophetae,
    quod duraturus cor Pharaonis eras.
Sic mea corda Deus, nostro peccante reatu
20   temporis immodici, pellit ad illicita,
ut qui facta ducum possem narrare meorum,
    nominis Asdingui bella triumphigera,
unde mihi merces posset cum laude salutis
    munere regnantis magna uenire simul,
25 praemia despicerem tacitis tot regibus almis,
    ut peterem subito certa pericla miser.
Quis nisi caelesti demens compulsus ab ira
    aspera cuncta petat, prospera cuncta negat?
Irascente Deo mentes mutantur et artus,
30   uertuntur sensus, uertitur et species.

---

15 tristia prospera praua *V D* : prospera sancta modesta
MFP ‖ *post u. 15, tres uersus add. MFP, uide adn.* ‖ 16 *uer-sum om. MFP* ‖ ammittunt *V* : admittit *D* ‖ dei *V* : *D legi
nequit* ‖ 17 haec tua lex docuit moyse (mose *M*) praescripta
notante *sic MFP* ‖ hoc *V* : haec *D* ‖ moseo *V* : mus- *D* ‖ 18 quod
duraturus *V D* : cum perduratum *MFP* ‖ eras *V D* : ait *MFP* ‖
19 sic *V D FP* : si *M* ‖ corda *V D M* : lingua *FP* ‖ nostro
peccante reatu *V D* : lingua patrante reatum *MFP* ‖ 20 temporis
immodici pellit *V D* : noxia culpa ligans traxit *MFP* ‖ illicita
V D MF : inclita *P* ‖ 21 qui *V²D MFP* : quid *V¹* ‖ meorum *V D
MF¹* : reorum *F²P* ‖ 22 *uersum om. MFP* ‖ 23 *uersum. om. MFP* ‖
24 munere regnantis magna *V D* : unde mihi possent dona *MFP* ‖
25 despicerem *V² D MFP* : -re *V¹* ‖ tacitis *V D FP* : tactis
M ‖ 26 ut *V¹ D* : et *V² MFP* ‖ 27 quis … caelesti demens *V D* :
quo … caelestis domini *MFP* ‖ compulsus ab ira *V D* : conceptus
ab aethra *M* conspectus ad aethram *FP* ‖ 28 petat *V D* : premat
MFP ‖ cuncta negat *V D* : cuncta neget *Arevalo* nulla iuuant
MFP ‖ 29 mentes *V D M* : membra *FP* ‖ artus *D MFP* : astus
V ut uid. ‖ 30 uertitur *V D FP* : uertuntur *M*

l'apparence. Que le souverain des Perses qui régnait sur
Babylone ait, après les honneurs du trône, revêtu
l'aspect d'un bœuf, qui le nierait? Des cornes avilirent
le front qui avait porté le diadème, des mugissements
de bête succédèrent aux paroles du monarque. Celui
35 qui avait régné sur les Parthes[1] eut à redouter un
paysan bouvier et à abaisser tout tremblant sa nuque
royale sous le joug; il erra çà et là à travers prés nourri
d'herbes nocives et d'homme devenu bœuf, de bœuf il
redevint homme. Tombe aussi dans le péché ce prêtre qui
devint dans sa vieillesse le père de Jean; il est frappé de
40 mutisme, privé de la parole, réduit au silence. Quant à
moi, péchant contre mon souverain et maître et contre
Dieu[2], je suis devenu plus vil et plus misérable qu'un
chien. Le molosse maltraité soigne avec sa langue ses
blessures; moi, hélas, c'est à ma langue que je dois mes
blessures.
45   Mais celui qui rendit son aspect au monarque changé
en bête pour que son sabot fendu redevint une main,
celui qui restitua ses accents mélodieux à la langue
muette[3] pour éviter qu'elle ne prononçât d'une voix
balbutiante un écheveau de mots, c'est lui mon Dieu qui
commande à mon maître et qui l'invitera à me rétablir
50 dans mon état et, dans sa bonté, à tourner son regard

1. *Parthica regna* : de même que dans *L.D.* 3, 187 *Parthicus*
substantivé est utilisé comme un synonyme de *Persa*, de même
ici l'adjectif *Parthicus* qualifiant *regna* sert à désigner le royaume
« perse ».

2. Ce vers résume bien l'acte de contrition qu'est l'ensemble
du poème (voir t. I, p. 41, n. 1 et *supra* p. 147). L'expression *rex
dominusque* (ou *rex et dominus*) désignant Gonthamond se retrouve
aux vers 107, 110, 194.

3. Le vers fait allusion à Zacharie, guéri du mutisme que
Dieu lui avait infligé, lorsque conformément à l'ordre de l'ange
Gabriel (*Luc* 1, 13) il donna à son fils le nom de Jean (*Luc* 1, 63) ;
cf. *Luc* 1, 64 : *apertum est autem illico os eius et lingua eius et
loquebatur benedicens Deum.*

Persarum regem Babylonae regna tenentem
　　post decus imperii quis neget esse bouem?
Et diademalem turparunt cornua frontem,
　　mugitus pecudis uerba fuere duci.
35 Agricolam timuit post Parthica regna bubulcum
　　summisitque pauens regia colla iugo ;
errauit per prata uagus mala gramina pastus
　　et qui homo bos fuerat de boue factus homo est.
Linquit et antistes serus pater ille Iohannis
40　　elinguisque fuit uoce tacente silens.
Ast ego peccando regi dominoque Deoque
　　peior sum factus deteriorque cane.
Vulnera uexati curat sua lingua molossi,
　　heu mea quippe mihi uulnera lingua dedit.
45 Sed qui restituit pecudis post membra tyrannum
　　ut fieret rediens ungula fissa manus,
quique reformauit tacitae modulamina linguae
　　ne mutilante sono uerba ligata daret,
ipse meo domino Deus imperat atque iubebit
50　　ut me restituat respiciatque pius,

---

31 babylonae *V* : -niae *D* -num *MFP* ‖ 32 post *V D MF* : pos
P ‖ quis neget *V D* : nouimus *MFP* ‖ 33 et *V D* : tunc *M* tum
FP ‖ 34 duci *V D* : -cis *MFP* ‖ 35 *uersum om. MFP* ‖ 36 *uersum
om. MFP* ‖ 38 qui homo *V D* : qui *MFP* ‖ 39 linquit *V¹ D* : liquit
V² MFP ‖ serus *Vollmer* : senis *V¹ ut uid.* senior *V²* senex *D*
uerus *MFP* sancti *Speranza* ‖ iohannis *V Dᵖᶜ MFᵖᶜP* : -annes *Dᵃᶜ
Fᵃᶜ* ‖ 40 uoce tacente *V D FP* : uocente *M* ‖ silens *V MFP* :
D legi nequit ‖ 41 ast *V D F²P* : adst *F¹* ad se *M* ‖ 43 curat *V D* :
-ant *MFP* ‖ molossi *V¹ D MFP* : -ossus *V² ut uid.* ‖ 44 mea *V D* :
me *MFP* ‖ 45 tyrannum *D MFP* : -anni *V* ‖ 46-50 *D legi nequit* ‖
46 ungula fissa manus *V* : in sua regna bonus *MFP* ‖ 47 tacitae ...
linguae *V* : taciti ... uerbi *MFP* ‖ 48 ne mutilante sono uerba *V* :
ut mutilata sonos (sonus *P*) lingua *MFP* ‖ 49 meo domino deus
imperat *V* : meis parcet iratis *MFP* ‖ 50 ut *V M* : et *FP* ‖
restituat respiciatque *V* : respiciat restituatque *FᵖᶜP* respiciat
respiciatque *MFᵃᶜ*

vers moi, à me préserver pour que je célèbre la gloire de
son aïeul, de son père et la sienne et qu'à travers ses
descendants je chante son hymen royal. Ma faute est
certes accablante, mais elle mérite le pardon qu'on
accorde au péché, car il n'est pas d'homme qui n'ait
commis d'erreur.

55   Car, dans sa Toute-Puissance, Dieu aurait pu, à la
création du monde, écartant les peines ne procurer que
des joies, mais il forma des contraires et réunit ce qui
s'opposait : les biens furent mêlés aux maux, les maux
mêlés aux biens; ainsi le puissant Créateur mêla les
éléments contraires[1], l'humide et le sec, l'igné et le glacé.
60 Les lettres au savant langage sont apparentées, dit-on,
aux abeilles auxquelles il est donné de provoquer des
blessures, de posséder un camp, mais aussi des rayons.
La cire donne aux enfants l'intelligence, les premiers
rudiments de la pensée; de là vient que les lettres sont
propres à la fois à servir et à nuire. L'aspic procure la
65 mort, le serpent procure aussi des remèdes, la vipère est
souvent utile, la vipère est souvent nuisible. Du serpent
dont il s'est repu le cerf nourrit ses moelles salutaires et
le venin lui-même repousse le trépas. La matière du fer
passe pour être à la fois inoffensive et nocive; l'impie en
70 fait un usage dommageable, le paysan un usage profi-

---

1. Sur les éléments contraires et leur concorde, voir *L.D.* 1,
144 sq. ; 267 sq. ; 2, 193 sq. Comme dans ces derniers vers, le
poète paraît se souvenir ici du passage consacré à la concorde
des éléments dans Ovide, au livre I des *Métamorphoses* (1, 17 sq. ;
voir la note à *L.D.* 2, 193) ; le v. 60 rappelle *Met.* 1, 19 : *frigida
pugnabant calidis, umentia siccis.*

seruet, aui ut laudes dicam patriasque suasque
   perque suas proles regia uota canam.
Culpa quidem grauis est, uenia sed digna reatus,
   quod sine peccati crimine nemo fuit.
55 Nam Deus omnipotens potuit, cum conderet
                            orbem,
   tristibus amotis gaudia sola dare,
sed diuersa creans et discordantia iunxit
   et bona mixta malis et mala mixta bonis.
Sic elementa potens contraria miscuit auctor,
60   humida cum siccis, ignea cum gelidis.
Littera doctiloquax apibus cognata refertur,
   quis datur ut habeant uulnera castra fauos.
Cera dat ingenium pueris, primordia sensus,
   inde fit ut praestet littera uel noceat.
65 Aspis habet mortes, habet et medicamina serpens,
   uipera saepe iuuat, uipera saepe nocet.
Cerua salutares pasto serpente medullas
   conficit et pellunt ipsa uenena neces.
Materies ferri simplex et noxia fertur,
70   impius inde nocet, rusticus inde placet.

51 *uersum om. MFP* ‖ 52 *uersum om. MFP* ‖ suas *V* : suos
D ‖ 53 uenia *MFP* : -am *V D* ‖ 55 cum *V D* : dum *MFP* ‖
conderet *V D MF²P* : concede- *F¹* ‖ 56 gaudia *V D* : optima
MFP ‖ dare *V D MF²P* : daret *F¹* ‖ 57 discordantia *V D*
MF : discordia *P* ‖ iunxit *V D F* : iungit *M* iussit *P* ‖ 61 refertur *V D* : probatur *MF* probatus *P* ‖ 62 quis *V D M* : qui
FP ‖ castra fauos *V D* : mella simul *MFP* ‖ 63 dat *V D MP* :
det *F ut uid.* ‖ ingenium *V MFP* : -nia *D* ‖ 64 praestet *D MFP* :
prosit *V* ‖ 65 aspis *V D F²P* : -pes *MF¹* ‖ mortes *V D M* : -tem
FP ‖ 67 salutares *V D* : -ris *MFP* ‖ pasto *V D MF²P* : -tor *F¹* ‖
serpente *V D FP* : -tem *M* ‖ medullas *D* : -dellas *V* -della est
MFP ‖ 68 conficit et pellunt *V D* : conficiunt pelluntque *MF¹*
conficiunt pellunt *F²P* ‖ 69 materies *V D* : -ria *MFP* ‖ fertur
V D : constat *MFP*

table. C'est la même terre qui produit des gemmes, petites pierres de grand prix, la même qui donne aussi des ronces et des roses, plantes aux tiges épineuses. Les flots de la mer profonde réjouissent et endeuillent et le petit coquillage de l'océan est source de richesses[1]. Un
75 climat tempéré fournit un air aux souffles vivifiants, un climat insalubre ravit la lumière du jour et l'existence. Cruelles ou paisibles sont les espèces ailées que compte la nature : doux oiseau est la colombe, cruel oiseau le vautour. Des nuages accumulés naissent tour à tour pluies, neige, grêle et frimas sous l'effet de l'ardeur du
80 soleil, de l'air chaud ou du grand froid. Le soleil[2], dont la beauté est sans égale au monde, commande les saisons ; il dispose tous les êtres à naître, il réchauffe tous les êtres une fois qu'ils sont nés. Grâce à lui la terre prodigue les fleurs et la moisson les épis ; calcinée par le soleil la glèbe se désagrège en sable inconsistant. De ses
85 rayons le soleil redonne force aux corps et accable ces mêmes corps ; selon les ardeurs du soleil, la santé s'en va ou revient. Les astres célestes ne sont pas tous maléfiques, ni tous bénéfiques. Lucifer l'a montré, Sirius l'a démontré. La zone tempérée du ciel ne s'étend pas sur
90 la moitié des terres, car sur cinq régions elle en occupe seulement deux.

Ce que le ciel, ce que la terre et les flots, ce que la région la plus pure de l'air réunis n'ont pas en partage, comment donc un homme pourrait-il le posséder ? J'ai

1. Sur les richesses, perles et pourpres, que procurent les coquillages, voir Pline, *Nat.* 9, 104-138.
2. Sur le rôle vivifiant du soleil, astre bienfaisant, voir *L.D.* 1, 208-210 et la note à ces vers, ainsi que 1, 226 ; sur le combat des Pères de l'Église contre la croyance en la divinité du soleil, voir la note à *L.D.* 1, 119.

Ipsa parit gemmas pretiosos terra lapillos,
  ipsa dat et uepres spinea ligna rosas.
Delicias mortesque parat mare fluctibus altum
  et generat pelagi concula diuitias.
75 Aera temperies auris uitalibus aptat,
  quae corrupta dies eripit atque animas.
Aspera uel facilis retinet natura uolucres :
  blanda columba auis est, aspera uultur auis.
Nubibus aggestis pluuiae nix grando pruinae
80 gignuntur, uicibus igne uapore gelu.
Sol dat temperies, species gratissima mundi,
  cuncta creanda parans, cuncta creata fouens ;
per quem fetat humus flores et messis aristas,
  sole perustus ager putris harena iacet.
85 Corpora sol reficit radiis et corpora uexat,
  solibus alternis itque reditque salus.
Omnia nec mala sunt nec sunt bona sidera caeli ;
  Lucifer hoc docuit, Sirius hoc monuit.
Temperies caeli medium nec possidet orbem,
90 nam de quinque plagis uix habet ipsa duas.
Quod caelum, quod terra, fretum, quod purior aer
  non meruere simul, hoc homo quando habeat?

---

73 mare *V D MF* : mane *P* ‖ 75 auris *V^{pc} D MF^{pc}P* : ausis
V^{ac} auri *F^{ac}* ‖ 76 eripit *V D M* : corripit *F²P* corrumpit *F¹ ut
uid.* ‖ animas *V D M* : -mos *FP* ‖ 77 aspera *V D* : diras *MFP* ‖
facilis *V D* : placidas *MFP* ‖ retinet *V D M* : -nent *FP* ‖ 79
pruinae *V D M* : -na *FP* ‖ 80 igne uapore gelu *V D* : ordine
lege poli *MFP* ‖ *post hunc uersum deficit D* ‖ 81 sol dat *V* :
sultat *MFP* ‖ temperies *V* : -rie *MFP* ‖ 82 parans *V M* : -rens
FP ‖ 83 quem *V P* : quam *MF* ‖ 88 lucifer hoc docuit *V MF* :
lucifero hedocuit *P* ‖ sirius (syr- *V*) hoc *V M* : sidus hoc *F^{ac}*
sidus et hoc *F^{pc}P* ‖ monuit *V* : docuit *MFP* ‖ 91 fretum *V FP* :
creat *M* ‖ purior *V MF* : prior *P* ‖ 92 meruere *V FP* : morire *M* ‖
homo *V M* : modo *FP* ‖ habeat *V* : -bet *MFP*

commis la faute de ne pas chanter des souverains
cléments et d'aller jusqu'à célébrer un étranger comme
95 mon souverain, faute comparable à celle des infidèles
qui, dans leur impiété, alors qu'ils connaissent le Seigneur, adorent de vaines idoles. Le peuple d'Israël fut
convaincu de cette faute quand, reniant son Dieu, il
adora le veau qu'il avait fondu.

Et pourtant, ô Créateur, tu accordes le pardon à ceux
100 qui le demandent[1], si l'âme pécheresse se repent du
crime qu'elle a commis. Je t'implore, ô Tout-Puissant, toi
à qui sied la bonté, qui ne te plais pas à la vengeance,
mais au pardon, dont la sainte main soutient le cœur
des rois et qui, dans ta bonté, l'inclines sans délai vers
toutes tes volontés. Devant toi d'abord[2] je me repens
105 d'un poème qu'avec audace j'ai composé à tort et
j'avoue ma faute. Après toi, ô très grand Dieu, c'est mon
roi et maître que j'ai offensé; de sa puissance j'implore
en gémissant le pardon. Que ta bonté commande au chef
en armes, que mon roi et maître toujours et partout
110 miséricordieux rende une ordonnance qui me soit
favorable, que, dans sa bonté, il ne soit pas différent
envers moi de ce qu'il est d'ordinaire pour les foules,
qu'il soit bienveillant et indulgent. Car tout ce qu'il fait,

1. Le thème du pardon accordé au pécheur repentant est
fréquemment traité dans le *De laudibus Dei* ; voir en particulier
1, 92 sq. ; 2, 565 sq. ; 2, 708 sq.
2. *te coram* : cet emploi de *coram* rappelle les fréquentes
expressions où *coram*, dans l'Ancien et le Nouveau Testament,
reçoit complément le nom de la divinité (*coram te, coram
Domino meo, coram Patre*, etc.) ; voir, par exemple, *Gen.* 6, 8 ;
6, 11 ; 6, 13 ; 7, 1, etc. ; *Matth.* 10, 32 ; 10, 33 ; etc.

Culpa mihi fuerat dominos reticere modestos
  ignotumque mihi scribere uel dominum,
95 qualis et ingratos sequitur qui mente profana,
  cum Dominum norunt, idola uana colunt.
Israhelitarum populum sic culpa tenebat,
  quando Deum oblitus flans uitulum coluit.
Et tamen indulges ueniam poscentibus, auctor,
100   si sceleris facti mens rea paeniteat.
Te precor, Omnipotens, te quem decet esse beni-
                   gnum,
  quem non ulla iuuat ultio, sed uenia,
cuius sancta manus sustentat corda regentum
  et pius inclinas mox ubicumque iubes.
105 Te coram primum me carminis ullius, ausu
  quod male disposui, paenitet et fateor.
Post te, summe Deus, regi dominoque reus sum,
  cuius ab imperio posco gemens ueniam.
Imperet armato pietas tua, prospera mandet
110   rex dominusque meus semper ubique pius ;
nec mihi dissimilis quam quod solet esse cateruis
  sit pietate sua, sit bonus et placidus.

93 reticere *V MF²P* : retice *F¹* ‖ modestos *V FP* : mole- *M* ‖ 94 ignotumque *V FP* : -tum quem M ‖ uel *V* : nec *MFP* ‖ 95 ingratos *V MF* : -to *P* ‖ 96 norunt *V* : -rint *MFP* ‖ 97 israhelitarum *V FP* : sra- *M* ‖ sic *V MF²P* : si *F¹* ‖ 98 deum oblitus *V* : oblita deum *MF* oblita *P* ‖ flans *Arevalo* : flens *V* plebs *MFP* ‖ 99 et … indulges *Arevalo* : et … indulgens *V MFP* dat … indulgens *Bücheler, de Duhn* ‖ 100 contulit et legem post mala facta dedit *sic MFP* ‖ 101 te precor *V FP* : satis te precor *M* ‖ te quem *V* : quem sat *MFP* ‖ 102 quem non ulla *V* : et quem nulla *MFP* ‖ 105 te coram *V* : coram te *MFP* ‖ ullius *V* : illius *MFP* ‖ ausu *V* : orsa *MFP* ‖ 106 et *V* : en (hen *M*) *MFP* ‖ 109 armato *V FP* : -ta *M* ‖ 110 dominusque meus *V F²P* : dominusque *F¹* deus omnipotens *M* ‖ 111 nec *V FP* : sed *M* ‖ esse cateruis *V* : omnibus esse *MFP*

tout ce qu'il ordonnera dépendent de toi et les paroles
du roi expriment la sentence de Dieu. Puissent ces
quelques mots être favorablement accueillis par Dieu
115 dont la céleste intelligence découvre les vœux cachés
dans le secret d'une âme.

C'est vers toi maintenant, ô souverain, qu'en suppliant je détourne mes voiles; mon cœur et mon esprit
formulent des prières, ma voix et ma main adressent des
requêtes. Tends ta droite à un malheureux, accorde ton
120 pardon à celui qui l'implore. Manifester aussi longtemps
ta colère ne sied pas à ta bonté. Car toi qui ne menaces
que du pardon[1] tes ennemis pour leurs fautes, qui
rassasies tes prisonniers de mets délicieux, tu épargnes
les méchants de façon que le Christ ait encore à punir;
sous ce Dieu vengeur tu règnes, sous ce Dieu protecteur
125 tu prospères. Seuls périssent ceux qui meurent en combattant contre l'ennemi; que celui qui réchappe de la
bataille vive, tel est ton ordre. Le prisonnier coule des
jours sans crainte, seul celui qui se révolte redoute la
mort, la prise de guerre mène une vie paisible. Tu
épargnes leur vie, tu assures en outre toi-même leur
subsistance, pour éviter que la faim n'accable une
130 existence qu'elle épuise peu à peu. Personne, s'il est
soumis à ton pouvoir, ne périra de mort sanglante[2]; il
sait qu'il vivra, celui qui consentira à être des tiens.
Combien de fois une troupe de rebelles n'a-t-elle pas
souhaité soit de vaincre sous les armes, soit du moins

1. Dans l'expression *ueniale minaris*, comme dans *L.D.* 2, 496
(*ueniale minatur*), il faut conserver à *minari* le sens de « menacer »
qui permet d'interpréter l'expression comme une de ces alliances
de mots chères à Dracontius. C'est à tort que ce passage est
classé dans le *Thes. L.L.* VIII, 1030, 51 sq. parmi les quelques
exemples de *minari* pris au sens de *promittere (in bonam partem)*.
2. Si on admet que le *carmen ignotum*, cause de l'emprisonnement de Dracontius, était un panégyrique adressé à Théodoric,
il est possible de voir dans l'expression *sub morte cruenta* une
allusion au meurtre d'Odoacre par Théodoric, en mars 493,
comme l'a supposé D. Kuijper, *Varia Dracontiana*, p. 18-19.
La cruauté manifestée à cette occasion par Théodoric facilitait
la palinodie qu'est la *Satisfactio* ; voir t. I, p. 23, n. 5 et p. 25, n. 2.

Nam tua sunt quaecumque gerit quaecumque
iubebit,
   iudiciumque Dei regia uerba ferunt.
115 Exorent haec pauca Deum, qui mentis opertae
   sensibus aetheriis condita uota uidet.
Ad te nunc, princeps, mea uela retorqueo supplex,
   pectore mente rogans, uoce manuque petens.
Da dextram misero, ueniam concede precanti,
120   tempore tam longo non decet ira pium.
Nam qui inimicorum culpis ueniale minaris,
   captiuosque tuos deliciis epulas,
puniat ut sit quod Christus, tu parcis iniquis ;
   uindice quo regnas, quo uigilante uiges.
125 Qui pereunt bello soli moriuntur in hostes,
   qui superest pugnae, uiuat ut ipse, iubes.
Captiuus securus agit solusque rebellis
   formidat mortem, praeda quieta sedet.
Conseruas animas, uictum super ipse ministras,
130   ne sit uita grauis subripiente fame.
Nemo cadet sub iure tuo sub morte cruenta,
   scit se uicturum qui uolet esse tuus.
Turba rebellantum quotiens orauit in armis
   uinceret aut certe praeda fuisset iners.

113-116 *om. MFP* ‖ 117 te nunc summe precor magnorum
maxime regum *sic MFP* ‖ 118 manuque *V MF*ᵃ*P* : -numque *F*¹ ‖
119 precanti *V* : fatenti *MFP* ‖ 121-130 *om. MFP* ‖ 121 nam
qui *V* : namque *Arevalo* ‖ 125 in *V* : ut *Arevalo* ‖ 131 sub iure
V M : de iure *FP* ‖ 132 scit se *V F*ᵖᶜ*P* : scit esse *M* sci se *F*ᵃᶜ ‖
133-136 *om. MFP* ‖ 133 orauit *Bücheler* : forauit *V* durauit
Arevalo

135 d'être prise sans se défendre. N'éprouvant pas de crainte,
la vie sauve, l'ennemi maintenant se rend aux ennemis,
car tu épargnes avec bonté les nuques que tu soumets
au joug.

Ainsi le lion gronde en répandant la terreur, hérissé,
la gueule sanglante, toutes griffes dehors, ses crocs
menaçant de mort. L'éclat de l'arme brandie avive sa
140 colère; tout retard dans l'attaque avive sa fureur. Mais
si le chasseur tout tremblant lâche ses épieux et dans son
effroi reste étendu à terre, bientôt décroît et tombe sa
colère. Ce pillard dédaigne comme proies celles qu'il n'a
pas lui-même mises à mort, ce cruel pardonne comme s'il
obtenait réparation et il fait preuve de clémence envers
145 le vaincu terrassé sans blessure en abaissant vers lui le
regard d'un air modeste. De même, ô souverain, ta
colère qui est loin d'être cruelle s'apaise, une fois que le
coupable a reconnu les forfaits commis.

En nous pardonnant avec bonté imite le Maître du
150 tonnerre qui est indulgent pour les fautes et qui accorde
sa clémence. Le royaume d'un prince vénérable est
semblable au royaume des cieux, comme le proclame
aux multitudes la sainte page de Dieu qui, entouré de la
troupe des apôtres qui le servent, rappelle les lois du
Ciel à des foules sacrilèges. Les préceptes de Dieu
155 n'ordonnent-ils pas que le soleil près de disparaître ne
se couche pas sur un accès de colère[1], mais qu'on se

---

1. Dracontius se réfère à saint Paul, *Éphes.* 4, 26 : *sol non
occidat super iracundiam uestram.* Il rappelle aussi ce précepte
dans *L.D.* 3, 615-6 : *ira hominis cum sole cadat de corde furentis |
et ueniam nox ipsa ferat.*

135 Securus sine morte manus dat hostibus hostis,
  nam bene conseruas colla subacta iugo.
Sic leo terribile fremit horridus ore cruento
  unguibus excussis dente minante neces ;
acrius iratus crispato lumine ferri
140 et mora si fuerit, acrius inde furit ;
at si uenator trepidans uenabula ponat
  territus et iaceat, mox perit ira cadens.
Temnit praedo cibos, quos non facit ipse cadauer,
  ac ferus ignoscit, ceu satis accipiat,
145 et dat prostrato ueniam sine uulnere uicto
  ore uerecundo deiciens oculos.
Sic tua, regnator, non impia frangitur ira,
  cum confessus erit crimina gesta reus.
Ignoscendo pius nobis imitare Tonantem,
150 qui indulget culpas et ueniam tribuit.
Principis augusti simile est ad regna polorum,
  ut canit ad populos pagina sancta Dei,
sacrilegis referens caelestia iura cateruis
  cinctus apostolica discipulante manu.
155 Nonne Dei praecepta iubent ne sol cadat intrans
  irascente a*nimo*, sed pius extet homo ?

137 sic *V* : si *MFP* ‖ terribile *V* : -lis *MFP* ‖ 139 acrius iratus *V* : acriter ardescit *MFP* ‖ 140 inde furit *V MF*ᵖᶜ*P* : infurit *F*ᵃᶜ ‖ 141 at *MFP* : ac *V* ‖ 145 uicto *V* : -tor *MFP* ‖ 146 uerecundo *V FP* : -da *M* ‖ 147 sic *V MF*²*P* : sit *F*¹ ‖ 148 erit *V MF*ᵖᶜ*P* : fuerit *F*ᵃᶜ ‖ gesta *V MF*²*P* : modesta *F*¹ *ut uid.* ‖ 149 ignoscendo *V FP* : -da *M* ‖ nobis *MFP* : non uis *V* ‖ 150 culpas *V* : -pis *MFP* ‖ 151 augusti *V* : imperium *MFP* ‖ ad *V MFP* : ac *Arevalo* ‖ polorum *V* : superna *MFP* ‖ 152 ut canit *V M* : canit et *F*²*P* canit *F*¹ ‖ 154 cinctus *V* : uinc- *MFP* ‖ discipulante *V M* : -lata *F*ᵃᶜ -laque *F*ᵖᶜ disciplinaque *P* ‖ 155 ne *V FP* : hic *M* ‖ 156 animo *Hudson-Williams* : alio *V MFP* aliquo *Collins* ‖ sed pius *V* : ne malus *MFP* ‖ homo *V FP* : uno *M*

montre clément. Le roi David ne menaça pas de l'épée
la gorge de ses ennemis; cet adultère est assurément
coupable d'un crime; il reconnaît son forfait et obtient le
pardon au lieu du châtiment, impunément criminel,
160 coupable non frappé à mort. De plus Salomon[1], conçu
de la même femme qui avait pris part au crime, est
investi d'une glorieuse dignité. Absalon, enfant de
l'épouse légitime, n'est pas l'héritier; c'est le fruit de
l'union criminelle qui obtient le sceptre paternel. Voici
165 ce que la clémence miséricordieuse d'un père a pro-
curé : à lui elle fait don d'un royaume, elle en fait don
aussi à son descendant. Salomon lui-même, quand il
priait le Seigneur, n'a pas réclamé la tête de ses ennemis,
mais le secours de la sagesse. Il se montra avisé, car il
ne voulut pas être sanguinaire; il fut ami de la paix et
170 fermement attaché aux sages résolutions. Étienne, premier des martyrs, sous une grêle de pierres implorait de
son propre mouvement le pardon pour ses ennemis[2].
Voici ce que procure la droiture vertueuse qui s'abstient
de verser le sang : l'homme qui n'inflige pas la mort
n'est pas lui-même soumis au trépas.
175   Souverainement puissant, César après la guerre épar-
gna l'ennemi (circonstance aggravante, l'ennemi était
en même temps concitoyen); de son propre mouvement
il lui fit restituer ses biens, le fit rétablir dans ses charges,
puis il quitte la vie, jugé digne de l'honneur de la divini-

---

1. Il est également question de Salomon, sans qu'il soit nommé,
dans *L.D.* 2, 669-671. C'est le deuxième fils de David et de
Bethsabée (*II Reg.* 12, 24 sq.) ; voir la note à *L.D.* 2, 664.
2. Au lieu de *hostibus*, leçon de *V* qu'il conserve dans sa
première édition, Vollmer *(PLM)* a adopté *pro hostibus*, leçon
de la recension eugénienne. La préposition n'est pourtant nullement indispensable ici, comme le souligne D. Kuijper, *Varia
Dracontiana*, p. 51, qui rapproche judicieusement Tacite, *Ann.* 12,
17, 1 : *ueniam liberis corporibus orantes.*

Rex inimicorum iugulis mucrone pepercit
    Dauid et hic sceleris certus adulter inest ;
confessus facinus ueniam pro clade meretur
160   noxius impune uel sine morte reus.
Insuper et Salomon, eadem muliere creatus
    quae scelus ammisit, munus honoris habet.
Non fit Abessalon heres de coniuge natus,
    sed sceleris fructus sceptra paterna tenet.
165 Ecce quid impendit patris clementia parcens,
    ut sibi regna daret, haec daret et suboli.
Ipse inimicorum Salomon non colla poposcit,
    dum peteret Dominum, sed sapientis opem.
Extitit hic prudens, quia noluit esse cruentus,
170   pacificusque fuit consiliique tenax.
Stephanus ante alios lapidum sub grandine martyr
    hostibus orabat sponte suis ueniam.
Haec bona simplicitas praestat ieiuna cruoris :
    uir sine morte gerens nil habet ipse necis.
175 Caesar ubique potens hosti post bella pepercit
    (et, quod erat peius, ciuis et hostis erat) ;
sponte facultatem redhibens reparauit honores,
    inde uocatus abit dignus honore dei.

157 iugulis *V* : populis *MFP* ‖ 158 hic *om. MFP* ‖ inest *V* :
erat *MFP* ‖ 160 reus *MFP* : *om. V* ‖ 162 quae *V* : qui *MFP* ‖
ammisit (admi- *MF^{pc}P*) *V MF^{pc}P* : ami- *F^{ac}* ‖ 163 fit Abessalon
heres *V* : fuit hic Salomon casta *MFP* ‖ 164 tenet *V M* : -nent
FP ‖ 165 patris *V MFP* : -tri *de Duhn, Vollmer* ‖ 166 regna
daret *V FP* : regnaret *M* ‖ haec daret *MP* : et daret *F om. V*
ut daret *Arevalo* ‖ et suboli *MFP* : et sub *V* ‖ 168 dum *V* : cum
MFP ‖ 172 hostibus *V* : pro hostibus *MFP* ‖ 173 haec *V FP* :
et *M* ‖ 174 gerens *V* : furens *MFP* ‖ 175 hosti post *V M* : octiui
post *F¹* tibi hoc post *F²* tibi post hoc *P* ‖ bella *V MF²P* : uella
F¹ ‖ 176 et hostis *V M* : et onestis *F^{ac}* honestus *F^{pc}P* ‖ 177
redhibens *V* : retinens *MFP* ‖ reparauit *MFP* : parauit *V* ‖
honores *V FP* : mores *M* ‖ 178 dei *V* : puer *MFP* deus *Vollmer*

sation. Issu de son pouvoir et de sa race, César Auguste
180 mérita de vivre une époque pacifique. Car c'est à cette
même époque que naquit de la Vierge le Christ dont
l'étoile brilla parmi les astres du ciel[1]. Titus était à
Rome un empereur souverain né d'un empereur; s'il
n'avait pas accordé de bienfait, il avait coutume de
185 répéter : « nous avons perdu aujourd'hui notre journée »,
si, pour n'avoir été sollicité par personne, il n'avait pu
accorder des faveurs à des gens qui l'imploraient. Un
autre empereur, poète au style peu châtié, Commode
Auguste, homme d'une miséricordieuse bonté, disait :
« Apprenez ce noble précepte, souverains qui allez venir
190 après moi : que soit vertueux durant sa vie celui qui
voudra devenir dieu ».

Voici ce que procure à l'homme une clémence sincère :
elle accorde et dispense en dons des biens à son âme.
Ne fais pas mentir le peuple qui crie vers toi en accla-
mations innombrables « roi et maître généreux »; pour
195 que l'acclamation de « maître » retentisse avec véracité,
fais en sorte que celle de « généreux » soit avérée. La
réputation des grands parmi la foule vole sur les lèvres
de tous. La renommée des chefs est gagnée d'ordinaire
dans les guerres sanglantes qui engendrent souvent
l'horrible crime. La Gloire, puissante sous les armes,
200 partage entre les chefs et les peuples les triomphes
guerriers qui leur sont accordés en commun. Or, aux

---

1. Sur l'étoile qui guide les Mages venus d'Orient à la naissance
du Christ, voir *Matthieu* 2, 1-2 ; 2, 9-10.

Cuius ab imperio surgens et origine Caesar
180　Augustus meruit tempus habere pium.
Tempore namque eodem est natus de uirgine
Christus,
cuius et emicuit stella per astra poli.
Dux princeps Romanus erat de principe Titus,
si non praestaret, dicere saepe solens :
185 « perdidimus hac luce diem », si nulla dedisset
non exoratus praestita supplicibus.
Alter ait princeps modico sermone poeta
Commodus Augustus, uir pietate bonus :
« Nobile praeceptum, rectores, discite post me :
190　sit bonus in uita qui uolet esse deus ».
Ecce quid impendit homini clementia simplex,
ut praestet bona dans conferat atque animae.
Ne facias populum mendacem, qui tibi clamat
uocibus innumeris « rex dominusque pius » ;
195 ut uox uera sonet « dominus », sic uera « pius » sit.
Orbis in ore uolat puplica merx procerum.
Fama ducum mos est bellis collecta cruentis,
ex quibus occurrit saepe reatus atrox.
Gloria bellorum ducibus populisque triumphos
200　in commune datos diuidit armipotens.

181 est *om. MFP* ‖ 182 et *om. M* ‖ 186 non *V* : mox *MFP* ‖ exoratus *V* : exorta- *MFP* ‖ 187 ait *V* : item *MFP* ‖ poeta *V* : profatur *M* probatum *FP* probatus *Arevalo* ‖ 190 deus *V* : dei *MFP* diuus *Cellanus, uide adn.* ‖ 192 bona dans *V* : uitam *MFP* ‖ conferat atque animae *V* : conferat atque animam *MF²P* conferatque animam *F¹* ‖ 193-196 *om. MFP* ‖ 195 sonet *V* : -nat *de Duhn, Vollmer* ‖ 197 mos *V MFP* : merx *Arevalo* non *Bücheler, de Duhn* more *Alfonsi* ‖ 198 occurrit *V F* : hoc currit *P* excurrit *M* ‖ 199 bellorum *V M* : bello *FP* ‖ populisque *V* : -lusque *MFP* ‖ triumphos *V* : -phus *MFP* ‖ 200 datos *V* : -tum *MFP* ‖ armipotens *V* : omnip- *MFP*

chefs seuls leur clémence procure une célébrité qui n'a
pas de compagne et qui refuse tout partage. « En mar-
chant au combat »[1], dit le soldat, « nous avons été les
égaux de celui qui est à notre tête ; grâce à ma vaillance,
compagnon d'armes, tu reviens victorieux de chez
205 l'ennemi ». Pour qu'il y ait pardon du souverain, faut-il
qu'une partie des soldats y soit associée ? C'est seulement
à celui qui pardonne qu'ira la glorieuse célébrité. Celui
qui transperce les ennemis qui lui font face, en luttant
dans les farouches combats de Mars, remporte la victoire
tout frémissant sous les armes ; le roi qui accorde sa
210 clémence au vaincu et qui tempère sa colère fait mieux
que la foule, puisqu'il dompte son cœur[2]. Voyant que tu
ne voulais pas verser le sang, Dieu, pour t'accorder sur
terre et sur mer des triomphes sans tache, mais non sans
gloire, te les offrit en ton absence : Ansila l'atteste,
partout gît le Maure.

215   Quand périssent les ennemis, on invoque l'heureuse
fortune du roi ; quand périssent les citoyens, c'est le
cours du temps qui exerce son pouvoir. Car si la faiblesse
faisait s'enfuir la mort, ni les enfants ni la gent féminine
qui manque d'énergie ne succomberaient. Le temps
pousse devant lui tous les êtres, avec le temps l'ensemble
220 des êtres est entraîné. Le temps de la vie passe, passe le

---

1. *in arma … fuimus* : le verbe *esse* est utilisé ici comme verbe
de mouvement ; cet emploi, qu'on trouve déjà chez Pétrone
(42, 2), est bien attesté dans la latinité tardive, surtout au
parfait (ainsi, par exemple, dans *Pereg. Aether.* 7, 1 ; 20, 2 ;
23, 1 ; voir E. Löfstedt, *Philologische Kommentar zur Peregrinatio
Aetheriae*, 1970, p. 171-174).
2. Dracontius se souvient du *livre des Proverbes*, 16, 32 :
*melior est patiens uiro forti, et qui dominatur animo suo expu-
gnatore urbium.*

Nam ducibus solis praestat clementia laudem,
  non habet haec comitem participemque negat.
Dicit « in arma pares fuimus cum principe »
                                        miles,
  « me pugnante, comes, uictor ab hoste redis ».
205 Numquid, ut ignoscat rector, pars militis intrat?
  Soli qui ignoscit gloria laudis erit.
Qui fodit aduersos hostes certamina Martis
  horrida concurrens, uincit in arma fremens ;
rex, qui dat ueniam subiecto et temperat iras,
210   plus quam turba facit, qui sua corda domat.
Te Deus aspiciens effundere nolle cruorem,
  ut sine peccato, non sine laude daret,
contulit absenti terrae pelagique triumphos :
  Ansila testatur, Maurus ubique iacet.
215 Quod pereunt hostes, regis fortuna uocatur,
  quod pereunt populi, temporis ordo regit.
Nam si debilitas faceret discurrere mortes,
  non caderent pueri aut femina sexus iners.
Omnia tempus agit, cum tempore cuncta trahun-
                                        tur,
220   tempora eunt uitae, tempora mortis eunt :

201 solis *V* : tantum *MFP* ‖ praestat clementia *V M* : -tet
-tia *F*¹ -tet -tiae *F*²*P* ‖ 202 haec comitem *V* : et comitem *FP*
ex comite *M* ‖ 203 dicit *V FP* : duc- *M* ‖ pares *V* : simul *MFP* ‖
204 redis *V* : -it *MFP* ‖ 205 intrat *V* : instat *MFP* ‖ 207-208
om. MFP ‖ 207 fodit *V* : fouet *Arevalo* ‖ aduersos *Bücheler* :
-sus *V* ‖ 209 ueniam *V MF* : -nam *P* ‖ 213 contulit *MFP* : consu-
V ‖ 214 ansila *V MF* : -lia *P* ‖ maurus *MFP* : marus *V* ‖ 216
regit *V* : gerit *MFP* ‖ 217-218 *om. MFP* ‖ 219 *uersum om. FP* ‖
trahuntur *V* : creantur *M* ‖ 220 *pr.* eunt *V* : sunt *MFP* ‖ *alt.*
eunt *V* : erunt *MFP*

temps de la mort : six âges se succèdent pour les hommes
jusqu'à la vieillesse[1]; ils occupent chacun des temps bien
distincts. L'enfance innocente réclame-t-elle les bruyan-
tes occupations des adultes, la vieillesse nonchalante
225 vit-elle dans le tumulte? L'adolescent ne se livre pas à
des jeux d'enfant, le tendre enfant n'a pas l'audace de
porter la main sur les traits de Mars. Le garçon qui n'est
pas encore pubère n'est pas encore en proie aux trans-
ports amoureux et le jeune homme sous le duvet des
joues n'a pas la peau flétrie; l'homme mûr est affairé,
tandis que gémit la vieillesse tremblante qui ignore l'ar-
230 deur et manque d'agilité. La végétation pourvoit-elle
d'épis les blés dès qu'ils commencent à pousser ou bien
les fruits apparaissent-ils dans les fleurs aussitôt qu'elles
sont formées? Nous savons que les astres du ciel ne laissent pas trace des courses accomplies et qu'ils reprennent
ainsi aussitôt les routes qu'ils viennent de suivre. En
235 son temps le globe de la lune croît et décline[2]; on observe
que de très nombreux phénomènes se produisent suivant
ses phases, obéissant à sa loi. Car, si la lune croît, les
flots recommencent à s'accroître, si elle diminue dans
les cieux, les ondes marines décroissent. Lorsque Cynthie
s'accroît, les sources et les fleuves s'accroissent; les
240 mêmes diminuent, lorsque Cynthie diminue. La moelle

1. Isidore de Séville (*Étym.* 11, 2, 1) distingue aussi six âges
de la vie *(infantia, pueritia, adulescentia, iuuentus, grauitas,
senectus).* Eugène de Tolède également dans ses *Monosticha
recapitulationis septem dierum*, v. 27 : *sex sunt aetates hominis
et septima mors est* (suit l'énumération des six âges aux v. 28-33);
sur cette pièce d'Eugène, voir t. I, p. 107 et n. 4. *Vsque senectam* :
cf. *L.D.* 2, 718 ; 3, 724.
2. Pour les phénomènes liés aux phases de la lune, voir
L.D. 1, 733-7 et les notes à ces vers ; voir aussi *L.D.* 1, 215 et la
note à ce vers.

sex sunt aetates hominum procul usque senectam,
    hae distincta tenent tempora quaeque sua.
Numquid adultorum strepitus infantia simplex
    uindicat aut fremitus pigra senectus habet?
225 Non catulaster agit puerilia, non puer audet
    attrectare tener Martia tela manu.
Non furit in uenerem nondum pubentibus annis
    nec sub flore genae marcidus est iuuenis ;
maturus tractat, gemit et tremebunda senectus
230   nescia feruoris uel leuitatis inops.
Numquid mox natas segetes uiror armat aristis,
    floribus aut genitis fructus inest subito?
Nouimus astra poli confectos perdere cursus
    transactasque simul sic repetisse uias.
235 Tempore luna suo crescit uel deficit orbe,
    cuius ad aetatem plurima lege notant.
Nam luna crescente fretum crementa resumit,
    qua minuente polis est minor unda maris.
Cynthia dum crescit, fontes et flumina crescunt,
240   haec eadem minuunt, Cynthia dum minuit.

---

221 aetates *V MF²P* : etes *F¹* ‖ procul usque senectam *V* :
cuiusque senectae *MFP* ‖ 222 hae *V* : et *MFP* ‖ 223 adultorum *V* : -terii *MFP* ‖ 224 senectus *V* : -ta *MFP* ‖ habet *V* :
gerit *MF²P* gerat *F¹* ‖ 225 catulaster *Vᵖᶜ* : -usaster *Vᵃᶜ ut uid.*
catulastra *MFP* ‖ agit *V* : gerit *MF²P om. F¹* ‖ audet *V M* :
adit *FᵖᶜP* adet *Fᵃᶜ* ‖ 227 furit *V MF¹* : sunt *F²P* ‖ 228 nec fetum
partus femina reddit anus *sic MFP* ‖ 230 *hic uersus est ultimus
in FP* ‖ 231 numquid nata seges homines mox armat agrestes
sic M ‖ 236 lege *V* : saepe *M* ‖ notant *V* : fiunt *M* rotant *Peiper*
nouat *Collins* ‖ 237 crementa *V* : incrementa *M* ‖ 238 qua
minuente polis *V* : quam inuente poli *M* ‖ maris *V* : manus *M* ‖
239 cynthia (chintia) *M* : quintia *V* ‖ 240 haec eadem minuunt
V : et minuuntur item *M* ‖ cynthia (chintia) *M* : quintia *V*

même, qui est cachée, se conforme aux quartiers de la
lune, se conforment aux globes de la lune les cerveaux
dans leur enveloppe. Le soleil, rayonnant œil des cieux,
est obscurci par les ombres et pourtant il s'en va et
245 revient dans les zones accoutumées ; il reprend son aspect
antérieur et recouvre ses feux. Ce qu'on nomme les
éléments provoque perte ou accroissement. Les éléments
se succèdent et changent les saisons. Les nuits occupent
un temps, le jour même occupe aussi un temps ; les jours
et les nuits reçoivent tour à tour un accroissement, ils
250 abrègent leur cours suivant la loi perpétuelle des cieux.
Il est un temps pour les fleurs, la moisson vient en son
temps, le temps comprend l'automne, le temps comprend
les hivers. Printemps, été, automne, hiver (l'année
renouvelle l'année), ces quatre temps se succèdent en leur
temps. Alors que tout se renouvelle, la vie de l'homme
255 ne se renouvelle pas, mais comme le vif oiseau elle
s'enfuit à tire-d'aile. Il est des temps déterminés pour
la paix, des temps déterminés pour verser le sang[1], les
périodes de calme et les travaux de la guerre occupent
tour à tour le temps. Il est des temps déterminés pour
la joie, des temps déterminés pour la peine, des temps
260 procurent un gain, des temps provoquent une perte.
Il est un temps pour les nuages, des temps déterminés
pour l'azur serein. Dieu lui-même a ordonné de se confor-
mer aux temps. En accomplissant des miracles le Christ

1. On retrouve la même idée dans *L.D.* 3, 157 : *aut pax est aut bella fremunt...* ; pour la référence à l'*Ecclésiaste* 3, 8, voir la note à *L.D.* 3, 157 sq.

Ipsa medulla latens obseruat cornua lunae,
  obseruant lunae tecta cerebra globos.
Sol oculus caeli radians fuscatur ab umbra
  et tamen ad solitas itque reditque plagas,
245 ac recipit facies priscas lucesque resumit.
  Damna uel augmentum dant qu*a*e elementa
                                              ferunt.
Alternant elementa uices et tempora mutant,
  tempus habent noctes, tempus et ipse dies ;
accipiunt augmenta dies noctesque uicissim
250 ac minuunt cursus perpete lege poli.
Tempora sunt florum, retinet sua tempora messis,
  tempus et autumnum, tempus habet hiemes.
Ver aestas autumnus hiems (redit annus in annum)
  quattuor alternant tempora temporibus.
255 Omnia cum redeant, homini sua non redit aetas,
  sed uelut acris auis sic fugitiua uolat.
Tempora sunt pacis uel tempora certa cruoris,
  otia tempus habent militiaeque labor.
Tempora gaudendi, sunt tempora certa dolendi,
260 tempora dant lucrum, tempora damna ferunt.
Nubila tempus habent et tempora certa serenum.
  Tempora seruare iussit et ipse Deus.

241 obseruat V^2 *M* : obscurat V^1 ‖ 242 obseruant *V* : seruant
et *M* ‖ 245 accipiunt facies crispas lucemque resumunt *sic M* ‖
unum uersum add. M, uide adn. ‖ 246 damna uel augmentum
Arevalo : damna uel augmenta *M* damnaue lamentum *V* ‖ dant
quae *Arevalo n.* : dantque *V* rebus *M* ‖ ferunt *V* : dederunt *M* ‖
247 *uersum om. M* ‖ 250 ac minuunt *Vollmer*[2] : et minuunt *M*
amittunt *V* ‖ 251 tempora sic flores retinent sic tempora messes
sic M ‖ *post u. 251, hic est ultimus uersus in M* : et cum lege
redit uitis amoenus honor ‖ *subscripsit M* : explicit eiusdem
dracontii liber secundus ‖ 255 redeant *V* : -eunt *Columbanus* ‖
homini sua *Columbanus* : hominis sua V^2 hominis una V^1 *ut
uid.* ‖ 262 seruare *V* : -ari *Arevalo n., de Duhn*

s'enquit de l'heure[1]. La sainte passion de la croix atten-
dit son heure.

265 Qui suis-je pour que tu t'irrites contre moi, pour que
je sois jugé digne de la colère du roi si puissant que tu es?
Quand donc pour l'aigle qui vole de tous côtés pour
saisir son butin dans le ciel le moineau, l'hirondelle, le
pivert ont-ils été une prise et une proie? Quand donc la
voracité du lion en fureur, même s'il est affamé, lui a-t-
270 elle fait prendre un lièvre dans sa gueule pour se re-
paître? Il dévore de superbes taureaux d'une taille
immense, les serres de l'aigle saisissent des corps d'une
blancheur éclatante. Après avoir, dans sa colère, infligé
des blessures, le léopard accorde son pardon et, dans sa
cruauté miséricordieuse, il ne réitère pas ses morsures.
275 Plein de bonté, le tigre dédaigne d'assouvir sa colère sur
les pasteurs[2] et le dragon à la gueule couleur de flammes
dédaigne les taupes. La foudre ne frappe pas les herbes
qui rampent sur le sol et le carreau à triple pointe
n'embrase pas les humbles saules, mais ils frappent les
cèdres dont les hautes cimes heurtent les nuées, ainsi
280 que les montagnes désolées, les pics tout proches du ciel.
Leur faute accable seulement les coupables qui ont failli;
voici que le châtiment du criminel atteint aussi des
innocents. S'il est vrai que, pour ma part, j'ai failli,
quelle est donc, je le demande, la faute des miens[3] que
tourmente également le froid et la faim misérable?
285 Dans le déluge ont péri des coupables sans que les bons
subissent le fléau; vertueux et juste, Loth est retranché
du nombre des Sodomites.

---

1. Ce vers fait allusion aux paroles du Christ prononcées
avant le miracle de Cana : *Jean* 2, 4 : *nondum uenit hora mea.*
Corippe, *Iust.* 4, 306, a emprunté l'expression *faciens miracula
Christus* (au vers précédent il emprunte aussi *peccata relaxans*
à *L.D.* 2, 763 ou à *Sat.* 289) ; sur ces imitations de Corippe,
voir t. I, p. 100, n. 1.

2. Dracontius se souvient ici de Claudien, *Rapt. Pros.* 2, 213 :
(leo) uiles pastorum despicit iras.

3. *meorum* : Dracontius fait allusion à ses enfants et peut-être
à son épouse ; voir la note à *L.D.* 3, 747.

Horam quaesiuit faciens miracula Christus ;
  horam sperauit passio sancta crucis.
265 Vt mi irascaris, quis sim ⟨qui⟩ dignior ira
  tam magni regis iudicer esse tua?
Quando per aetherias aquila uolitante rapinas
  praeda cibusque fuit passer hirundo picus?
Quando fames rabidi quamuis ieiuna leonis
270   ut sit adoptauit faucibus esca lepus?
Deuorat egregios ingenti corpore tauros
  et rapiunt aquilae *cand*ida membra pedes.
Dat semel iratus ueniam post uulnera pardus
  nec reduces morsus dat feritate pia.
275 Despicit irasci pastoribus optima tigris,
  despicit et talpas flammeus ore draco.
Fulmina non feriunt reptantia gramina terris
  nec modicas salices flamma trisulca cremat,
sed feriunt celsas pulsantes nubila cedros
280   et montes uastos proxima saxa polo.
Sontes peccantes tantum sua culpa fatigat ;
  ecce etiam insontes noxia poena petit.
Si ipse ego peccaui, quaenam est, rogo, culpa
                meorum,
  quos simul exagitat frigus inopsque fames?
285 Diluuio periere rei sine clade piorum ;
  Loth bonus et iustus tollitur ex Sodomis.

---

264 sperauit *V* : seruauit *Vollmer in app.* spectauit *Hosius* ‖
265 mi *de Duhn* : mihi *V* ‖ quis sim qui *Kuijper* : qui sim *V* qui
sim si *Bücheler, de Duhn* qui sum? num *Vollmer in app.* qui
simplex *Speranza* ‖ 272 candida *Kuijper* : membrida *V* nebrida
Arevalo splendida *Bücheler, de Duhn* lubrica *Speranza* ‖ 275
pastoribus *V* : balantibus *Arevalo n.* presteribus *Collins* ‖ 276
talpas *V* : -pis *Arevalo n.* ‖ 277 fulmina *Arevalo* : flum- *V* ‖ 281
fatigat *V* : -get *Alfonsi*

Si la race humaine n'avait pas commis de péchés, comment Dieu aurait-il pu être appelé miséricordieux? Mais lui qui accorde son pardon aux hommes en les
290 délivrant des liens du péché, il est, pour cet acte de miséricorde, appelé indulgent. Si le frère est invité à offrir son pardon à son frère[1], qu'en est-il d'un roi pour ses sujets, d'un seigneur pour ses serviteurs? Si le le Seigneur avait accordé aux justes le soleil et les pluies et ne les avait pas accordés aux injustes, quelle eût été
295 sa miséricorde? Celui qui manifestement n'a pas failli n'implore pas le pardon; les corps affaiblis ne réclament-ils pas le secours d'un médecin? La faute des coupables te procure une occasion de gloire et ton acte miséricordieux fournit un titre d'honneur à ta renommée. Un illustre guerrier, ancêtre de Votre Bonté, homme lettré
300 que sa nature inclinait à la clémence, déclara : « Je n'accorde pas le pardon à cet homme, mais son éloquence le mérite ». Ce lettré coupable était Vincomalos. Les fautes ne portent pas tort à Dieu, c'est à leur auteur qu'elles portent tort[2], s'il ne déplore pas ses péchés, ne se repent pas de son crime. Celui qui, en vertu de ce
305 précepte, demande à Dieu qu'il le délivre des liens du péché, doit aussi en tout temps se montrer clément pour celui qui est coupable envers lui. Le saint précepte a prescrit que l'erreur soit pardonnée plus d'une fois et qu'à l'offense réponde toujours la clémence. J'adresserai à mon roi souverain les pieuses paroles du prophète :
310 « même si j'ai commis une faute, je suis néanmoins des tiens ». Accorde ton pardon, prends pitié, je t'en supplie, porte secours à celui qui t'implore, mets un terme aux

---

1. Cf. *Matthieu* 18, 21 ; *Luc* 17, 4. Voir les citations de ces versets dans la note à *L.D.* 3, 617 (p. 46), vers où l'allusion au précepte évangélique est plus précise.

2. Dracontius se remémore sans doute le *livre de Job* 35, 6 : *Si peccaueris, quid ei nocebis? et si multiplicatae fuerint iniquitates tuae, quid facies contra eum?* On peut aussi, avec Arevalo (note au v. 303), rapprocher saint Jérôme, *In Ier.* 2, 7, 27 (*P.L.* 24, col. 732 D) : *quicquid igitur facimus, non Deum laedimus, qui laedi nunquam potest, sed nobis interitum praeparamus.*

Si non humani generis peccata fuissent,
    unde pium nomen posset habere Deus?
Sed quia dat ueniam populis peccata relaxans,
290   per pietatis opus nomen habet placidum.
Si ueniam frater fratri donare iubetur,
    quid rex subiectis et dominus famulis?
Si iustis solem Dominus pluuiasque dedisset
    nec daret iniustis, quae fuerat pietas?
295 Non quaerit ueniam qui nil peccasse probatur ;
    nonne manus medici languida membra petunt?
Materiem laudis praebet tibi culpa reorum
    et titulos famae dat pietatis opus.
Inclitus armipotens, uestrae pietatis origo,
300   et doctus, genio pronior ad ueniam,
« non homini ignosco », dixit, « sed lingua meretur » ;
    hic reus et doctus Vincomalos fuerat.
Non laedunt delicta Deum, sed laeditur auctor,
    ni peccata dolens paeniteat sceleris.
305 Qui poscit hac lege Deum ut peccata relaxet,
    debet et ipse suo parcere ubique reo.
Non semel ignosci dixit lex sancta reatum,
    sed quotiens culpa est, sit totiens uenia.
Dicam regnanti domino pia uerba prophetae :
310   « Etsi peccaui, sum tamen ipse tuus ».
Da ueniam, miserere, precor, succurre roganti,
    pristina sufficiant uerbera uincla fames.

289 quia V^2 : quod V^1 *ut uid.* qui *Vollmer in app.* ‖ relaxans V^{pc} : -xent V^{ac} *ut uid.* ‖ 300 doctus V : -tis *Vollmer*[2] *in app.* ‖ 302 uincomalos (-lus) *Arevalo* : uinco malos V uincemalos *de Duhn* ‖ 310 etsi (et si) V^1 : et *del.* V^2

coups, aux fers, à la faim que j'ai endurés[1]. Si le cheval au galop, de son sabot de corne qui trébuche, fait vaciller le cavalier, tandis qu'il poursuit sa route, le coup
315 de la badine qui le frappe corrige sa faute ; ses jambes et ses pieds ne gisent pas aussitôt tranchés.

1. Le poète énumère de même les souffrances qu'il a supportées dans *L.D.* 3, 650-2 : *... uincla... | ... suspendia, uerbera passus | obscenamque famem.* Ici il se souvient sans doute de Damase, *Carm.* 2, 19 : *uerbera uincla famem.*

Sessorem, dum carpit iter, si cornea palpans
    ungula concutiat quadrupedantis equi,
315 uerbere corrigitur culpa plectente flagello,
    non simul abscisi crura pedesque iacent.

313 si V^2 : sic V^1 *ut uid.* ‖ palpans V : pulsans *Arevalo* lapsans
Vollmer in app. ‖ 315 culpa V : -pam *Collins* ‖ 316 abscisi V :
abscissi *Arevalo* ‖ *subscripsit* V : explicit satisfactio dracontii ad
guthamundum regem guandalorum dum esset in uinculis

NOTES COMPLÉMENTAIRES

1. Comme chacun des trois livres du *De laudibus Dei* (voir la note à *L.D.* 3, 1 sq.), le poème commence par un passage en style hymnique. Dracontius invoque le Dieu créateur, maître de l'univers (v. 1-4), célèbre son éternité et son immuabilité (v. 5-10), affirme que sa Toute-puissance intervient aussi pour inspirer les actions des hommes (v. 11-16).

immensus évoque le thème de l'infinitude divine qui se retrouve dans *L.D.* 2, 91 sq. et 2, 599 sq. (voir la note à *L.D.* 2, 91) ; le même adjectif est appliqué au Christ, Esprit du Père (*L.D.* 2, 62-4 : *... mens sancta parentis | ... | ... immensa*) et à l'Esprit Saint *(L.D.* 2, 105 : *spiritus immensus...).* Eugène de Tolède commence par la même invocation l'un de ses poèmes *(Carm.* 1, 1 : *Rex Deus immense...).*

La clausule *conditor et spes* se lit aussi dans *L.D.* 2, 594. Dracontius utilise de même *conditor* pour désigner le Dieu créateur dans *L.D.* 1, 430 *(conditor aeui)* et 3, 3 *(naturae conditor et fons)* ; voir la note à *L.D.* 1, 4. Cet emploi du mot fait penser au début de l'hymne de saint Ambroise *Aeterne rerum conditor* ; voir la note à *L.D.* 2, 594.

spes : on peut reconnaître dans ce terme un écho des *Psaumes* : *Psalm.* 13, 6 : *quoniam Dominus spes eius est* ; 39, 5 : *beatus uir cuius est nomen Domini spes eius* ; 141, 6 : *clamaui ad te, Domine; dixi : Tu es spes mea. Spes* apparaît souvent aussi chez les poètes chrétiens dans les louanges adressées à Dieu : Prudence, *Apoth.* 393 : *... lux et decus et spes* ; Sedulius, *Carm. Pasc.* 1, 60 : *omnipotens aeterne Deus, spes unica mundi.*

2. tremit : Arevalo a préféré *timet*, leçon de *V*, à *tremit*, leçon de *D* et d'Eugène, mais il rappelle lui-même des vers du *De laudibus Dei* (2, 154 : *Tu Deus es quem terra tremit...* ; 3, 554 : *et rerum natura parens famulata tremescit)* qui peuvent conduire à choisir *tremit* (comme l'ont fait, dans leurs éditions, M. St. Margaret et S. Gennaro). D. Kuijper, *Varia Dracontiana*, p. 45, pense pour sa part que les références scripturaires les plus significatives sont ici *I Par. 16, 30: commoueatur a facie eius omnis terra; Psalm.* 32, 8 : *timeat Dominus omnis terra* ; 95, 9 : *commoueatur a facie eius uniuersa terra* : le verbe *tremo* étant absent de ces versets, alors que *timeo* apparaît dans *Psalm.* 32, 8, il conclut qu'il faut choisir la leçon de V *(timet).* Cette argumentation ne nous paraît pas convaincante et nous préférons, en raison des rapprochements signalés plus haut avec *L.D.* 2, 154 et 3, 554, retenir *tremit*, comme l'a fait Speranza (voir, dans son édition p. 3, les autres rapprochements qu'il indique avec des textes comportant *tremo*).

qui regis igne polum : l'expression rappelle *L.D.* 1, 226 : *qui fouet igne pio caelum.* Sur le rôle cosmique du feu, *ignis*, et l'origine stoïcienne de cette conception, voir la note à *L.D.* 1, 23-4.

On notera dans les deux propositions parallèles de ce vers les recherches d'homéotéleutes (*omne ... igne*) et les rimes léonines (*solum ... polum*).

3. fatentur | auctorem : on rapprochera *L.D.* 1, 3-4 : *... quem templa poli, quem moenia caeli | auctorem confessa suum...* et 2, 211-2 : *agmina te astrorum, te signa et sidera laudant | auctorem confessa suum...* On reconnaît là encore un souvenir des *Psaumes* : *Psalm.* 18, 2 : *caeli enarrant gloriam Dei.* Sur les emplois de *fateor* et *confiteor* pour exprimer la confession de louange de l'univers au Créateur, voir la note à *L.D.* 3, 577 sq.

flamma : le mot ne nous paraît pas désigner ici une « étoile », comme le veulent M. St. Margaret et S. Gennaro, mais, comme dans *L.D.* 1, 24-5 (où *flamma* et *flammae* sont appliqués respectivement au feu du ciel et aux étoiles), le singulier *flamma* désigne le « feu du ciel » ; voir la note à *L.D.* 1, 24-26.

Corippe (*Ioh.* 1, 287-8) a imité ce passage : *... Deus, te cuncta fatentur | auctorem et dominum, et factorem elementa tremiscunt.*

5. Il est inutile de corriger *seu* en *sine*, comme a proposé de le faire Rossberg (*Observ. crit.*, p. 20), ou en *ceu*, comme le voulait Collins (*Two Notes*, p. 185). Arevalo (note au v. 5) a bien vu que *seu* est employé ici avec la valeur de *et* (de même Fr. de Duhn, dans l'index de son édition, p. 122) ; pour d'autres exemples de cet emploi de *siue, seu*, voir Leumann-Hofmann-Szantyr, II, p. 504.

Pour le thème de l'éternité divine, on rapprochera *L.D.* 1, 21-2 ; 2, 603-5 ; 2, 741-3 ; 3, 739. Dracontius peut s'être inspiré ici de Prudence, *C. Symm.* 2, 95 : *qui uel principio caruit uel fine carebit* ; on rapprochera aussi le v. 3 de l'*Oratio* d'Ausone (Peiper p. 7) : *principio extremoque carens antiquior aeuo.* L'expression *fine carens*, que Dracontius emploie aussi dans *L.D.* 1, 22, peut être empruntée à Sedulius, *Carm. Pasc.* 2, 250 ; *temporis expers* se retrouve dans *L.D.* 2, 69 et 3, 739.

On trouve des souvenirs du vers de Dracontius chez Aldhelm, *Laud. uirg.* 2874 : *principio uel calce carens et temporis expers*, comme l'a bien vu Vollmer, *M.G.H.* p. IX, n. 28 et p. 114 ; pour d'autres réminiscences chez Aldhelm, voir la note au v. 9 et t. I, p. 103, n. 1. Heriger de Lobbes reproduit presque textuellement le vers dans la *Vita metrica S. Ursmari*, 1, 318 : *principio fine atque carens et temporis expers* ; sur les souvenirs de Dracontius chez Heriger, voir t. I, p. 45 et n. 3.

6 sq. Pour le thème de l'immuabilité divine, on rapprochera *L.D.* 2, 595-8 ; 3, 535-541. On reconnaît dans ces passages des expressions identiques ou analogues : *nullo mutabilis aeuo* (v. 7) rappelle *L.D.* 3, 541 : *nunquam mutabilis aeuo; idem semper eris* (v. 8) se retrouve dans *L.D.* 2, 595 et 3, 541 ; *nil addit demitque tibi* (v. 9) répond à *L.D.* 2, 596 : *nil addens minuensque tibi.*

alterni (v. 6) : l'adjectif *alternus* est ici substantivé au neutre (pour d'autres emplois analogues de l'adjectif, voir le *Thes. L.L.* I, 1756, 54 sq.).

Le v. 7 est riche de réminiscences scripturaires : *Dan.* 2, 21 : *et ipse mutat tempora et aetates* ; *Malach.* 3, 6 : *Ego enim Dominus et non mutor.*

9. Ce vers a été imité par Aldhelm, *Laud. uirg.* 2875 : *cui dedit et dempsit nil mundi longa uetustas* ; sur les réminiscences de Dracontius chez Aldhelm, voir la note au v. 5.

10. omnia tempus habent peut être une référence au verset de l'*Ecclésiaste,* 3, 1 : *omnia tempus habent et suis spatiis transeunt uniuersa sub caelo.*

Il est inutile de corriger *nam* ; Collins (*Two Notes,* p. 185) a proposé de lire *non ... adest* au lieu de *nam ... abest* et sa conjecture a été adoptée par S. Gennaro. En fait *nam* présente ici une valeur adversative (voir Arevalo, note au v. 10), comme dans *L.D.* 3, 658 et dans divers passages des œuvres profanes du poète : *Orest.* 436 ; 511, etc. (voir Vollmer, *M.G.H., index verborum,* p. 377, s.v. *nam*) ; sur les emplois adversatifs de *nam,* voir Leumann-Hofmann-Szantyr, II, p. 505-6.

12. quocumque iubes : sur l'emploi de *iubeo* dans ce type de formules (cf. v. 104 : *ubicumque iubes*), voir la note à *L.D.* 3, 548.

dirigis ingenia : dans la Vulgate le verbe *dirigo* se rencontre dans des contextes comparables, *Psalm.* 7, 10 : *diriges iustum, scrutans corda et renes Deus* ; *Prou.* 16, 9 : *cor hominis disponit uiam suam, sed Domini est dirigere gressus eius.* Arevalo (note au v. 12) précise le sens de l'expression : « *dirigere ingenia* est hominum mores, indolem dirigere, ducere » et il commente ainsi l'ensemble du passage : « Dracontii sententia est, a Deo esse omnia quae homini accidunt, prospera et adversa : homines esse bonos Deo adjuvante, malos permittente ». Dans les v. 13 sq. le poète peut faire allusion à la controverse sur la grâce divine et la volonté humaine, comme dans le *De laudibus Dei* 2, 622 sq. (voir la note à *L.D.* 2, 623) ; il connaissait très vraisemblablement le traité *De gratia et libero arbitrio* de saint Augustin (voir la note au v. 20). S. Gennaro consacre une longue note (p. 43-45) à ce qu'il appelle le « sincretismo dottrinario » du poète, en rappelant les grandes lignes de la doctrine augustinienne de la grâce et du libre arbitre.

13 sq. iratus (v. 13) et *propitius* (v. 14), de même que *ira fauorque* (v. 16), sont comme un écho du premier vers du *De laudibus Dei* : *... iratum placidumue ... Tonantem* (cf. *L.D.* 1, 10-11 : *... iras | et pia uota Dei* ; 3, 727-8 : *nosco quid iratus uel quid mitissimus ipse | des, Pater...*) ; le poète répugne à parler de la colère de Dieu sans évoquer sa douceur, sa miséricorde ou sa bonté (voir t. I, p. 46).

14. propitius : la première syllabe de l'adjectif est allongée comme chez Prudence celle de *propitiata* (*Perist.* 3, 215) et celle de *propitiabilis* (*Perist.* 14, 130).

16. Employé dans l'acception de « permettre », *admitto* est ici construit avec une proposition infinitive ; cette construction est surtout attestée dans la latinité tardive : Tertullien, *Apol.* 31, 1 ; *Vulgate*, *Marc* 5, 37, etc. ; voir le *Thes. L.L.* I, 755, 7 sq.

Dans la recension eugénienne trois vers ont été substitués au seul v. 16 : *te faciente fiunt, quo bona cuncta fiunt. | Econtra aduersa probrosa maligna inhonesta | tu fieri pateris, qui mala nulla facis.*

17. Le poète donne à Moïse l'appellation de *propheta,* comme il le fait pour les patriarches dans *L.D.* 3, 167 (voir la note 2 p. 23). Moïse est aussi appelé parfois prophète dans la Bible, ainsi dans le *Deutéronome* 34, 10 : *et non surrexit ultra propheta in Israel sicut Moyses, quem nosset Dominus facie ad faciem* (voir aussi *Deut.* 18, 18).

18. Dracontius fait allusion au *livre de l'Exode* 4, 21 : *ego indurabo cor eius et non dimittet populum* ; 7, 13 : *induratumque est cor Pharaonis et non audiuit eos sicut praeceperat Dominus* (voir aussi 9, 12 ; 10, 1 ; 10, 20 ; 10, 27 ; 11, 10 ; 14, 4). L'endurcissement de Pharaon, qui ne veut pas laisser les fils d'Israël sortir d'Égypte comme le lui demandaient Moïse et Aaron, constitue le refrain qui termine le récit de chaque « plaie d'Égypte » (voir *Ancien Testament*, *T.O.B.*, note 1, p. 144).

19. Sur *reatus*, employé fréquemment dans le *De laudibus Dei* comme un simple équivalent de *culpa*, voir t. I, p. 79, n. 6 (dans la *Satisfactio* le mot se retrouve aux v. 53, 198, 307). Sur le changement de nombre *(mea ... nostro),* voir Arevalo, note au v. 19.

20. Pour les nombreuses fautes dont s'accuse Dracontius, voir le chant III du *De laudibus Dei*, v. 566 sq. Ici le poète en fait l'aveu en des termes qui rendent un son augustinien. Arevalo (note au v. 20) rapproche à juste titre un passage du *De gratia et libero arbitrio* d'Augustin, 21, 43 : *satis, quantum existimo, manifestatur operari Deum in cordibus hominum ad inclinandas eorum uoluntates quocumque uoluerit, siue ad bona pro sua misericordia, siue ad mala pro meritis eorum, iudicio utique suo aliquando aperto, aliquando occulto, semper tamen iusto.*

21 sq. Les souverains appartenant à la monarchie des Hasdings dont il est ici question sont les rois de l'État vandale. L'expression *tot regibus almis* (v. 25) donne à croire que Dracontius pense non seulement à Gonthamond (désigné par *regnantis* au v. 24) à qui il a adressé sa *Satisfactio* (voir *supra*, p. 143), mais aussi à son prédécesseur Hunéric, qui régna sur les Vandales de 477 à 484, et à Genséric, le fondateur du royaume vandale d'Afrique, mort en 477 ; voir la note au v. 51. Sur la monarchie des Hasdings, voir C. Courtois, *Les Vandales et l'Afrique*, p. 237 sq. ; voir aussi

E. Stein, *Histoire du Bas-Empire*, I, p. 319 sq.; II, p. 59 sq.; L. Schmidt, *Histoire des Vandales* (trad. française), p. 43 sq., P. Courcelle, *Histoire littéraire des grandes invasions germaniques*[3], p. 115 sq. et 183 sq. Si Dracontius ne célébra pas les souverains Hasdings avant la *Satisfactio*, il écrivit après sa délivrance un panégyrique du successeur de Gonthamond, Thrasamond ; voir t. I, p. 30.

22. L'adjectif *triumphiger*, qui est sans doute une création de Dracontius, se lit aussi chez Ennodius, *Carm.* 2, 50, 7. Le poète a forgé d'autres composés en *-ger : plantiger* (*Orest.* 118), *somniger* (*L.D.* 1, 214 ; *Orest.* 805) ; pour d'autres composés dont il est aussi le créateur, voir t. I, p. 79, n. 3.

23. On rapprochera de *cum laude salutis* l'expression *igne salutis*, « feu vivifiant », dans *L.D.* 1, 208, où le génitif est l'équivalent de l'adjectif *salutaris* ; sur ce type de génitif, voir la note à *L.D.* 1, 102 (à propos de *pietatis amore*).

25. tacitis ... regibus almis : cf. v. 93 : *dominos reticere modestos.*

26. Faut-il choisir *et*, leçon de *V*[2] et d'Eugène, comme l'a fait Arevalo (approuvé par L. Alfonsi, *Sulla « Satisfactio » di Draconzio*, p. 351-2), ou bien *ut*, la leçon de *V*[1] et *D* retenue par Vollmer ? Speranza préfère *et*, mais l'accord de *V*[1] et de *D* recommande plutôt le choix de *ut*.

26 sq. Ces vers rappellent des versets des *Psaumes : Psalm.* 20, 10 : *Dominus in ira sua conturbabit eos* ; 89, 11 : *quis nouit potestatem irae tuae et prae timore tuo iram tuam dinumerare?* et du *livre de Nahum*, 1, 6 : *ante faciem indignationis eius quis stabit? et quis resistet in ira furoris eius?* On peut aussi rapprocher Virgile, *En.* 1, 11 : *... tantaene animis caelestibus irae?*

Pour l'emploi de *caelestis* comme synonyme de *diuinus* (v. 27), voir la note à *L.D.* 1, 337 (voir aussi *L.D.* 3, 558).

28. Le parallélisme des deux propositions qui constituent ce vers est souligné par des homéotéleutes, que nous avons essayé de rendre dans la traduction. Arator a imité la première partie du vers dans *Act.* 1, 1052 : *aspera cuncta domat* ; sur les imitations de Dracontius chez Arator, voir t. I, p. 101, n. 4.

29. On rapprochera *L.D.* 3, 607 : *irascente Deo solacia cuncta negantur.* La leçon *artus* de *D* (*V* a *astus* ou *actus*) est confirmée par Alcuin, *Carm.* 9, 117 : *sic uentura dies mentes mutabit et artus*, qui a emprunté une partie du vers de Dracontius (sur les imitations de Dracontius chez Alcuin, voir t. I, p. 104, n. 2). Comme le souligne Arevalo (note au v. 30) à *mentes* et *artus* répondent respectivement au v. 30 *sensus* et *species* ; pour le sens de *species*, « aspect, apparence », on comparera *L.D.* 1, 338 : *species hominis.*

Les v. 29-30 introduisent un passage (v. 31-44) qui montre les effets de la colère divine sur Nabuchodonosor, sur Zacharie, enfin sur le poète lui-même.

31 sq. uertitur et species (v. 30) sert de transition avec l'épisode de Nabuchodonosor changé en bœuf. Au livre III du *De laudibus Dei* (v. 718-9) le poète fait une brève allusion à cet épisode ; *Persarum regem* (v. 31) répond à *Persarum rector* (*L.D.* 3, 718) et *timuit post Parthica regna bubulcum* (v. 35) à *timuit post regna bubulcum* (*L.D.* 3, 718). Les éléments de la description sont empruntés au *livre de Daniel* (4, 22 sq. et 4, 28 sq.) ; Nabuchodonosor déchu de sa royauté est chassé d'entre les hommes et se nourrit d'herbe comme les bœufs *(Dan.* 4, 30 sq. : *ex hominibus abiectus est et foenum ut bos comedit et rore caeli corpus eius infectum est, donec capilli eius in similitudinem aquilarum crescerent et ungues eius quasi auium).* Pour la controverse suscitée par la description de cette « métamorphose », voir Arevalo (note au v. 33) qui conclut ainsi : « Communior magisque probata sententia est Nabuchodonosorem in phrenesin incidisse : quo morbo turbata phantasia se bouem esse rex sibi persuaserit ».

Le génitif *Babylonae* (v. 31) fait supposer un nominatif *Babylona* qui ne se trouve que chez les glossateurs ; le nominatif usuel est *Babylon* auquel répond d'ordinaire un accusatif *Babylona* ; mais ce dernier a été concurrencé par *Babylonam* qui a pu entraîner parfois la réfection des autres cas en formes de la première déclinaison ; voir le *Thes. L.L.* II, 1653, 26 sq.

33. L'adjectif *diademalis* peut être une création de Dracontius, qui l'emploie aussi dans *Orest.* 260 et 319 ; Arevalo (note au v. 33) remarque que le mot a été aussi utilisé par Théodulf, *Carm.* 25, 15 : *et diademali sat dignam pondere frontem* (sur le rôle qu'a pu jouer Théodulf dans la transmission de la recension eugénienne des œuvres de Dracontius, voir t. I, p. 104 et 129).

L'expression *turparunt frontem* rappelle Horace, *Sat.* 1, 5, 61 (... *frontem turpauerat).*

36. *summisit ... colla iugo* : cf. v. 136 : *colla subacta iugo* ; *L.D.* 3, 452 : *subducens et colla iugo.*

37 sq. *per prata uagus* (v. 37) est également employé en parlant du taureau dans *L.D.* 1, 274 : *et per prata uagum sequitur sua bucula taurum* ; la clausule *mala gramina pastus* est empruntée à Virgile, *En.* 2, 471. Au vers suivant, Dracontius se souvient d'Ovide décrivant Io transformée en génisse, *Her.* 14, 86 : *quo bos ex homine est, ex boue facta dea* (cf. *Fast.* 5, 620). A. Hudson-Williams, *Virgil and the Christian Latin Poets, Proceedings of the Virgil Society,* nº 6, 1966-67, p. 18, cite ces vers de Dracontius (v. 37-8) comme un bon exemple de la pratique de contamination chez les poètes chrétiens qui aiment amalgamer des sources diverses dans un même passage.

39 sq. L'expression *pater ille Iohannis* désigne, comme dans *L.D.* 2, 686, Zacharie, le père de Jean-Baptiste ; *antistes* fait allusion à ses fonctions sacerdotales (voir la note à *L.D.* 2, 685). Nous avons adopté la conjecture de Vollmer, *serus,* qui nous paraît judicieuse ; l'adjectif rappelle que Zacharie, comme son épouse Elisabeth, était avancé en âge quand l'ange Gabriel lui annonça la naissance prochaine d'un fils *(Luc* 1, 7 sq.) ; Sidoine

Apollinaire utilise le même qualificatif en parlant de Zacharie, *Carm.* 16, 37 : *dum faceret serum rugosa puerpera patrem.*

Faut-il choisir le présent *linquit*, leçon de *V¹* et *D*, ou le parfait *liquit*, leçon de *V²* et d'Eugène, comme l'a fait Vollmer ? D. Kuijper, *Varia Dracontiana*, p. 46, pense que le présent *linquit*, désignant la faute, est préférable parce qu'il offre un jeu de sonorités avec *elinguis* (v. 40) qui s'applique à la peine (p. 47 : « *linquit* i.e. ' delinquit in lingua sua ' Zacharias ; poena sequitur : *e-linguisque fuit* »). Il appuie son argumentation ingénieuse en citant un verset des *Psaumes* 38, 2 : *Dixi: custodiam uias meas ut non delinquam in lingua mea*, dont le poète, pense-t-il, s'est ici souvenu. L'emploi de *linquo* comme équivalent de *delinquo* dans l'acception de « commettre une faute » est très rare ; en dehors de ce passage de la *Satisfactio*, on ne peut guère signaler que des attestations de glossaires (voir D. Kuijper, *op. cit.*, p. 46, n. 6 ; *Thes. L.L.* VII, 2, 1462, 61) ; on rapprochera, dans le passage du *De laudibus Dei* consacré à Zacharie (*L.D.* 2, 686) l'expression *incurrit culpam.*

La faute de Zacharie, le doute qu'il manifeste à l'annonce de l'ange Gabriel, lui vaut d'être frappé de mutisme (*Luc* 1, 13-20) ; le poète insiste sur ce châtiment dans une description redondante (v. 40 : *elinguis ... uoce tacente silens*) ; il est plus sobre dans le *De laudibus Dei* (2, 690 : *mox uindicta datur per longa silentia linguae*).

41. La construction de *peccare* avec un datif de la personne n'est pas rare dans la latinité tardive : Vulgate, *Deut.* 32, 5 : *peccauerunt ei (Deo)* ; Augustin, *Conf.* 5, 10, 18 : *peccabat tibi* (cf. *Psalm.* 40, 5).

42. peior cane est une expression proverbiale qui se retrouve, par exemple, chez Prudence, *Apoth.* 216.

44. Comme l'indique Arevalo (note au v. 44), qui rapproche Paulin de Nole, *Carm.* 15, 1 et 16, 10, *lingua* est à prendre ici dans l'acception d'éloquence ou de poème ; Arevalo ajoute : « etiamsi Dracontius carmen illud non recitaverit, recte tamen culpam in linguam, nempe in carmen rejicit ». Dracontius fait allusion ici au poème qui fut la cause de sa disgrâce ; voir t. I, p. 19 sq.

Le poète peut avoir présents à l'esprit les versets du *livre du Siracide*, 22, 33 : *quis dabit ori meo custodiam et super labia mea signaculum certum, ut non cadam ab ipsis et lingua mea perdat me?*

45 sq. Dracontius reprend les exemples de Nabuchodonosor et de Zacharie pour montrer comment la miséricorde divine les a délivrés de leurs maux (v. 45-8) et il souhaite que Dieu inspire à Gonthamond une semblable clémence.

restituit (v. 45) peut être pris au sens propre : Dieu redonne à Nabuchodonosor son aspect humain (idée que développe le v. 46) ou au sens figuré (cf. *restituat* au v. 50) : Dieu le rétablit dans sa royauté (cf. *L.D.* 3, 719 : *... sed post regnauit in arce*).

Au v. 46 le poète se souvient sans doute d'Ovide, *Met.* 1, 741-2 :

... redeunt umerique manusque | ungulaque in quinos dilapsa absumitur ungues (Ovide décrit le retour d'Io à une forme humaine). L'expression *ungula fissa* se retrouve, par exemple, chez Lucrèce 4, 680-1 : *... fissa ferarum | ungula.*

47. Le poète utilise aussi *modulamen* en parlant de la mélodie des oiseaux (*L.D.* 1, 244) ; on rapprochera aussi l'emploi du verbe *modulari* dans *L.D.* 3, 707 : *ut bene uerba sonent ipsis modulantibus ora.*

48. uerba ligata : *ligare* est de même employé en parlant de sons de la voix dans Stace, *Theb.* 5, 613-4 : *... uerba ligatis | imperfecta sonis* ; voir aussi dans le *Thes. L.L.* VII, 2, 1392, 69 sq. une série d'exemples de la latinité tardive où *ligare* a pour complément *uerba* ou *lingua,* parmi lesquels un passage de Sidoine Apollinaire consacré lui aussi à Zacharie, *Carm.* 16, 36 : *Zachariae iusti linguam placate ligasti* (le vers suivant présente l'expression *serum ... patrem* appliquée à Zacharie ; cf. *supra,* note aux v. 39 sq.).

mutilare n'est pas ici intransitif comme le pensait Arevalo (note au v. 48 : « ponitur *mutilante sono* pro *mutilato sono* »), mais transitif, comme l'a bien vu Vollmer, *M.G.H.,* index verborum, s.v. *mutilo,* p. 377 ; de même que *dare,* le verbe peut recevoir ici *uerba* comme complément. On peut rapprocher Pline l'Ancien 7, 70, où est employée l'expression *mutilare uerba* : *primores (dentes) ... mutilantes mollientesue aut hebetantes uerba.* Pour l'expression *uerba dare* utilisée dans l'acception de « prononcer des paroles », voir la note à *L.D.* 3, 468 sq.

50. restituat respiciatque : l'ordre des deux verbes diffère dans *V (restituat respiciatque)* et dans la recension eugénienne *(F^{pc}* et *P* offrent *respiciat restituatque).* Vollmer a suivi cette dernière leçon, tandis qu'Arevalo a préféré celle de *V.* D. Kuijper, *Varia Dracontiana,* p. 47, a bien montré qu'il fallait adopter le texte de *V* où l'on reconnaît un *hysteron proteron.* Le poète présente d'abord ce qui est le plus important : *restituat* répond à *restituit* (v. 45) et à *reformauit* (v. 47) ; *respiciat,* qui exprime une action pourtant antérieure, ne vient qu'en second lieu, à titre explicatif (Kuijper, *op. cit.,* p. 47 : « deinde res secundaria, temporaliter cum antecesserit, explicative loco secundo adnectitur : restituet poetam Gunthamundus, cum primum sua pietate reum respexerit »).

51. aui désigne le grand-père de Gonthamond, Genséric, fondateur de l'État vandale en Afrique (voir la note aux v. 21 sq.). Gonthamond était fils de Gento, l'un des enfants de Genséric ; la famille de Gento fut persécutée par Hunéric, fils aîné de Genséric qui lui succéda au trône en 477. Gonthamond, qui succéda à Hunéric en 484, avait probablement réussi à se soustraire par la fuite aux persécutions de son oncle ; voir L. Schmidt, *Histoire des Vandales* (trad. française), p. 125 sq. ; Chr. Courtois, *Les Vandales et l'Afrique,* p. 240 sq. et 391 sq. Dracontius qui souhaite ici célébrer les louanges de la dynastie des Hasdings composera après sa libération un panégyrique de Thrasamond ; voir t. I, p. 30.

52. regia uota : le sens de *uota* a été bien vu par Hudson-Williams, *CQ* 33, 1939, p. 159. Le mot est ici synonyme de *nuptiae*, comme dans divers passages des poèmes profanes de Dracontius (voir Vollmer, *M.G.H.*, *index verborum*, s.v. *votum*, p. 429) ; ainsi, par exemple, dans *Rom.* 10, 288 ; 382 ; 449. Cet emploi de *uotum* pour désigner les vœux échangés par les époux n'est pas rare dans la latinité tardive (voir, par exemple, pour Claudien, l'édition Birt, *M.G.H.*, *A.A.*, X, *index vocabulorum*, s.v. *votum*, p. 605).

proles au pluriel, comme ici, est exceptionnel ; ce pluriel se rencontre également chez Columelle 10, 103 et Arnobe 5, 23 ; 7, 24.

53. La ponctuation adoptée par Arevalo *(... est, uenia sed digna reatus)* est préférable à celle de Vollmer *(... est, uenia sed digna, reatus)*, qui a été retenue par les éditeurs plus récents.

Ce vers 53 a été emprunté dans le poème *Miracula Nyniae episcopi* au v. 131 (voir Vollmer, *M.G.H.*, p. x) ; on trouve ce poème dans le florilège dû à Alcuin que contient le *Bambergensis* B.II.10 (sur ce manuscrit, voir t. I, p. 118 sq. ; le poème occupe les fol. 157^v sq., faisant suite aux extraits de Dracontius) ; voir *M.G.H.*, *Poet. Car.*, IV$^{2-3}$, p. 943 sq.

54. Le poète se remémore sans doute ici divers passages scripturaires : *Ière Épître de Jean* 1, 10 : *Si dixerimus quoniam non peccauimus, mendacem facimus eum et uerbum eius non est in nobis* ; *III Reg.* 8, 46 : *quod si peccauerint tibi (non est homo qui non peccet)...* ; *Prou.* 20, 9 : *Quis potest dicere : mundum est cor meum, purus sum a peccato ?*

L'idée que tout homme, même s'il est juste, ne peut être sans péché introduit un long passage où le poète montre comment le bien et le mal coexistent dans la nature (v. 55-90). Arevalo (note au v. 55) cite à juste titre un passage où saint Augustin explique la présence du mal dans le monde, *Enchir.* 3, 11 : *illud quod malum dicitur bene ordinatum et loco suo positum eminentius commendat bona, ut magis placeant et laudabiliora sint dum comparantur malis* (voir aussi *De ordine* 2, 4, 12). Mais on peut rapprocher aussi un passage d'Aulu-Gelle, qui reproduit un raisonnement de Chrysippe fondé sur l'argument des contraires où le philosophe répondait à l'objection que, s'il y avait une Providence, il n'y aurait pas de maux, *N.A.* 7, 1, 2-3 : *Nihil est prorsus istis, inquit, insubidius, qui opinantur bona esse potuisse, si non essent ibidem mala ; nam cum bona malis contraria sint, utraque necessum est opposita inter sese et quasi mutuo aduersoque fulta nisu consistere ; nullum adeo contrarium est sine contrario altero.* Au livre I du *De laudibus Dei*, Dracontius décrit aussi, aux v. 294-304, l'alternance des biens et des maux (v. 294 : *tempore non uno ueniunt quae saeua uocantur*).

55 sq. Les v. 55-60 de la recension eugénienne sont cités dans

9

un passage de Julien de Tolède consacré aux *antitheta* ; voir
G. Funaioli, *Esegesi Virgiliana antica*, Milano, 1930, p. 428-9.

58. Corippe a repris le second hémistiche de ce vers dans
Ioh. 7, 25 : *hic mala mista bonis...* ; Théodulf s'est aussi inspiré
de ce vers, *Carm.* 2, 129 : *mala mixta bonis, bona prauis.* Arevalo
(note au v. 58) indique que le vers se lit dans Goldoni, *Il Moliere* ;
on le trouve en effet dans l'acte 3, sc. 4 de cette pièce où il est cité
sous la forme : *sunt bona mixta malis, sunt mala mixta bonis*
(voir l'édition de Goldoni procurée par G. Ortolani (1959), t. III,
p. 1107).

61. Arevalo (note au v. 61) commente ainsi le rapprochement
fait par le poète entre les lettres et les abeilles : « Litterae cogna-
tionem habent cum apibus, quia olim discebantur in tabellis
cera illitis, et sicut apes spiculo nocent, melle et favis prosunt,
sic etiam litterae habent unde prosint et noceant ».

Le composé *doctiloquax* est sans doute une création de
Dracontius ; on ne le trouve guère ensuite que dans Venance
Fortunat, *Carm.* 7, 24 c, 1. *Doctiloquus,* qui se lit chez Ennius
(*Ann.* 583, Vahlen), est beaucoup moins rare (voir le *Thes.
L.L.* V, 1, 1770, 43 sq. et 48 sq.).

62. Dans l'énumération *uulnera castra fauos* le poète oppose
clairement *uulnera* à *fauos* en jouant sur le sens de *habere* : *habere
uulnera* doit être rapproché du v. 65 : *aspis habet mortes* et de
L.D. 1, 295-6 : *... scorpius ictus | ... habet* ; l'expression signifie
« provoquer des blessures ». Dans *habere fauos* le verbe présente
l'acception usuelle de « posséder » et les rayons de miel représentent les bienfaits que les abeilles procurent aux hommes. Le
sens de *habere castra* est moins clair : le substantif *castra* est
parfois employé en parlant des ruches sans que référence soit
faite aux luttes des abeilles (Virgile, *En.* 12, 589 : *cerea castra* ;
Palladius 1, 37, tit. ; 1, 37, 4), mais souvent le contexte comporte
une métaphore militaire (Virgile, *Georg.* 4, 108 : *... castris audebit
uellere signa* ; Pline, *Nat.* 11, 20 ; 11, 54 ; Lactance, *Inst.* 3, 10, 4 :
castra muniunt) ; auprès de *uulnera, castra* présente sans doute
ici aussi une valeur métaphorique et *habere castra* conserve
sa connotation guerrière.

63. Ce vers est cité par Isidore de Séville, *Étym.* 6, 9, 1 :
*cerae litterarum materies, paruulorum nutrices; ipsae « dant
ingenium pueris, primordia sensus ».*

64. Vollmer a eu raison de choisir la leçon *praestet,* qui est
à la fois celle de *D* et celle de la recension eugénienne, alors
qu'Arevalo avait préféré la leçon de *V, prosit.* Le poète emploie
aussi *praestare* comme un synonyme de *prodesse* dans *L.D.* 2, 262 :
uipera quid praestet ; comme ici, le verbe est opposé à *nocere*
chez saint Augustin, *Conf.* 6, 10, 16 : *innumerabilibus praestandi
nocendique modis.*

65 sq. Sur les remèdes procurés par les serpents, voir la note
à *L.D.* 1, 296-7 ; voir aussi *L.D.* 2, 262-4. Sur les cerfs qui dévorent
les serpents et les remèdes tirés de la moelle des cerfs, voir

L.D. 1, 639-640 (et la note à 1, 640) ; 2, 282 ; 3, 309 (et la note à 3, 309-310) ; voir aussi Pline, *Nat.* 28, 145 et 149 ; Lucain 6, 673.

69. simplex, qui est ici opposé à *noxius*, est synonyme de *innocuus* ; le même adjectif est employé aussi dans l'acception de « sincère » (v. 191 ; cf. *L.D.* 3, 579) et d'« innocent » (v. 223). *Simplicitas* est opposé à *noxia uota* dans *L.D.* 2, 814 (voir la note à ce vers). Sur *simplex* et *simplicitas* dans l'œuvre de Dracontius, voir F. Speranza, *Draconzio, Satisf. 265, Mus. Philol. Lond.*, I, 1975, p. 1 sq.

70. La même idée est développée par Isidore de Séville, *Étym.* 16, 21, 2 : *ferri usus post alia metalla repertus est. Cuius postea uersa in opprobrium species. Nam unde pridem tellus tractabatur, inde modo cruor effunditur.* Cette opposition est déjà exprimée par Lucrèce 5, 1289 sq. On peut aussi rapprocher les passages de l'Ancien Testament où les armes sont opposées aux instruments agricoles : *Joel* 3, 10 ; *Michée* 4, 3.

impius est pris ici dans l'acception de *nefarius, immitis* (voir le *Thes. L.L.* VII, 1, 623, 19 sq. et, pour l'emploi substantivé, 71 sq.).

71 sq. ipsa nous paraît être ici l'équivalent de *eadem* ; il en est de même, par exemple, dans *L.D.* 1, 151 (voir la note à ce vers). Le v. 72 rappelle Ovide, *Rem. am.* 45-6 : *Terra salutares herbas eademque nocentes | nutrit et urticae proxima saepe rosa est.* On rapprochera aussi, chez Dracontius, *Rom.* 7, 49 : *rosa miscetur spinis.*

75. auris uitalibus se retrouve dans *Rom.* 9, 96 *(uitalibus auris)* ; cf. Lucrèce 3, 577 ; Virgile, *En.* 1, 387-8.

77. C'est par hypallage que *aspera* et *facilis* qualifient *natura* ; les adjectifs s'appliquent en réalité à *uolucres* (cf. *L.D.* 1, 456-7 : *... placidas ... aues ... ore cruentas | ... uolucres*).

79. On retrouve à peu près la même énumération dans *L.D.* 1, 6 : *... nix imber grando pruinae* ; voir aussi *L.D.* 2, 213-5. Sur les souvenirs de littérature profane et les réminiscences scripturaires dans ces énumérations de perturbations atmosphériques, voir la note à *L.D.* 1, 3-11 et la note à *L.D.* 2, 211.

81. species gratissima mundi : on rapprochera *Rom.* 10, 497 : *o mundi facies pulcherrima* (dans l'hymne de Médée au soleil) ; sur *gratus* qualifiant, dans l'acception de « beau », *species* et *facies*, voir Cl. Moussy, *Gratia et sa famille*, 1966, p. 176.

83. per quem fetat humus : Dracontius écrit de même *L.D.* 2, 223 : *per te fetat humus*, mais ici le verbe est employé transitivement dans l'acception de « produire en quantité, prodiguer ». *Messis aristas (fetat)* rappelle *L.D.* 1, 574 : *spicant messes.*

84. sole perustus : cf. *L.D.* 1, 327 : *non de sole perusta (tellus).* L'ensemble du vers rappelle *L.D.* 2, 423 : *... in cineres putrescit gleba solutos* et 3, 300 : *soluerat in cineres coctas plaga feruida glebas.*

86. Le sens de *solibus alternis* est éclairé par le rapprochement avec *L.D.* 1, 298-300 : ... *nec semper adurit | solis ubique calor : pro tempore temperat ignes, | pro regione plagae.*

itque reditque : la même expression se retrouve au v. 244 et dans *L.D.* 1, 592 (cf. Virgile, *En.* 6, 122 ; Tibulle 2, 6, 46 ; Stace, *Theb.* 1, 102, etc.).

88. A Lucifer, astre « messager de l'aurore » (*L.D.* 1, 668 ; 2, 8), dont Dracontius décrit volontiers l'état bienfaisant (*L.D.* 1, 422 ; 1, 669-670), le poète oppose Sirius, une étoile de la constellation du Chien, qui annonce la canicule si redoutée (voir, par exemple, Virgile, *Georg.* 4, 425) ; sur Lucifer et Sirius, voir Hygin, *Astron.* 2, 42, 4 ; 2, 35, 2 ; 3, 34.

On notera dans ce pentamètre la recherche de parallélisme que souligne l'homéotéleute dans les formes verbales.

89 sq. Le poète fait allusion aux cinq zones climatiques, deux zones tempérées placées entre la zone torride et les zones glacées ; cf. Cicéron, *Rep.* 6, 20 ; Virgile, *Georg.* 1, 233-238 ; Ovide, *Met.* 1, 45-51. Les zones terrestres sont l'effet et le reflet des zones célestes ; voir la note à *L.D.* 1, 5 ; voir aussi *L.D.* 3, 315 sq. Pour *medius* équivalent de *dimidius*, voir la note à *L.D.* 1, 128. *Vix* portant sur un nom de nombre (v. 90 : *uix ... duas*) est employé avec la valeur de *tantum*, « seulement » ; cf. *L.D.* 3, 213 : *uix unum* ; *Or.* 790 : *uix semel.*

91 sq. Les v. 91-92 servent de transition. Dracontius revient à son cas personnel, à la faute qui fut la cause de son incarcération. Une grande partie du v. 91 se retrouve dans *Rom.* 2, 121 : *quod caelum, quod terra fretum...* Le début du vers peut être emprunté à Claudius Marius Victor, *Aleth.* 2, 469 : *quod caelum, quod terra...*

93 sq. L'expression *dominos modestos* désigne les souverains de la dynastie des Hasdings ; voir les notes aux v. 21 sq. et au v. 51 ; voir aussi, pour l'intérêt qu'offre le qualificatif *modestos*, t. I, p. 25, n. 2. Pour les difficultés d'interprétation que présentent les v. 93-4, voir t. I, p. 19 sq. ; au v. 94 *uel* équivaut à *etiam* (voir t. I, p. 20 et n. 1). Il est fort douteux que l'étranger célébré par le poète ait été Zénon, l'empereur d'Orient, comme on l'a souvent soutenu ; l'hypothèse de D. Kuijper, qui propose de reconnaître Théodoric dans le destinataire du *carmen ignotum* de Dracontius nous paraît de beaucoup préférable ; voir t. I, p. 22 sq.

Dracontius fait aussi une allusion aux conséquences malheureuses de son poème dans *Rom.* 7, 70 : ... *dederant quia carmina clades.*

95. ingratos : le mot désigne les « infidèles » ; *ingratus* est souvent employé dans cette acception à partir de Tertullien ; voir Cl. Moussy, *Gratia et sa famille*, 1966, p. 192.

96. idola uana colunt : on peut rapprocher Commodien, *Apol.* 819 : ... *idola uana colentes* et Sedulius, *Carm. Pasc.* 1, 242 : ... *qui uana colunt; uanus* substantivé au neutre peut désigner la « vaine idole » (voir Blaise, *D.L.A.C.*, s.v. *uanus*) ; même emploi adjectival qu'ici dans *L.D.* 3, 526 : *numine uano.*

98. La leçon *flens* de *V* a été retenue par Vollmer qui, dans sa première édition (*M.G.H.*, p. 118) cite Bücheler : « exodum, desertam Aegyptum, cf. *num.* 11, 4, 10, non sponte, sed pressi calamitate peccarunt Iudaei » ; cette leçon est aussi défendue par Gennaro (p. 53) et conservée par Speranza. Se référant au texte de la recension eugénienne *(oblita Deum plebs)*, Vollmer *(P.L.M.)* se demande toutefois si Dracontius n'aurait pas écrit *Deum oblita plebs.* Nous préférons la correction proposée par Arevalo, *flans* (voir sa note au v. 98), qui a été adoptée par de Duhn et favorablement accueillie par S. Blomgren, *Adnotationes criticae,* p. 54 et D. Kuijper, *Varia Dracontiana,* p. 19, n. 3. Blomgren fait remarquer avec juste raison que le passage du *livre des Nombres* (11, 4 et 10) invoqué par Bücheler parce qu'il y est question des pleurs des Hébreux ne concerne nullement l'épisode du veau d'or auquel fait allusion le vers de Dracontius. *Flans* se comprend bien, avec la valeur du composé *conflans* (cf. *Thes. L.L.* VI, 914, 31 sq., s.v. *flare* et IV, 1, 240, 72 sq. ; 241, 7 sq., s.v. *conflare*), dans un passage où il est question d'une statue en or fondu. Pour l'épisode du veau d'or, voir *Exode* 32, 1 sq. ; Arevalo cite à l'appui de sa conjecture *Exode* 32, 4 : *quas cum ille accepisset, formauit opere fusorio et fecit ex eis uitulum conflatilem (uitulum conflatilem* désigne aussi le veau d'or dans *Exod.* 32, 8 et *Deut.* 9, 16).

100. La même construction personnelle de *paeniteo* se rencontre dans *L.D.* 2, 565 : *paeniteat si forte reus* ; voir aussi *Sat.* 304.

101. Sur le thème de la puissance miséricordieuse de Dieu, voir la note à 1, 29-34. Pour l'emploi de *benignus,* cf. 2, 783 et 3, 614. Dracontius se remémore peut-être ici *Luc* 6, 35 : *benignus est super ingratos et malos.*

Dracontius adresse d'abord à Dieu sa demande de pardon, en le priant d'incliner en sa faveur les dispositions bienveillantes du roi (v. 101-116). Si Dracontius se déclare d'abord coupable envers Dieu, c'est que sa faute politique est d'abord une faute morale. Sur l'obéissance due aux autorités, voir l'*Épître aux Romains,* 13, 1 sq. ; voir aussi la note au v. 114.

103. Le poète se souvient du *livre des Proverbes* 21, 1 : *sicut diuisiones aquarum, ita cor regis in manu Domini: quocumque uoluerit inclinabit illud.* On peut aussi rapprocher un passage du *De gratia et libero arbitrio* de saint Augustin (21, 43) déjà cité (voir la note au v. 20) ; voir également le v. 12 et la note à ce vers.

105. Nous retenons *ullius,* leçon de *V.* Arevalo, tout en hésitant (voir sa note au v. 105), a préféré la leçon de la recension eugénienne, *illius,* et a été suivi par Vollmer. D. Kuijper, *Varia Dracontiana,* p. 47, défend la leçon *ullius,* montrant que *ullus,* comme *quisquam,* a pu s'employer dans la latinité tardive en dehors des propositions négatives (ainsi chez Dracontius même *L.D.* 1, 498 : *dum quaerunt ullas ... latebras* et 2, 585 : *... quod* *quisquam fecerit ulli*). Speranza, dans son édition, préfère lui aussi *ullius*.

106. Pour le sens technique de *disponere*, « composer » (en parlant d'un poète), voir le *Thes. L.L.* V, 1, 1425, 13 sq.

111. Arevalo (note au v. 111) explique ainsi le vers : « uidelicet non sit mihi alius quam qui solet esse cateruis ». Le tour *dissimilis quam* se rencontre déjà chez Velleius Paterculus 2, 55, 2 ; voir le *Thes. L.L.* V, 1, 1475, 61 sq. (pour d'autres exemples de ce tour) et 1474, 66 (pour l'emploi des datifs *mihi, cateruis* équivalant à *erga me, erga cateruas*).

113. Même structure de phrase dans *Rom.* 3, 20 : *nam tua sint quaecumque loquor, quaecumque canemus.*

114. Le poète s'inspire de l'*Épître* de Paul *aux Romains* 13, 4 : *Dei enim minister est (potestas) tibi in bonum. Si autem malum feceris, time; non enim sine causa gladium portat: Dei enim minister est, uindex in iram ei qui malum agit* (voir *Nouveau Testament, T.O.B.*, p. 482, note *b* : l'autorité *(potestas)* « garante de l'ordre est servante de Dieu, pour le bien public »).

115. On peut rapprocher Ovide, *Trist.* 2, 22 : *exorant magnos carmina saepe deos.*

116. Dans *sensibus aetheriis, aetherius* est à prendre au sens de « céleste, divin » ; on lit de même *sensu aetherio* chez Paulin de Périgueux, *Mart.* 3, 146. Des v. 115-6, Arevalo rapproche Prosper d'Aquitaine, *Epigr.* 95 (= 21, 5-6) : *linquantur secreta Deo qui, si quid opertum est | inspicit et nullis indiget indiciis.*

117. Le poète adresse maintenant ses supplications directement à Gonthamond, dont il célèbre longuement la clémence (v. 117-148). *Vela retorquere* se lit aussi chez Ovide, *Trist.* 1, 1, 84.

119. *da dextram misero* est emprunté à Virgile, *En.* 6, 370.

120. L'expression *tempore tam longo* donne à croire que le poète est emprisonné depuis plusieurs années quand il écrit la *Satisfactio* ; voir t. I, p. 23, n. 5.

non decet ira pium : hémistiche presque identique dans *Rom.* 10, 417 : *non decet ira deos.*

122. L'emploi de l'actif *epulo*, au lieu du déponent *epulor*, est tardif (voir, par exemple, Venance Fortunat, *Carm.* 10, 11, 24) ; Priscien 8, 25 (Keil II, p. 392) en fait mention. En outre *epulo* est pris ici dans l'acception de « nourrir (quelqu'un) » et non de « manger ».

123 sq. Vollmer présente les v. 123-148 comme une longue parenthèse. D. Kuijper, *Varia Dracontiana*, p. 49, a proposé de ponctuer différemment (en plaçant une virgule à la fin du v. 122 et un point après le v. 148). Il a été suivi avec raison par Speranza dans son édition. Le membre de phrase *puniat ut sit quod Christus* (v. 123) est ainsi compris par Kuijper *(loc. cit.)* : « ut aliquid (super)sit quod puniat Christus » (interprétation qui rejoint celle d'Arevalo dans sa note au v. 123).

124. Dans ce vers le poète accumule les effets de style : recherche de symétrie, chiasme *(uindice quo ... quo uigilante),* jeux de sonorités (*uigilante, uiges* ; nous avons essayé de les rendre en conservant l'identité de la syllabe initiale : « protecteur », « prospères »). Pour l'emploi de *uindex,* voir la note à *L.D.* 3, 675-6.

126. On peut supposer une anastrophe de *ut (uiuat ut, ipse iubes),* comme l'a proposé Collins (*Two Notes,* p. 186) suivi par Gennaro (p. 54) ; Vollmer, tout en conservant une ponctuation après *uiuat (uiuat. ut ipse iubes),* émet lui aussi l'hypothèse de l'anastrophe *(M.G.H., index verborum,* p. 429, s.v. *ut).* Arevalo pour sa part écrit *uiuat ut ipse, iubes,* solution que nous préférons.

130. Vollmer, *M.G.H., index verborum,* p. 414, s.v. *subripio,* indique : « *subripiente...* quod esse i.q. ' subrepente ', ' obrepente ' me docuit Traube... ; metri igitur causa quod hoc loco spondeum non fert usui vulgari indulsit aliquid poeta ». Alfonsi, *Sulla Satisfactio,* p. 352, tout en proposant de lire *suscipiente* ou *subcipiente* au lieu de *subripiente,* préfère supposer en définitive que *subrepente* est la bonne leçon et que Dracontius s'est permis ici un vers spondaïque. La leçon de *V* nous paraît devoir être conservée ; Arevalo (note au v. 130) explique ainsi le mot : « paulatim consumente fame vitam ».

131. sub iure : cf. *L.D.* 1, 572 : *sub iure tenerent* ; 3, 310 : *sub iure tenentur.*

133. oro est suivi de subjonctifs de parataxe *(uinceret... fuisset).* Cette construction de *oro* est bien attestée en latin archaïque et classique ; voir Kühner-Stegmann, *Lat. Gramm.,* II, p. 228 et 229.

135. dat compte ici pour une syllabe longue ; ce type d'allongement devant *h* initial considéré comme consonne se produit d'ordinaire à l'arsis ; voir t. I, p. 93 et n. 2 et *supra,* p. 155 et n. 1. Mais cet allongement se rencontre aussi au temps faible ; voir la note à *L.D.* 3, 674.

137 sq. La comparaison que Dracontius établit entre la colère du lion qu'on attaque et celle du roi (v. 137-148) offre de nombreux points de ressemblance avec la description qu'il fait dans *Rom.* 8, 350-362 (on rapprochera en particulier *Sat.* 141-146 et *Rom.* 8, 357-362) ; voir aussi *Rom.* 5, 308-311. Une comparaison identique se lit dans le *livre des Proverbes* 19, 12 : *sicut fremitus leonis ita et regis ira.*

Au v. 137 Dracontius reprend les termes de Virgile, *En.* 1, 296 : *fremet horridus ore cruento ; dente minante neces* (v. 138) rappelle *L.D.* 1, 280 : ... *aper morte lunato dente minatur.*

139. crispare est employé ici dans l'acception de *uibrare,* « brandir », comme dans Virgile, *En.* 1, 313 : ... *lato crispans hastilia ferro* (cf. *En.* 12, 165).

141 sq. Dracontius fait la description de la même scène en des termes voisins dans *Rom.* 8, 357-8 : *ast ubi uenator reiecta cuspide sollers | sponte cadit pronusque iacet, perit ira leonis* (et *Rom.* 8, 360 est identique à *Sat.* 143) ; voir la note aux v. 137 sq. On rapprochera Ovide, *Trist.* 3, 5, 33-4 : *Corpora magnanimo satis est prostrasse leoni; | pugna suum finem, cum iacet hostis, habet.* Dans *L.D.* 3, 191-208 la description de la *uenatio* donne du lion une image beaucoup plus cruelle.

145. dat prostrato ueniam : cf. Pline, *Nat.* 8, 48 : *(leo) prostratis parcit* ; Sénèque, *Clem.* 1, 5, 5 : *elephanti leonesque transeunt quae impulerunt.*

147-8. frangitur ira : l'expression se retrouve dans le *livre des Proverbes* 15, 1 : *responsio mollis frangit iram.* Du v. 148 on peut aussi rapprocher ce verset du *livre des Proverbes* 28, 13 : *qui abscondit scelera sua non dirigetur; qui autem confessus fuerit et reliquerit ea, misericordiam consequetur.* La même idée est exprimée chez Phèdre, 3, *epi.* 22 : *saepe impetrauit ueniam confessus reus.* Dans le livre III du *De laudibus Dei*, Dracontius, confessant ses fautes (v. 567 sq.), affirme son espoir d'obtenir le pardon divin, 579-580 : ... *si confessio simplex / indicet admissum, uenia sperata sequetur.*

149 sq. Dracontius invite Gonthamond à imiter la clémence divine ; une série d'*exempla* tirés de l'Ancien et du Nouveau Testament témoigne de cette clémence (v. 151-174).

On peut, avec Arevalo (note au v. 149), rapprocher Ovide, *Trist.* 2, 39-40 : *Tu quoque, cum patriae rector dicare paterque, / utere more dei nomen habentis idem,* ainsi que Claudien, *IV consul. Honor.* 276-7 : *Sis pius in primis; nam cum uincamur in omni / munere, sola deos aequat clementia nobis.*

nobis (v. 149) : il est difficile de garder *non uis*, leçon de *V*, comme le voudrait D. Kuijper, *Varia Dracontiana*, p. 49-50 ; mieux vaut retenir la leçon de la recension eugénienne, *nobis. Nobis* est employé avec la valeur de *mihi* comme, par exemple, dans *L.D.* 1, 743 : *et nobis uexata salus* ; de même Dracontius utilise parfois *noster* pour *meus, uester* pour *tuus* (voir Vollmer, *M.G.H., index verborum*, p. 380, s.v. *noster* et p. 425, s.v. *uester*) ; voir aussi la note au v. 299. Sur le pluriel « sociatif », voir J. Marouzeau, *Traité de stylistique latine³*, p. 223 sq. ; Leumann-Hofmann-Szantyr, II, p. 19 sq.

Sur *Tonans* appliqué à Dieu, voir la note à *L.D.* 1, 1.

150. culpas : Arevalo a adopté la leçon de la recension eugénienne, *culpis*, mais il est préférable de conserver *culpas*, leçon de *V* ; en effet *indulgere*, dans l'acception de « pardonner », est parfois construit avec l'accusatif à partir de Tertullien (*Pud.* 1, 16 ; 1, 17 ; 1, 18, etc.) ; voir le *Thes. L.L.* VII, 1, 1255, 74 sq.

151. On comprendra avec Vollmer, *M.G.H.*, p. 122 : « *principis augusti* scil. *regnum* ». Dracontius se réfère à *Matthieu* 18, 23 : *Ideo assimilatum est regnum caelorum homini regi* ; Arevalo (note au v. 152) pense pour sa part à la parabole des talents (*Luc* 19, 12 sq. ; cf. *Matthieu* 25, 14 sq.).

Arevalo a corrigé *ad* en *ac*, mais sans doute à tort, car le tour *similis ad* est attesté chez Plaute, *Mil.* 400 et chez quelques auteurs tardifs (voir le *Thes. L.L.* I, 548, 63 sq.).

152. pagina sancta désigne la sainte Écriture, comme dans saint Jérôme, *Epist.* 22, 17. Pour l'emploi de *cano*, on rapprochera

Paulin de Nole, *Carm.* 16, 121 : *ut scriptura canit*. Ce vers de la *Satisfactio* paraît avoir inspiré Alcuin, *Carm.* 9, 92 : *ut cecinit pagina sacra*.

153. caelestia iura : même expression dans *Orest.* 951. *Referens* se rapporte à *Deus* ou *Christus*, comme *cinctus* au vers suivant, alors que grammaticalement le participe paraît s'accorder avec *pagina*. Pour expliquer cette anomalie, de Duhn (p. 85) suppose inutilement une lacune après le v. 152.

154. discipulare, verbe rare, est employé ici intransitivement comme synonyme de *famulari*, « servir, être au service de ». Le seul emploi comparable, cité dans le *Thes. L.L.* V, 1, 1327, 65, est dans la *Vetus Latina (Matthieu 27, 57 : ipse discipulus erat et discipulauit Iesu)*, où il signifie « être disciple ».

155. On a souvent voulu corriger *intrans*, mais à tort. Vollmer, *M.G.H.*, p. 122 a mis en garde contre une correction en *instans*, qui a pourtant été défendue ensuite par Hudson-Williams, *CQ* 41, 1947, p. 108 et par Alfonsi, *Sulla Satisfactio*, p. 353. Collins, *Two Notes*, p. 186, a proposé de lire *ultra*, conjecture que Gennaro a adoptée. Vollmer, conservant *intrans*, propose de comprendre « qui intravit i. ortus est » (*M.G.H.*, index verborum, p. 364, s.v. *intro*), interprétation qui est retenue par M. St. Marga-ret, p. 82. En réalité *intrans* ne fait que renforcer le sens de *cadat* (*cadere* est ici synonyme de *occidere* employé en parlant d'un astre qui se couche) ; il faut sans doute suppléer *in oceanum* (voir le *Thes. L.L.* VII, 2, 62, 38 sq., où est cité un emploi comparable chez Optat 5, 7 (*C.V.* 26, p. 136, 13) : *intrante sole*) ; on trouve de même le substantif *ingressio* employé en parlant du coucher du soleil (voir le *Thes. L.L.* VII, 1, 1576, 24).

156. Il paraît judicieux de corriger *alio*, leçon des manuscrits qui se comprend mal, en *animo*, comme l'a proposé Hudson-Williams (*C.Q.* 41, 1947, p. 108), qui a été suivi par Gennaro.

157. Ce vers peut faire allusion aux épisodes où David épargne Saül (*I Reg.* 24, 11 sq. ; 26, 9 sq.) ou Naval (*I Reg.* 25, 33 sq.).

158. La forme *Dauid* présente ici une seconde syllabe brève, comme dans *L.D.* 2, 664 (voir t. I, p. 93, n. 5).

158. Mieux vaut conserver le génitif *sceleris*, qui se rattache à *certus*, que supposer un datif *sceleri* complément de *inest*, comme le suggère Vollmer (*M.G.H.* p. 122 : « puto *sceleri* sc. *inest* ») qui garde néanmoins *sceleris* dans le texte.

Dracontius fait ici allusion à l'épisode de David et Bethsabée (*II Reg.* 11, 2 sq.), dont il est aussi question dans *L.D.* 2, 664 sq. (voir la note à *L.D.* 2, 664). Des v. 159 et 160 on rapprochera *L.D.* 2, 665 : *sed scelus agnoscens culpas impune fatetur* et 666 : *sic reus et ueniam sceleri sub uoce meretur* ; voir aussi *L.D.* 1, 34 : *sic impune reis licuit peccasse fatendo* et la note à ce vers.

162. On trouve un vers presque identique à celui-ci dans le petit poème *De origine rosarum* attribué à Dracontius, au v. 6 : *quae scelus admisit, munus odoris habet* (*M.G.H.*, *A.A.*, XIV, p. 228).

163. Sur Absalon, un des fils de David, voir *II Reg.* 14, 25 sq. ;
il se révolte contre son père (*II Reg.* 15, 1 sq.) et meurt dans la
bataille qui oppose ses troupes à celles de David (*II Reg.* 18, 1 sq.).
La forme *Abessalon* se rencontre aussi chez Prudence, *Hamart.*
564 ; 577 ; 580.

164. sceleris fructus désigne Salomon né de l'union de David
et de Bethsabée (cf. 158 : *sceleris certus adulter* et 162-3 : *eadem
muliere creatus | quae scelus ammisit).* Pour le sacre de Salomon
qui succède à David, voir *III Reg.* 1, 32 sq.

165. Le v. 191 est en grande partie identique : *ecce quid
impendit homini clementia simplex.* La grande similitude des
deux vers a conduit de Duhn à corriger *patris* en *patri* (cf. *homini*
au v. 191) ; Vollmer a adopté cette correction. En revanche
D. Kuijper, *Varia Dracontiana*, p. 50-1 a montré que *impendere*
peut être employé absolument (voir, par exemple, *L.D.* 3, 253)
et que *parcens* était à rapprocher de *pepercit* (v. 157) : *patris
clementia* désigne donc la clémence manifestée par David qui
lui vaut d'être récompensé par la royauté et par celle de son
fils. On peut voir là une allusion à *I Reg.* 25, 28 : *faciens enim
faciet Dominus tibi domino meo domum fidelem, quia proelia
Domini, domine mi, tu proeliaris : malitia ergo non inueniatur
in te omnibus diebus uitae tuae.*

167-8. Ces vers font référence à *III Reg.* 3, 11-12 : *quia ... non
petisti tibi dies multos, nec diuitias aut animas inimicorum tuorum,
sed postulasti tibi sapientiam ad discernendum iudicium ... dedi
tibi cor sapiens et intelligens* (cf. *II Par.* 1, 11-12). Le poète a aussi
vraisemblablement présente à l'esprit la prière qu'adresse Salomon
dans le *livre de la Sagesse* (9, 1 sq.) pour obtenir la sagesse.

171. Autre exemple de clémence, emprunté cette fois au
Nouveau Testament, celui d'Étienne, le premier martyr (*Act.* 7,
54 sq.), qui pardonne à ceux qui le lapident *(Act.* 7, 60 : *Domine,
ne statuas illis hoc peccatum).* Dracontius rappelle aussi ce martyre
dans *L.D.* 2, 582 (la première syllabe de *Stephanus* y est normale-
ment scandée brève, alors qu'ici elle est allongée ; sur ces variations
de quantité, voir t. I, p. 92 et n. 2).

173. L'expression *bona simplicitas* se retrouve dans *L.D.* 2,
814 et *Orest.* 966 ; sur le sens de *simplicitas*, voir la note à *L.D.* 2,
814 ; voir aussi la note sur *simplex* à *Sat.* 69.

On peut interpréter la forme *haec* de deux façons : soit comme
un féminin singulier se rapportant à *simplicitas* (interprétation
de M. St. Margaret qui traduit « This happy innocence far excels
a thirst of blood », ainsi que de S. Gennaro : « questa schietta
bontà avulsa da vendetta, è quella che trionfa » ; on est alors
conduit à donner à *praestat* l'acception de « se distinguer,
exceller »), soit comme un neutre pluriel, complément de *praestat*,
qui est développé par le vers suivant. Nous préférons cette
seconde interprétation où *praestare* est pris dans le sens de
« procurer » qui est usuel chez Dracontius : ainsi dans deux

vers du passage qui suit (v. 184 et 192) et dans *L.D.* 1, 560 ;
2, 74 ; 121 ; 130 ; 617 ; etc.

ieiuna cruoris : cf. *Orest.* 91-2 : *ieiunus et expers | sanguinis
humani.*

174. Collins, *Two Notes*, p. 186, a proposé de lire *se mente*
au lieu de *sine morte* ; il a été suivi par S. Gennaro (p. 56), mais
critiqué par Alfonsi, *Sulla Satisfactio*, p. 354, qui veut conserver
avec raison le jeu sur *mors* et *nex (sine morte, nil ... necis)*, qui est
bien dans la manière de Dracontius ; il comprend « l'uomo che
agisce senza morte nulla ha lui in sé di morte ».

gerens : pour cet emploi absolu de *gero*, qui se rencontre
surtout dans la latinité tardive, voir le *Thes. L.L.* VI, 1, 1942,
1 sq.

175 sq. Après les exemples tirés des Écritures, le poète invoque
les traits de clémence de César et de plusieurs empereurs romains
(v. 175-190). Pour le dédain de vengeance dont fit preuve César
après la guerre civile, voir J. Carcopino, *Jules César*[5], PUF,
1968, p. 498-9.

post bella pepercit (v. 175) : même fin de vers dans *Orest.* 377
et *Rom.* 8, 54.

177. facultas est pris ici au singulier dans l'acception de « biens,
richesse », qui est usuelle pour le pluriel *facultates.* Sur cet emploi
du singulier, voir le *Thes. L.L.* VI, 1, 155, 60 sq.

178. Comme le souligne D. Kuijper, *Varia Dracontiana*, p. 51,
il est difficile de comprendre pourquoi Vollmer, corrigeant *dei*
en *deus*, indique (*M.G.H.*, p. 122) : « dei *V, correxi, cf. Eug.* », alors
que les manuscrits de la recension eugénienne offrent *puer* (corrigé
en *pater* par les éditeurs). On peut très bien conserver la leçon
de *V, dei*, comme l'a fait Arevalo qui commente ainsi le vers
(note au v. 178) : « *Vocatus dignus honore Dei*, dignus a suis
habitus, qui Deus vocaretur apotheosi ethnica : vel quem sui
dignum honore Dei vocarunt, sive habuerunt ». Sur les degrés
de divinisation de César de son vivant et sur le culte de *diuus
Iulius*, voir J. Carcopino, *Jules César*[5], *op. cit.*, p. 555-7.

180. « *Tempus pium* propter pacem in universo orbe et natum
eo tempore Christum » explique Arevalo (note au v. 180), qui cite
Virgile, *En.* 1, 291 : *Aspera tum positis mitescent saecula bellis.*
Autre témoignage sur la politique peu belliqueuse d'Auguste,
celui de Suétone, *Aug.* 22, 1 : *Ianum Quirinum semel atque iterum
a condita urbe ante memoriam suam clausum in multo breuiore
temporis spatio terra marique pace parta ter clusit.*

183 sq. Dracontius fait allusion à la parole de Titus dont
Suétone (*Tit.* 8, 2) rappelle ainsi les circonstances : *atque etiam
recordatus quondam super cenam quod nihil cuiquam toto die
praestitisset, memorabilem illam meritoque laudatam uocem edidit:*
« *Amici, diem perdidi* » : cf. Ausone, *Grat. actio* 72 (p. 371 Peiper) :
*celebre fuit Titi Caesaris dictum, perdidisse se diem, quo nihil
boni fecerat* ; Eutrope 7, 21, 3 (*M.G.H., A.A.*, II, p. 132, 10 sq.).

L'expression *dux princeps* (v. 183) se rencontre aussi dans

L.D. 3, 371 ; voir la note à ce vers. La première syllabe de *Titus* est ici allongée ; sur les modifications de quantité dans les noms propres, voir t. I, p. 92 et n. 2.

186. praestita équivaut à *beneficia* ; on retrouve le même emploi du mot, par exemple, chez Cassiodore, *Var.* 1, 26, 1 ; 3, 11, 1 ; 3, 42, 1.

187 sq. Ces vers font difficulté : après les mentions d'Auguste et de Titus comme empereurs cléments, celle qui est faite de Commode est étonnante, ainsi que les expressions *modico sermone poeta* (v. 187) et *uir pietate bonus* (v. 188) qui sont appliquées au personnage. Vollmer (*M.G.H.*, p. 124 et *index verborum*, p. 298, s.v. *Commodus*) a pensé que Dracontius avait fait une confusion entre Commode et son père Marc-Aurèle (p. 124 : « aperte Commodum confundit cum patre philosopho ... quem eleganter scripsisse et simpliciter laudant verba *modico sermone poeta* ») ; Arevalo (note au v. 188) paraît avoir penché pour la même solution, mais a corrigé pour sa part *poeta* (v. 187) en *probatus*. D. Kuijper, *Varia Dracontiana*, p. 52 sq., a proposé une tout autre hypothèse : guidé par le mot *poeta*, il pense que Dracontius a pu confondre Commode et Commodien (p. 52 : « ego vereor, Commodum ne noster confuderit cum aliquo poeta, cuius nomen Commodi nomini haud absimile fuerit ») ; il rappelle que les poèmes de Dracontius contiennent des réminiscences de Commodien (ainsi dans *L.D.* 3, 118 sq. le poète peut se souvenir d'*Instr.* 1, 4, 1-4 et dans *Sat.* 96 d'*Apol.* 819 ; voir les notes à *L.D.* 3, 118 sq. et à *Sat.* 96). Il voit (p. 53) dans *praeceptum* (v. 189) une allusion au titre du poème de Commodien, *Instructiones* (qui ne peut entrer dans l'hexamètre) et veut reconnaître (p. 54) dans le v. 190 un écho des premiers vers de la préface de ce poème (*Inst.* 1, 1, 1-3). Si l'on admet que Dracontius a pu ainsi attribuer les œuvres de Commodien à l'empereur Commode, il faut aussi supposer, comme le fait Kuijper (p. 55), que notre poète était peu instruit de la personnalité de cet empereur pour pouvoir le qualifier de *uir pietate bonus* (v. 188).

On pourrait expliquer cette mention de Commode sans présumer que Dracontius l'a confondu avec un autre personnage, Marc-Aurèle ou Commodien. Ainsi L. Alfonsi, *Commodo in Draconzio*, *R.F.I.C.*, 39, 1961, p. 296 sq., s'est efforcé de montrer que la tradition chrétienne n'était pas totalement défavorable à Commode et que, dans ces v. 187-190, Dracontius dépendait vraisemblablement d'un manuel d'*exempla* donnant une *interpretatio christiana* des empereurs romains. Jean-Pierre Callu nous a rappelé que l'éducation de Commode a été très soignée : sur ce point le témoignage de l'*Histoire Auguste* (*Com.* 1, 5-6) est renforcé par une source utilisée par Antonio de Guevara, *Vie de Commode* II, p. 268 (t. 11 ed. M. Coray, Paris, 1826) ; voir aussi le *Discours chrétien* (1578) de Mathieu de Launay qui réélabore (p. 16-17) un passage de l'*Histoire Auguste* (*M.A.*, 2 et 3) en invoquant un Cina historien par ailleurs inconnu.

Cependant une dernière hypothèse ne saurait être écartée : S. Mazzarino, *Atti del Colloquio Patavino sulla Historia Augusta*, Rome, 1963, p. 36, indique que Vérus qui faisait des vers s'était d'abord dénommé Commodus.

189-190. Ces deux vers se lisent dans le *Laurentianus lat.* LXVI, 40, fol. 61ᵛ, parmi d'autres vers transmis par Cellanus (on y rencontre quelques variantes : *nobilem* au lieu de *nobile* ; *cupit* au lieu de *uolet* ; *diuus* au lieu de *deus*). Sur Cellanus et sur ce manuscrit, voir L. Traube, *Perrona Scottorum*, *S.B.A.W.*, 1900, p. 479 sq. et 484 sq. et voir *supra*, p. 158 et n. 8.

191. Ce vers est en grande partie identique au v. 165 ; voir la note à ce vers. Pour *simplex*, voir la note au v. 69.

193. Après avoir rappelé à Gonthamond des exemples de clémence, Dracontius implore à nouveau son pardon, lui rappelant que la gloire des armes se partage, mais que les souverains conservent pour eux seuls la célébrité due à leur clémence (v. 193-210).

ne facias populum mendacem (v. 193) : cf. *L.D.* 3, 638 : *mendacemque facis famulum.*

195. sonet, leçon de *V*, a été corrigé en *sonat* par de Duhn ; cette correction a été adoptée par Vollmer, ainsi que par les éditeurs suivants, qui donnent à *ut* la valeur comparative de « de même que ». Il nous paraît préférable de conserver *sonet*, comme l'a fait Arevalo qui explique judicieusement (note au v. 195) : « Ut populi te vero cordis affectu *dominum* vocent, fac ut vere te *pium* vocare possint » ; *ut* peut offrir ici sans difficulté une valeur finale.

196. Dans la latinité tardive, *merx* est parfois employé dans l'acception de *merces*, « salaire » (voir Blaise, *D.L.A.C.*, s.v. *merx*). Le rédacteur de l'article *merx* du *Thes. L.L.* (VIII, 852, 12 sq.) fournit une série d'exemples où le mot est synonyme de *pretium* ou *praemium* et, citant notre passage de la *Satisfactio*, voit ici dans *merx* un équivalent de *fama* (de même Arevalo (note au v. 196) : « *merx procerum*, intelligo famam principum » ; de même aussi Vollmer, *M.G.H.*, index verborum, p. 373, s.v. *merx*).

197. On a tenté de corriger *mos*, leçon à la fois de *V* et de la recension eugénienne. Arevalo a repris *merx* du vers précédent ; de Duhn a adopté la correction proposée par Bücheler, *non.* On peut très bien conserver *mos*, comme le fait Vollmer qui explique (*M.G.H.*, p. 124) : « accipe : ducum mos est fama ea quae bellis colligitur » (Speranza conserve aussi *mos* dans son édition).

199 sq. Arevalo (note au v. 199) rapproche avec raison Cicéron, *Marcel.* 6 : *bellicas laudes solent quidam extenuare uerbis easque detrahere ducibus, communicare cum multis, ne propriae sint imperatorum* et 11 : *haec enim res unius est propria C. Caesaris, ceterae duce te gestae magnae illae quidem, sed tamen multo magnoque comitatu. Huius autem rei tu idem dux es et comes.*

Plutôt que de rattacher *bellorum* à *ducibus*, comme le font M. St. Margaret et S. Gennaro, nous préférons faire du mot un complément de *triumphos* (cf. *bellicas laudes* dans Cicéron, *Marcel.* 6 cité ci-dessus).

200. armipotens : Dracontius affectionne ce composé ; cf. *Sat.* 299 ; *Orest.* 104 ; 250 ; 426 ; 899 ; *Rom.* 8, 328.

201. nam présente ici une valeur copulative, de même que dans *Orest.* 381 ; *Rom.* 5, 208 ; 8, 37 ; etc. (voir Vollmer, *M.G.H.*, *index verborum*, p. 377, s.v. *nam*) ; sur cette valeur de *nam*, voir Leumann-Hofmann-Szantyr, II, p. 505 ; sur *nam* adversatif, voir la note au v. 10.

203. pares ... cum principe : cette expression constitue un oxymoron qui est bien dans la manière de Dracontius. Pour la construction *par ... cum*, qui se rencontre dès l'époque classique (Cicéron, *Brut.* 215 ; Salluste, *Jug.* 14, 9, etc.), voir le *Thes. L.L.* X, 1, 276, 41 sq.

204. Mieux vaut, nous semble-t-il, conserver *redis*, leçon de *V*, en interprétant *comes* comme un vocatif, qu'adopter *redit*, leçon de la recension eugénienne, comme le fait Speranza.

uictor ab hoste redis : même second hémistiche de pentamètre dans Claudien, *Rapt. Pros. prol.* 2, 40.

205. M. St. Margaret (p. 88), pense qu'*intrare* présente ici la connotation juridique de « paraître, comparaître » (attestée depuis Pline, *Epist.* 5, 4, 2 ; 6, 31, 10). Dans le *Thes. L.L.* VII, 2, 65, 37 sq. *intrare* est curieusement donné (avec point d'interrogation, il est vrai) comme un équivalent dans cet emploi de *euenire*. Mieux vaut avec de Duhn (p. 107) interpréter *intrat* comme signifiant *particeps est*.

207. Arevalo a corrigé *fodit* en *fouet* (il écrit *fouet aduersus hostes certamina*). On peut conserver *fodit*, qui a pour complément *aduersos hostes* (*aduersos* étant une correction de Bücheler), en supposant que *certamina* est auprès de *concurrens* un accusatif de la figure étymologique (voir le *Thes. L.L.* IV, 109, 59).

aduersos hostes : cf. Virgile, *Buc.* 10, 45 ; *En.* 12, 266.

210. Ce vers est cité comme exemple de pentamètre par Julien de Tolède, *Ars gramm.* frg. cod. Bern. 16 (*Anecdota Helvetica*, dans Keil, *Gram. Lat.*, VIII, p. xlv, l. 15) ; voir *supra*, p. 158 et n. 5.

212. Arevalo (note au v. 212) commente ainsi *sine peccato* : « Etiam in bello justo occisio hominis nonnullam maculam occisori infert, quam peccatum vocat Dracontius » et il cite Virgile, *En.* 2, 717-720 : *Tu, genitor, cape sacra manu patriosque penatis ; | me bello e tanto digressum et caede recenti | attrectare nefas, donec me flumine uiuo | abluero.*

214. Ansila est sans doute un des généraux ostrogoths et la victoire de Gonthamond à laquelle il est fait allusion ici pourrait se situer au cours du conflit qui l'opposa à Théodoric à propos de la Sicile. L. Schmidt, *Histoire des Vandales* (trad. française), 1953, p. 136, est prudent dans ses affirmations : « Si Dracontius

célèbre des victoires du roi sur terre et sur mer et mentionne
à cette occasion un certain Ansila, inconnu par ailleurs, il peut
s'agir, en partie tout au moins, de la campagne de Sicile. Peut-être
les Vandales remportèrent-ils au début un avantage sur les
troupes ostrogothes envoyées en Sicile ; peut-être aussi un de
leurs généraux s'appelait-il Ansila ? Le nom est incontestablement
gothique » ; voir aussi C. Courtois, *Les Vandales et l'Afrique*,
p. 193, n. 2. Les Vandales étant entrés en conflit avec Théodoric
dès 491, les indications du v. 214 permettraient de fixer à l'année
491 le *terminus post quem* de la composition de la *Satisfactio* ;
voir t. I, p. 23 et n. 3.

Maurus ubique iacet : sur les incursions des Maures dans le
royaume vandale, voir L. Schmidt, *Histoire des Vandales, op. cit.*,
p. 135-6, qui trouve confirmation des allusions de Dracontius
dans la *Vita sancti Fulgentii*, 17 (où il est question de la Byzacène
ravagée par les Maures) et dans les *Mythologiae* de Fulgence, 1,
pref. 7-8 (ed. Helm p. 5) et qui conclut (p. 136) : « Il semble
donc que Gonthamond serait finalement parvenu à refouler les
Maures dans leurs repaires, bien que ses succès n'aient jamais dû
atteindre l'ampleur d'une victoire décisive ».

216. Dans ce vers l'expression *temporis ordo* sert de transition,
introduisant une longue digression consacrée à des « variations »
sur le thème du temps (v. 219-264). Dracontius a peut-être
présent à l'esprit le verset de l'*Ecclésiaste*, 1, 4 : *generatio praeterit
et generatio aduenit* ; il s'inspire en tout cas de ce livre de la Bible
dans les vers suivants (voir la note aux v. 219 sq.).

217. discurrere est employé ici comme un simple équivalent
de *abire* ; voir le *Thes. L.L.* V, 1, 1367, 15.

218. sexus iners : la même expression se retrouve dans *L.D.* 3
469 et *Orest.* 195.

219 sq. Le poète se remémore ici l'*Ecclésiaste* 3, 1 sq. : *Omnia
tempus habent, et suis spatiis transeunt uniuersa sub caelo : tempus
nascendi et tempus moriendi*, etc. Dans un passage de l'*Epistola
ad Sethum* (v. 63-72), où il a emprunté toute une série de vers
de la *Satisfactio* (voir t. I, p. 102, n. 3), Colomban a repris textuellement le v. 219 dans son v. 63 et a modifié en partie le v. 220
dans son v. 69 pour en faire un hexamètre *(tempora sunt uitae,
sunt tristia tempora mortis)*. La pièce 676 de l'*Anthologia Latina*
(ed. Riese) comporte aussi ces vers (voir t. I, p. 102, n. 3).

223. infantia simplex : cf. *Rom.* 10, 533 ; cf. aussi Eugène de
Tolède, *Monost.* 28 (voir la note 1 p. 187). Sur *simplex*, voir la
note au v. 69.

224. La syllabe finale de *senectus* est ici abrégée ; sur les modifications de quantité, voir t. I, p. 93.

pigra senectus : cf. Tibulle 1, 10, 40 : *pigra senecta.*

225. En dehors de Vitruve 8, 3, 25 (où il est attesté sous la
forme *catlaster)* et de ce passage de Dracontius, le substantif
catulaster ne se rencontre que chez les grammairiens et glossateurs
(voir le *Thes. L.L.* III, 1, 621, 22 sq.). Dérivé de *catulus* (voir

Ernout-Meillet, s.v. *catulus*), il désigne un adolescent (cf. *Gloss.* II, 572, 16 : *iuuenis XII annorum*).

226. On peut rapprocher Sénèque, *Troad.* 775 : *non arma tenera patria tractabis manu*.

227-228 : cf. *Orest.* 527-8 : *... pubentibus annis | uestitos sub flore genas lanugine crispa*. L'expression *pubentes anni* se lit aussi chez Ausone, *Edyl.* 12, 6, 2 (p. 159 Peiper). Pour l'acception de *flos*, « duvet » des joues, voir, par exemple, Virgile, *En.* 8, 160 : *tum mihi prima genas uestibat flore iuuentas* et Lucain 6, 562 *(genae florem)*.

genae : *gena* est aussi employé au singulier dans *L.D.* 1, 395 ; ce singulier est rare, mais attesté depuis Ennius jusqu'à l'époque tardive (voir le *Thes. L.L.* VI, 1763, 67 sq.).

229. tractat, employé absolument, est ici l'équivalent de *negotiosus est* ; cf. Vollmer, *M.G.H.*, index verborum, p. 419, s.v. *tracto* ; voir aussi Arevalo, note au v. 229.

231. On trouve la même image, à propos de la moisson, dans *L.D.* 3, 29 : *sic calamos nutrita seges stans armat aristis* ; voir la note à *L.D.* 3, 24 sq. Arevalo (note au v. 231) hésite à corriger *uiror* en *uigor* ; il faut conserver *uiror*, substantif qu'on rencontre seulement à partir d'Apulée, *Flor.* 10, 4 *(pratorum uirores)*, mais qui se répand dans la latinité tardive (voir Blaise, *D.L.A.C.*, s.v. *uiror*).

233 sq. On retrouve là encore des souvenirs de l'*Ecclésiaste* (voir les notes au v. 216 et aux v. 219 sq.) : 1, 5 sq. : *oritur sol et occidit et ad locum suum reuertitur ibique renascens. Gyrat per meridiem et flectitur ad aquilonem, lustrans uniuersa in circuitu pergit spiritus et in circulos suos reuertitur*.

perdere cursus : Vollmer *(M.G.H.)* met en garde dans son apparat critique contre une correction de *perdere* en *pergere*, rapprochant le v. 250 ; ce rapprochement n'est pas probant, car dans ce dernier vers il faut corriger *amittunt* (dans *amittunt cursus*) en *ac minuunt* (voir la note au v. 250). Cependant la correction en *pergere* que propose, par exemple, Collins, *Two Notes*, p. 187 (il suggère d'écrire *consueto pergere cursu*, conjecture adoptée par Gennaro) n'est pas judicieuse. L'une des interprétations de *perdere cursus* que propose Arevalo (note au v. 233 : « *intellige quia vestigium cursus nullum superest postquam sol recessit* ») est confirmée par le v. 327 du poème *De sole* que cite M. St. Margaret (p. 92) : *Anth.* I, p. LXXV : *uestigia nulla figens perambulo terras*.

236. Vollmer *(M.G.H.*, p. 126) développe ainsi le sens de ce vers : « *lunae secundum aetatem plurima regi sicque lege fieri ut fiunt adnotant homines* ». Les corrections de *notant* (*rotant* proposé par Peiper et *nouat*, conjecture de Collins adoptée par Gennaro) sont inutiles. *Aetas* s'applique aux phases de la lune ; *senesco* et *senium*, par exemple, s'emploient à propos du décours de la lune.

237. crementum est un terme rare avant la latinité tardive,

où son emploi devient assez fréquent (voir le *Thes. L.L.* IV,
1153, 47 sq.) ; on le trouve appliqué aussi aux phases de la lune
dans les *Mythologiae* de Fulgence, 2, 16 : *in lunae crementis ...
crementis lunae.*

238-240. minuente... | ... minuunt ... minuit : le verbe *minuo*
est employé ici à l'actif intransitivement dans l'acception de
« diminuer, décroître » ; à l'époque classique cet emploi intransitif
se rencontre seulement au participe présent (ainsi dans César,
B.G. 3, 12, 1 : *minuente aestu*) ; aux formes personnelles du
verbe (comme ici *minuunt* et *minuit* au v. 240), l'acception de
« diminuer, décroître » n'est pas exprimée par l'actif avant
l'époque tardive (par exemple, dans la *Vetus Latina, III Reg.* 17,
14 : *minuet*, dans un passage où la *Vulgate* offre le médio-passif
usuel *minuetur*) ; voir le *Thes. L.L.* VIII, 1, 1039, 53 sq.

239-240. Cf. *L.D.* 1, 734 et 736. *Cynthia* : même appellation
mythologique pour désigner la lune dans *L.D.* 2, 347 (voir la
note à ce vers).

241. cornua désignant les cornes du croissant de la lune
s'applique aussi à ses quartiers ; cf. *L.D.* 1, 664.

242. Cf. *L.D.* 1, 735 : *crescat et inclusum capiti genus omne
cerebri* ; pour les rapprochements avec divers auteurs, voir la
note à ce vers. A rapprocher aussi *Rom.* 10, 403 : *corporis et
dominam uerax quam turba fatetur* (sur l'expression *corporis
domina* appliquée à la lune, voir A. E. Housman, *Astrology in
Dracontius, C.Q.*, 4, 1910, p. 194).

243 sq. On rapprochera *L.D.* 1, 674-682, vers où sont décrits
le lever et le coucher du soleil. On retrouve ici plusieurs détails
d'expression de ce passage du *De laudibus Dei : sol oculus caeli* ;
cf. *L.D.* 1, 674 (pour les rapprochements avec Ovide, *Met.* 4, 227-8
et Ambroise, *Hex.* 4, 1, 2, voir la note à ce vers) ; *ab umbra* :
même emploi de *ab* dans *L.D.* 1, 672 : *... diem periturum noctis
ab umbris* (cf. aussi 1, 675 : *cuius ab immensis languescant sidera
flammis*).

Ces v. 243-4 rappellent l'*Ecclésiaste* 1, 5 (voir la note aux
v. 233 sq. où ce verset est cité) ; *itque reditque* : voir la note au
v. 86 ; *plagas* : voir les notes aux v. 89 sq. et à *L.D.* 1, 5.

245. Le manuscrit *M* de la recension eugénienne comporte
entre le v. 245 et le v. 246 un pentamètre supplémentaire : *ordine
cuncta suo sidera fixa polo.* La suite du passage s'en trouve
profondément modifiée : le v. 246 est transformé en hexamètre
et le v. 247 est omis.

246. dant quae elementa ferunt : *V* offre *dantque* qu'Arevalo
(note au v. 246) a proposé de corriger en *dant quae* (dans le texte
il conserve seulement *dant*) ; Vollmer a adopté *dant quae*. Arevalo
(note au v. 246) et Vollmer *(M.G.H., index verborum*, p. 349,
s.v. *fero)* donnent à *ferunt* dans ce passage le même sens qu'à
auferunt. Alfonsi, *Sulla « Satisfactio »*, p. 355, suppose pour *uel* la
valeur intensive de *et, etiam* et propose de comprendre *elementa
quae dant damna ferunt et augmentum*, « gli elementi che danno

diminuzione portano anche crescita ». F. Speranza, « Draconzio, *satisf.* 246 », *Helikon*, 13-14, 1973-74, p. 414 sq., penche pour une interprétation différente de *ferunt* en s'appuyant sur deux passages où on rencontre des formules comparables à propos des éléments : Chalcidius, *Comm.* 355 : *quattuor principalium corporum quae censentur elementa* ; Claudien Mamert, *Anim.* 1, 6 : *omnia ... principalia corpora quae dicuntur elementa.* En rapprochant *quae censentur elementa* et *quae dicuntur elementa* de *quae elementa ferunt,* on est conduit à supposer que *ferunt* est pris ici dans l'acception où il est l'équivalent de *dicunt* (*fero* est employé au passif dans cette acception au v. 69) ; *quae elementa ferunt* est donc à interpréter « ce qu'on nomme les éléments ».

damna uel augmentum dant : comme le propose Arevalo (note au v. 245), en rapprochant *L.D.* 1, 677-8 : *(sol) occidit; ipse dies super aequora sole cadente / aequore mersus abit, nouus aequore mane resurgit,* on peut comprendre « solem uires ab undis resumere ; ex quo colligit ipsum elementum, aquam videlicet, damnum et augmentum soli afferre » (cf. note au v. 246 : « aqua maris soli dat damnum et augmentum »). Mais le seul des quatre éléments auquel cette explication attribue ici un rôle est l'eau et l'on peut s'étonner du pluriel *elementa.* *Elementa* ne désigne-rait-il pas plutôt le soleil et la lune dont il est question dans les vers précédents, ou plus généralement les corps célestes ? Cette acception du mot est bien attestée dans la latinité tardive (voir le *Thes. L.L.* V, 2, 346, 81 sq. et 347, 1 sq.) : ainsi, par exemple, Tertullien, *Ieiun.* 10 ; *Apol.* 20, 3 et Sedulius, *Carm. Pasc.* 1, 230 ; *Op. Pasc.* 1, 20. Cette interprétation d'*elementa* nous paraît mieux convenir ici, ainsi qu'au v. 247 où le mot est repris.

247. Ce vers, qui fait allusion au retour cyclique des saisons, a été parfois mal compris : *tempora* est complément de *mutant* et non sujet de ce verbe, comme paraissent l'avoir supposé M. St. Margaret (« Elements mutually interchange and seasons vary ») et Gennaro (« gli elementi si alternano vicendevolmente e si alterna la varietà delle stagioni ») ; ces interprétations conviendraient avec le médio-passif *mutantur* (cf. *L.D.* 2, 597 : *tempora mutantur,* « les saisons changent »), mais non avec l'actif *mutant* dont le sujet ne peut être que *elementa.* Ce dernier mot désigne sans doute ici, comme invite à le croire aussi le v. 246 (voir la note précédente), les astres qui, modifiant la durée des jours et des nuits (v. 249-250), règlent le cours des saisons.

Les v. 247, 249, 251 constituent les v. 64-66 de l'*Epistola ad Sethum* de Colomban ; voir la note aux v. 219 sq. et voir t. I, p. 102, n. 3.

248 sq. Les formes *tempus* et *tempora,* constamment reprises dans les v. 248-262, servent souvent à introduire des antithèses entre les deux hémistiches : v. 257 : *tempora sunt pacis uel tempora certa cruoris* ; v. 259 : *tempora gaudendi, sunt tempora certa dolendi* ; v. 260 : *tempora dant lucrum, tempora damna ferunt* ; 261 : *nubila*

tempus habent et tempora certa serenum. Dracontius s'inspire
certainement ici d'un passage de l'*Ecclésiaste* (3, 2-8) où ce
procédé antithétique est constant et où certains versets correspondent aux antithèses de Dracontius (voir les notes au v. 257
(p. 188) et aux v. 259-260). Pour l'abondance des anaphores on
peut comparer dans *L.D.* 1, 119-128 la répétition de *lux* dans l'éloge
de la lumière (voir la note à *L.D.* 1, 119-128).

tempus habere (v. 248) : même sens de l'expression (« occuper
l'espace du temps ») aux v. 258 ; 261 et dans *L.D.* 3, 158.

250. La leçon de *V (amittunt)* est difficile à interpréter ;
Arevalo (note au v. 250) comprend « decrescunt » et ajoute
à propos du manuscrit *M* : « In Azagr. clarior est sententia, sed
non propterea verior ». Dans sa seconde édition Vollmer s'est
inspiré de cette leçon de *M* à laquelle Arevalo fait allusion *(et
minuunt)* ; il l'a corrigée judicieusement en *ac minuunt,* conjecture
que nous adoptons.

251. Avec ce vers se termine la recension eugénienne de la
Satisfactio (voir t. I, p. 40, n. 8) ; dans *M* un vers étranger au
poème *(et cum lege redit uitis amoenus honor)* a été ajouté avant
l'*explicit.*

252. Tout en conservant les leçons de *V (autumnum ... habet),*
Arevalo (note au v. 252) se demande s'il ne vaudrait pas mieux
lire *tempus et autumnus, tempus habent hiemes* (cf. Vollmer,
M.G.H., p. 128 : « Arevalo fortasse recte » ; de Duhn a adopté
cette conjecture d'Arevalo) ; *tempus habere* aurait alors le même
sens qu'au v. 248 (voir la note à ce vers).

253. Vers en grande partie identique dans *L.D.* 2, 222 : *uer
aestas autumnus hiems redeuntibus annis.* Vollmer, *M.G.H.,* index
verborum, s.v. *uer,* signale le passage suivant de saint Jérôme,
In Ezech. 1, 1 *(P.L.* 25, col. 23 A) : *quattuor temporum circulum ...
de quibus pulchre uno uersiculo dictum est: uer, aestas, autumnus,
hiems et mensis et annus* (Sur ce vers d'un poète inconnu, voir
Fr. Glorie, *Sources de s. Jérôme et de s. Augustin.* II. *Nouvelles
sources de saint Jérôme, Sacris Erudiri,* 18, 1967-68, p. 472 sq.).

redit annus in annum : cf. Virgile, *Georg.* 2, 402 : *atque in
se sua per uestigia uoluitur annus.*

253-255. Les v. 253 et 255 constituent les v. 71 et 72 de
l'*Epistola ad Sethum* de Colomban ; voir la note aux v. 219 sq.
et voir t. I, p. 102, n. 3.

255. Cf. *Eleg. in Maec.* 113-4 : *redditur arboribus florens
reuirentibus aetas: | ergo non homini quod fuit ante redit ?*
Dracontius se remémore peut-être le *Livre de la Sagesse* 2, 5 :
*... non est reuersio finis nostri, quoniam consignata est et nemo
reuertitur.*

258. militiaeque labor : même second hémistiche de pentamètre
dans Ovide, *Pont.* 1, 6, 10.

259-260. Ces vers correspondent pour l'idée à l'*Ecclésiaste* 3, 4 :
tempus flendi et tempus ridendi et 3, 6 : *tempus acquirendi et
tempus perdendi.* On notera les rimes léonines au v. 259 *(gau-*

dendi ... dolendi) ; sur ce type de rimes, voir t. I, p. 84 et n. 7. Pour la forme, au v. 260 Dracontius a pu s'inspirer aussi de Juvénal 6, 571 : *quis mensis damnis, quae dentur tempora lucrum.*

261. Cf. *L.D.*, 302-3 : *ipse polus, quia grande tonat, sine nube serenus | iam tacet et puro redeunt sua lumina caelo.* Entre autres passages où se retrouve la même idée, on peut citer Horace, *Carm.* 2, 9, 1 sq. ; Sénèque, *Epist.* 107, 8 ; *Laus Pison.* 147 sq.

262. *V* offre *seruare.* Arevalo (note au v. 262), tout en conservant *seruare* dans le texte, indique « *servari* videretur melius ». Malgré l'exception que constitue une *syllaba anceps* devant la coupe du pentamètre, on peut conserver *seruare* ; au v. 160, la syllabe finale de *impune* constitue aussi une *syllaba anceps* en syllabe ouverte devant la coupe ; voir *supra*, p. 155 et n. 4.

264. Divers passages de l'*Évangile de Jean* éclairent ce vers : 7, 30 : *nemo misit in illum manus, quia nondum uenerat hora eius* (cf. 8, 20 : *nemo apprehendit eum quia necdum uenerat hora eius*) ; 12, 23 : *uenit hora ut clarificetur Filius hominis* ; 12, 27 : *Pater, salui fica me ex hac hora. Sed propterea ueni in horam hanc* ; 13, 1 : *sciens Iesus quia uenit hora eius ut transeat ex hoc mundo ad Patrem* ; 17, 1 : *Pater, uenit hora.* Voir *Nouveau Testament, T.O.B.*, 1980, p. 295, note *x* : « Le mot *heure* désigne généralement le moment de la manifestation de la gloire divine de Jésus : il s'agit le plus souvent de l'heure de la croix en tant qu'elle marque le passage dans la gloire ». Ces rapprochements avec l'Écriture permettent de mieux comprendre l'expression *horam sperauit* ; c'est à tort que Vollmer, dans l'apparat critique de ses deux éditions, semblait préférer *seruauit* à *sperauit*.

265 sq. Après la longue digression sur le thème du temps (v. 219-264), Dracontius s'adresse à nouveau à Gonthamond pour tenter d'apaiser sa colère.

L'établissement du texte du v. 265 pose plus d'un problème. Le texte qu'offre *V* pour le premier hémistiche *(ut mihi irascaris)* a été corrigé de façon judicieuse par de Duhn : *ut mi irascaris.* Le reste du vers *(qui sim dignior ira)* a été l'objet de nombreuses tentatives de correction (voir l'apparat critique de l'édition de Speranza, p. 31). Nous nous bornons à rappeler ici les plus intéressantes : au lieu de *qui sim*, on a proposé de lire *qui sim si* (Bücheler, de Duhn), *qui sum? num* (Vollmer, *M.G.H.*), *quis* (ou *qui*) *sim qui* (Kuijper) ; en dernier lieu, Speranza, « Draconzio, *Satisf.* 265 », *Mus. Philol. Lond.*, I, 1975, p. 1 sq. a conjecturé *qui simplex.* C'est la conjecture de Kuijper, *Varia Dracontiana*, p. 56, qui nous paraît la plus judicieuse ; il la justifie ainsi : « Verbis *quis sim* eandem opinionem sui despicientem poeta effert, ut exemplo utar, atque rex David, cum sedens coram Domino diceret : *Quis ego sum ... et quae domus mea...* ? Quae verba duobus locis praebet sacra scriptura. Ita pergit David VULG. I par. 17, 16, ut dicat : *Quis ego sum*, i.e. quae virtutes meae tales sunt, *ut praestares mihi talia* ? ; eodem modo noster dicit : *quis sim, ut mi irascaris,* i.e. ' quae artes meae tales esse possunt, ut mi irascaris ? ' »

268. picus est scandé ici avec une première syllabe brève ; voir *supra*, p. 155, n. 2.

269. fames rabidi quamuis ieiuna leonis : expression comparable dans *L.D.* 1, 282 : *Massyla fames,* où l'abstrait *fames* désigne un être concret, le lion affamé ; voir la note à *L.D.* 1, 282. On peut aussi rapprocher *L.D.* 3, 188 : *saeua ... rabies ... leonum* et *Rom.* 8, 26 : *rabies iam non ieiuna.*

270. adoptauit : Arevalo (note au v. 270) pense que *adoptauit* est employé ici avec la valeur d'*optauit, elegit.* On peut aussi reconnaître ici un emploi d'*adoptare* dans l'acception d'*assumere* ; voir le *Thes. L.L.* I, 811, 52 sq.

271. Dracontius se remémore ici Virgile, *Georg.* 4, 538 (et 550) : *... eximios praestanti corpore tauros.*

272. Dans le texte de *V (membrida membra),* la forme *membrida* a été l'objet de nombreuses tentatives de correction ; voir F. Speranza, « Draconzio, *Satisf.* 272 », *Mus. Philol. Lond.,* III, 1978, p. 213 sq., qui rappelle les diverses conjectures et qui, conduit à penser par divers rapprochements que *membra* désigne le corps d'un serpent, propose de corriger *membrida* en *lubrica* (voir aussi l'apparat critique de son édition, p. 32) ; son raisonnement pourrait convaincre si la correction qu'il propose était plus satisfaisante du point de vue paléographique. Il nous semble préférable de retenir une des formes en *-ida* qui ont été proposées : Arevalo a supposé *nebrida* (*nebridus,* « de daim », serait un néologisme de Dracontius), forme qui offre l'avantage de désigner un animal (cf. Vollmer, *M.G.H.,* p. 130 : « acceptius erit adiectivum a nomine pecudis ductum »). Bücheler a conjecturé *splendida,* Vollmer *feruida* ou *uiuida* et Kuijper *candida* ; c'est cette dernière conjecture qui nous semble la plus séduisante : Kuijper, *Varia Dracontiana,* p. 57, fait remarquer judicieusement qu'on s'attend à voir le poète nommer un oiseau de grande taille (les v. 267-8 indiquent clairement que l'aigle cherche sa proie dans les airs où il dédaigne moineaux, hirondelles et piverts) et il rappelle que la lutte de l'aigle et du cygne qui est légendaire est fréquemment décrite chez les poètes, par exemple chez Virgile, *Én.* 1, 393 sq. ; 9, 563 sq. ; 12, 247 sq. (même idée chez M. St. Margaret qui signale dans son édition (p. 96) que R. G. Kent lui a suggéré la conjecture *cycnea*) ; Kuijper (p. 58) justifie ainsi le choix de *candida* : « Exspecto cygnum, lego *splendida membra, fervida membra, vivida membra, fulgida membra* : cygnum non recognosco. Exspecto cygnum, lego *candida membra* : statim adgnoscimus ' cycneas plumas ', colorem olorinum ».

274. feritate pia: même alliance de mots dans *Rom.* 8, 361.

276. Sur *draco,* « dragon », voir la note à *L.D.* 1, 314.

277 sq. Cf. *Rom.* 5, 312 : *gramina non tangunt, feriunt sed fulmina quercus ; flamma trisulca* (v. 278) : cf. *Rom.* 4, 5 : *fulmenque trisulcum ;* Ovide, *Ibis* 469 : *telo ... trisulco ; Met.* 2, 848-9 : *trisulcis / ignibus.*

279-280. **Cf.** *L.D.* 2, 498-9 : *aut, si fulmen habet, montes et culmina tangit | arboribusque caput, cedros celsasque cypressus* ; voir aussi Horace, *Carm.* 2, 10, 11-12 : *... feriuntque summos | fulgura montis* ; Sénèque, *Ag.* 96 : *feriunt celsos fulmina colles.*

proximo saxa polo : cf. Silius Italicus 4, 2 : *... saxa minantia caelo.*

281. Cf. *L.D.* 2, 428 : *non sociant poenae quos non iunxere reatus.*

282. noxia : cf. Vollmer, *M.G.H.*, *index verborum*, s.v. *noxius* : *noxia* i. *noxiorum.* Ce v. 282 a été imité par Boèce, *Cons.* 1 *carm.* 5, 29-30 : *... premit insontes | debita sceleri noxia poena.*

285 sq. Dracontius consacre un long passage à la description du déluge dans *L.D.* 2, 379 sq. ; *piorum* (v. 285) fait allusion à Noé et aux siens (voir *L.D.* 2, 390 sq. et la note à *L.D.* 2, 369). Pour Loth et le châtiment de Sodome, voir *L.D.* 2, 417 sq. Noé et Loth sont cités comme exemples d'innocents épargnés par Dieu dans *L.D.* 2, 429-434 ; même rapprochement de Loth et de Noé dans la *2e Épître de Pierre* 2, 5-8 ; voir la note à *L.D.* 2, 420. *diluuio periere* (v. 285) : même début de vers dans *L.D.* 2, 811.

289. peccata relaxans : cf. v. 305 : *peccata relaxet* ; *L.D.* 2, 763 : *peccata relaxat.* Corippe, *Iust.* 4, 305 a repris cette expression ; voir la note 1 p. 189.

290. pietatis opus : cf. v. 298 ; même expression, mais avec un autre sens (« l'œuvre de bonté », c'est-à-dire la création) dans *L.D.* 2, 50 ; elle se rencontre chez divers autres poètes chrétiens : Paulin de Nole, *Carm.* 15, 327 ; Paulin de Périgueux, *Mart.* 5, 167 ; Corippe, *Iust.* 2, 407.

nomen ... placidum : *placidus* est également employé en parlant de Dieu dans *L.D.* 1, 1 ; 2, 706 ; 3, 553.

293. Dracontius se réfère ici à *Matthieu* 5, 45 : *... qui solem suum oriri facit super bonos et malos et pluit super iustos et iniustos.*

296. Cf. *Matthieu* 9, 12 : *non est opus ualentibus medicis, sed male habentibus.*

297. materiem laudis : même expression dans *L.D.* 3, 472-3. Dracontius se souvient sans doute ici d'Ovide, *Trist.* 2, 31-2 : *Sed, nisi peccassem, quid tu concedere posses? | Materiam ueniae sors tibi nostra dedit.*

298. titulos famae : cf. *Rom.* 8, 215-6 : *... addere famam | maiorum titulis* ; voir aussi Paulin de Périgueux, *Mart.* 2, 158 : *titulos uirtutis* ; 4, 262 : *laudis titulo* ; 4, 496 : *titulum laudis.*

299. inclitus armipotens : l'expression désigne Genséric, grand-père de Gonthamond ; voir la note au v. 51. Pour le composé *armipotens*, voir la note au v. 200.

uestrae : *uester* est employé au lieu de *tuus.* Cet emploi est assez fréquent dans les œuvres profanes du poète ; voir Vollmer, *M.G.H.*, *index verborum*, s.v. *vester* ; voir aussi la note sur *nobis* aux v. 149 sq. L'expression *uestra pietas* est employée comme titre honorifique ; ce même emploi se rencontre, par exemple, dans les *Variae* de Cassiodore (1, 1, 4 ; 1, 1, 6 ; 8, 1, 2 ; 10, 1, 2, etc.) ;

voir l'*index rerum et verborum* de L. Traube in *M.G.H., A.A.,* XII, p. 547, s.v. *imperator.*

300. Comme le fait Arevalo (note au v. 300), on peut rapprocher pour l'idée Ovide, *Pont.* 1, 6, 5-8 : *Non cadit in mores feritas inamabilis istos* ; / *nec minus a studiis dissidet illa tuis.* / *Artibus ingenuis, quarum tibi maxima cura est,* / *pectora mollescunt asperitasque fugit* ; cf. aussi *Pont.* 2, 9, 47-8 ; *Ars* 3, 545-6.

302. On ne peut identifier avec certitude ce Vincomalos (voir Arevalo, *Prolegomena,* caput XI, 105-106) : on connaît différents personnages du nom de Vincemalos ou Vincomalos (voir Vollmer, *M.G.H., index nominum,* p. 311-2, s.v. *Vincomalos* et Pauly-Wissowa, *R.E.,* VIII A 2, 2188, s.v. *Vincemalus,* et 2198, s.v. *Vincomalus*). On a pensé le plus souvent reconnaître ici un évêque qui figure sur la liste de la province de Maurétanie Césarienne en tant qu'*episcopus Baparensis* (voir *Notitia prouinciarum et ciuitatum Africae, M.G.H., A.A.,* III, 1, p. 70, n° 98 ; A. Mandouze, *Prosopographie chrétienne du Bas-Empire,* I, *Afrique,* 1982, p. 1207) ; si L. Schmidt, *Histoire des Vandales* (trad. française), 1953, p. 116, n. 3, semble considérer l'identification comme certaine, Chr. Courtois, *Les Vandales et l'Afrique,* 1955, p. 176, n. 6, est beaucoup moins affirmatif et pense que le personnage en cause pourrait être aussi bien le Vincomalos qui fut consul en 453 (sur ce consul, voir Vollmer, *M.G.H., index nominum,* s.v. *Vincomalos,* p. 312). Comme le souligne avec raison Arevalo (*Prolegomena,* caput XI, 106), il peut s'agir encore d'un autre personnage, car le nom de Vincomalos est attesté dans différentes inscriptions chrétiennes d'Afrique ; voir, par exemple, Fr. Prévot, *Recherches archéologiques franco-tunisiennes à Mactar. V. Les inscriptions chrétiennes,* Rome, 1984, p. 60-61 (inscription n° IV 1 : ... *Vincomalos pr(es)b(yter)...* ; l'auteur classe Vincomalos parmi les noms à caractère africain ; voir p. 204 et 205).

304. Même construction personnelle de *paeniteo* qu'au v. 100 et dans *L.D.* 2, 565.

305 sq. peccata relaxet : même expression qu'au v. 289 ; voir la note à ce vers. Les v. 305-6 font référence à l'oraison dominicale : *Matthieu* 6, 12 : *et dimitte nobis debita nostra, sicut et nos dimittimus debitoribus nostris* (cf. *Luc* 11, 4) ; voir aussi *Matthieu* 6, 14-15 ; *Marc* 11, 25.

307. Cf. le v. 291 et surtout *L.D.* 3, 616-7 : ... *qui praecipis ut sit* / *septies et frater clementior atque modestus.* Le poète fait allusion au précepte évangélique énoncé dans *Matthieu* 18, 21 et *Luc.* 17, 4 ; pour ces versets, voir la note à *L.D.* 3, 617.

lex sancta : cf. *L.D.* 3, 252 : *lex sancta Dei.*

310. Dracontius peut faire référence ici au *livre de la Sagesse* 15, 2 : *Etenim si peccauerimus tui sumus, scientes magnitudinem tuam,* mais aussi au *Psaume* 118, 94 : *Tuus ego sum: salum me fac, quoniam iustificationes tuas exquisiui.*

311. da ueniam, miserere, precor : même formule dans *Orest.* 744.

313. sessor : dans l'acception de « cavalier » ce mot se rencontre
chez Sénèque, *Const.* 12, 3 et Suétone, *Iul.* 61 ; il devient d'un
usage plus fréquent dans la latinité tardive (voir Blaise, *D.L.A.C.*,
s.v. *sessor*) : par exemple en poésie chez Paulin de Nole, *Carm.* 24,
409 et Paulin de Périgueux, *Mart.* 4, 483 et en prose dans la
Vulgate, *2 Macc.* 3, 25.

carpit iter : même expression dans *Orest.* 108 ; 633 ; 694 ;
Rom. 8, 71 et 450.

palpans : Arevalo (note au v. 313) corrige en *pulsans*, rappro-
chant Ovide, *Met.* 6, 218-9 : *campus | assiduis pulsatus equis* et
Silius Italicus 17, 136 : *quadrupedem elatis pulsantem calcibus
auras*. Bücheler a supposé que *palpare* avait pu être utilisé ici
dans l'acception du fréquentatif *palpitare* (cf. Vollmer, *M.G.H.*,
index verborum, s.v. *palpo*). Rapprochant des passages de la
Vulgate (*Deut.* 28, 29 ; *Iob.* 5, 14 ; 12, 25 ; *Is.* 59, 10), où *palpare*
veut dire « avancer à tâtons », nous pensons que le verbe peut
signifier ici « hésiter, trébucher ».

314. On peut rapprocher Virgile, *En.* 8, 596 : *quadrupedante
putrem sonitu quatit ungula campum* et Lucain 6, 83 : *ungula
frondentem discussit cornea campum; quadrupedantis equi:
quadrupedans* s'applique au cheval « au galop » ; voir la note
de J. Perret dans son édition de l'*Énéide (C.U.F.)*, t. II, p. 141,
n. 2 : « les exemples du mot *quadrupedans* rendent plausible
qu'il désigne spécifiquement le galop » (cf. par exemple Virgile,
En. 8, 596 ; 11, 614).

315. La correction de *culpa* en *culpam* suggérée par Collins,
Two Notes, p. 188 et retenue par Gennaro, p. 61, est inutile ;
Collins et Gennaro refusent de voir dans *culpa* un nominatif
dont la syllabe finale est allongée devant *pl-* ; il est pourtant
fréquent chez Dracontius que soient considérées comme longues
à l'*arsis* les syllabes finales comportant des voyelles brèves
devant un mot commençant par un groupe de consonnes dont la
seconde est une liquide (*cl-, fl-, cr-, pr-*, etc.) ; voir t. I, p. 93,
n. 2 et *supra*, p. 155, n. 1. On trouve un autre exemple d'allongement devant *pl-*, dans *L.D.* 3, 553 : *iniuncta placido*.

316. M. St. Margaret, p. 100, donne cette appréciation sur
les derniers vers du poème : « The apparently abrupt close of the
poet's supplication is, I believe, a master-stroke of his art, a
combination of superb irony and delicate pathos, for Africa was
the paradise of jockeys, and there more than anywhere, perhaps,
though the race-horses of the circus were the passion of the
Roman populace everywhere in the empire, was the thoroughbred
prized for his mettle and loved as a comrade ». Sur l'importance
des courses du cirque en Afrique au Bas-Empire, voir G. Charles-
Picard, *La Carthage de saint Augustin*, 1965, p. 81 sq. ; voir
aussi la note à *L.D.* 2, 15.

LOCI SIMILES[1]

Livre III

4	Lucrèce 2, 1054 ; Sedulius, *Carm. Pasc.* 1, 66-7.
19	Stace, *Theb.* 3, 587.
20	Prosper d'Aquitaine, *Epigr.* 101, 1.
43	Paulin de Nole, *Carm.* 18, 255.
44	Horace, *Epist.* 1, 2, 56.
45	Ovide, *Met.* 13, 703.
51	Virgile, *En.* 6, 163.
58	Properce 4, 4, 58.
60	Juvénal 1, 28.
63	Juvénal 1, 29.
65	Virgile, *En.* 11, 841.
71	Ovide, *Met.* 11, 127.
72	Ovide, *Met.* 5, 51.
75	Claudien, *Fesc. Nupt. Hon.* 2, 16.
87	Juvénal 8, 83.
93	Stace, *Theb.* 8, 385 ; 10, 768.
108	Virgile, *En.* 11, 86.
110-1	Virgile, *En.* 12, 760-1.
118	Commodien, *Instr.* 1, 4, 1.
151	Ovide, *Rem.* 20.
152	Lucain 4, 278.
175	Virgile, *En.* 8, 421 ; Sedulius, *Carm. Pasc.* 1, 205.
176-7	Ovide, *Met.* 8, 791 ; 8, 837.

1. On trouvera ici seulement l'indication des rapprochements textuels avec les œuvres des poètes profanes et des poètes chrétiens dont Dracontius a pu s'inspirer. Toutes les sources bibliques et les sources patristiques que nous avons pu déceler sont indiquées dans les notes.

193   Virgile, *En.* 5, 377.
205   Ovide, *Met.* 8, 429.
221   Ovide, *Trist.* 4, 4, 63-4.
225   Virgile, *Georg.* 4, 234.
260   Virgile, *En.* 3, 42.
277   Virgile, *Buc.* 5, 11.
278   Lucain 8, 241.
280   Virgile, *En.* 9, 315.
296   Ovide, *Met.* 4, 617.
303   Virgile, *En.* 7, 341.
306   Horace, *Carm.* 4, 7, 3.
311   Virgile, *En.* 1, 430.
312   Virgile, *Georg.* 1, 67 ; *En.* 1, 531.
329   Ovide, *Ars* 1, 125.
339   Ovide, *Her.* 7, 136.
349   Paulin de Périgueux, *Mart.* 3, 229.
351   Stace, *Théb.* 7, 569.
354   Paulin de Périgueux, *Mart.* 4, 631.
355   Lucain 10, 76.
357   Lucain 6, 595.
361   Ovide, *Met.* 4, 118 ; Stace, *Theb.* 4, 607.
376   Ovide, *Fast.* 6, 463.
387   Juvénal 3, 213.
388   Virgile, *En.* 11, 86 ; Stace, *Theb.* 6, 625.
407   Stace, *Theb.* 8, 19.
408-9   Stace, *Theb.* 7, 821-2.
409   Sedulius, *Carm. Pasc.* 3, 89.
410   Stace, *Theb.* 8, 3.
420   Lucain 6, 789.
421   Sedulius, *Carm. Pasc.* 4, 93.
424   Lucain 2, 148.
426-7   Sedulius, *Carm. Pasc.* 1, 283-4.
433   Claudien, *Bell. Gild.* 1, 78.
450   Stace, *Theb.* 12, 781.
457   Virgile, *En.* 6, 853.
466   Sedulius, *Carm. Pasc.* 1, 341.
473-4   Juvénal 6, 284-5.
484   Stace, *Theb.* 4, 321.
488   Paulin de Nole, *Carm.* 26, 165.

497   Virgile, *En.* 6, 623.
500   Claudien, *In Eutr.* 1, 340.
505   Virgile, *En.* 2, 407.
507   Stace, *Theb.* 12, 545.
510   Virgile, *En.* 4, 646.
511   Claudien, *Rapt. Pros.* 2, 361.
515   Virgile, *En.* 4, 646.
525   Virgile, *En.* 7, 496.
546   Stace, *Achill.* 1, 105.
549   Sedulius, *Carm. Pasc.* 1, 240-1.
554   Lucain 10, 238.
568-9   Virgile, *En.* 6, 625-7 ; 12, 36.
571   Virgile, *En.* 6, 545.
591   Ovide, *Trist.* 2, 101-2.
626   Virgile, *En.* 6, 365.
627   Claudien, *Rapt. Pros.* 2, 271.
647   Ovide, *Ars* 3, 378.
652   Virgile, *En.* 3, 367.
653   Sedulius, *Carm. Pasc.* 5, 135.
654   Virgile, *En.* 1, 1*.
673   Virgile, *En.* 1, 203.
692   Virgile, *En.* 8, 388-9.
708-9   Ovide, *Met.* 14, 304-5.
709-710 Prudence, *Apoth.* 859-860.
711-2   Ovide, *Met.* 8, 804-6.
722-3   Ausone, *Or.* 71.
732   Virgile, *En.* 11, 796.
736   Ovide, *Fast.* 2, 658.
737-8   Ausone, *Or.* 4-5.
745   Juvénal 10, 356.
752-3   Virgile, *En.* 6, 638-9.

RÉPARATION

5   Prudence, *Symm.* 2, 95.
11   Virgile, *En.* 6, 888.
15   Juvénal 1, 85.
27   Virgile, *En.* 1, 11.
33   Horace, *Sat.* 1, 5, 61.

37	Virgile, *En.* 2, 471.
38	Ovide, *Her.* 14, 86.
46	Ovide, *Met.* 1, 741-2.
55	Prudence, *Ham.* 338.
60	Ovide, *Met.* 1, 19.
72	Ovide, *Rem.* 45-6.
84	Stace, *Silu.* 4, 3, 126.
86	Virgile, *En.* 6, 122.
91	Claudius Marius Victor, *Aleth.* 2, 469.
96	Commodien, *Apol.* 819.
115	Ovide, *Trist.* 2, 22.
116	Prosper d'Aquitaine, *Epigr.* 21, 5-6.
117	Ovide, *Trist.* 1, 1, 84.
119	Virgile, *En.* 6, 370.
137	Virgile, *En.* 1, 296.
152	Paulin de Nole, *Carm.* 16, 121.
204	Claudien, *Rapt. Pros. prol.* 2, 40.
207	Virgile, *Buc.* 10, 45 ; *En.* 12, 266.
220	Ovide, *Am.* 1, 6, 24.
224	Tibulle 1, 10, 40.
226	Sénèque, *Troad.* 775.
227	Ausone, *Edyl.* 12, 6, 2.
243	Ovide, *Met.* 4, 228.
244	Virgile, *En.* 6, 122.
258	Ovide, *Pont.* 1, 6, 10.
260	Juvénal 6, 571.
271	Virgile, *Georg.* 4, 538.
275	Claudien, *Rapt. Pros.* 2, 213.
279-280	Horace, *Carm.* 2, 10, 11-12 ; Sénèque, *Ag.* 96.
297	Ovide, *Trist.* 2, 31-2.
312	Damase, *Carm.* 2, 19.
314	Virgile, *En.* 8, 596 ; Lucain 6, 83.

INDEX NOMINUM[1]

1. Cet index concerne les trois livres du *De laudibus Dei* (désignés simplement par 1, 2, 3) et la *Satisfactio* (désignée par *S.*). Les noms entre parenthèses sont ceux des personnes ou des lieux qui sont évoqués dans des passages de ces poèmes sans être nommés. Nous n'avons pas indiqué les références des différentes dénominations de Dieu (*Deus, Dominus, Auctor, Omnipotens*, etc.) qui auraient accru considérablement, et sans grande utilité, la longueur de cet index.

TABLE DES MATIÈRES

ACHEVÉ D'IMPRIMER
EN MAI 1988
SUR LES PRESSES
DE
L'IMPRIMERIE A. BONTEMPS
LIMOGES (FRANCE)

DÉPÔT LÉGAL : MAI 1988
IMPR. Nº 6012-87 - ÉDIT. Nº 2604